Deutsch Aktuell 2

Fifth Edition

Teacher's Edition

Wolfgang S. Kraft

CHIEF CONSULTANTS

Rudolf Elstner
Mater é Gymnasium
Meerbusch, Germany

Hans J. König
The Blake School
Hopkins, Minnesota

Isolde Mueller
St. Cloud State University
St. Cloud, Minnesota

CONSULTANTS

Stephen Brock
Omaha Public Schools
Omaha, Nebraska

Claudia Fischer
Haverford High School
Havertown, Pennsylvania

Deborah Edwards Ford
William R. Boone High School
Orlando, Florida

Ronald W. Harvey
Pickerington High School
Pickerington, Ohio

Joan G. Jensen
School District of the Chathams
Chatham, New Jersey

Christopher H. Nelson
Norfolk Academy
Norfolk, Virginia

Stefan Rink
Minnehaha Academy
Minneapolis, Minnesota

Jennifer Robinson
Loudoun County Public Schools
Sterling, Virginia

EMC/Paradigm Publishing, Saint Paul, Minnesota

Content Advisors
James F. Funston
Robert Headrick
Sarah Vaillancourt

Editorial Assistance
Glenndell Larry
Sharon O'Donnell

Cover and Text Designer
Jennifer Wreisner

Production Specialist
Matthias Frasch

Illustrator
Hetty Mitchell

Cartoon Illustrator
Steve Mark

Cover Photographer
Michael Kämpf

About the Author
Wolfgang S. Kraft, a native of Germany, is Director of World Languages at EMC/Paradigm Publishing. He graduated from the University of Minnesota with B.A., B.S., and M.A. degrees, and has taught German at University High School, Minneapolis, Minnesota; White Bear Senior High School, White Bear Lake, Minnesota; Bethel College, St. Paul, Minnesota; and for several adult education programs.

Kraft also has participated as Native Informant at NDEA Foreign Language Institutes, has served on various foreign language panels, and has conducted many workshops in the United States as well as abroad.

Besides writing and taking most of the photographs for all the *Deutsch Aktuell* editions, Kraft has authored several other German programs, among them *So sind die Deutschen* and *Passport to Germany*.

To keep the textbook series fresh and exciting for students, Kraft travels extensively throughout German-speaking countries gathering interesting facts and information about the language and culture.

ISBN 0-8219-2561-X

© 2004 EMC Corporation

All rights reserved. No part of this publication may be adapted, reproduced, stored in a retrieval system or transmitted in any form or by any means, electronic, mechanical, photocopying, recording, or otherwise without permission from the publisher.

Published by EMC/Paradigm Publishing
875 Montreal Way
St. Paul, Minnesota 55102
800-328-1452
www.emcp.com
E-mail: educate@emcp.com

Printed in the United States of America
1 2 3 4 5 6 7 8 9 10 XXX 08 07 06 05 04 03

CONTENTS

Scope and Sequence Chart *4*
Introduction *8*
National Standards *8*
About This Teacher's Edition *10*
Philosophy and Goals *10*
    Cooperative Learning *11*
    Group Activities *11*
    Paired Activities *11*
    TPR Activities *12*
    Cross-curricular Activities *12*
    Games *12*
    Activities for Students with Multiple Intelligences *13*
    Portfolio Assessment *13*
Components *14*
    Textbook *14*
    Teacher's Edition *17*
    Workbook *19*
    Workbook Teacher's Edition *19*
    Grammar and Vocabulary Exercises *19*
    Listening Activities *19*
    Testing/Assessment Program *20*
    Audio CD Program *21*
    Video Program *21*
    Overhead Transparencies *21*
    Communicative Activities *22*
    Internet Activities *22*
Using the Internet: Suggestions and Ideas *23*
Teaching Approaches for the Model Chapter *32*
    Regular Class Period (50 minutes) *33*
    Block Schedule (90 minutes) *35*
Teaching Suggestions *37*
    Kapitel 1 *37*
    Kapitel 2 *37*
    Kapitel 3 *38*
    Kapitel 4 *39*
    Kapitel 5 *39*
    Kapitel 6 *45*
    Kapitel 7 *45*
    Kapitel 8 *46*
    Kapitel 9 *47*
    Kapitel 10 *47*
    Kapitel 11 *48*
    Kapitel 12 *48*

KAPITEL	FUNCTIONS		TOPICS		DIALOG
1 *Wohin geht's?*	discuss travel plans describe airport facilities identify pieces of luggage make comparisons sequence events describe means of transportation	**A** **B**	baggage items means of transportation traveling airport facilities ticket counter transportation in city	**A** **B**	*Auf dem Weg zum Flughafen* *Am Schalter*
2 *Im Sommer*	ask for information talk about youth hostel and camping facilities write a report express likes and dislikes talk about travel experiences	**A** **B**	youth hostel camping	**A** **B**	*In der Jugendherberge* *Auf dem Campingplatz*
3 *Ferien*	talk about past events discuss current weather conditions talk about weather forecasts describe a trip make plans	**A** **B**	vacation spots travel agency weather forecast travel plans and experiences	**A** **B**	*Im Reisebüro* *Planen wir unsere Reise!*
4 *Bei uns*	talk about obligations identify animals express likes and dislikes describe daily activities talk about a farm	**A** **B**	people's weekly activities household chores life in a big city animals farm	**A** **B**	*Es gibt heute viel zu tun* *Ich bin beim Füttern*
5 *Guten Appetit!*	describe an eating establishment identify foods order meals in a restaurant express likes and dislikes discuss a menu	**A** **B**	menu breakfast eating establishments table setting eating at home and at a restaurant	**A** **B**	*Beim Frühstück* *So ein Festessen!*
6 *Einkaufen*	make a shopping list talk about going shopping request and pay for items describe a store identify fruits and vegetables	**A** **B**	fruits and vegetables shopping list shopping opportunities department store grocery shopping	**A** **B**	*Bitte, geh einkaufen!* *Im Lebensmittelgeschäft*

SPRACHE	AKTUELLES	LESESTÜCK	LAND UND LEUTE

A comparison of adjectives and adverbs
B *gern* and *lieber*
Rückblick
  questions
  word definition
  sentence formation
  personalized questions
	A Means of Transportation	**B** *Mit der U-Bahn geht's schneller*	

A reflexive verbs
B word order of dative and accusative cases
Rückblick
  sentence formation
  sentence completion
  opposites
	A *Jugendherbergen und Camping*	**B** *Unterwegs*	

A past tense (narrative past tense) of regular verbs
B past tense (narrative past tense) of irregular verbs
Rückblick
  verb forms (past tense)
  sentence formation
  past and present perfect tenses
  direct and indirect objects
	A *Der Chiemsee*	**B** *Wir waren am Bodensee*	

A past tense of modal auxiliaries
B infinitives used as nouns
Rückblick
  pesonal questions
  identification of words
  past tense
  dialog completion
	A *In einer Großstadt*	**B** *Auf dem Bauernhof*	**B** *Das Fürstentum Liechtenstein*

A genitive
B additional *der*-words
Rückblick
  sentence completion
  genitive
  dieser/welcher
  dialog completion
  meaning of words
	A *Wie und wo essen die Deutschen?*	**B** *Gehen wir zur Pizzeria!*	

A demonstrative pronouns
B question words
Rückblick
  questions
  word identification
  dialog completion
  essay
  wer, was, wem, wessen
	A *Wo kaufen die Deutschen ein?*	**B** *Im Supermarkt*	

Scope and Sequence

KAPITEL	FUNCTIONS	TOPICS		DIALOG	
7 *Hobbys und Interessen*	discuss hobbies and interests talk about daily activities sequence daily events describe outdoor activities talk about a sports competition	**A** **B**	personal interests playing musical instruments outdoor activities survival training sports competition	**A** **B**	*Ich fotografiere gern* *Mutig sein!*
8 *Feste und Feiertage*	express preferences in what you eat and drink talk about a special event identify holidays describe a festival tell what you did in the past	**A** **B**	festival activities *Oktoberfest* holidays and festivals holiday greetings special occasion	**A** **B**	*Das Oktoberfest macht Spaß* *Auf dem Cannstatter Volksfest*
9 *Kommunikation*	read and address an envelope identify mail-related terms describe daily papers or weekly magazines discuss computer-related topics	**A** **B**	addressing mail mail items newspapers and magazines computer Internet radio station	**A** **B**	*An wen schickst du du die Karte?* *Warum hast du mir eine SMS geschickt?*
10 *Gesundheit*	explain a health-related problem describe how you feel state a complaint identify occupations name some medical items	**A** **B**	occupations dentist youth-oriented goals ailments at the doctor's and ophthalmologist's	**A** **B**	*Beim Zahnarzt* *Jetzt kann er besser sehen*
11 *Fahren*	identify car parts talk about a car describe a traffic situation or an accident talk about buying a present for someone discuss what to do when a bike or another vehicle doesn't work	**A** **B**	parts of a car driving a vehicle traffic downtown traffic activities repair shop	**A** **B**	*Fahren wir zum Geschäft!* *Wer hat denn eine Idee?*
12 *Jugend*		**A** **B**	youth-oriented concerns city life reading interests apprenticeship environment mannerisms	**A** **B**	*So sehen sich die Jugendlichen* *Was lesen die Jugendlichen?*

Scope and Sequence

SPRACHE		AKTUELLES	LESESTÜCK	LAND UND LEUTE
A	adjectives after *der*-words	**A**	**B**	
B	adjectives used as nouns	*Das Rockmobil*	*Wettkampf im Wasser*	
Rückblick	opposites			
	sentence formation			
	adjective endings			
	present perfect tense			
A	adjectives after *ein*-words	**A**	**B**	**B**
B	adjectives not preceded by articles	*Das Oktoberfest*	*Ein besonderer Tag*	*Feste und Feiertage in Deutschland*
	adjectives after *nichts, etwas* and *viel*			
	adjectives following quantity words			
Rückblick	adjective endings			
	present perfect tense			
	dialog completion			
	word identification			
A	prepositions with dative or accusative	**A**	**B**	
B	*da-* and *wo*-compounds	*Am Zeitungsstand*	*Beim Rundfunk*	
Rückblick	dative and accusative prepositions			
	dialog completion			
	adjective endings			
A	past perfect tense	**A**	**B**	
B	*da/dahin* and *dort/dorthin*	*Was bringt die Zukunft?*	*Wie geht's dir heute?*	
Rückblick	past perfect tense			
	occupations			
	dialog completion			
	da/dahin			
	opposites			
	sentence completion			
A	verbs with dative	**A**	**B**	
B	conjunctions	*Verkehr und Fahren in Deutschland*	*Die Werkstatt im Jugendzentrum*	
Rückblick	sentence completion			
	compound nouns			
	questions			
	essay			
A	*Review:*	**A**	**B**	**B**
	word indentification	*Das ist die Berliner Luft*	*Die Jugend — Sorgen und Probleme*	*Berühmte Schlösser*
	sentence completion			
	word description			
B	*Review:*			
	word identification			
	questions			
	opposites			

Scope and Sequence

INTRODUCTION

The fifth edition of *Deutsch Aktuell* is not just a revised edition, but a totally rewritten text that continues the tradition of a successful textbook series that has become the flagship of German language instruction for the past 25 years. This new edition has been developed in response to needs expressed by teachers throughout the country who are looking for the latest in a well-balanced approach with emphasis on communication and a logical introduction of language structure. Based on detailed surveys and meetings involving hundreds of experienced German educators, *Deutsch Aktuell* offers an innovative approach to meeting the needs of students in the twenty-first century.

The strength of the new edition of *Deutsch Aktuell* becomes apparent in the new chapter layout and design. Each chapter now is divided into three sections: *Lektion A, Lektion B* and *Rückblick*. By dividing the chapter into two separate lessons, students will feel more of an accomplishment in completing shorter segments. The review at the end of each chapter provides the teacher with lots of flexibility in reviewing and reinforcing previously taught material.

NATIONAL STANDARDS

When the Goals 2000: Educate America Act provided funding for improving education in 1994, a K-12 Student Standards Task Force was formed to establish content standards in foreign language education. The National Standards in Foreign Language Education Project brought together a wide array of educators, organizations and interested individuals to discuss and establish a new national framework of standards for foreign language education in the United States. The resulting document, titled *Standards for Foreign Language Learning for the 21st Century*, provides a bold vision and a powerful framework for understanding language learning. These standards will help shape instruction and assessment for years to come.

The National Standards identify and describe 11 content standards that correspond to the organizing principle of five interconnected Cs: **Communication, Cultures, Connections, Comparisons** and **Communities**. The new *Deutsch Aktuell* series, as already evidenced in the previous edition, continues to address these standards throughout. The following summarizes the goals of the five Cs of foreign language education:

COMMUNICATION
Communicate in Languages Other Than English
- **Standard 1.1:** Students engage in conversation, provide and obtain information, express feelings and emotions and exchange opinions.
- **Standard 1.2:** Students understand and interpret written and spoken language on a variety of topics.
- **Standard 1.3:** Students present information, concepts and ideas to an audience of listeners or readers on a variety of topics.

CULTURES
Gain Knowledge and Understanding of Other Cultures
- **Standard 2.1:** Students demonstrate an understanding of the relationship between practices and perspectives of the culture studied.
- **Standard 2.2:** Students demonstrate an understanding of the relationship between the products and perspectives of the culture studied.

CONNECTIONS
Connect with Other Disciplines and Acquire Information
- **Standard 3.1:** Students reinforce and further their knowledge of other disciplines through the foreign language.
- **Standard 3.2:** Students acquire information and recognize the distinctive viewpoints that are available only through the foreign language and its cultures.

COMPARISONS
Develop Insight into the Nature of Language and Culture
- **Standard 4.1:** Students demonstrate understanding of the nature of language through comparisons of the language studied and their own.
- **Standard 4.2:** Students demonstrate understanding of the concept of culture through comparisons of the cultures and their own.

COMMUNITIES
Participate in Multilingual Communities at Home and Around the World
- **Standard 5.1:** Students use the language both within and beyond the school setting.
- **Standard 5.2:** Students show evidence of becoming life-long learners by using the language for personal enjoyment and enrichment.

The comprehensive *Deutsch Aktuell* program, composed of the textbook and its fully integrated set of additional components, offers instructors and students the most complete materials possible to teach and learn German. The accompanying ancillaries may be used as enrichment, additional practice or reinforcement. The tailor-made materials, which fit students' individual needs and learning styles, include this teacher's edition, the teacher's edition on CD-ROM, workbook, grammar and vocabulary exercises, testing/assessment program (with quizzes, tests, portfolio assessment and test generator on CD-ROM), audio CD program, listening activities, video program, overhead transparencies, communicative activities and Internet activities. One of the greatest challenges that teachers face today is teaching students with varying abilities, backgrounds, interests and learning styles. The extensive instructional program of *Deutsch Aktuell* recognizes, anticipates and provides for these differences.

ABOUT THIS TEACHER'S EDITION

The front section of this Teacher's Edition contains:
- a scope and sequence chart that gives a complete overview of each chapter in *Deutsch Aktuell*
- National Standards
- a description of philosophy and goals
- an outline of the components
- using the Internet
- a model for both regular class periods and block scheduling
- teaching suggestions

This teacher's edition contains an annotated version of the student textbook. Marginal notes, printed in another color, include numerous comments and suggestions to expand upon the material and provide additional information that may be useful to the teacher. The answers to all activities are also included in this teacher's edition. Finally, the activities that are part of the following ancillaries are coordinated with the chapter content and coded as such: audio CDs, workbook, grammar and vocabulary exercises, listening activities, quizzes, portfolio assessment, overhead transparencies, end-of-chapter tests, communicative activities, video program and Internet activities.

PHILOSOPHY AND GOALS

Extensive research has shown that a teacher needs to use a variety of student-centered activities and approaches to maximize learner outcomes and minimize the teacher's involvement to ensure that students and not the teacher are at the center of the learning process. Consequently, a variety of techniques has been implemented for optimal achievement of language proficiency to cater to all learning abilities. The following material describes the various techniques and learning strategies that have been incorporated in the *Deutsch Aktuell* textbook series throughout to maximize learner outcomes and to offer numerous opportunities in creating authentic experiences.

Cooperative Learning

As the teacher-centered classroom has shifted to a more effective student-centered environment, cooperative learning has become an important part of student participation. In cooperative learning students work together to share their knowledge, increase their skill level and attempt to meet the goals that they themselves have set. Cooperative learning happens when both the students and the teacher are actively engaged in the teaching and learning situation that incorporates these five elements: positive interdependence, individual accountability, face-to-face interaction, interpersonal and small-group skills, and group processing.

Groups should contain a maximum of four students with varied abilities. The teacher should provide specific tasks and explain the criteria for success. When assigning roles in groups, the teacher should divide responsibilities to ensure interdependence and cooperation. One possible division of responsibilities is (1) a discussion leader/facilitator, (2) a recorder, and (3) a reporter. Upon each group's completion of the assigned cooperative learning activity, the final activity should be shared with the rest of the class and the entire class and teacher should assess the quality of the group's activity.

The section in each chapter titled *Praktisches* provides students with a cooperative learning experience. Each activity engages students within a group to perform certain tasks and helps them meet the objective or goal of that activity.

Group Activities

Besides cooperative learning activities, students have other opportunities to work together in groups in order to strengthen their language skills. By dividing students into smaller groups, the teacher will realize more effective and productive use of class time and students will enjoy the social and friendly atmosphere as they exchange ideas and discuss topics in German that are part of the chapter content. Suggestions for group activities are provided in this front section as well as in the annotations throughout this teacher's edition.

Paired Activities

Many activities in each chapter (particularly those labeled *Rollenspiel*) suggest that the class be divided into pairs as smaller groups can maximize their time to practice all language skills, their oral skills in particular. The paired activities come in the form of interviews, question-answers, role-play situations and developed conversations and/or narratives that relate to real-life and meaningful cultural situations. Paired activities are particularly effective as they (1) increase practice time, (2) provide students with greater self-confidence through less threatening situations, (3) provide a more realistic, communicative setting, (4) increase student involvement and motivation, (5) vary classroom routine, (6) encourage student cooperation with others to achieve goals and (7) allow the teacher to circulate and spot problems.

TPR Activities

TPR (Total Physical Response) activities encourage students to perform certain tasks after listening to directions given by the teacher or any of the classmates. TPR activities clearly demonstrate students' understanding when requests are made and students are asked to follow the instructions accordingly. These activities may create some commotion in the classroom as there is a certain amount of student mobility involved. The following is a sample TPR activity:

> Teacher: *Monika, steh auf und geh zu Rainer!* (Monika should get up and go to Rainer.) *Rainer hat ein Buch. Zeig es der Klasse!* (Monika should pick up Rainer's book and show it to the class.) *Geh zu dem Stuhl zurück!* (Monika should return to her chair.)

The advantage of such a TPR activity is that the student is following directions and physically performs a given task. Such a performance enhances learning and becomes more meaningful in the learning process. A step beyond TPR activities is the more recent emphasis by many teachers on TPR storytelling. For more extensive insight into this method and tailor-made materials, see the TPR Storytelling Manual that accompanies *Deutsch Aktuell 1*.

Cross-curricular Activities

A language and culture cannot exist in isolation, but must be interwoven with other subject areas or curricula that form part of the students' everyday learning experience. As students are exposed to *Deutsch Aktuell*, they will be confronted with topics related not just to the language and culture, but also to various cross-curricular activities that include such subjects as social studies, mathematics, geography, history and psychology. These activities will help maximize and expand global understanding and provide a bridge to further communication that encompasses curricula beyond the German language and culture.

Games

Games can serve as motivational tools that encourage students to participate in fun-filled activities while reviewing and reinforcing previously introduced material. Furthermore, they ensure that communicative competence is achieved and help students to expand their language skills. Suggested games coordinated with the chapter content are described in the "Teaching Suggestions" of this front section.

Activities for Students with Multiple Intelligences

Every class consists of students with differing abilities and learning styles. Consequently, it is important to provide activities that cater to the needs of all students—those who need additional practice and those who want to be challenged more. The teacher will find many such activities throughout each chapter, particularly in the sections titled *Praktisches* and *Rückblick*.

Portfolio Assessment

A portfolio is a systematic and organized collection of evidence used by the teacher and student to monitor growth of a student's knowledge and skills developed in a specific subject area, in this case German. The collected information should include authentic forms of assessment because they represent real learning activities going on in the classroom. Portfolios, similar to performance-based activities, offer a chance to better measure what students really know and can do.

Portfolios should include a random sampling of what students are expected to do at various levels of instruction. They may include oral work that has been recorded (audiocassette) or videotaped (videocassette) to provide information about the students' ability to communicate. Furthermore, portfolios may contain writing samples such as guided or original narratives, and descriptions or observations that recombine, review and expand upon material learned in the classroom.

A portfolio should be structured both physically and conceptually. The physical structure of the portfolio could include chronological order (listing in sequence of chapters or topics covered). The conceptual structure deals with the goals and functions for student learning. Both physical and conceptual items should be documented by the teacher with selected student work.

Throughout this teacher's edition, specific activities have been noted that are ideal for portfolio assessment. In addition, a separate Portfolio Assessment Manual details how to set up and administer a student's portfolio.

COMPONENTS

Deutsch Aktuell 2 is the second of a comprehensive three-level German language series designed to meet the needs of language students well into the 21st century. This second-level textbook program includes the following components:

- Textbook
- Teacher's Edition
- Workbook
- Workbook Teacher's Edition
- Grammar and Vocabulary Exercises (including answer key)
- Listening Activities
  - Audio CDs (listening activities)
  - Listening Activities Manual (including answer key)
- Testing/Assessment Program
  - Audio CDs (listening comprehension tests)
  - Quizzes (including answer key)
  - Tests (including answer key)
  - Portfolio Assessment
  - Test Generator on CD-ROM
- Audio CD Program
  - Audio CDs
  - Audio CD Program Manual
- Video Program
  - Videocassettes or DVDs
  - Video Program Manual
- Overhead Transparencies
- Communicative Activities
- Internet Activities

Textbook

This completely revised and rewritten fifth edition textbook contains a total of 12 chapters *(Kapitel 1-12)*, a grammar summary, an end vocabulary section (German-English and English-German) and an index. All the chapters have been designed and structured in a similar manner so that students will become accustomed to the various sections and know what to expect. Each chapter is divided into three parts: *Lektion A, Lektion B* and *Rückblick*.

Front Section

The front section of the student textbook includes the following sections:
- introduction
- table of contents
- maps of *Europa, Deutschland, Deutsches Sprachgebiet, Österreich, Schweiz* and a map of the center of *Berlin*

Chapter Format

Chapter Opener—Preceding the chapter text are two photo-illustrated pages that visually prepare students for the general cultural content of the particular chapter. The communicative functions, also listed here, express the tasks that students will be expected to perform.

Lesson Opener—Colorful illustrations introduce the main vocabulary and expressions in *Lektion A* and *Lektion B* in a meaningful context. Students should be told that illustrations in the lesson opener are part of the basic textbook material, visually explaining words and expressions that students are expected to know. Activities coordinated with this illustrated page check students' understanding.

Dialogs—*Lektion A* and *Lektion B* continue with a short conversation dramatizing situations of interest to students but also depicting common everyday life in German-speaking countries. The speakers in these dialogs represent a cross section of age groups, although the emphasis is on scenes centered around young adults.

Each dialog has been carefully designed not only to be authentic, but also to include the vocabulary from the previous illustrations and the language structure taught in the lesson. The introduction of new words has been kept to a minimum so that students will not be burdened by excessive vocabulary.

These dialogs are followed by comprehension check-up activities to measure the students' understanding in a step-by-step manner.

Für dich—This is a short section pointing out specific language or cultural subtleties that appear in the opening dialogs.

Sprache—An explanation of the structure or grammar leads off each section followed by oral and written activities illustrating the specific grammar point. Most of the activities that follow the explanation of the language structure have been designed to be communicative in nature for functional and practical application. The *du* form has been used in most activities. The teacher may wish to change the instructions and/or question-answer activities using *Sie*, depending on the circumstances. Each lesson contains one or two *Sprache* sections.

Aktuelles (Lektion A)—This section presents, in a mini-social studies format, a cross-cultural approach. Beginning with *Kapitel 3*, the content is presented in German as students have acquired the necessary language skills to understand the text. One or two activities follow each *Aktuelles* section so that students can measure their understanding of the language and cultural content.

Lesestück (Lektion B)—A reading selection introduces additional cultural situations that occur in everyday German life. These reading passages employ a mixture of narrative or conversational style so that students can effectively use the material to communicate. The new vocabulary is found at the end of each *Lesestück*. New words and phrases are indicated by the degree symbol (°). A variety of different types of activities testing students' comprehension follow each reading selection.

Persönliches—This activity provides opportunities for students to express themselves about their own experiences as they relate to the topic of the lesson.

Rollenspiel—A role-playing activity engages students in meaningful conversations that reflect real-life situations.

Zungenbrecher (Lektion A)—A tongue twister provides a lighthearted and fun-type activity to challenge even the best students.

Praktisches (Lektion B)—This cooperative learning activity involves students in group activities in which they have to create meaningful real-life situations that involve them actively by using the language within a communicative setting.

Schreiben—This cumulative proficiency-based writing activity guides students to write short dialogs or narratives.

Wörter und Ausdrücke—The new words and expressions for each lesson are listed here for review. Students can also find the new vocabulary at the end of the chapter and at the end of the book.

Land und Leute (Lektion B)—This reading selection (included in *Kapitel 4, 8, 12*) familiarizes students with geographical and cultural features of Germany, Austria and Switzerland. The new vocabulary, which is indicated by the degree symbol (°), is found at the end of each section. It is considered passive and, therefore, important only for reading comprehension. It is not necessary for effective use in communication-oriented activities. Passive words are indicated in the end-of-book vocabulary by an asterisk. Following these reading selections are activities testing students' understanding of the content.

Rückblick—This section (included in *Kapitel 1-11*) reviews the vocabulary and grammatical structures learned in each chapter as well as previous ones. The *Rückblick* ensures better retention and reinforcement of previously learned material. The last chapter (*Kapitel 12*) is a review of language and cultural elements from all the previous chapters.

Was weißt du?—This section (in the *Rückblick* section of each chapter) gives students an opportunity to measure their understanding of the chapter content. It also serves as an excellent review prior to taking the chapter test.

Vokabeln—The vocabulary section gives the students an easy reference source for the new words introduced in each of the two lessons. For each entry, either *Lektion A* or *Lektion B* is indicated, depending on which lesson introduces the word. Nouns are listed with their plural forms and verbs include stem vowel changes where appropriate. The past and present perfect tenses of strong (irregular) verbs are also included. The word's meaning is confined strictly to the context in which it is used in that particular chapter. In cases where the meaning of the same German word changes, the word is listed again in subsequent chapters. All words at the end of each chapter are intended as active vocabulary.

Grammar Summary—The grammar introduced in this book has been summarized in this end-of-book section for convenient reference.

End Vocabulary—The complete vocabulary is listed here for easy reference. Each word or phrase is followed by a number indicating the chapter in which it appears for the first time. For convenient and flexible use, both German-English and English-German vocabularies are included. New passive vocabulary items, usually following the *Land und Leute* reading section, are marked by an asterisk in the end-of-book vocabulary.

Index—A complete index of all the grammar is provided at the end of the book for easy reference to the chapter in which the structure was introduced.

Teacher's Edition

This Teacher's Edition contains a front section and an annotated version of the student textkook.

Front Section
- scope and sequence chart
- National Standards
- philosophy and goals
- description of all textbook components
    - suggestions and ideas for using the Internet
    - teaching approaches for the model chapter for 50-minute periods and 90-minute block schedule
    - teaching suggestions (including suggested games, activities and projects)

Annotated Version of the Student Textbook
- correlation of ancillary materials to the textbook including Internet activities
- answers to both oral and written activities
- cultural notes
- additional background information
- teaching suggestions

Icons for Ancillaries

The following ancillaries have been cross-referenced and marked with icons that indicate the most convenient place to use these supplementary materials, wherever appropriate:

- **CD** Audio CD Activity (including CD tracks)
- **WB** Workbook Activity
- **GV** Grammar and Vocabulary Exercise
- **LA** Listening Activity
- **Q** Quiz
- **PA** Portfolio Assessment
- **OT** Overhead Transparency
- **VP** Video Program
- **TP** Testing/Assessment Program
- **CA** Communicative Activity
- **emcp.com** Internet Activity

For example, the reference "**WB** Activity 1" located in the margin means that Workbook Activity 1 is used best in connection with this particular section.

Scope and Sequence

The scope and sequence chart lists the main sections (functions, culture and grammar) presented in each chapter.

Philosophy and Goals

The philosophy and goals outline the various techniques, strategies and activities employed in providing students with valuable tools that will make the language come alive in the classroom.

Description of Components

A detailed description of all the components accompanying *Deutsch Aktuell 2* informs teachers of the type of support available in successfully implementing this program.

Teaching Approaches for the Model Chapter

50-Minute Periods

Many school districts center around 45- to 55-minute periods. The first chart (pp. TE33–34) following this section provides a detailed outline for spreading a complete chapter (*Kapitel 3*) over a three-week period, utilizing the specified time frame.

Block Scheduling

Many school districts have implemented a block scheduling system that can include blocks of time ranging from 75- to 110-minute periods. Furthermore, block schedules can involve consecutive days for a whole semester, alternate days for a year or many other variations. Our model is based on a 90-minute class period as a sample.

Teaching Suggestions

This section includes a variety of creative classroom activities, such as games, and individual and group performances. These activities play an important part in ensuring that students achieve communicative competence. Individual and group projects also help ensure that students can further expand upon their language skills.

Workbook

The workbook reviews, reinforces and expands upon the material covered in the textbook. The various activities are coordinated with the chapter content and, therefore, follow the same sequence. Additional activities provide students with opportunities to test their understanding of authentic realia collected in Germany, Austria, Switzerland and Liechtenstein. Students should be made aware that they do not have to understand every word, but simply should get the gist or idea of the material presented. A crossword puzzle, the culminating activity of each chapter, reviews contextually some of the key vocabulary of the chapter. This teacher's edition also makes reference to the individual workbook activities as they relate to the textbook material.

Workbook Teacher's Edition

A teacher's edition to the workbook containing the answer key is also available.

Grammar and Vocabulary Exercises

This workbook provides additional practice with basic structures and topics presented in second-year German. Each chapter is correlated to the same chapter in the textbook to give students more opportunities to use what they have learned. Contextualized to make them more meaningful and relevant, these activities are preceded by a telescopic restatement of the grammar point in the chapter material. Word games and puzzles give students the chance to identify and write the new vocabulary groupings. Both grammar and vocabulary sections offer excellent practice in preparing for quizzes and tests and provide a solid foundation for continuing in German. An answer key is at the end of the workbook.

Listening Activities

Audio CDs

These listening activities accompanying all textbook chapters, recorded by professional speakers in Germany, are an excellent bridge to the numerous listening and oral activities in the textbook. In addition, they will prepare students for communicating well in the classroom, and ultimately for the listening tests that are part of the testing/assessment program. The recorded material has been carefully written to use only the vocabulary and grammar that students have learned in the corresponding chapter.

Listening Activities Manual

An accompanying manual contains student answer sheets (duplicating masters) on which students respond in writing to true/false or multiple-choice statements. An answer key is included at the end of the manual.

Testing/Assessment Program

The testing/assessment program includes audio CDs, quizzes, tests and a portfolio assessment.

Audio CDs

The audio CDs, recorded by professional German speakers, present the recorded soundtrack for the listening comprehension tests *(Kapitel 1-11,* Achievement Tests I and II).

Quizzes

Quizzes on duplicating masters are provided for convenient and flexible use. There are about 12 activities per chapter, which are coordinated and sequenced with the chapter content. A complete answer key is also included at the end of this manual.

Tests

The tests evaluate students' listening, writing and speaking skills. Each chapter test contains three sections: (1) student answer sheets for the listening comprehension tests, (2) written tests and (3) an oral proficiency speaking section. For convenience and ease of scoring, the two tests (listening comprehension and written) for each chapter total 100 points. These tests should be given after the completion of each chapter. Students use the answer sheets while listening to the audio CDs, which direct them step-by-step to follow along and complete specific tasks as described. The test activities include true/false *(ja/nein)* and other multiple-choice statements based on the recorded material. Wherever appropriate, picture cues further assist students to select appropriate answers as directed by the speakers. The written tests are intended to measure the students' understanding of the language and cultural content of each chapter. The oral proficiency section of each chapter test, containing two activities, can be used in an informal and flexible manner. There is no test for *Kapitel 12* as it is a review chapter.

There are two achievement tests included in the testing/assessment program. Achievement Test I follows *Kapitel 6* and Achievement Test II follows *Kapitel 11*. The tests contain 150 points each and should be given at the end of the semester. The material covered in the achievement tests focuses on the previous six chapters *(Kapitel 1-6)* or five chapters *(Kapitel 7-11)* and tests the students' understanding of that material. Both listening comprehension and written tests are included.

The answers to all the tests are included in the back of the manual.

Portfolio Assessment

Portfolio assessment materials are designed to evaluate and assess student performance. The communicative functions at the beginning of each chapter can be used as goals against which the student's progress can be measured. This manual provides valuable information for evaluating and assessing student performance.

Test Generator on CD-ROM

The test generator allows teachers to test exactly as they have taught, allowing for differences in instructional emphases, teaching approaches and students' learning styles. Teachers can select and modify sections from the existing Testing/Assessment Program, including quizzes and chapter tests. The CD also allows teachers to add their own test questions as well as edit existing questions.

Audio CD Program

Audio CDs

The audio CD program, recorded by professional German speakers, is an integral part of *Deutsch Aktuell 2*. The audio CDs are coordinated with *Kapitel 1-12*. The recorded material for all chapters has been indicated in the teacher's edition by a CD symbol. Numerous opportunities are provided for students to be actively involved in practicing the material as presented in the textbook.

Audio CD Program Manual

A separate manual containing the text of the audio CDs is also available. Furthermore, the manual includes a Program Manager which provides details such as CD track number, recorded time of each section and the textbook page where this section can be found.

Video Program

Videocassettes or DVDs

The episodes of the *Treffpunkt Berlin* continue throughout the second level. Coordinated with each chapter of the textbook, these video episodes were filmed on location in Berlin with professional actors. These live-action videos are carefully coordinated with the vocabulary and language structures of the 12 chapters, thus enabling students to understand authentic situations in everyday German life. The story line from *Deutsch Aktuell 1* continues to weave throughout the various episodes of *Deutsch Aktuell 2*. Students will follow and identify with the characters as they encounter various experiences.

Video Program Manual

A separate manual contains the printed video text, specific references for easy location of episodes on the DVD and many additional activities.

Overhead Transparencies

A set of full-color overhead transparencies, coordinated with the 12 chapters, is also available. Many of these transparencies depict real-life situations and challenge students to describe, act out or narrate the scene as shown. Other transparencies can be used in a flexible manner, either reviewing or reinforcing the chapter material.

Communicative Activities

Effective communicative activities are integral to the success of a German language program. The manual Communicative Activities is designed to provide additional communicative practice for students. The manual provides information gap activities and situation cards that promote student-to-student interaction, a communicative functions checklist that reviews the functions introduced in each chapter and postcards that develop writing skills.

Internet Activities

The *Deutsch Aktuell* Internet Activity Web site features contemporary, interesting Internet activities. There are three activities correlated to each chapter in the textbook. These Internet activities enhance students' language skills and cultural knowledge as well as develop their Internet research skills. Students are carefully guided through the various links in each activity. Teachers receive a password to allow them to access all the activities' answers. Since the Internet is a changing medium, activities are constantly being added, deleted and modified. To view these activities, visit www.emcp.com/deutschaktuell. To avoid printing specific Web site references in the student textbook, there are Internet Activity icons throughout this teacher's edition that coordinate with various chapter sections. In this manner, obsolete Web sites can be avoided as all modified and changed activities pass through the EMC/Paradigm Publishing Web site as indicated above.

USING THE INTERNET: SUGGESTIONS AND IDEAS

Because of its widespread and instantaneous nature, the Internet offers endless potential as a tool for teaching and learning. In German classrooms, the Internet can help teachers meet the challenge of providing students with materials that are up-to-date and culturally authentic. With virtually no lag time, information from the culture of German-speaking countries can be accessed and utilized in a variety of ways. In a lesson about Berlin, for example, you and your students can:
- access city and subway maps
- view photographs of major landmarks of the city
- obtain news from German newspapers
- visit online museums and view works of art
- obtain tourist information
- participate in discussion groups on German culture and civilization
- access current weather information and forecasts
- exchange e-mail correspondence

By using the Internet as a supplement to *Deutsch Aktuell*, you also will create exciting learning opportunities for students that simply did not exist previously. The activities your students will be able to do are limitless. Here are some sample activities and various supplementary materials that illustrate the vast possibilities of the Internet.

E-mail Projects

Consider arranging e-mail exchanges to complement the use of *Deutsch Aktuell*. Have students participate in a number of exchanges that allow them to apply the concepts, vocabulary and cultural information studied in a given lesson. Here are some sample exchanges.

1. After studying expressions about the weather, students write a weather report for their city or state and send it to a collaborating keypal. They also inquire about the weather and climate in the region where the keypal lives. Subsequent exchanges could deal with:
   - sports and activities related to different seasons of the year
   - outdoor activities that students enjoy
   - the school calendar and how the local climate may affect it
   - weather conditions in different German-speaking countries

2. As part of a food unit, students develop an e-mail exchange sharing the following information about their culture or family:
   - a typical meal schedule at home
   - a typical meal schedule in their country
   - a menu for a typical day and one for a special celebration

3. After learning about leisure-time activities, students share with their keypals what they do during a typical weekend or vacation.

4. Students write a description of a well-known individual in sports, music, politics or the movies. Then they send the description to their keypal who tries to guess the mystery person's identity.

5. Students conduct surveys in order to explore cultural comparisons. Topics may include:
   - the level of independence given to teenagers
   - access and admittance to clubs or discos
   - the legal age for driving
   - the number of students who work
   - the minimum wage paid to teenagers who work

6. Examples of other possible exchange topics for beginning students include school, daily life, family, friends, travel, sports, clothing and popular music. Topics for more advanced students may include current events, politics, household rules, curfew and educational aspirations.

Suggested Sites for E-mail Projects

E-pals
http://www.epals.com

Linguistic Funland
http://www.linguistic-funland.com/penpalpostings.html

International Pen Friends for Schools
http://www.europa-pages.co.uk/school_form.html

Model Unit for an E-mail Exchange: *Meine Familie*

This unit allows students to share information about their families and learn about the families of their keypals. Although the unit is appropriate for learners at various levels of proficiency, teacher expectations and student performance will vary accordingly.

Academic Goals
Students will be able to:
1. Use vocabulary related to the family.
2. Use possessive and descriptive adjectives and appropriate verbs.

Social Goals
Students will be able to:
1. Share information about their families.
2. Find out about the families of their keypals.
3. Recognize similarities and differences between families in the United States and families in cultures where German is spoken.

Procedures for a Beginning German Class
1. Teach and practice specific vocabulary pertaining to family members. Show pictures and begin by describing your real family or a fictitious family in terms of members, roles, names, ages, likes, dislikes and professions. After your description, see what students are able to remember. This questioning gives students a chance to use basic expressions.

2. Then have students describe their own families. As preparation for class, have students prepare notes about their families (real or imaginary) according to the specifications given in advance.

3. After further practice in class, have students write descriptions of their families. Possible information includes:
   - family name
   - number of people in the family
   - description of each family member (name, age, occupation, personality)
   - family activities and traditions

4. Once the documents are completed and revised (by peers and by the teacher), send the descriptions to keypals abroad. When the replies are received, have students compare families in both cultures and find similarities and/or differences.

Locating Keypals

Possible keypals can be found in the same school building or district, in another city or around the world. Here are some strategies for locating keypals.
- Place ads in professional organization newsletters and journals.
- Attend professional conferences and technology workshops in order to network with colleagues.
- Search the Web for Collaborating Classrooms, Cultural Classroom Connection or Exchanges.
- Post messages in German newsgroups.
- Subscribe to listservs pertinent to German-speaking areas.
- Check related Web home pages or Internet Guides.
- Write to American Schools Abroad. (A listing may be obtained from the Department of State in Washington, DC).

Netiquette Tips
- To see whether or not you and your students practice good "netiquette," take this quiz: **http://www.albion.com/netiquette/netiquiz.html**
- To find out whether or not you are safe at work when on the Web, take this quiz: **http://sladen.hfhs.org/library/education/netiquette.html**
- If you missed any questions on these two quizzes, review the rules at: **http://www.albion.com/netiquette/corerules.html**

TE25

Overcoming E-mail Limitations

Hardware Limitations: When a limited number of computers are available, students can work in pairs or individual students can access computers at other times (for example, while others in class are working on an assignment, after completing a test, during lunch periods, study hall, time in the media center or before and after school). Assignments made well in advance of their due date will allow students to choose their work time and produce final products of high quality.

Time Limitations: When computer lab time is limited, schedule individuals or groups in such a way that at least one exchange can be completed per quarter, trimester or semester.

Access Limitations: If you have one computer with access to the Internet using a modem and a single phone line, get the project ready and transmit it when the line is available. A designated student can be the mailer. If there is no access in school, a teacher or student who has access to the Internet or other commercial service can be the mailer for the group. This will ensure that the outgoing and incoming mail will involve only one supervised e-mail account.

Surfing the Web

To search or "surf" the Web, use the latest version available of the Web browser of your choice. Web browsers provide a harmonious interface for text and graphics. You have different options for general search engines. Some search titles or headers of documents, others search the documents themselves, and still others search indexes or directories. To locate a desired resource, do a Net Search. Here is a list of some popular and powerful search engines for this country and Germany. Note that *.com* usually refers to Web browsers in this country, whereas *.de* refers to Germany.

(**Note:** The following addresses may change at any time. Visit sites to verify they are active before using them in class.)

AltaVista	**http://www.altavista.de**
InfoSeek	**http://infoseek.go.com**
Lycos	**http://www.lycos.de**
Mamma	**http://www.mamma.com**
Webcrawler	**http://www.webcrawler.com**
Yahoo	**http://www.yahoo.de**

Sample Web Site and Activities

City Net is a World Wide Web home page that archives or stores information about cities around the world. This resource can be particularly helpful in creating cultural units because the information found at this site might include historical events, transportation, maps, pictures and sites of interest (including schedules, addresses and telephone numbers). Once the user has clicked on the city of choice, graphics and text that support these categories are accessible by clicking on highlighted areas on the screen.

Virtual City Tour

It's easy to take your students on a virtual city tour using the City Net home page. First, determine your objectives for this activity: What will your students learn from this work? What cultural awareness and knowledge will they develop? What language skills will they practice? How will students practice critical thinking and problem solving? How will they further process their conclusions and share what they have learned with others?

Procedures for Initiating a Virtual City Tour

1. Open the Web browser and go to City Net by entering **http://www.cities.com**
2. Select the desired continent, then country, then city.
3. Locate a map of the city and identify specific sites of interest that your students might "visit" during a virtual tour of the city.
4. If the city has a subway system, find a subway map or a subway planner. (The latter allows you to enter specific points of origin and destination. Then you receive the routing path and trip duration.)

Here are some other suggestions for a virtual city tour using small groups.

1. Have students visit a certain city that you have chosen. Each group selects a different section of the city. Their task is to determine what sites to visit during a 48-hour period while staying within a specific budget. One group may choose to visit museums while another group may travel to a park to see sculptures and attend a particular event.

2. Have each group visit a different city in the same country. When each group has processed the information, have them present their city's attractions to the entire class. To extend the activity, you might ask students to share their information with the class in written or visual form. Finally, have each group design a quiz pertaining to their city.

3. Have small groups design a travel brochure for their city that includes information on some of the following topics:
   - entertainment opportunities
   - shopping and dining
   - brief historical facts about the city
   - airlines serving the city
   - special events
   - weather
   - typical cuisine

When doing Web-based activities, keep in mind that vocabulary and structures will vary according to level. You may ask beginning students to identify numbers, times, days of the week, cognates and vocabulary related to daily activities. More advanced students may be asked to imagine and narrate a special experience from their virtual city tour.

Cultural/Historical Studies and Presentations

Students work in small groups to become "experts" on a country where German is spoken. The objectives of the activity are to help students get acquainted with the history, geography, economics, climate, attractions and current events of the target country and culture. Working in groups, students search for information pertaining to a francophone country that is assigned or chosen. Once the search is completed, groups summarize the information and present it to the class. The information can be found by doing searches at the sites listed previously or those listed at the end of this section.

Suggest that students include specific information in their presentation:
- maps
- geography
- history
- climate/weather
- major cities and tourist attractions
- popular events
- airlines serving the country
- economic activity and exchange rate
- major newspapers (include a copy of recent headlines)

In addition to sharing their findings with the class, students should submit:
1. a printed copy of the material found and used for the presentation
2. a copy of the final presentation
3. a listening comprehension or reading quiz prepared by the group and based on the presentation. Students can do the listening comprehension exercise while the presentation is being given. They can do the reading comprehension exercise at the end of the presentation after the group has distributed printed copies of their presentation to the entire class. The quiz should also include a key with the correct answers.

Virtual Museums and Works of Art

When teaching colors, emotions, description and even history, works of art may be viewed and/or copied to teach, illustrate and reinforce a variety of concepts. Students may be assigned to search for works of certain artists to illustrate the concepts and/or vocabulary studied in class. When considering the works of a given artist, students may also be assigned to give a presentation on that artist that includes:
- country of origin
- biographical information about the artist
- period in history when the artist lived
- style of work
- colors and shapes used by the artist
- feelings and aspects of life represented by the artist's work
- examples of the artist's work

Suggested sites:
> http://www.museum-der-moderne.de/index.html
> http://www.berlin.de/museen

Weather Reports

Weather reports, including satellite and infrared maps, are available through the Net. When teaching about weather and weather conditions, have students access weather reports from German-speaking countries and regions of the United States. Students then use this information to give weather reports or forecasts to the class. If used throughout the year, such information can be included in different units of the curriculum to link weather conditions with seasons, clothing, sports and outdoor activities.

As with other projects, students' ability levels will be a factor in assigning specific tasks and content. Beginning students may give simple weather reports, including temperatures and precipitation, while advanced students may explore the relationship between weather conditions and lifestyle, tourism and the economy.

Suggested sites:
> http://www.weather.com
> http://www.wetter.de

Newspapers and Magazines

The many newspapers and magazines on the World Wide Web are another outstanding resource for students and teachers in the German classroom. Here is one possible activity using newspapers and magazines.

1. Locate appropriate newspapers and magazines from countries where German is spoken.
2. Familiarize yourself with their format and content.
3. Divide the class into small groups.
4. Assign a content area to each member of the group or allow the students to choose an area of interest. Possible areas include international news, national news, politics, entertainment, weather and sports.
5. According to the number of groups in class, the level and the time allotted, develop a schedule that allows each group to present news from its newspaper or magazine on a regular basis. You may ask a different group to do this at the beginning of class every day or you may prefer to identify a day of the week for several group presentations. The activity should not take more than 5-10 minutes per group. It is helpful to give specific instructions about what you expect to hear in the presentations and to post a calendar of presentation dates in the classroom.

To vary this activity, divide students into small groups and have them summarize the school newspaper in German. Then send the summary via e-mail to a collaborating class with whom you have contact. Such an exchange of news can become an activity to be done throughout the year.

Suggested sites:
http://www.zeitungen.de
http://www.mopo.de
http://www.taz.de
http://www.spiegel.de
http://www.focus.de
http://www.stern.de
http://www.tagesschau.de

Assessing Internet Projects

Here are some helpful guidelines when developing and assessing e-mail and Web projects.
1. Give specific instructions in writing about the project.
2. Post a calendar or time line for the project.
3. Remember that some flexibility may be necessary if students encounter difficulties (for example, with access or printing).
4. Develop clear criteria for grading and evaluation. Depending on the project, some factors to consider may include:
   - appropriate content, length, etc.
   - completion of the project on time
   - quality of the presentation and/or written assignment(s)
   - printed copies of materials from the Web, with graphics where possible
   - participation

Being specific about how student work will be evaluated will make it easier to assign a grade that will require very little explanation at the end of the project. Again, it is a good idea to post the project's requirements, deadlines and evaluation procedures.

Teacher Resources on the World Wide Web

Travel/Tourism
> http://www.embassyworld.com
> http://www.towd.com
> http://www.bahn.de
> http://wetter.de
> http://www.frankfurt-airport.de/de/special/start.html
> http://cityguide.lycos.com
> http://www.excite.com/travel
> http://www.lonelyplanet.com
> http://travel.discovery.com/dest/dest.html
> http://www.virtualtourist.com

Germany
> (**Note:** To access German cities, key the city name followed by *.de*. Example: **Dresden = http://www.dresden.de**.)

Austria
> (**Note:** To access Austrian cities, key the city name followed by *.at*. Example: **Innsbruck = http://www.innsbruck.at**.)
> http://dir.yahoo.com/Regional/Countries/Austria/Cities
> http://dir.yahoo.com/Regional/Countries/Austria/States

Switzerland
> (**Note:** To access Swiss cities, key the city name followed by *.ch*. Example: **Luzern = http://www.luzern.ch**.)
> http://www.switzerland.ch
> http://www.yahoo.de/Staedte_und_Laender/Laender/Schweiz/Kantone

Liechtenstein
> http://www.lol.li
> http://www.news.li/touri/index.htm

Links for Teachers

FLTEACH is designed to facilitate networking and dialog among foreign language professionals. To subscribe to the list, send the following message: SUBSCRIBE FLTEACH first name last name to: **LISTSERV@UBVM.CC.BUFFALO.EDU.**

> *American Association of Teachers of German:* **http://www.aatg.org**
> *Goethe Institutes:* **http://www.goethe.de**
> *Deutsche Welle:* **http://www.dwelle.de**
> *Inter Nationes:* **http://www.inter-nationes.de**
> *German Government:* **http://www.germany-info.org**

TEACHING APPROACHES FOR THE MODEL CHAPTER

Because instructional objectives and the length of classes vary greatly, and since ability levels among students are usually considerably different within one class, it would be impossible to provide a detailed lesson plan that would suit all teachers and students using *Deutsch Aktuell*.

Based on a national survey, class length can vary anywhere from 40 to 110 minutes. Consequently, two different plans have been provided. The first is based on a 50-minute class period; the second is based on a block schedule system with a 90-minute class period.

This Teacher's Edition contains notations that point out any related activities in the following components: audio CDs, workbook, grammar and vocabulary exercises, listening activities, quizzes, portfolio assessment, overhead transparencies, video program, testing/assessment program, communicative activities. These notations occur in the textbook once all information necessary to complete a specific activity has been presented. They are numbered consecutively in the textbook.

Model Chapter (*Kapitel 3*)

REGULAR CLASS PERIOD (50 MINUTES)

	Textbook	Support Materials
Day 1	Review: *Kapitel 2* Chapter Focus: Discussion of chapter opener, pp. 60-61 Introduce vocabulary, p. 62 Activity 1, p. 63 Dialog: *Im Reisebüro*, pp. 63-64	CD Tracks 1-2 Workbook Activity 1 CD Tracks 3-4 Grammar and Vocabulary Exercises, Activities 1-4 Overhead Transparency 13 Internet Activity
Day 2	Review: Vocabulary, Dialog, Activity 1, pp. 62-64 Activities 2-3, p. 65 *Für dich*, p. 66 *Sprache*, pp. 66-67 Activities 4-7, pp. 68-69	CD Tracks 1-4 CD Track 5 Listening Activity 1 Workbook Activities 2-3 Quizzes 1-2 CD Tracks 6-9 Workbook Activity 4
Day 3	Review *Sprache*, Activities 4-7, pp. 68-69 *Aktuelles*, pp. 70-71 Activity 8, p. 72	CD Tracks 6-9 Grammar and Vocabulary Exercises, Activities 5-7 Quiz 3 CD Track 10
Day 4	Review: *Aktuelles*, pp. 70-71 *Persönliches*, p. 72	Workbook Activities 5-6 Quizzes 4-5 Internet Activity CD Track 11
Day 5	Review: *Persönliches*, p. 72 *Rollenspiel*, p. 73 *Zungenbrecher*, p. 73 *Wörter und Ausdrücke*, p. 73	CD Track 11 CD Track 12 Communicative Activities 1-4
Day 6	Review: *Lektion A*, pp. 62-73 Introduce vocabulary, p. 74 Activity 9, p. 75	CD Track 13 Workbook Activity 7 Grammar and Vocabulary Exercises, Activity 8 Overhead Transparencies 14-15
Day 7	Review: Vocabulary, Activity 9, pp. 74-75 Dialog: *Planen wir unsere Reise!*, p. 76 Activities 10-11, p. 77	CD Track 13 Quiz 6 CD Tracks 14-16 Workbook Activities 8-9 Grammar and Vocabulary Exercises, Activity 9 Listening Activities 2-3 Overhead Transparency 16

REGULAR CLASS PERIOD (50 MINUTES)   **Model Chapter *(Kapitel 3)***

	Textbook	Support Materials
Day 8	Review: Dialog, Activities 10-11, pp. 76-77 *Für dich,* pp. 77-78 *Sprache,* pp. 78-79 Activities 12-15, pp. 80-81	CD Tracks 14-16 Quiz 7 Workbook Activities 10-11 CD Tracks 17-18 Grammar and Vocabulary Exercises, Activities 10-12
Day 9	Review: *Sprache,* Activities 12-15, pp. 78-81 *Lesestück: Wir waren am Bodensee,* pp. 82-83 Activities 16-17, pp. 83-84	Quizzes 8-9 CD Tracks 17-18 CD Track 19 Workbook Activities 12-14 Grammar and Vocabulary Exercises, Activities 13-15 Overhead Transparency 17 Internet Activity
Day 10	Review: *Lesestück,* Activities 16-17, pp. 82-84 *Persönliches,* p. 84 *Rollenspiel,* p. 84 *Praktisches,* p. 85 *Schreiben,* p. 85	Quiz 10 CD Track 20
Day 11	Review: Sections on pp. 84-85 *Wörter und Ausdrücke,* p. 85 *Rückblick,* Activities 18-19, p. 86	Communicative Activities 5-8 Workbook Activities 15-16 Quiz 11 Portfolio Assessment Grammar and Vocabulary Exercises, Activities 16-18 Video Program (including activities)
Day 12	Review: *Rückblick,* Activities 18-19, p. 87 *Rückblick,* Activities 20-23, pp. 87-88	
Day 13	Review: *Was weißt du?,* p. 88 Review: Complete chapter (including *Vokabeln*) Chapter Test: Listening Comprehension Test	Testing/Assessment Program: Listening Comprehension Test (Activities 1-5), Tracks 11-15
Day 14	Chapter Test: Written Test and Speaking Test (optional)	Testing/Assessment Program

BLOCK SCHEDULE (90 MINUTES)

Model Chapter *(Kapitel 3)*

	Textbook	Support Materials
Day 1	Review: *Kapitel 2* Chapter Focus: Discussion of chapter opener, pp. 60-61 Introduce vocabulary, p. 62 Activity 1, p. 63 Dialog: *Im Reisebüro*, pp. 63-64 Activities 2-3, p. 65	CD Tracks 1-2 Workbook Activity 1 CD Tracks 3-4 Workbook Activities 2-3 Grammar and Vocabulary Exercises, Activities 1-4 Overhead Transparency 13 Internet Activity CD Track 5 Listening Activity 1
Day 2	Review: Vocabulary, Dialog, Activities 1-3, pp. 62-65 *Für dich*, p. 66 *Sprache*, pp. 66-67 Activities 4-7, pp. 68-69 *Aktuelles*, pp. 70-71 Activity 8, p. 72	CD Tracks 1-5 Quizzes 1-2 CD Tracks 6-9 Workbook Activity 4 CD Track 10
Day 3	Review *Sprache* and *Aktuelles*, Activities 4-8, pp. 66-72 *Persönliches*, p. 72 *Rollenspiel*, p. 73 *Zungenbrecher*, p. 73	CD Tracks 6-10 Grammar and Vocabulary Exercises, Activities 5-7 Workbook Activities 5-6 Quizzes 3-5 Internet Activity CD Track 11 CD Track 12
Day 4	Review: *Persönliches* and *Rollenspiel*, pp. 72-73 *Wörter und Ausdrücke*, p. 73 Review: *Lektion A*, pp. 62-73 Introduce vocabulary, p. 74 Activity 9, p. 75	CD Track 11 Communicative Activities 1-4 CD Track 13 Workbook Activity 7 Grammar and Vocabulary Exercises, Activity 8 Overhead Transparencies 14-15
Day 5	Review: Vocabulary, Activity 9, pp. 74-75 Dialog: *Planen wir unsere Reise!*, p. 76 Activities 10-11, p. 77 *Für dich*, pp. 77-78	CD Track 13 Quiz 6 CD Tracks 14-16 Workbook Activities 8-9 Grammar and Vocabulary Exercises, Activity 9 Listening Activities 2-3 Overhead Transparency 16

BLOCK SCHEDULE (90 MINUTES)

Model Chapter *(Kapitel 3)*

	Textbook	Support Materials
Day 6	Review: Dialog, Activities 10-11, pp. 76-77 *Sprache*, pp. 78-79 Activities 12-15, pp. 80-81 *Lesestück: Wir waren am Bodensee*, pp. 82-83 Activities 16-17, pp. 83-84	CD Tracks 14-16 Quiz 7 Workbook Activities 10-11 CD Tracks 17-18 Grammar and Vocabulary Exercises, Activities 10-12 CD Track 19 Workbook Activities 12-14 Grammar and Vocabulary Exercises, Activities 13-15 Overhead Transparency 17 Internet Activity
Day 7	Review: *Sprache* and *Lesestück*, Activities 12-17, pp. 78-84 *Persönliches*, p. 84 *Rollenspiel*, p. 84 *Praktisches*, p. 85 *Schreiben*, p. 85 *Wörter und Ausdrücke*, p. 85 *Rückblick*, Activities 18-23, pp. 86-88	CD Tracks 17-19 Quiz 10 CD Track 20 Communicative Activities 5-8 Workbook Activities 15-16 Quiz 11 Portfolio Assessment Grammar and Vocabulary Exercises, Activities 16-18 Video Program (including activities)
Day 8	Review: *Was weißt du?*, p. 88 Review: Complete chapter (including *Vokabeln*) Chapter Test: Listening Comprehension Test and Written Test, Speaking Test (optional)	Testing/Assessment Program: Listening Comprehension Test (Activities 1-5), Tracks 11-15

TEACHING SUGGESTIONS

Kapitel 1

1. **Game—*Was nimmst du mit?***
   If you have a large class, you might want to divide your class into several sections. The first student makes the statement *Ich mache eine Reise. Ich nehme einen Koffer mit.* The second student might say, *Ich mache eine Reise. Ich nehme einen Koffer und eine Tasche mit.* The third student repeats what the second student says and adds another item. The game continues until a student makes a mistake, such as not remembering all the words, the right sequence or giving the wrong article. The student who makes a mistake is out and the next person attempts to say the correct sequence. Since it's easier to be at the beginning of the sequence, you may want to switch students around (starting from the end) to give others a chance to be challenged. You could play the same game, using the question *Was für Körperteile hat ein Mensch? Ein Mensch hat...*

2. **Class Activity—*Eine Reise***
   After learning the material in this chapter, have students prepare their own trip to Germany. Their description should include all the details (itinerary, papers needed, day of departure, flight, arrival, etc.). The presentation could be done orally, in writing or both. This activity lends itself quite well to being acted out in class, using a dialog format.

3. **Class Project—*Können wir uns diese Reise leisten?***
   If you are interested, you might want to sponsor a trip to Germany. Start a year ahead so that students have an opportunity to come with most, if not all, of the money. Find out how many students are interested by having them fill out a tentative questionnaire. This will give you a rough idea whether or not a trip is feasible. Various fund-raising activities will have to be sponsored throughout the year to make this trip become a reality. If you are not familiar with making travel arrangements, talk with someone who has taken students on a trip to find out firsthand what details are involved.

Kapitel 2

1. **Class Project—*Zu welcher Jugendherberge oder zu welchem Campingplatz wollen wir fahren?***
   Have students, individually or in groups, send an e-mail to either one of these two organizations for information about youth hostels or campgrounds:

   Deutsches Jugendherbergswerk
   www.jugendherberge.de

   Deutscher Camping-Club e.V.
   www.camping.de

After reading the information or receiving additional details directly from these sources, have students report on where they would like to go, and why. These reports can be done in writing or orally.

2. **Game—*Sätze mit Spaß!***
Everyone in the class receives several sheets of paper with lists of nouns, verbs, and pronouns. The nouns and pronouns represent different genders and cases. All students are standing in front of the room. The class first forms a sentence that includes a subject, verb, direct object noun and indirect object noun. (Example: *Sie gibt dem Freund ein Geschenk.*) Then the teacher (or a student serving as facilitator) asks someone with the correct pronoun for *Geschenk* to replace the person with the noun. The sentence becomes *Sie gibt es dem Freund.* The noun for *Geschenk* sits down and the pronoun *es* takes his/her place. Next, the pronoun for *dem Freund* is substituted. This time the sentence becomes *Sie gibt ihm ein Geschenk.* Thus, the noun for *Freund* sits down and the pronoun *ihm* takes his/her place. The pronoun *es* for *Geschenk* replaces the noun again and we see the fourth combination: *Sie gibt es ihm.* This game keeps everyone moving and students will enjoy seeing the changes in action.

Kapitel 3

1. **Game—*Wohin geht's denn?***
Divide the class into smaller sections. Each section should have two teams. Ask each team to make up a list of places (around the world) they would like to travel to. One team then challenges the other one by asking questions that are answered with just *ja* or *nein*. Let's assume that the intended travel destination is Paris. The questions could go like this: *Ist es ein Land?* (Answer: *Nein.*), *Ist es eine Stadt?* (Answer: *Ja.*), *Ist die Stadt in Deutschland?* (Answer: *Nein.*), *Ist die Stadt in einem Nachbarland von Deutschland?* (Answer: *Ja.*), *Ist es die Hauptstadt?* (Answer: *Ja.*) You may want to award more points for those who guess the answers the fastest.

2. **Individual Project—*Ich möchte nach...fahren***
Have students write a short essay (in German) about where they would like to go. Have them select any place in a German-speaking country. The essay should include the purpose of the trip, why a certain place was selected, how they will get there and what they will see. Here is an opportunity for creative writing and expression.

3. **Class Project—*Wir machen eine Reisebroschüre***
Have students (in groups) develop a travel brochure. The brochure should include the following information: country, region or city (location, size, population), geographical features, famous sites, weather conditions, currency, language(s) spoken, holidays and festivals, and other important facts. Once completed, each group (and its individual members, or a group leader) gives a 10-minute oral presentation to the rest of the class highlighting relevant information from the brochure. Students may include in their presentation posters, postcards, books and other travel brochures for their specific area.

Kapitel 4

1. **Game—*Das glaube ich nicht***
   Ask all students to stand up. They will sit down as they are eliminated from the game. Student 1 thinks of any German word without saying it aloud and writes the first letter of the word on the board. Student 2 thinks of any word that begins with the same letter, again without saying the word aloud. The game continues in this manner until a student believes that the student immediately before him or her is either wrong in spelling or is bluffing. Then, the student says *Das glaube ich nicht*. The previous student then says the word aloud that he or she was thinking. If it is a German word and spelled correctly so far, then the student who doubted him or her must sit down and is out of the game. The student who was correct must again think of a new word and give the first letter, and the game continues until one student is left. Bluffing and misleading others is part of the game. The challenge is to know the words correctly!

2. **Individual Project—*Wo die Leute in unserer Gegend wohnen***
   Have students make a short survey of where people in their area are living (apartments, houses; city, suburbs; north, east, south, west, etc.). Much of the information may come from local newspaper ads in which apartments and houses are listed for rent and sale. The local library may also be a useful resource.

3. **Individual Project—*Mein Traumhaus***
   Have students write a short essay about their dream house. Students should be as creative and imaginative as possible to describe the kind of house in which they would like to live.

4. **Class Activity—*Was für Tiere gibt's im Zoo?***
   Have students go through magazines (German or American) and cut out pictures of all the animals they can find. Each student is responsible for finding at least 10 different animals. Have students prepare a bulletin board with pictures of the various animals as well as their names in German, including the article and plural form. Students will need a dictionary for this activity because some of the animals they pick may not be introduced in this book.

Kapitel 5

1. **Game—Charades**
   Divide the class into two teams. Have each team prepare a list of proverbs, tongue twisters, dialog sentences or idiomatic expressions. Ask students to write these items on small slips of paper and put them in two separate containers, one for each team. A student from one team draws a slip of paper from the other team's container. He or she acts out the word or phrase while his/her teammates guess what it is in the shortest time possible.

2. **Class Activity—*Wir kochen...***
   With the help of the family and consumer science department in your school, you may want to have your students cook a German meal or bake some pastries or cookies. This is an excellent fund-raising activity. Of course, such a project depends to a large extent on the facilities available. If such a project cannot be

done in school, you may want to have students bake some goodies at home and bring them to school, to a German Club meeting or for a bake sale. The following are a few recipes for the dishes and food items that your students know from this or previous chapters of *Deutsch Aktuell*. Some of the recipes are given in metric measurements.

Brötchen

500 g. flour
30 g. yeast
¼ l. lukewarm milk
50 g. butter or margarine
1 egg
1 tsp. salt
¼ tsp. each white pepper and grated nutmeg
2 egg yolks
2 Tbsp. milk
1 Tbsp. each poppy seed, caraway seed and sesame seeds

Sift the flour into a large bowl and make a well in the center. Crumble the yeast into the milk. Stir adding a little flour. Cover and let rise in a warm spot for 15 minutes. Melt butter or margarine and add the egg and spices to the flour mixture. Add the rest of the flour, knead well and let dough sit until it starts to bubble. Take 40 g. dough and form into balls with floured hands. Place balls about 3 inches apart on 1 or 2 greased baking sheets. Press down slightly on balls with the palm of your hand and let sit, covered, for 20 minutes. Blend egg yolks and milk and brush on surface of the rolls. Sprinkle with poppy seed, caraway seed and sesame seed and make a slit lengthwise or crosswise on top. Bake in preheated oven at 425° for 20 minutes.

Wiener Schnitzel

Pound 4 veal cutlets (5 oz. each) lightly until ⅛ inch thick. Salt both sides and coat with flour. Mix 1 egg with 1 Tbsp. milk and 1 tsp. oil. Dip floured cutlet into egg mixture. Let dry somewhat; then coat with bread crumbs. Fry in hot fat until crispy on both sides. Drain on paper towels and garnish with parsley and a lemon wedge. Serve with a cucumber salad and french fried potatoes, if desired.

Rheinischer Sauerbraten

¼ l. wine vinegar
½ l. water
2 Tbsp. oil
1 medium-sized carrot, chopped
1 medium-sized leek, chopped
1 medium-sized onion, chopped
½ parsley root
½ tsp. salt
6 black peppercorns
1 tsp. mustard seed
2 juniper berries

2 whole cloves
2 bay leaves
1 kg. beef roast
¼ l. marinade
¼ l. white wine
1 Tbsp. tomato (pulp) puree
3 Tbsp. raisins
4 Tbsp. grated almonds
4 Tbsp. cream

Mix vinegar, water and oil. Add cut-up vegetables and spices; chill. Place beef roast in large pan and pour chilled marinade over it. Cover and refrigerate for 3-4 days; turning occasionally. Remove meat from pan and wipe dry. Brown meat in hot oil. Slowly pour over strained hot marinade and white wine. Add tomato puree and simmer for 90 minutes, covered. Remove meat from liquid and keep warm. Add raisins, almonds and cream to sauce mixture and cook covered for 10 minutes. Slice the roast and spoon sauce over the meat on a preheated platter. Pour the remaining sauce into a bowl. Serve with raw potato dumplings, if desired.

Schwarzwälder Kirschtorte

½ c. butter or margarine
¾ c. sugar
1 tsp. vanilla
½ tsp. almond extract
5 eggs
2 ½ oz. pkg. slivered almonds, ground
4 oz. German sweet chocolate, grated
½ c. flour (sifted)
½ c. cornstarch (sifted)
2 tsp. baking powder

Cream the butter, vanilla and almond extract. Add the eggs one at a time and mix until sugar has dissolved. Add almonds and chocolate (save a little to decorate top). Mix in flour, cornstarch and baking powder. Beat well. Bake in two greased and floured round 8- or 9-inch cake pans at 350° for 20-25 minutes. After cooking, divide one layer in half.

3. **Individual Project—*Mein Lieblingsrestaurant***
   Ask students to write down which is their favorite local restaurant, and why. Students should be as creative as possible in their description. Have them give an oral report on this topic to the class.

4. **Class Activity—*Gehen wir ins Restaurant!***
   Have students set up a scene in a restaurant, preferably with a table, plates, silverware, etc. Then ask students to select roles (customer, food server, cashier). Students should be encouraged to be as creative as possible. It can be lots of fun and, above all, an excellent learning experience. You may also consider having your students organize going to a local German restaurant (if one is in the area).

This would allow students to further demonstrate some understanding and appreciation of German foods. The following is a handy reference to help you make the right selection in a restaurant:

Speisen

Vorspeisen
Austern
Gänseleberpastete
Krebsschwanzsalat
Blätterteigpastete
Räucheraal
Russische Eier
Weinbergschnecken

Hors d'œuvres
Oysters
Pâté de foie gras
Crayfish salad
Pastry (flaky)
Smoked eel
Russian eggs
Snails

Salate
Gurkensalat
Gemischter Salat
Kopfsalat
Rohkostplatte
Selleriesalat
Tomatensalat
Salatsoße

Salads
Cucumber salad
Mixed salad
Lettuce salad
Vegetarian salad
Celery salad
Tomato salad
Salad dressing

Suppen
Erbsensuppe
Gulaschsuppe
Hühnerbrühe
Königinsuppe
Kraftbrühe
Linsensuppe
Nudelsuppe
Ochsenschwanzsuppe
Schildkrötnesuppe
Tomatensuppe

Soups
Pea soup
Hungarian (goulash) soup
Chicken broth
Cream of chicken
Broth
Lentil soup
Noodle soup
Oxtail soup
Turtle soup
Tomato soup

Fische
Aal
Forelle
Hecht
Karpfen
Makrete
Rheinsalm
Schellfisch
Scholle
Seezunge
Steinbutt
Zander

Fish
Eel
Trout
Pike
Carp
Mackerel
Rhine salmon
Fresh haddock
Flounder
Sole
Turbot
Pike-perch (Jack salmon)

Fleisch	Meat
Hammel	Mutton
Kalb	Veal
Rind/Ochsen-	Beef
Schweine-	Pork
Braten	Roast
Filet	Fillet
Frikassee	Fricassee
Haxe	Knuckle
Leber	Liver
Nieren	Kidneys
Ragout	Ragout/Stew

Fleisch	Meat
Steak	Beefsteak
Bratwurst	Bratwurst (fried sausage)
Eisbein	Pickled pork
Filetsteak	Fillet steak
Rumpsteak	Rump steak
Schnitzel à la Holstein	Breaded veal cutlet (with fried egg)
Wiener Schnitzel	Breaded veal cutlet
Schinken	Ham

Geflügel	Poultry
Ente	Duck
Gans (Gänsebraten)	Goose
Huhn	Chicken
Hähnchen	Spring chicken
Truthahn/Puter	Turkey

Wild/Wildgeflügel	Game/Venison
Hase	Hare/Rabbit
Hirsch	Venison
Reh	Roebuck
Wildschein	Wild boar
Rücken	Saddle

Eierspeisen	Egg Dishes
Pfannkuchen	German pancake
Rührei	Scrambled egg
Spiegelei	Fried egg
Verlorene Eier	Poached eggs
Gekochtes Ei	Boiled egg

Beilagen	Served with
Bratkartoffeln	Fried potatoes
Kartoffelbrei (Püree)	Mashed potatoes
Pommes frites	French fries
Reis	Rice
Salzkartoffeln	Boiled potatoes

Spätzle	Swabian dumplings
Knödel	Dumplings
Leberknödel	Liver dumplings

Gemüse / Vegetables

Blumenkohl	Cauliflower
Champignons	Mushrooms
Grüne Bohnen	String beans
Grüne Erbsen	Green peas
Gurken	Cucumbers
Karotten (Möhren)	Carrots
Rosenkohl	Brussels sprouts
Rotkraut, -kohl	Red cabbage
Spargel	Asparagus
Weißkraut	White cabbage

Zubereitungsarten / Preparation

Blau (Fisch)	Blue (fish boiled)
Gebacken	Baked/Fried
Gebraten	Roasted/Fried
Gefüllt	Stuffed
Gekocht	Boiled
Geschmort	Braised/Stewed
in Backteig	in batter
mit Butter	with butter
Paniert	with breadcrumbs
mit Remouladensauce	with remoulade sauce
vom Rost/grilliert	Grilled
mit Schlagsahne	with whipped cream

Kalte Speisen / Cold Dishes

Aufschnitt	Cold cuts
Kaltes Geflügel	Cold poultry
Käseplatte	Assorted cheeses
Schinken (roh/gekocht)	Ham (smoked/boiled)
Wurst	Sausage

Nachtisch / Dessert

Eis	Ice cream
Kompott	Stewed fruit
Obstsalat	Fruit salad
Obst, frisches	Fresh fruit

Gebäck / Pastry

Berliner Pfannkuchen	Berlin doughnuts (Bismarcks)
Blätterteiggebäck	Puff pastry (turnovers, tarts)
Obstkuchen	Fruit cake
Teegebäck	Tea cakes
Torte	Layered cake (very rich)

Amerikaner	Special chocolate or sugar-covered cookie (named after Americans)
Kekse	Cookies
Sandkuchen	Pound cake
Alkoholische Getränke	**Alcoholic Beverages**
Bier (hell/dunkel)	Beer (pale/dark)
Bowle	Punch
Liköre/Spirituosen	Liqueurs/Spirits
Rotwein	Red wine
Schaumwein	Champagne/Sparkling wine
Süßwein	Dessert wine
Weinbrand	Brandy
Weißwein	White wine

Kapitel 6

1. **Game—*Was kaufen wir ein?***
   If you have a large class, divide students into several groups. The first person in each group begins with the question, *Was kaufen wir ein?*, and answers the question including one shopping item, for example, *Äpfel*. He or she gives this answer: *Wir kaufen Äpfel*. The next student repeats the question and the previous answer and adds another item. The object of the game is to see how many items can be named in sequence (with correct pronunciation) until the first student makes a mistake. That student is then eliminated from the game. The game lasts until there is only one student left, he or she being the winner. If the game seems to be too easy, have students add some metric units *(ein Pfund Äpfel, 200 Gramm Wurst*, etc.*)*.

2. **Class Activity—*Einkaufen macht Spaß!***
   When students are familiar with the vocabulary relating to shopping, have them role-play a shopping spree. You may want to have students work in groups to prepare beforehand to make it more effective and meaningful. As soon as students are ready, have them act out the scene. Let them be as creative as possible.

3. **Class Project—Shopping Items**
   Ask students to look through German magazines and/or newspapers to see how many shopping items they can identify. If German newspapers or magazines are not available, have students look through their local newspaper and ask them to prepare a list of shopping items in German. For some words, a dictionary may be necessary.

Kapitel 7

1. **Game—*Wer richtig fragt, findet auch die Antwort!***
   Make a list of questions and corresponding answers appropriate to the level of your students and the material studied. Write each question on a separate

notecard. You may want to put the questions on a different-colored notecard than the answers. When finished, put all cards in a bag and mix them. Be sure that the questions and answers equal the number of students in your class. Pass around the bag with the cards and have each student take one. Give your students specific instructions: "Each one of you will draw a card on which you'll find either a question or an answer. If you have a question, your goal is to find the person who has the answer to your question. If you have an answer, your goal is to find the person who has the question to your answer. Do this by speaking only in German. As soon as you find your card, stand next to that person. You will have three minutes to find your match." After all students have found their matches, have them read their questions and answers to make sure that they have made the correct matches.

2. **Individual Project—*Mein Traumtag***
Have students write an essay describing a day that is totally atypical and one that they would consider to be their *Traumtag*. Make sure that they include on their wish list at least eight items or activities that are different from their daily routine. Encourage as much creativity as possible in their expository writing assignment.

Kapitel 8

1. **Game—*Ratet mal!***
Write a jumbled German word referring to a holiday and/or festival on the board. (Example: *TEOSNR = OSTERN*.) You may want to divide the class into teams. You may also want to have the person or team member indicate what the holiday or festival is in English. In case of a festival, have students describe it with one or two sentences.

2. **Class Activity—*Feiern wir diesen besonderen Tag!***
To make a well-known German holiday *(Weihnachten, Ostern,* etc.) more meaningful for students, you may want to have them make necessary preparations and get the whole school involved. For example, you could use the theme *Weihnachten in Deutschland*. Have students decorate the room with appropriate ornaments, collect articles and other interesting items for the bulletin board (or perhaps the showcase in the hallway) and bake Christmas cookies and breads *(Lebkuchen, Stollen* and so forth*)* which can be offered for sale as a fundraiser. Learn a few songs appropriate to the festivity.

3. **Class Project—*Ein Gast aus Deutschland***
Ask your students if they know someone from Germany. Find out if this person is willing to come to your school and talk about a particular festival in Germany. If such a meeting can be arranged, you may want to ask your students to prepare questions beforehand to make the guest's visit more interesting. Of course, a talk about a particular holiday season or festival might be a springboard to other topics of interest.

Kapitel 9

1. **Game—Password**
   Divide the class into teams. Each team makes up a set of cards with a German word written on each card. You may want to limit these words to a single category. Team 1 gives a card to Team 2. A person from Team 1 then gives his/her partner a one-word clue, which could be an antonym or a synonym. The partner gets one guess. If he or she doesn't guess the word, the opposing team takes over. If a word is guessed on the first try, the team gets 10 points; on the second try, 9 points, etc.

2. **Class Activity—*Wir gehen zur Post***
   Have students act out a scene at the post office. Students should prepare for this scene beforehand. The post office scene should include such facilities as a counter, mailbox or telephone booth. After the initial preparations, students may want to write out a creative dialog and learn it before acting out the whole situation. The scene can be very straightforward or funny (a lost letter/telegram, wrong phone connection, too big a package to send, etc.), depending on the students' imagination.

3. **Individual Project—*Schreibt einen Brief!***
   Write a letter or an e-mail to a friend, to someone who knows some German or to an organization in a German-speaking country *(Auf Deutsch, bitte!)*. Your students may also want to find a pen pal and begin writing letters that way. The purpose is to develop writing skills and practice communicating with others who know German.

Kapitel 10

1. **Game—*Was ist denn passiert?***
   Ask each student to make up a situation such as a sudden ailment, an accident, etc. Other students in the class ask this student questions, to which he/she answers with either *ja* or *nein*. The object of this game or activity is to find out how quickly students can guess what happens in each situation.

2. **Individual Project—*Ein Bericht***
   Have students write a short description in German about an accident reported in the local newspaper. Select individual reports to be read in class. Use this opportunity for students to ask questions about what was read.

3. **Game—*Was bin ich von Beruf?***
   Divide the class into two or more groups. Have each student think of a profession. The object of the game is for the other group members to guess that profession by asking questions that can be answered only with *ja* or *nein*.

4. **Class Activity—*Was willst du werden?***
   Ask students to select jobs they would like to do or careers they would like to pursue. The various jobs/professions listed in this chapter are probably not enough for students to select from. Expand this list by having students look up other possible career opportunities in dictionaries. Once students have selected their future jobs/professions, ask them to write a short description about how they envision their career.

Kapitel 11

1. **Game—*Land, Stadt,...***
   This game is particularly good for geography review. Students take a piece of paper and write categories at the top of the paper; for example: *Land, Stadt, Fluss, Name, Schule, Kleidung.* One student provides a letter of the alphabet by silently going through the alphabet. When you say *Halt!*, he or she will give the other students the letter. Example: *S.* Students will find words/names under each category *(Schweden, Stuttgart, Seine, Susanne, Sportplatz, Schuhe).*
2. **Class Activity—*Welches Auto möchtest du kaufen?***
   Have students look through newspapers and magazines (preferably in German) and clip ads for automobiles. Ask students to prepare a short essay about why they want to buy a particular automobile. Students should use the facts and figures usually provided in these ads for their argument.
3. **Class Project—*Welches ist das beste Auto?***
   Have students select a particular car that they feel is the best on the market. Ask them to give five reasons why this car is better than others. Have several students present their short report to the class. Encourage classmates to ask questions.

Kapitel 12

1. **Class Project—*Wie schützen wir unsere Umwelt?***
   Have students work in groups to write an essay about how everyone can help protect the environment. The students' description should include the following items: present local, national and international problems and how they can be solved; how this country can help others as a role model (giving examples); and what is an ideal problem-free environment. Each group will present their report to the rest of the class.
2. **Individual Project—*Wer Hilfe gebrauchen konnte und warum.***
   Write a report on some local or national event in which a person or group provided help to others. You may want to have your students use newspapers or magazines or a recent TV report to illustrate this topic.

Deutsch Aktuell 2

Fifth Edition

Wolfgang S. Kraft

CHIEF CONSULTANTS

Rudolf Elstner
Materé Gymnasium
Meerbusch, Germany

Hans J. König
The Blake School
Hopkins, Minnesota

Isolde Mueller
St. Cloud State University
St. Cloud, Minnesota

CONSULTANTS

Stephen Brock
Omaha Public Schools
Omaha, Nebraska

Claudia Fischer
Haverford High School
Havertown, Pennsylvania

Deborah Edwards Ford
William R. Boone High School
Orlando, Florida

Ronald W. Harvey
Pickerington High School
Pickerington, Ohio

Joan G. Jensen
School District of the Chathams
Chatham, New Jersey

Christopher H. Nelson
Norfolk Academy
Norfolk, Virginia

Stefan Rink
Minnehaha Academy
Minneapolis, Minnesota

Jennifer Robinson
Loudoun County Public Schools
Sterling, Virginia

EMC/Paradigm Publishing, Saint Paul, Minnesota

Content Advisors
James F. Funston
Robert Headrick
Sarah Vaillancourt

Editorial Assistance
Glenndell Larry
Sharon O'Donnell

Cover and Text Designer
Jennifer Wreisner

Illustrator
Hetty Mitchell

Cartoon Illustrator
Steve Mark

Cover Photographer
Michael Kämpf

About the Cover

The cover of *Deutsch Aktuell 2* highlights Charlottenburg, a well-known section of Berlin. On the *Kantstraße*, one of the capital city's major traffic arteries, scenic double-decker buses run frequently. Waiting at the bus stop are the main characters in the continuing second-level video episodes (from left to right: Angelika, Christian, Petra and John).

Behind the bus is the *Savignyplatz,* a famous Berlin square named after Friedrich Karl von Savigny (1779–1861), a German jurist and legal historian. His theories on law had great significance in England, France and Italy as well as in Germany.

ISBN 0-8219-2560-1

© 2004 EMC Corporation

All rights reserved. No part of this publication may be adapted, reproduced, stored in a retrieval system or transmitted in any form or by any means, electronic, mechanical, photocopying, recording, or otherwise without permission from the publisher.

Published by EMC/Paradigm Publishing
875 Montreal Way
St. Paul, Minnesota 55102
800-328-1452
www.emcp.com
E-mail: educate@emcp.com

Printed in the United States of America
1 2 3 4 5 6 7 8 9 10 XXX 08 07 06 05 04 03

Jetzt geht's weiter!

Now that you have successfully completed *Deutsch Aktuell 1*, you have acquired a basic foundation for communicating in German. You have developed skills in listening, speaking, reading and writing, as well as gained an insight into the way of life among people in different regions of German-speaking countries (Germany, Austria, Switzerland).

You already know how to ask and answer questions about school activities, entertainment and leisure-time activities, traveling, shopping, clothing, and sports. You can talk about yourself, your friends, your family and personal experiences. In short, you can make yourself understood and react appropriately in simple social interactions.

Deutsch Aktuell 2, the second-level textbook, will expand the communicative skills you have already acquired. You will be able to talk about hobbies, vacation plans, professions, foods, holidays and festivals, health matters, camping and youth hostels, and many other topics. You will learn to interact with others about various aspects of life: driving, using various means of transportation (including a trip to Germany), environmental issues, shopping in a variety of stores and markets. You will continue to increase your cultural understanding by learning how to write letters, describing a German house or apartment, naming animals, identifying parts of a car, and talking about major events and festivals in small towns and large cities in Germany.

The format of this book is similar to *Deutsch Aktuell 1*. You will again have the opportunity to interact with your classmates as you apply your knowledge about interesting topics that you might encounter if you travel to a German-speaking environment. You will also have an opportunity to expand your reading skill through specially chosen *Aktuelles* sections, which appear in German from *Kapitel 3* on.

As you continue your journey into the dramatically changing German-speaking world, you will strengthen your global understanding of the language and culture of today's generation.

Alles Gute und viel Glück!

KAPITEL 1
Wohin geht's? 1

Lektion A 2
Was tragen sie? 2
Auf dem Weg zum Flughafen 4
Für dich 6
Sprache Comparison of Adjectives and Adverbs 6
Aktuelles Means of Transportation 9
Persönliches 12
Rollenspiel 13
Zungenbrecher 13
Wörter und Ausdrücke 13

Lektion B 14
Im Flughafen 14
Am Schalter 16
Für dich 18
Sprache *gern* and *lieber* 18
Lesestück *Mit der U-Bahn geht's schneller* 20
Persönliches 22
Rollenspiel 22
Praktisches 23
Schreiben 23
Wörter und Ausdrücke 23

Rückblick 24
Was weißt du? 26
Vokabeln 27

KAPITEL 2
Im Sommer 29

Lektion A 30
Die Jugendherberge 30
In der Jugendherberge 32
Für dich 34
Sprache Reflexive Verbs 35
Aktuelles *Jugendherbergen und Camping* 39
Persönliches 42
Rollenspiel 42
Zungenbrecher 43
Wörter und Ausdrücke 43

Lektion B 44
Auf einem Campingplatz 44
Auf dem Campingplatz 46
Für dich 47
Sprache Word Order of Dative and Accusative Cases 48
Lesestück *Unterwegs* 51
Persönliches 54
Rollenspiel 54
Praktisches 54
Schreiben 54
Wörter und Ausdrücke 55

Rückblick 56
Was weißt du? 58
Vokabeln 59

KAPITEL 3
Ferien 61

Lektion A *62*
Wohin möchtet ihr in den Ferien fahren? *62*
Im Reisebüro *63*
Für dich *66*
Sprache Past Tense (Narrative Past Tense) Regular Verbs *66*
Aktuelles *Der Chiemsee* *70*
Persönliches *72*
Rollenspiel *73*
Zungenbrecher *73*
Wörter und Ausdrücke *73*

Lektion B *74*
Wie ist die Wettervorhersage für Deutschland? *74*
Planen wir unsere Reise! *76*
Für dich *77*
Sprache Past Tense (Narrative Past Tense) Irregular Verbs *78*
Lesestück *Wir waren am Bodensee* *82*
Persönliches *84*
Rollenspiel *84*
Praktisches *85*
Schreiben *85*
Wörter und Ausdrücke *85*

Rückblick *86*
Was weißt du? *88*
Vokabeln *89*

KAPITEL 4
Bei uns 91

Lektion A *91*
Was war alles während der Woche bei Familie Meier los? *92*
Es gibt heute viel zu tun *95*
Für dich *97*
Sprache Past Tense of Modal Auxiliaries *97*
Aktuelles *In einer Großstadt* *99*
Persönliches *104*
Rollenspiel *104*
Zungenbrecher *105*
Wörter und Ausdrücke *105*

Lektion B *106*
Tiere auf dem Bauernhof *106*
Ich bin beim Füttern *107*
Für dich *110*
Sprache Infinitives Used as Nouns *110*
Lesestück *Auf dem Bauernhof* *112*
Persönliches *115*
Rollenspiel *115*
Praktisches *115*
Schreiben *115*
Land und Leute *Das Fürstentum Liechtenstein* *116*
Wörter und Ausdrücke *119*

Rückblick *120*
Was weißt du? *122*
Vokabeln *125*

Table of Contents

KAPITEL 5
Guten Appetit! 125

Lektion A **126**
Was gibt's zu essen? 126
Beim Frühstück 128
Für dich 130
Sprache Genitive **131**
Aktuelles *Wie und wo essen die Deutschen?* **136**
Persönliches 140
Rollenspiel 140
Zungenbrecher 141
Wörter und Ausdrücke 141

Lektion B **142**
Was liegt oder steht auf dem Tisch? 142
So ein Festessen! 141
Für dich 146
Sprache Additional *der*-words **146**
Lesestück *Gehen wir zur Pizzeria!* **149**
Persönliches 152
Rollenspiel 152
Praktisches 153
Schreiben 153
Wörter und Ausdrücke 153

Rückblick **154**
Was weißt du? 156
Vokabeln 157

KAPITEL 6
Einkaufen 159

Lektion A **126**
Obst und Gemüse 160
Bitte, geh einkaufen! 161
Für dich 164
Sprache Demonstrative Pronouns **164**
Aktuelles *Wo kaufen die Deutschen ein?* **168**
Persönliches 172
Rollenspiel 172
Zungenbrecher 173
Wörter und Ausdrücke 173

Lektion B **174**
Im Kaufhaus 174
Im Lebensmittelgeschäft 176
Für dich 179
Sprache Question Words **179**
Lesestück *Im Supermarkt* **181**
Persönliches 184
Rollenspiel 184
Praktisches 184
Schreiben 185
Wörter und Ausdrücke 185

Rückblick **186**
Was weißt du? 190
Vokabeln 191

Table of Contents

KAPITEL 7
Hobbys und Interessen 193

Lektion A 194
Wofür interessieren sie sich? 194
Ich fotografiere gern 196
Für dich 199
Sprache Adjectives after *der-words* 199
Aktuelles *Das Rockmobil* 205
Persönliches 208
Rollenspiel 209
Zungenbrecher 209
Wörter und Ausdrücke 209

Lektion B 210
Weg, Kompass, Karte... 210
Mutig sein! 211
Für dich 213
Sprache Adjectives Used as Nouns 213
Lesestück *Wettkampf im Wasser* 214
Persönliches 218
Rollenspiel 218
Praktisches 218
Schreiben 219
Wörter und Ausdrücke 219

Rückblick 220
Was weißt du? 222
Vokabeln 223

KAPITEL 8
Feste und Feiertage 225

Lektion A 226
Vergnügungspark 226
Das Oktoberfest macht Spaß 227
Für dich 230
Sprache Adjectives after *ein-words* 213
Aktuelles *Das Oktoberfest* 236
Persönliches 240
Rollenspiel 240
Zungenbrecher 241
Wörter und Ausdrücke 241

Lektion B 242
Feiertage und andere besondere Tage 242
Auf dem Cannstatter Volksfest 244
Für dich 247
Sprache Adjectives Not Preceded by Articles 247
Sprache Adjectives after *nichts, etwas* and *viel;* Adjectives Following Quantity Words 249
Lesestück *Ein besonderer Tag* 251
Persönliches 254
Rollenspiel 254
Praktisches 254
Schreiben 254
Land und Leute *Feste und Feiertage in Deutschland* 255
Wörter und Ausdrücke 259

Rückblick 260
Was weißt du? 264
Vokabeln 265

Table of Contents

KAPITEL 9
Kommunikation 267

Lektion A 268
Briefumschlag oder Postkarte 268
An wen schickst du die Karte? 269
Für dich 272
Sprache Prepositions with Dative or Accusative 272
Aktuelles *Am Zeitungsstand* 278
Persönliches 280
Rollenspiel 281
Zungenbrecher 281
Wörter und Ausdrücke 281

Lektion B 282
Computer, SMS, Internet... 282
Warum hast du mir eine SMS geschickt? 283
Für dich 286
Sprache *da-* and *wo-* compounds 286
Lesestück *Beim Rundfunk* 289
Persönliches 293
Rollenspiel 294
Praktisches 294
Schreiben 294
Wörter und Ausdrücke 295

Rückblick 296
Was weißt du? 300
Vokabeln 301

KAPITEL 10
Gesundheit 303

Lektion A 304
Was willst du werden? 304
Beim Zahnarzt 305
Für dich 308
Sprache Past Perfect Tense 308
Aktuelles *Was bringt die Zukunft?* 311
Persönliches 316
Rollenspiel 316
Zungenbrecher 317
Wörter und Ausdrücke 317

Lektion B 318
Was fehlt dir denn? 318
Jetzt kann er besser sehen 320
Für dich 322
Sprache *da/dahin* and *dort/dorthin* compounds 322
Lesestück *Wie geht's dir heute?* 324
Persönliches 326
Rollenspiel 326
Praktisches 327
Schreiben 327
Wörter und Ausdrücke 327

Rückblick 328
Was weißt du? 330
Vokabeln 331

KAPITEL 11
Fahren 332

Lektion A *334*
Die Teile eines Autos *334*
Fahren wir zum Geschäft! *335*
Für dich *338*
Sprache Verbs with Prepositions *339*
Sprache Verbs with Dative *341*
Aktuelles *Verkehr und Fahren in Deutschland* *343*
Persönliches *346*
Rollenspiel *346*
Zungenbrecher *347*
Wörter und Ausdrücke *347*

Lektion B *348*
In der Stadt *348*
Wer hat denn eine Idee? *349*
Für dich *352*
Sprache Conjunctions *353*
Lesestück *Die Werkstatt im Jugendzentrum* *359*
Persönliches *362*
Rollenspiel *362*
Praktisches *362*
Schreiben *362*
Wörter und Ausdrücke *363*

Rückblick *364*
Was weißt du? *366*
Vokabeln *367*

KAPITEL 12
RÜCKBLICK—Jugend 369

Lektion A *370*
So sehen sich die Jugendlichen *370*
Für dich *373*
Aktuelles *Das ist die Berliner Luft* *373*
Persönliches *378*
Rollenspiel *379*
Zungenbrecher *379*
Wörter und Ausdrücke *379*

Lektion B *380*
Was lesen die Jugendlichen? *380*
Für dich *383*
Sprache Conjunctions *353*
Lesestück *Die Jugend — Sorgen und Probleme* *384*
Persönliches *388*
Rollenspiel *389*
Praktisches *389*
Schreiben *389*
Land und Leute *Berühmte Schlösser* *390*
Wörter und Ausdrücke *393*

Rückblick *394*
Vokabeln *398*

REFERENCE

Grammar Summary *395*
German-English Vocabulary *406*
English-German Vocabulary *424*
Index *441*
Acknowledgments *442*
Photo/Realia Credits *446*

Table of Contents

Deutschsprachige Länder und Gebiete

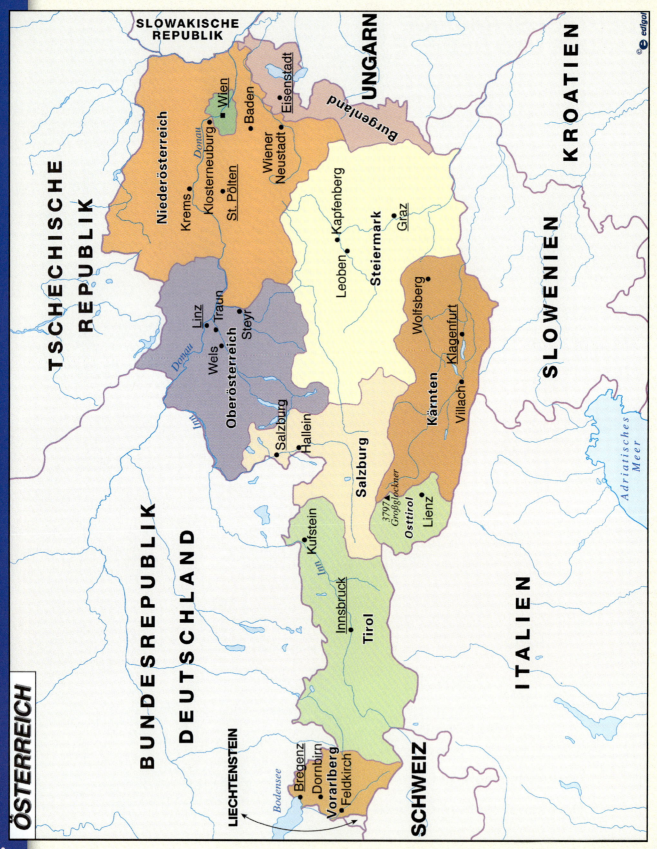

Österreich

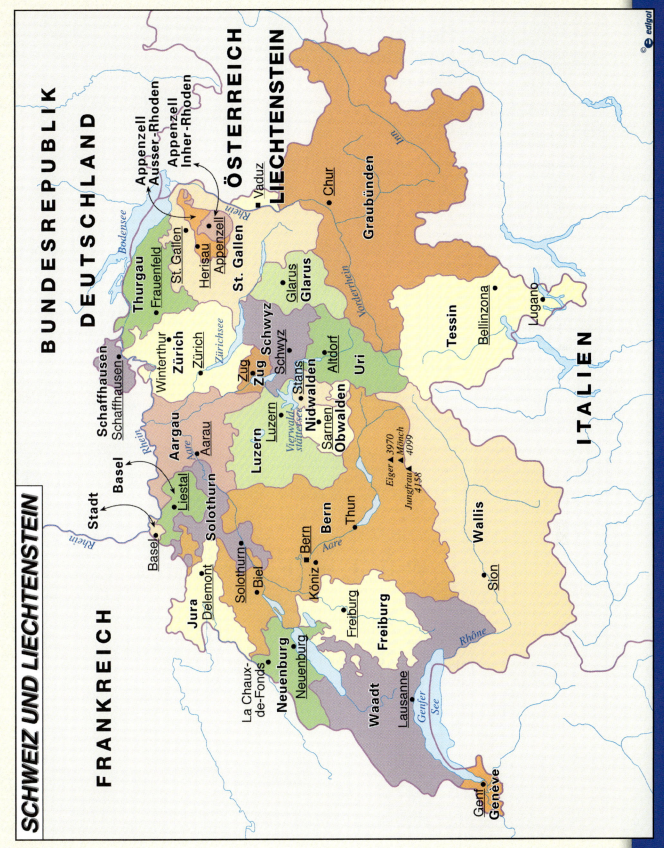

Schweiz und Liechtenstein

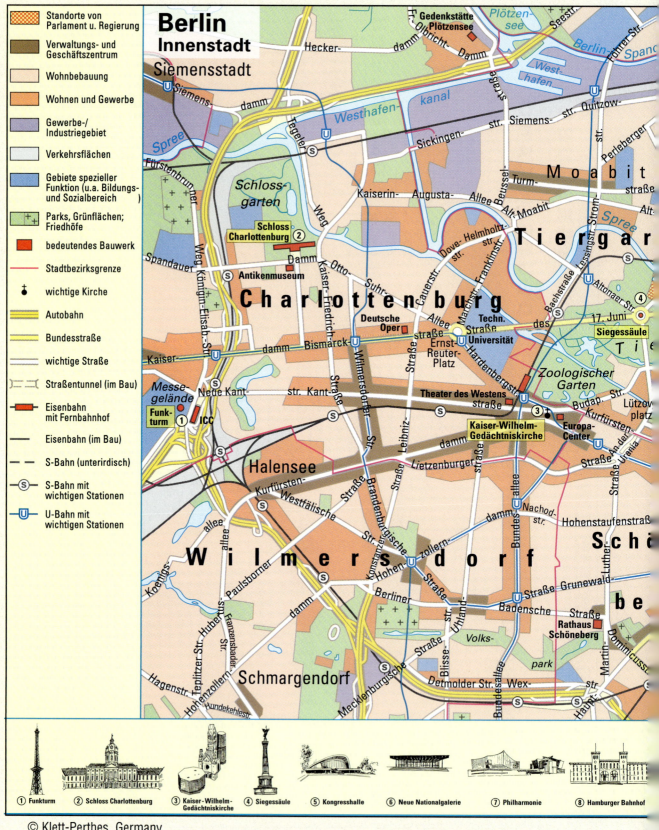

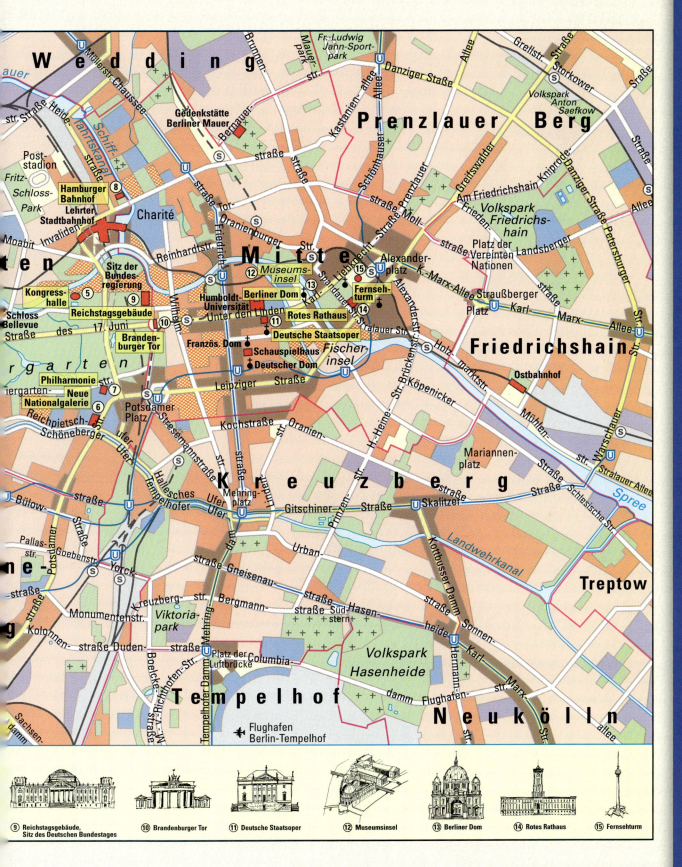

xvii

In this chapter you will learn how to:
- discuss travel plans
- describe airport facilities
- identify pieces of luggage
- make comparisons
- sequence events
- describe means of transportation

KAPITEL 1

Wohin geht's?

LEKTION A

Ask various questions: *Was für Gepäck nimmst du auf deine Reise mit?*, *Was trägst du zur Schule?*, *Was brauchst du zum Einkaufen?*, and so forth.

CD Tracks 1–2
WB Activity 1
Q 1
OT Activities 1–2

Kapitel 1

1 Was tragen diese Leute und welche Farben sind das?

 Track 3

You may want to review verbs with stem vowel changes at this point.

Frau Albers
Frau Albers trägt eine Handtasche. Sie ist blau.

2. Herr Frank
3. Monika und Anne
1. Sven
4. Frau Kowalski
5. Aki

1. Sven trägt einen Rucksack. Er ist braun.
2. Herr Frank trägt eine Aktentasche. Sie ist schwarz.
3. Monika und Anne tragen einen Koffer. Er ist rot.
4. Frau Kowalski trägt ein Paket. Es ist grün.
5. Aki trägt eine Einkaufstasche. Sie ist weiß.

2 Identifiziere die Gegenstände! (Identify the items.)

Select the most logical items. There may be more than one answer.

1. Axel schickt seiner Freundin zum Geburtstag ein ___.
2. Herr und Frau Selters brauchen für ihre Reise nach Europa zwei ___.
3. Jeden Morgen geht Rüdiger mit seiner ___ zum Gymnasium.
4. Frau Krüger hat ihr Geld in der ___.
5. Andrea wandert mit ihren Schulfreunden in den Bergen. Sie trägt einen ___.
6. Tina muss noch schnell Brot, Brötchen, Milch, Käse und Wurst einkaufen. Sie hat eine ___ mitgebracht.

1. Paket
2. Koffer, Taschen
3. Schultasche
4. Handtasche
5. Rucksack
6. Einkaufstasche

Lektion A

Auf dem Weg zum Flughafen

Was für Gepäck haben Hoffmanns mitgebracht?

Gute Idee.

Am besten nehmen wir ein Taxi.

Herr und Frau Hoffmann haben ihre Reise nach Amerika schon ein paar Monate geplant. Endlich ist der Tag da. Sie müssen schon um acht Uhr am Morgen zum Frankfurter Flughafen. Die Stadt Bamberg, wo sie wohnen, liegt viel zu weit von Frankfurt entfernt. Mit dem Zug können sie es am Morgen nicht schaffen. Von Bamberg nach Frankfurt dauert es mehr als drei Stunden und sie müssen auch noch umsteigen. Deshalb haben sie in einem Hotel in der Nähe vom Flughafen übernachtet.

Frau Hoffmann: Warum haben wir so viel Gepäck mitgebracht?
Herr Hoffmann: Zwei Koffer, ein Paket und deine Handtasche sind doch nicht so viel.
Frau Hoffmann: Am schwersten ist dieser Koffer hier.
Herr Hoffmann: Du musst ihn ja nicht tragen. Hier, roll ihn doch!
Frau Hoffmann: Fahren wir mit der S-Bahn zum Flughafen?
Herr Hoffmann: Nein, am besten nehmen wir ein Taxi. Da steht schon eins.
Frau Hoffmann: Gute Idee. Mit dem Taxi geht's doch schneller.

Kapitel 1

3 Etwas stimmt nicht.

In den folgenden Sätzen stimmt etwas nicht. Kannst du die richtige Antwort geben?

1. Hoffmanns wohnen in Frankfurt.
2. Sie machen eine Reise nach Bamberg.
3. Einen Tag, bevor sie ihre Reise machen, übernachten sie auf dem Flughafen.
4. Sie fahren mit einem Zug zum Flughafen.
5. Frau Hoffmann kann das Paket rollen.
6. Sie müssen spät am Morgen auf dem Flughafen sein.

CD Track 6

1. Sie wohnen in Bamberg.
2. Sie machen eine Reise nach Amerika.
3. Sie übernachten in einem Hotel.
4. Sie fahren mit einem Taxi zum Flughafen.
5. Sie kann den Koffer rollen.
6. Sie müssen früh am Morgen (um acht Uhr) auf dem Flughafen sein.

4 Wie heißt diese Stadt?

Complete each sentence with the appropriate word. The first letters of the missing words, when read in sequence, give you the name of the German city considered to have one of the busiest airports in Europe. Write each missing word in capital letters. (Note: Ä = AE, Ü = UE)

1. ___ Hoffmann fragt, ob sie mit der S-Bahn fahren.
2. Sie haben ihre ___ schon lange geplant.
3. Hoffmanns werden nach ___ fliegen.
4. Das Frankfurter Hotel, wo sie übernachten, ist in der ___ vom Flughafen.
5. Frau Hoffmannt meint, dass ein ___ sehr schwer ist.
6. Viele Flugzeuge stehen auf dem ___.
7. Hoffmanns ___ in einem Hotel.
8. Herr Hoffmann sagt seiner Frau, sie soll den Koffer ___.
9. Mit dem ___ kommt man am schnellsten vom Hotel zum Flughafen.

1. **F**RAU
2. **R**EISE
3. **A**MERIKA
4. **N**AEHE
5. **K**OFFER
6. **F**LUGHAFEN
7. **U**EBERNACHTEN
8. **R**OLLEN
9. **T**AXI

(**FRANKFURT** has one of the busiest airports.)

Wer fragt, ob sie mit der S-Bahn fahren?

Lektion A

für dich

ein Taxi

Public transportation in Germany is quite reasonable and efficient. Most Germans make use of the various means of transportation in their cities or towns as the local, regional and state transportation systems are very dependable and punctual. When in a hurry and the cost is not an issue, many Germans take a *Taxi*. Don't be surprised to see a Mercedes-Benz or other luxury automobile picking you up. German cab drivers take special pride in buying good, dependable cars that will last for many years.

SPRACHE

Comparison of Adjectives and Adverbs

In adjectives of comparison there are two levels of comparing that are constructed from the basic form of the adjectives, the **comparative** and the **superlative**. The formation from the basic form, the **positive**, to the superlative is similar in both German and English. For instance, take the word **fast** *(schnell)*. The comparative is **faster** *(schneller)* and the superlative is **fastest** *(schnellst* + ending*)*.

das schnelle Auto	the fast car
das schnellere Auto	the faster car
das schnellste Auto	the fastest car

The above examples merely illustrate the comparison of adjectives. These adjectives (because they involve specific endings) will be treated in detail in later chapters.

The comparison of adverbs is similar to the comparison of adjectives. Whereas the adjective (see above) modifies a noun, the adverb (see below) modifies a verb.

Peter spricht langsam.	Peter speaks slowly.
Maria spricht langsamer.	Maria speaks more slowly.
Holger spricht am langsamsten.	Holger speaks most slowly.

When adjectives end in *d, t, s, ß, sch, st, x* or *z*, the ending in the superlative has an additional *e*, with the exception of *größt-* (see below).

Die Rockmusik ist am interessantesten. — The rock music is the most interesting.

Im Sommer ist es am heißesten. — It is the hottest during the summer.

Most one-syllable adjectives containing an *a, o* or *u* change to *ä, ö, ü* in the comparative and the superlative.

warm	wärmer	am wärmsten
groß	größer	am größten
klug	klüger	am klügsten

A few irregular forms are also listed here:

gut	besser	am besten
viel	mehr	am meisten
gern	lieber	am liebsten

In comparing two equal items, use *so...wie* with the positive form.

Der Morgen ist so kalt wie der Abend. — The morning is as cold as the evening.

When an unequal comparison is made, use the comparative form and the word *als* (meaning "than").

Uwe spielt Fußball besser als Hans. — Uwe plays soccer better than Hans.

Point out that when adjectives end in ß only *ten* is added *(groß, größten).*

WB Activities 5–6

GV Activities 5–8

Q 3–4

CD Track 7

5 Das stimmt nicht.

Your classmates are making some statements, but you don't agree with them. Use the comparative form.

> Das Auto fährt so schnell wie der Zug.
> Nein, das Auto fährt schneller als der Zug.

1. Der Winter ist so kalt wie der Herbst.
2. Das Buch ist so gut wie der Film.
3. Susi liest so viel wie Dieter.
4. Michael kommt so spät wie Kerstin.
5. Der Abend ist so warm wie der Morgen.

1. Nein, der Winter ist kälter als der Herbst.
2. Nein, das Buch ist besser als der Film.
3. Nein, Susi liest mehr als Dieter.
4. Nein, Michael kommt später als Kerstin.
5. Nein, der Abend ist wärmer als der Morgen.

Fährt ein Taxi so schnell wie ein Zug?

Lektion A

CD Track 8

1. Ja, aber am Dienstag ist es kühler.
2. Ja, aber Monika ist klüger.
3. Ja, aber das Motorrad ist schneller.
4. Ja, aber der Film beginnt später.
5. Ja, aber das Museum sieht schöner aus.
6. Ja, aber die Bluse ist preiswerter.

CD Track 9

1. München ist größer. Berlin ist am größten.
2. Petra ist klüger. Heike ist am klügsten.
3. Ich trinke lieber Cola. Ich trinke am liebsten Apfelsaft.
4. Frau Hesse kommt später. Frau Peters kommt am spätesten.
5. Die Hose ist teurer. Der Anzug ist am teuersten.
6. Der Rucksack ist schwerer. Der Koffer ist am schwersten.

6 Das stimmt, aber...

You agree with what is being said; however, you add some information.

▸ Die Schule ist groß. (das Kaufhaus)
Ja, aber das Kaufhaus ist größer.

1. Am Montag ist es kühl. (Dienstag)
2. Jörg ist klug. (Monika)
3. Das Fahrrad ist schnell. (das Motorrad)
4. Das Rockkonzert beginnt spät. (der Film)
5. Der Bahnhof sieht schön aus. (das Museum)
6. Das Hemd ist preiswert. (die Bluse)

7 Vergleiche (Comparisons)

Provide the comparative and superlative forms.

▸ Das Moped fährt schnell. Die Straßenbahn... Der Zug...
Die Straßenbahn fährt schneller.
Der Zug fährt am schnellsten.

1. Köln ist groß. München... Berlin...
2. Sven ist klug. Petra... Heike...
3. Ich trinke gern Milch. Cola... Apfelsaft...
4. Herr Gruber kommt spät. Frau Hesse... Frau Peters...
5. Die Krawatte ist teuer. Die Hose... Der Anzug...
6. Die Tasche ist schwer. Der Rucksack... Der Koffer...

Fährt die Straßenbahn schneller als ein Fahrrad?

Kapitel 1

8 Zwei Formen

Give both comparative and superlative forms.

1. schlecht
2. alt
3. beliebt
4. toll
5. preiswert
6. schön
7. heiß
8. gut
9. viel
10. groß

CD Track 10

1. schlechter, am schlechtesten
2. älter, am ältesten
3. beliebter, am beliebtesten
4. toller, am tollsten
5. preiswerter, am preiswertesten
6. schöner, am schönsten
7. heißer, am heißesten
8. besser, am besten
9. mehr, am meisten
10. größer, am größten

Aktuelles

Wie kommen sie mit ihrem Gepäck zum Bahnhof?

Means of Transportation

Today's world makes it essential that a variety of transportation modes are available so that people can cover short and long distances with efficiency and speed. In spite of modern technology, Germans still cherish their tradition of walking long distances or simply strolling *(spazieren gehen)*, particularly on weekends. Exercising is as popular in Germany as in this country and many people can be seen jogging *(joggen)*, especially in parks and along rivers and lakes.

Germans love to bicycle *(Fahrrad fahren)*. The number of bicyclists in Germany is much larger than in the United States and has increased dramatically in recent years. You will see people of all ages riding their bicycles on pedestrian sidewalks, special bicycle paths or on urban or rural streets.

Viele fahren gern Fahrrad.

The smallest and most economical motor-driven vehicle is the *Mofa*, which is short for *Motorfahrrad*. The somewhat larger model, the *Moped*, is basically a bicycle with an auxiliary motor attached. You must observe the same traffic regulations when riding a moped as when operating any other motorized vehicle. Because of their limited speed, mopeds cannot be driven on the *Autobahn* or other expressways. Those who intend to use Germany's freeways must drive a vehicle at least the size of a motorcycle *(Motorrad)*.

Lektion A

In Berlin gibt's immer viel Verkehr.

Woher kommen die Autos?

Germans who want to drive a motorized vehicle must get a driver's license *(Führerschein)* which can cost as much as € 2,000. The potential driver must be at least 18 years old and must attend an authorized driver's school *(Fahrschule)*. After at least 15 to 20 hours of private lessons, he or she must pass both written and behind-the-wheel driving tests. By the way, a German driver's license is good for a lifetime and doesn't need to be renewed periodically. All members of the European Union (EU), including Germany, have issued a new EU version of a driver's license for a nominal fee.

Similar to our country, the car *(Auto)* is the most important means of transportation in Germany. Germans keep the same license plate as long as it is registered with the same local traffic authority. If the owner moves to another district, the car will get another license plate. The letters on the license plate indicate the town or district where the car is registered. The letter *M*, for example, stands for the city of Munich *(München)*, *F* for Frankfurt and *B* for Berlin.

Postal Service cars or vans *(Postdienst)* are easily recognized by their yellow color and the black postal horn on the side. Police cars, marked *Polizei*, are usually white and green. In case of an accident, you will notice an ambulance *(Unfall-Rettung)* or the Red Cross *(Rotes Kreuz)* rushing to the scene. If there is a fire, the local fire truck *(Feuerwehr)* will be right on the scene.

Trucks *(Lastwagen)* crowd city streets, highways and freeways throughout the country. Most German companies have their own trucks for transporting goods rather than transporting by rail, as is commonly done in the United States.

die Straßenbahn

Public transportation in Germany is excellent. In many German cities, the streetcar *(Straßenbahn)* is still the most important local public transportation. You must buy your ticket in advance because there is no conductor on the streetcar itself. Most stops have free-standing ticket automats marked *Fahrscheine*, where tickets can be purchased. Streetcars, which run on tracks, stop every few blocks.

Passengers who do not have a ticket will incur heavy fines when caught by occasional spot checks.

Kapitel 1

Many cities are phasing out streetcars, however. Instead, buses *(Busse)* have been introduced. Streetcars and buses will stop where there are signs with the letter *H*, which stands for *Haltestelle*. Bus tickets must also be purchased in advance. Many buses provide transportation between the cities and surrounding areas as well. Double-decker buses *(Doppeldecker)* are still the trademark of bus service in Berlin. They are especially popular with tourists on sightseeing tours. Long-distance tour buses *(Reisebusse)* are even better equipped with air-conditioning, restrooms, comfortable seats and huge windows to view the scenery.

ein Doppeldecker in Berlin

Mit welchem Verkehrsmittel kann man von hier aus fahren?

Major cities such as Berlin, Hamburg, Munich and Cologne have subways *(U-Bahnen)* and city trains *(S-Bahnen)*. You can find these by locating signs at the entrance marked with a big *U* or *S*. As with the streetcar system, you must purchase your tickets from the automat or directly at a ticket counter. Before buying a ticket, you should study carefully the zone to which you are going. The price of your ticket depends on the number of zones you will cross or the distance of your ride. The *S-Bahn*, an elevated city train, is faster because it can move freely in comparison to the city streetcars or buses. The *U-Bahn* runs underground except in the harbor area of Hamburg, where it must run above ground.

Many Germans ride the comfortable trains of the *Deutsche Bahn* (German Railroad). These trains are efficient, fast and punctual. There are also other means of transportation that are intended to attract tourists to certain areas. Cable cars, called *Seilbahnen*, take you over treacherous heights to the mountaintop. If you don't want to take a cable car, you could go up using the slower mountain trains *(Bergbahnen)*.

Die meisten Züge sind komfortabel und bringen die Leute schnell an ihr Ziel.

Lektion A

Flüsse und Seen wie hier in Lübeck bieten den Besuchern vieles an.

WB Activity 7

Q 5

emcp.com

1. *S-Bahn*
2. *Führerschein*
3. *Lastwagen*
4. *Doppeldecker*
5. *Bergbahn*
6. *Unfall-Rettung*
7. *Mofa*
8. *Autobahn*
9. *Rotes Kreuz*
10. *Reisebus*
11. *Haltestelle*
12. *U-Bahn*
13. *Fahrschein*

PA

The beautiful scenery surrounding Germany's lakes and rivers is enjoyed by visitors who use various kinds of boats to explore them. Quite popular are the boat tours on the Rhine River between Koblenz and Mainz and on the Danube all the way from Passau to Vienna. In case you're driving along the Rhine and need to get to the other side, you could also take one of the numerous ferry boats *(Fähren)* that cross the river at certain points, instead of the major bridges.

Another way to get around is by air. Within short distances, helicopters *(Hubschrauber)* provide an exciting view of the area from above. The most international means of transportation linking countries and continents is, of course, the airplane *(Flugzeug)*. Between 300 and 400 people can be accommodated in a jumbo jet and fly from New York to Frankfurt in about seven hours.

9 Wovon spricht man hier?

1. city train
2. driver's license
3. vehicle for large deliveries
4. bus with two levels
5. mountain train
6. ambulance
7. smallest motor-driven vehicle
8. freeway or superhighway
9. Red Cross
10. tour bus
11. streetcar or bus stop
12. transportation below the ground
13. bus ticket

Wie heißt dieser Platz?

Persönliches

You and a friend are planning a trip. Describe the various items you intend to take along. Include such details as type of luggage, destination, time of departure, means of transportation, clothing and other items.

Kapitel 1

ROLLENSPIEL

You and your friend are planning to pick up your uncle at the airport. You inquire whether the plane will be on time, and you are told that it will be 15 minutes late. You suggest to your friend that the two of you go to a small café for some ice cream. He or she goes along with your idea. Your friend asks how long it has been since you have seen your uncle, and you tell him or her that it has been about five years.

CD Track 11

The airport sparrow landed on the airport; on the airport the airport sparrow landed.

CA Activities 1–4

Wörter und Ausdrücke

DESCRIBING AND TALKING ABOUT WHAT ONE CARRIES

Was trägst du denn? What are you carrying?
 Eine Tasche. A bag.
 Ein Paket. A package.
 Eine Handtasche. A purse.
 Eine Aktentasche. A briefcase.
 Eine Einkaufstasche. A shopping bag.
 Einen Rucksack. A backpack.

TALKING ABOUT GOING TO AN AIRPORT

auf dem Weg zum Flughafen on the way to the airport
Wo haben sie in der Nähe vom Flughafen übernachtet? Where did they stay overnight close to the airport?
Dieser Koffer ist am schwersten. This suitcase is the heaviest.
Roll ihn doch! Why don't you roll it!
Fahren wir mit der S-Bahn? Are we taking the city train?
Wir nehmen ein Taxi. We'll take a taxi.

Lektion A

LEKTION B

10 Welche Wörter fehlen?

1. Ein großes ___ fliegt von München nach New York.
2. Viele Leute warten am ___ auf ein Flugzeug. Es kommt heute später an.
3. Manche stehen an einem ___ und geben einer Angestellten ihre Reisepässe.
4. Auf der ___ steht, wo man sitzt.
5. Mit diesem Flugzeug können mehr als 300 ___ fliegen.
6. Die ___ arbeitet am Schalter.
7. Der ___ muss das Flugzeug fliegen.
8. Auf dem Frankfurter ___ stehen viele Flugzeuge.

1. Flugzeug
2. Flugsteig
3. Schalter
4. Bordkarte
5. Fluggäste
6. Angestellte
7. Pilot
8. Flughafen

Das Flugzeug fliegt vom Flughafen ab.

Die Piloten starten gleich das Flugzeug.

Was machen die Fluggäste im Flugzeug?

Was sieht der Angestellte im Computer nach?

Lektion B

Am Schalter

Ihren Flugschein, bitte!

Ich sitze lieber am Fenster.

Wie viel Gepäck haben Sie?

Herr Schmitt ist schon ein paar Mal in den USA gewesen. Heute hat er wieder vor, von Frankfurt direkt nach Chicago zu fliegen. Schon zwei Stunden vor dem Abflug muss er auf dem Flughafen sein. Er hat Glück. Am Schalter stehen nicht viele Leute.

Angestellte: Guten Tag! Wohin geht's denn?
Herr Schmitt: Nach Chicago.
Angestellte: Ihren Flugschein und Reisepass, bitte!
Herr Schmitt: Bitte sehr.
Angestellte: Sitzen Sie lieber am Fenster oder am Gang?
Herr Schmitt: Ich sitze lieber am Fenster. Fliegt das Flugzeug pünktlich ab?
Angestellte: Ja, vom Flugsteig B44 um 16 Uhr 45. Wie viel Gepäck haben Sie?
Herr Schmitt: Einen Koffer. Die Tasche nehme ich mit ins Flugzeug.
Angestellte: So, hier ist Ihre Bordkarte. Gehen Sie bitte eine Stunde vor dem Abflug zum Flugsteig!

Herr Schmitt hat jetzt noch etwas Zeit. Er kauft eine Zeitung, trinkt eine Tasse Kaffee an einem Imbiss und geht dann langsam zum Flugsteig.

11 Was passt hier?

Upon his return to Frankfurt, Herr Schmitt talks about his trip to Chicago. Complete the sentences using the appropriate verbs from the list. Be sure that the verb forms are in the present perfect tense.

| geben | gehen | fliegen | sein | trinken |
| warten | kaufen | haben | mitnehmen | bekommen |

1. Ich ___ ein paar Tage in Chicago ___.
2. Das Flugzeug ___ direkt dorthin ___.
3. Im Flughafen ___ ich Glück ___.
4. Nicht viele Leute ___ am Schalter ___.
5. Dort ___ ich einer Angestellten meinen Flugschein und Reisepass ___.
6. Ich ___ einen Fensterplatz ___.
7. Auf die Reise ___ ich einen Koffer und eine Tasche ___.
8. Kurz vor dem Abflug ___ ich noch eine Zeitung ___ und eine Tasse Kaffee ___.
9. Ich und die anderen Fluggäste ___ eine Stunde vor dem Abflug zum Flugsteig ___.

12 Fragen

Beantworte diese Fragen!

1. Ist Herr Schmitt schon einmal in den USA gewesen?
2. Muss er auf der Reise nach Chicago umsteigen?
3. Warum hat er Glück?
4. Was gibt er der Dame am Schalter?
5. Sitzt Herr Schmitt lieber am Gang oder am Fenster?
6. Wie weiß Herr Schmitt, wo er im Flugzeug sitzt?
7. Was trägt Herr Schmitt zum Flugsteig?

Was fragt Herr Schmitt die Angestellte?

Lektion B

für dich

Whereas most American airports display their arrival and departure times on monitors, travelers in Germany find these times often displayed on electronic boards attached to the wall or suspended from the ceiling.

To visit Germany, you will need a passport. To get a passport, you must fill out an application form and bring two color photographs, a birth certificate and a check for the application fee. It can take several weeks before you get your passport.

Upon arrival in Germany, passengers must first show their passports and then proceed through customs. There are usually several green lanes and one red lane. If you have nothing to declare, you can follow the green lane; otherwise you must stop at the red lane and declare duty items. The United States has adopted the same system.

SPRACHE

gern and *lieber*

You may want to review various comparative forms such as *gern, lieber, am liebsten.*

WB Activity 13

GV Activity 14

Q 8

As you have learned before, the word *gern* indicates liking something or someone. The comparative form of *gern* is *lieber*, which is used primarily in expressing preferences. Both are adverbs and must be used with a verb.

Ich spiele gern Klavier. I like to play the piano.
Ich spiele lieber Gitarre. I prefer to play the guitar.

Was fährst du lieber, Motorrad oder Auto? What do you prefer to drive, a motorcycle or a car?
Ich fahre lieber Auto. I prefer to drive a car.

Sie fahren lieber mit dem Fahrrad.

Kapitel 1

13 Was machen sie gern?

Frag deine Freunde, was sie gern machen! Sie beantworten deine Fragen mit „ja".

➤ Spielst du gern Klavier?
Ja, ich spiele gern Klavier.

1. Singst du gern?
2. Hörst du gern Musik?
3. Liest du gern?
4. Schreibst du gern Briefe?
5. Isst du gern Würstchen?
6. Sprichst du gern deutsch?

14 Was machst du lieber?

Beantworte die Fragen!

➤ Was spielst du lieber, Fußball oder Tennis?
Ich spiele lieber Tennis.

1. Wohin fährst du lieber, nach Mainz oder Wiesbaden?
2. Was hast du lieber, Mathe oder Chemie?
3. Wo wohnst du lieber, in einem Haus oder in einer Wohnung?
4. Wann isst du lieber, um sieben oder um acht?
5. Was trinkst du lieber, Milch oder Cola?
6. Wann kommst du lieber, am Nachmittag oder am Abend?

Hört sie lieber CDs...

...oder sieht die lieber fern?

Lektion B

CD Track 17

Have students ask each other such questions as *Was machst du gern (lieber)?* Have them list as many activities as possible.
1. Ja, ich singe gern.
2. Ja, ich höre gern Musik.
3. Ja, ich lese gern.
4. Ja, ich schreibe gern Briefe.
5. Ja, ich esse gern Würstchen.
6. Ja, ich spreche gern deutsch.

CD Track 18

Sample answers:
1. Ich fahre lieber nach Mainz.
2. Ich habe lieber Mathe.
3. Ich wohne lieber in einem Haus.
4. Ich esse lieber um acht.
5. Ich trinke lieber Cola.
6. Ich komme lieber am Abend.

CD Track 19

1. Ja, ich lese gern.
2. Nein, ich schreibe nicht gern einen Brief. Ich schreibe lieber eine Karte.
3. Nein, ich spiele nicht gern Fußball. Ich spiele lieber Golf.
4. Ja, ich singe gern.
5. Nein, ich esse nicht gern Wurst. Ich esse lieber Käse.
6. Nein, ich lerne nicht gern Biologie. Ich lerne lieber Physik.
7. Ja, ich höre gern Musik.
8. Nein, ich trage nicht gern einen Koffer. Ich trage lieber eine Tasche.

CD Track 20

Mit der Straßenbahn dauert es viel zu lange.

15 Gib Antworten!

Gebrauche *gern* mit der Antwort „Ja,…" und *nicht gern* plus *lieber*, wenn die Antwort mit „Nein…" beginnt!

▸ Spielst du gern Tischtennis? Ja,…
  Ja, ich spiele gern Tischtennis.

▸ Fährst du gern Fahrrad? Nein,… (Moped)
  Nein, ich fahre nicht gern Fahrrad. Ich fahre lieber Moped.

1. Liest du gern? Ja,…
2. Schreibst du gern einen Brief? Nein,… (Karte)
3. Spielst du gern Fußball? Nein,… (Golf)
4. Singst du gern? Ja,…
5. Isst du gern Wurst? Nein,… (Käse)
6. Lernst du gern Biologie? Nein,… (Physik)
7. Hörst du gern Musik? Ja,…
8. Trägst du gern einen Koffer? Nein,… (Tasche)

Lesestück

Mit der U-Bahn geht's schneller

Rainer und Tanja wohnen in der Nähe vom Alexanderplatz° in Berlin. Beide sind schon lange gute Freunde. Sie gehen auf ein Gymnasium° in Pankow im Norden von der Stadtmitte. Meistens fahren sie mit der Straßenbahn oder mit dem Bus nach Hause, aber heute müssen sie sich beeilen°. Robert, Rainers Brieffreund° aus Amerika, besucht ihn zwei Wochen. Er kommt heute Nachmittag gegen 16 Uhr auf dem Flughafen Tegel an. Seine Eltern und Rainer werden Robert mit dem Auto vom Flughafen abholen°.

Rainer: Mit der Straßenbahn dauert es viel zu lange. Fahren wir lieber mit der U-Bahn! Dann geht's schneller.

Tanja: Hat dein Vater dir nicht gesagt, du sollst die *Berliner Zeitung°* mitbringen?

Rainer: Das stimmt. Da ist ein Zeitungsstand. Außerdem möchte ich ein paar Leckerbissen kaufen. Die Bäckerei hier hat immer eine gute Auswahl.

Die Bäckerei hier hat immer eine gute Auswahl.

Have students look at the Berlin map (front section) of this textbook) to locate *Alexanderplatz*.

Kapitel 1

Es dauert nicht lange, bis die U-Bahn kommt. Beide steigen schnell ein. Um diese Zeit gibt es meistens viel Platz. Deshalb können sie auch sitzen. Nach ein paar Haltestellen° steigen sie aus und gehen zehn Minuten zu Fuß. Rainers Eltern warten auch schon. Sie haben am Flughafen angerufen. Man hat ihnen gesagt, dass das Flugzeug pünktlich landen wird. Rainer und seine Eltern verlassen schnell ihre Wohnung und fahren gleich zum Flughafen. Tanja geht auch nach Hause. Rainer hat ihr vorgeschlagen, dass sie später oder morgen rüberkommen soll. Dann kann sie Rainers Brieffreund kennen lernen°.

Alexanderplatz a well-known place in the center of the city; *das Gymnasium* secondary/college preparatory school; *sich beeilen* to hurry; *der Brieffreund* pen pal; *abholen* to pick up; *Berliner Zeitung* name of popular local newspaper; *die Haltestelle* stop; *kennen lernen* to get to know

Zuerst sehen sie sich den Stadtplan an...

...dann setzen sie sich.

16 Wie ist die richtige Reihenfolge?

Arrange the following sentences in the proper sequence according to what happened in the *Lesestück*.

1. Sie gehen zu Fuß zu Rainers Wohnung.
2. Tanja kommt später oder morgen zu Rainer rüber.
3. Rainer und Tanja fahren ein paar Haltestellen.
4. In einer Bäckerei kauft Rainer ein paar Leckerbissen.
5. Tanja lernt Robert kennen.
6. Rainer und Tanja kommen aus der Schule.
7. Alle drei fahren zum Flughafen.
8. Die U-Bahn kommt.
9. Rainers Eltern warten auf ihren Sohn.
10. Rainer kauft eine Zeitung.
11. Rainer und Tanja steigen aus.
12. Rainer und Tanja steigen in die U-Bahn ein.

6, 10, 4, 8, 12, 3, 11, 1, 9, 7, 2, 5

WB Activities 14–15

GV Activity 15

Q 9–10

emcp.com

Lektion B

1. Es liegt im Norden von der Stadtmitte.
2. Sie müssen sich beeilen.
3. Robert ist Rainers Brieffreund aus Amerika.
4. Er fliegt mit dem Flugzeug.
5. Nein, Rainer und seine Eltern werden Robert abholen.
6. Sie fahren mit der U-Bahn.
7. Seine Eltern haben am Flughafen angerufen.
8. Er schlägt ihr vor, dass sie später oder morgen rüberkommen soll.

17 Fragen
Beantworte diese Fragen!

1. Wo liegt Pankow?
2. Warum fahren Rainer und Tanja heute nicht mit dem Bus oder mit der Straßenbahn?
3. Wer ist Robert?
4. Wie kommt er von Amerika nach Berlin?
5. Wird nur Rainer Robert abholen?
6. Wie kommen Rainer und Tanja heute von Pankow zum Alexanderplatz?
7. Wie weiß Rainer, wann Roberts Flugzeug landet?
8. Was schlägt Rainer Tanja vor?

PERSÖNLICHES

1. Wo gibt es in deiner Nähe einen Flughafen? Wie weit ist er von deinem Haus oder deiner Wohnung entfernt?
2. Bist du schon einmal mit einem Flugzeug geflogen? Wohin?
3. Wohin bist du das letzte Mal gefahren oder geflogen? Mit wem?
4. Fliegst du lieber mit einem Flugzeug oder fährst du lieber mit einem Zug, Bus oder Auto? Warum?
5. Was trägst du lieber, einen Rucksack oder eine Aktentasche? Warum?

ROLLENSPIEL

Imagine that you and a classmate have traveled throughout Germany. You are now at the Frankfurt Airport, on your way back to the United States. At the ticket counter, both of you talk to the ticket agent (another classmate) in German. In your conversation, the agent is interested in where you have been, how you got around, what the weather was like and what were your favorite spots. Then, the agent asks to see your flight tickets and passports. You have not been assigned any seats yet, so you state your seating preference (*hinten* = in the rear; *vorne* = in front). Finally, you inquire if the flight is on time and from which gate the plane will depart. Add any other information that might expand this role-playing activity.

Praktisches

Was für Gepäck haben wir mitgenommen? Imagine that your group of three or four students went on a trip to Germany, where you each bought so many items that you had to buy or borrow a suitcase, a backpack or a shopping bag. Each student names at least eight items that he or she purchased and the price paid for each in euro. Then in a group, each student tells which four items he or she considers to be the best purchases, and why. A spokesperson presents a list of items that were purchased by more than one student to the rest of the class. If there were no duplicate items purchased by the group, the students choose the best items and tell why they consider them the best purchases.

Schreiben

PA

Q 11–12

Eine Reise nach Deutschland. Imagine that you are flying to Germany, Austria or Switzerland for a few weeks. Write a narrative detailing what clothing items you intend to take along, how many suitcases you will bring, what documents you need prior to your departure, how you will get to the airport the day of your departure, the conversation you expect to have with the ticket agent (could be in dialog form), flight details and when you will arrive at your destination. Be as creative as possible.

CA Activities 5–8

Wörter und Ausdrücke

INQUIRING ABOUT AND DESCRIBING FLIGHT-RELATED MATTERS

Für diesen Flug braucht man einen Flugschein und einen Reisepass. For this flight you'll need a (flight) ticket and a passport.
Am Schalter bekommt man eine Bordkarte. At the counter you'll get a boarding pass.
Der/Die Angestellte hilft den Fluggästen. The employee (ticket agent) is helping the (flight) passengers.
Der Pilot sitzt schon im Flugzeug. The pilot is sitting already in the plane.

Man soll eine halbe Stunde vor dem Abflug am Flugsteig sein. You should be at the gate a half-hour before (flight) departure.
Wohin geht's denn? Where are you going?
Möchten Sie am Fenster oder am Gang sitzen? Would you like to sit by the window or on the aisle?
Sie haben Glück. You're lucky.
Fliegt das Flugzeug pünktlich ab? Is the plane leaving on time?
Ich nehme diese Tasche mit ins Flugzeug. I'll take this bag (with me) to the plane.

Lektion B

Rückblick

18 Kombiniere...

| Die Angestellte
Herr Schmitt
Wer
Das Flugzeug | will
möchte
fliegt
hat
ist | am Abend
den Reisepass
einen Koffer
sehr spät | mitgebracht
nach Berlin
sehen
dorthin
abgeflogen |

Expand this situation by having students come up with additional questions and answers in this role-playing activity.

CD Track 23

19 Auf dem Flughafen

Pretend to be a ticket agent at an airport answering questions for travelers.

1. Um wie viel Uhr fliegt das Flugzeug nach Hamburg ab?
2. Haben Sie noch viele Plätze?
3. Warum kommt der Flug aus Bremen so spät an?
4. Gibt es hier im Flughafen ein Café?
5. Wann kommt das Flugzeug aus New York an?
6. Wie viel kostet ein Flug nach München?

Sample answers:
1. Es fliegt um zehn Uhr ab.
2. Ja, es gibt noch viele.
3. Das weiß ich auch nicht.
4. Ja, dort drüben.
5. Um halb drei.
6. Ein Flug nach München kostet zweihundert Euro.

20 Deutsche Wörter

Beschreib die folgenden Wörter! Auf Deutsch, bitte!

1. der Flughafen
2. der Schalter
3. der Reisepass
4. die Bordkarte
5. der Flugschein
6. die Fluggäste

For expansion, ask students to develop a short paragraph in which they incorporate all these words in a meaningful situation.

der Flughafen

Kapitel 1

21 Was passt hier?
Beende diese Sätze mit den passenden Wörtern aus der Liste!

Schalter	Angestellte	Bordkarten	Flugschein	U-Bahn
Fluggäste	Stunden	Flugzeug	Flugsteig	Gepäck

1. Um wie viel Uhr kommen alle ___ mit dem Flugzeug an?
2. Da steht, wann das ___ landet.
3. Die Fluggäste haben schon ihre ___.
4. Herr Schmitt hat nicht sehr viel ___, nur einen Koffer und eine Tasche.
5. Die ___ hat ihm gesagt, wann das Flugzeug abfliegt.
6. Die ___ fährt direkt von Pankow zum Alexanderplatz.
7. Herr Schmitt muss der Angestellten am ___ seinen Reisepass zeigen.
8. Viele Leute warten in Berlin schon zwei ___ auf den Flug nach Frankfurt.
9. Auf dem ___ können wir lesen, wohin der Flug geht und wann das Flugzeug abfliegt.
10. Das Flugzeug steht schon am ___.

1. Fluggäste
2. Flugzeug
3. Bordkarten
4. Gepäck
5. Angestellte
6. U-Bahn
7. Schalter
8. Stunden
9. Flugschein
10. Flugsteig

22 Wer hat eine Reise geplant?
Form sentences using the following words.

1. hat / Brieffreundin / Deutschland / Tina / eine / in
2. sie / am / fliegen / Montag / München / wird / nach
3. dort / Freundin / ihre / wohnt
4. Wochen / Brieffreundin / Tina / drei / besuchen / wird / ihre / in
5. eine / Schalter / bekommt / Bordkarte / am / sie
6. fliegt / Flugzeug / Uhr / sechs / das / ab / um
7. acht / dauert / nach / der / Stunden / Flug / München
8. schon / Flughafen / dem / ihre / wartet / Brieffreundin / lange / auf

1. Tina hat eine Brieffreundin in Deutschland.
2. Am Montag wird sie nach München fliegen.
3. Ihre Freundin wohnt dort.
4. Tina wird ihre Brieffreundin in drei Wochen besuchen.
5. Sie bekommt am Schalter eine Bordkarte.
6. Das Flugzeug fliegt um sechs Uhr ab.
7. Der Flug nach München dauert acht Stunden.
8. Ihre Brieffreundin wartet schon lange auf dem Flughafen.

Rückblick

CD Track 24

Sample answers:
1. Ich möchte nach Europa fliegen.
2. Ich brauche einen Reisepass.
3. Ich werde Jeans, einen Pullover und...mitnehmen.
4. Ich möchte einen Monat dort bleiben.
5. Ich will Deutschland, Frankreich und...besuchen.
6. Mein Freund (Meine Freundin) kommt mit.

Have students list some of the activities that they don't like.

WB Activities 16–18
GV Activities 16–17
PA
VP
TP

23 Fragen
Beantworte diese Fragen!

1. Wohin möchtest du fliegen?
2. Was brauchst du für die Reise?
3. Was für Kleidungsstücke willst du mitnehmen?
4. Wie lange möchtest du dort bleiben?
5. Welche Länder willst du besuchen?
6. Wer kommt mit?

24 Ich mache das gern, aber lieber mache ich...
Indicate at least four activities that you prefer over others.

▶ Ich lese gern, aber lieber gehe ich ins Kino.

Was weißt du?

1. *Ich bin in die Ferien gefahren.* Describe a real or imaginary vacation trip that you have taken. Indicate what luggage, clothing items, and possible games you brought along. Then tell where you went and what you did on your trip. Remember to use past tense verb forms.

2. *Was gibt's alles auf einem Flughafen?* Name four items that you may find at an airport and describe each one in at least two sentences.

3. Talk with your classmates and make at least five comparisons about others. Examples: *Rudi läuft schnell, aber Robert läuft schneller. Katja spielt gut, aber Karin spielt viel besser.*

4. *Was möchtest du denn am Wochenende tun?* Indicate at least five activities that you would like to be involved in during the weekend. Example: *Am Wochenende möchte ich ins Kino gehen.*

5. *Wie sieht der Flughafen in deiner Nähe aus?* Briefly describe the airport in your area. Your description may include such details as facilities (monitors, counters, gates), the number of daily flights, distance to the airport and other information that might be of interest.

Kapitel 1

Vokabeln

abfliegen *(flog ab, ist abgeflogen)* to take off (plane) 1B
der **Abflug,-̈e** departure (flight) 1B
abholen to pick up 1B
die **Aktentasche,-n** briefcase 1A
die **Angestellte,-n** employee (female) 1B
die **Bäckerei,-en** bakery 1B
sich **beeilen** to hurry 1B
Bitte sehr. Here you are. 1B
die **Bordkarte,-n** boarding pass 1B
der **Brieffreund,-e** pen pal 1B
die **Einkaufstasche,-n** shopping bag 1A
das **Fenster,-** window 1B
der **Flug,-̈e** flight 1B
der **Fluggast,-̈e** flight passenger 1B
der **Flughafen,-̈** airport 1A
der **Flugschein,-e** flight ticket 1B
der **Flugsteig,-e** gate (airport) 1B
der **Gang,-̈e** aisle 1B
gehen: Wohin geht's denn? Where are you going? 1B
das **Glück** luck; *Glück haben* to be lucky 1B
das **Gymnasium,-sien** secondary school, college preparatory school 1B
die **Haltestelle,-n** stop 1B
die **Handtasche,-n** purse 1A
kennen lernen to get to know 1B
landen to land 1B
das **Paket,-e** package 1A
der **Pilot,-en** pilot (male) 1B
die **Pilotin,-nen** pilot (female) 1B
pünktlich punctual, on time 1B
der **Reisepass,-̈e** passport 1B
rollen to roll 1A
der **Rucksack,-̈e** backpack, knapsack 1A
die **S-Bahn,-en** city train, suburban express train 1A
schwer heavy 1A
die **Tasche,-n** bag 1A
das **Taxi,-s** taxi 1A
tragen *(trägt, trug, getragen)* to carry 1A
übernachten to stay overnight 1A
die **USA** United States of America (also: *die Vereinigten Staaten von Amerika*) 1B
der **Weg,-e** way, path 1A
der **Zeitungsstand,-̈e** newspaper stand 1B

der Abflug

Sie wartet am Flugsteig.

der Reisepass

Rückblick

In this chapter you will learn how to:
- ask for information
- talk about youth hostel and camping facilities
- write a report
- express likes and dislikes
- talk about travel experiences

KAPITEL 2

Im Sommer

LEKTION A

1 Wovon spricht man hier?

Try to figure out what is being described. You may not know all the words.

> Meistens sitzt eine Person darauf. Es hat zwei Räder, aber keinen Motor.
> das Fahrrad

1. Da kann man genau sehen, wo die Städte, Flüsse und Berge sind.
2. Es gibt 52 davon und meistens einen oder zwei Joker.
3. Man muss sie dem Herbergsvater zeigen, sonst darf man in der Jugendherberge nicht bleiben.
4. Die Jugendlichen gehen ein paar Kilometer am See entlang. Was machen sie?
5. Helmut hat keine Zahnbürste und keine Zahnpasta. Deshalb kann er sie nicht putzen.
6. Bei diesem Spiel spielen zwei Personen. Wenn das Spiel beginnt, hat jede Person sechzehn Figuren auf einem Brett.
7. Das brauchst du, wenn du etwas kaufen willst und dafür bezahlst.
8. Dorthin legt oder packt man Jeans, Hemden, Pullis und andere Sachen.
9. Wenn es sehr heiß ist, dann gehen viele gern ins Wasser. Was machen sie da?
10. Gudrun hat mit ihren Freundinnen Fußball gespielt. In der Jugendherberge gibt es keine Badewanne. Was macht sie deshalb im Badezimmer?

1. die Landkarte
2. die Karten
3. die Mitgliedskarte
4. Sie wandern.
5. die Zähne
6. Schach
7. Geld
8. der Rucksack, das Gepäck, der Koffer
9. Sie schwimmen.
10. Sie duscht sich.

Lektion A

In der Jugendherberge

Auf wen warten Esra und Corinna?

Immer mit der Ruhe!

Frau Tischler und ihre Schüler aus Koblenz haben sich schon zwei Monate auf die Klassenreise nach Rüdesheim am Rhein vorbereitet. Dort wollen sie in einer Jugendherberge übernachten. Auf dem Weg dorthin fahren sie auf einem Rheinschiff und sehen sich ein paar kleine Städte an. Gleich bei der Ankunft gibt Frau Tischler dem Herbergsvater ihre Mitgliedskarte. Sie und ihre Klasse bleiben vom Freitag bis zum Montag dort. Spät am Nachmittag treffen sich einige Jugendliche vor der Jugendherberge, andere Jugendliche spielen Tischtennis oder Schach.

Esra: Wo bleibt denn nur der Falko?

Corinna: Er ist immer so eitel. Bestimmt duscht er sich, kämmt sich und putzt sich noch die Zähne.

Esra: Ah, da kommt er ja!

Falko: Warum seht ihr mich so komisch an?

Esra: Wir warten schon lange auf dich. Wir wollen uns noch die Umgebung hier ansehen.

Falko: Immer mit der Ruhe! Wir müssen uns doch nicht beeilen.

Corinna: Bis zum Abendessen haben wir nur noch eine Stunde Zeit.

Falko: Dann schlage ich vor, wir setzen uns dort an den Tisch und spielen bis dann Karten. Morgen haben wir mehr Zeit.

Esra: Das stimmt.

Corinna: Ich freue mich schon auf morgen.

Falko: Warum denn?

Corinna: Wir machen doch morgen einen Ausflug nach Mainz.

2 Was passt hier am besten?

1. Corinna meint, dass
2. Sie werden in einer Stunde
3. Esra sagt, dass sie und Corinna schon lange
4. Die Schüler und ihre Lehrerin haben sich schon acht Wochen
5. Falko schlägt vor, alle drei sollen
6. Die Klasse sieht sich
7. Die Klasse fährt
8. Falko meint, dass sie sich
9. Alle übernachten drei Tage
10. Ein paar Jugendliche treffen sich

A. vor der Jugendherberge
B. ihr Abendessen bekommen
C. auf einem Schiff
D. Karten spielen
E. auf die Reise vorbereitet
F. auf Falko warten
G. in Rüdesheim
H. nicht beeilen müssen
I. kleine Städte am Rhein an
J. Falko eitel ist

1. J
2. B
3. F
4. E
5. D
6. I
7. C
8. H
9. G
10. A

3 Fragen

Beantworte diese Fragen!

1. Woher kommt Frau Tischlers Klasse?
2. Mit welchem Verkehrsmittel kommen die Jugendlichen nach Rüdesheim?
3. Wie lange bleiben sie in Rüdesheim?
4. Was machen die Jugendlichen am Nachmittag?
5. Auf wen warten die beiden Mädchen?
6. Was schlägt Falko vor?
7. Warum freut sich Corinna auf den Sonnabend?

 Track 4

1. Sie kommt aus Koblenz.
2. Mit einem Rheinschiff.
3. Vom Freitag bis zum Montag.
4. Einige treffen sich vor der Jugendherberge, andere spielen Tischtennis oder Schach.
5. Sie warten auf Falko.
6. Sie sollen sich an den Tisch setzen und Karten spielen.
7. Sie machen am Sonnabend einen Ausflug nach Mainz.

Woher kommt Frau Tischlers Klasse?

Lektion A

Der Rhein ist der längste deutsche Fluss.

To stay at a youth hostel, you must have a membership card *(Mitgliedskarte)*. Whereas group leaders only need a group card, individual travelers must apply for their own membership card to be allowed to stay at a youth hostel.

As soon as groups or individuals arrive at a youth hostel, the youth hostel director *(Herbergsvater)* assigns each guest the appropriate sleeping facilities and, when time permits, shows everyone around. In most youth hostels at least four people are accommodated in one room, usually in bunk beds. Young people can be seen playing games inside and outside the youth hostels. Of course, everyone participates in hiking. Consequently, youth hostels are quite often found outside of towns where there are plenty of forests and other hiking areas.

Zwischen Mainz und Koblenz ist der Rhein besonders schön.

Meals at a hostel are quite reasonable and nourishing. Every group is responsible to picking up their meals from the kitchen counter where they are properly distributed and counted. Modern kitchen equipment has made the preparation and clean-up chores much more convenient.

Although the Rhine is not the longest river in Europe, it is probably the most important and the most picturesque. Its praises have been sung by many poets, and for hundreds of years it has been the focal point of German history. It is perhaps most beautiful along the 60-mile stretch between the two cities of Mainz and Koblenz, of which Rüdesheim is one of the most frequently visited towns along the Rhine.

The Rhine originates in Switzerland, flows northward through Lake Constance *(Bodensee)*, through Germany and Holland, and finally empties into the North Sea *(Nordsee)*.

SPRACHE

Reflexive Verbs

Accusative

In German, reflexive verbs are usually identified (in a vocabulary section) by the reflexive pronoun *sich* preceding the infinitive form. The reflexive pronoun *sich*, similar to the English "oneself," is always used in the third person singular and plural.

The reflexive pronoun refers to a person who is both the subject and the object of the sentence. When a reflexive pronoun is used as a direct object, it appears in the accusative case.

	sich kämmen	sich waschen
ich	kämme mich	wasche mich
du	kämmst dich	wäschst dich
er / sie / es	kämmt sich	wäscht sich
wir	kämmen uns	waschen uns
ihr	kämmt euch	wascht euch
sie	kämmen sich	waschen sich
Sie	kämmen sich	waschen sich

Contrary to English verbs, many German verbs are always used with a reflexive pronoun and, therefore, are called "reflexive verbs."

sich freuen auf   to look forward to
Ich freue mich auf die Reise.   I'm looking forward to the trip.

sich beeilen   to hurry
Wir müssen uns beeilen.   We'll have to hurry.

Here are the reflexive verbs you have learned so far:

sich ansehen to look at
sich beeilen to hurry
sich duschen to shower, take a shower
sich freuen auf to look forward to
sich kämmen to comb one's hair
sich putzen to clean oneself
sich rasieren to shave oneself
sich setzen to sit down
sich treffen to meet
sich vorbereiten to prepare
sich waschen to wash oneself

Reflexive verbs lend themselves well to TPR activities.

Der Herbergsvater sieht sich das Formular *(form)* an.

Lektion A

Dative

The reflexive pronoun appears in the dative case when it functions as an indirect object. The dative reflexive pronouns in the first and second person singular and plural are the same as the regular dative pronouns. The dative reflexive pronoun refers to both the subject and the indirect object of the sentence.

sich kämmen — to comb one's own hair
Ich kämme mir die Haare. — I'm combing my hair.

sich putzen — to clean oneself
Ich putze mir die Zähne. — I'm brushing (cleaning) my teeth.

Command Forms

Command forms are constructed in the same way that you learned before, except that the reflexive pronoun is now part of the sentence.

sich setzen: Setz dich! — to sit down: Sit down!

sich duschen: Duscht euch! — to take a shower: Take a shower!

sich beeilen: Beeilen Sie sich, bitte! — to hurry: Hurry, please!

Reflexive Pronouns

	accusative	dative
ich	mich	mir
du	dich	dir
er / sie / es	sich	sich
wir	uns	uns
ihr	euch	euch
sie	sich	sich
Sie	sich	sich

WB Activities 3–4

GV Activities 5–7

Q 4

Hasan, Angelika und Christian haben sich auf eine Bank gesetzt.

Kapitel 2

4 Vor der Schule
Was machen sie am Morgen vor der Schule?

▸ Tina / sich die Hausaufgaben ansehen
Tina sieht sich die Hausaufgaben an.

1. wir / sich die Zähne putzen
2. ich / sich an den Tisch setzen
3. Petra und Helga / sich waschen
4. mein Bruder / sich duschen
5. Du / sich kämmen
6. Rainer / sich rasieren

5 Ja,...
Beantworte diese Fragen mit „ja"!

1. Freust du dich auf die Reise?
2. Duscht Peter sich nach dem Fußballspiel?
3. Müsst ihr euch kämmen?
4. Wollen Sie sich an diesen Tisch setzen?
5. Wascht ihr euch jetzt?
6. Sollst du dich beeilen?

Have students change their answers to the negative.

6 Worauf freuen sich alle?
What are these people looking forward to?

▸ Angelika / auf den Ausflug
Angelika freut sich auf den Ausflug.

1. die Jugendlichen / auf das Rockkonzert
2. die Großeltern / auf ihren Besuch
3. ich / auf das neue Fahrrad
4. die Schüler / auf den Flug nach Amerika
5. wir / auf das schöne Geschenk
6. Karstens Vater / auf die Reise nach Europa

 Track 5

1. Wir putzen uns die Zähne.
2. Ich setze mich an den Tisch.
3. Petra und Helga waschen sich.
4. Mein Bruder duscht sich.
5. Du kämmst dich.
6. Rainer rasiert sich.

 Track 6

1. Ja, ich freue mich auf die Reise.
2. Ja, er duscht sich nach dem Fußballspiel.
3. Ja, wir müssen uns kämmen.
4. Ja, ich will mich an diesen Tisch setzen.
5. Ja, wir waschen uns jetzt.
6. Ja, ich soll mich beeilen.

 Track 7

Have students ask each other, *Worauf freust du dich?*

1. Die Jugendlichen freuen sich auf das Rockkonzert.
2. Die Großeltern freuen sich auf ihren Besuch.
3. Ich freue mich auf das neue Fahrrad.
4. Die Schüler freuen sich auf den Flug nach Amerika.
5. Wir freuen uns auf das schöne Geschenk.
6. Karstens Vater freut sich auf die Reise nach Europa.

Tanja freut sich nicht darauf, alle Gläser zu spülen.

Lektion A

CD Track 8

1. Der Angestellte sieht sich die beiden Flugscheine an.
2. Die Fluggäste sehen sich den tollen Film an.
3. Du siehst dir das deutsche Buch an.
4. Heidi sieht sich das bunte Kleid an.
5. Der Lehrer sieht sich die schweren Hausaufgaben an.
6. Die Leute sehen sich die interessante Umgebung an.
7. Ich sehe mir das große Flugzeug an.
8. Die Touristen sehen sich das neue Museum an.

1. Sieh dir auch dein Buch an!
2. Setz dich auch an den Tisch!
3. Kämm dir auch die Haare!
4. Putz dir auch die Zähne!
5. Dusch dich auch bitte schnell!
6. Beeil dich auch!

To further practice reflexive pronouns, you may want to have students give the answers using the *ihr* and *Sie* forms.

7 Was sehen sich die Leute an?

Tell what everyone is looking at.

▸ der Herbergsvater / die Mitgliedskarte
Der Herbergsvater sieht sich die Mitgliedskarte an.

1. der Angestellte / die beiden Flugscheine
2. die Fluggäste / den tollen Film
3. du / das deutsche Buch
4. Heidi / das bunte Kleid
5. der Lehrer / die schweren Hausaufgaben
6. die Leute / die interessante Umgebung
7. ich / das große Flugzeug
8. die Touristen / das neue Museum

8 Mach das auch!

CD Track 9

Rainer's mother is asking him if he is taking care of several tasks. He in turn tells his brother to do the same.

▸ Wäschst du dir die Füße?
Wasch dir auch die Füße!

1. Siehst du dir dein Buch an?
2. Setzt du dich an den Tisch?
3. Kämmst du dir die Haare?
4. Putzt du dir die Zähne?
5. Duschst du dich bitte schnell?
6. Beeilst du dich?

Wo haben sie sich hingesetzt und was sehen sie sich an?

Wer sieht sich ein Fernsehprogramm an?

Kapitel 2

9 Was fehlt hier?

Insert the proper reflexive pronoun.

1. Wir haben ___ heute Morgen die Zähne geputzt.
2. Setzen Sie ___ bitte hier hin!
3. Um wie viel Uhr willst du ___ mit ihr treffen?
4. Könnt ihr ___ die Hausaufgaben ansehen?
5. Ich will ___ gleich die Hände waschen.
6. Jürgen muss ___ noch schnell rasieren.
7. Freust du ___ auf die Party am Sonnabend?
8. Hast du ___ den tollen Film angesehen?
9. Beeilt ___!
10. Ich muss ___ noch schnell duschen.

1. uns
2. sich
3. dich
4. euch
5. mir
6. sich
7. dich
8. dir
9. euch
10. mich

Jugendherbergen und Camping

There are over 600 youth hostels in Germany and more than 5,000 youth hostels dotting the world map. The *Deutsches Jugendherbergswerk (DJH)* is affiliated with the International Youth Hostel Federation (IYHF). More than 50 youth hostels in Germany are located either in former fortresses *(Burgen)* or castles *(Schlösser)*.

The German youth hostels offer two price categories for membership: one is a reduced fee for people under 26 years of age, and the other is almost double in price for those over 26, couples, families with small children or single parents with children under 16.

All prices listed by the various youth hostels include overnight accommodations as well as breakfast. Youth hostels normally have additional charges for bed linen *(Bettwäsche)*, unless guests bring their own. Guests may also bring their own sleeping bags *(Schlafsäcke)*. There is an extra charge for lunches and dinners as well. Discount prices are offered to groups.

Wo ist dieser Campingplatz?

You may want to have your students get additional information about camping and youth hostels by going to the Internet.

Lektion A

Travelers who have valid youth hostel ID cards and have no reservations can find out after 2 P.M. whether or not there are accommodations available. Those who have reservations must check in by 6 P.M., unless a late arrival had been confirmed at the time of reservation. All arriving guests must show their ID cards and be registered at the counter which is usually located right at the entrance. Guests must follow the house rules. Except for families, all male and female guests receive separate rooms. Youth hostels are closed from 10 P.M. until 7 A.M., during which time the guests are requested to keep down the noise level.

What does a typical youth hostel offer? Let's take a look at the following description of the youth hostel in Rüdesheim to which Frau Tischler took her students on their four-day field trip (see narrative and dialog at the beginning of this chapter).

Name—provides the name of the youth hostel; JH = *Jugendherberge*

Adresse—indicates the address (street, zip code, city, phone and fax numbers and e-mail address)

Kontakt—lists the youth hostel directors (*Herbergseltern*)

Träger—lists the German state (*Bundesland*) that supports the youth hostel financially

Bettenzahl—provides the number of available beds

Raumangebot—describes accommodations

Preise—lists the two price catagories

Sport und Freizeit—describes all the leisure-time activities inside, outside and in the area of the youth hostel

Geschlossen—indicates the time period when the youth hostel is closed

Sonstiges—lists any special sights of interest in the vicinity

Nächste Jugendherberge—indicates the location and distance of the nearest youth hostels

Lage—indicates the location of the youth hostel

Anreise—describes how to get to the youth hostel when arriving by car (*Pkw*), train (*Bahn*) or auto ferries (*Autofähren*)

Camping has been popular among Germans for decades. Millions of people spend their vacations at campgrounds (*Campingplätze*) that are filled with an array of accommodations ranging from simple two-person tents to very elaborate and expensive recreational vehicles.

There are many campgrounds in Germany. Signs showing a tent (resembling a Native American tepee) indicate that there is a campground in the area. Just as you can find details of specific youth hostels on the Internet, most campgrounds also have a web site that lists such information as address, length of season, directions, fees, sanitary facilities, food service and special sights. Many campgrounds offer tips of general interest regarding campers, RVs, tent equipment, insurance needs, winter camping, special regulations to be observed in the different countries and—in order to avoid overcrowded campgrounds—a list of the school holidays (*Schulferien*) in the various German states.

Wo ist die nächste Jugendherberge?

The busiest time is during the months of July and August. Therefore, campgrounds recommend making reservations well in advance. During the peak summer months, it is also suggested to look for the lesser-known places, away from big cities and popular tourist sites.

Auf einem Campingplatz ist immer viel los.

Lektion A

1. Mitgliedskarte
2. Juli und August, Sommer
3. Adresse
4. Schlafsäcke
5. Preise
6. Herbergseltern
7. Burgen, Schlössern
8. Lage
9. Bettwäsche
10. Deutsches Jugendherbergswerk

 Track 10

Have students in groups discuss these and other questions on a personalized basis.

10 Weißt du die deutschen Wörter?

1. Wenn man in einer Jugendherberge übernachten will, dann muss man am Schalter seine ___ zeigen.
2. Wenn es geht, soll man im ___ nicht zu den beliebtesten Campingplätzen fahren.
3. Wenn man einen Brief schicken will, dann muss man die ___ wissen.
4. Wenn die Jugendlichen nicht für Bettwäsche bezahlen wollen, dann können sie ihre eigene Bettwäsche oder ihre ___ mitbringen.
5. Die ___ zeigen, wie viel man bezahlen muss.
6. Die ___ begrüßen ihre Gäste an einem Schalter.
7. Früher haben Könige und Fürsten *(kings and princes)* in den ___ oder ___ gewohnt.
8. Die ___ informiert Touristen, wo die Jugendherberge ist.
9. Der Herbergsvater gibt den Jugendlichen ___ für ihre Betten.
10. Wenn man noch etwas von Jugendherbergen in Deutschland wissen will, dann kann man an eine Organisation schreiben. Sie heißt ___.

Persönliches

1. Hast du eine Mitgliedskarte? Für welchen Klub oder für welche Organisation hast du eine?
2. Was gibt's in deiner Umgebung zu tun?
3. Was machst du am Morgen vor der Schule?
4. Hast du schon einmal eine Klassenreise gemacht? Wohin?
5. Was machst du am Wochenende?

ROLLENSPIEL

You and your classmate have decided to stay in youth hostels while traveling throughout Germany. You have just arrived in a town and found the local youth hostel. Upon arrival you meet the youth hostel director. You each have several questions to ask. You want to know (1) how much a night's stay costs including meals; (2) when meals will be served; (3) what there is to do around the hostel and in the area; (4) if the other guests are from Germany or also from other countries; and (5) how far it is to town. You may wish to add other questions that are of interest to you.

Zungenbrecher

Derartige Dinge deprimieren dich denn doch.

Such things depress you after all.

Sie haben sich lange auf die Klassenreise vorbereitet.

Zum Frühstück setzen sie sich an einen Tisch.

Wörter und Ausdrücke

DESCRIBING MATTERS RELATING TO A TRIP TO A YOUTH HOSTEL

Was bringen sie zur Jugendherberge mit? What are they bringing along to the youth hostel?
Eine Mitgliedskarte. A memberhip card.
Reiseschecks. Traveler's checks.

Was gibt's dort zuerst am Morgen zu tun? What is there to do first in the morning?
Sie duscht sich, kämmt sich und putzt sich die Zähne. She showers, combs her hair and brushes her teeth.
Er rasiert sich und wäscht sich die Hände. He shaves and washes his hands.

Sie haben sich lange auf die Klassenreise vorbereitet. They prepared for this class trip for a long time.
Sie sehen sich die Umgebung an. They are looking at the surrounding area.
Wie sind sie? How are they?
　Eitel. Vain.
　Komisch. Funny.
Sie setzen sich an den Tisch. They sit down at the table.
Wir freuen uns auf den Ausflug. We are looking forward to the outing (trip).

Activities 1–4

Lektion A

LEKTION B

11 Wir gehen campen.

Write a description of a real or imaginary trip that you are planning. Your description should include such details as when and where you are going, who is going along, what you are taking with you and what activities you are planning to do while you are there. Be as creative as possible. You may use the photos and captions in your description.

Nach der Ankunft auf einem Campingplatz geht man zuerst zur Rezeption.

Viele bringen Zelte und Wohnwagen mit.

Ein Plan zeigt, wo man einen Platz bekommt.

Was dürfen die Camper hier nicht tun?

Lektion B

Auf dem Campingplatz

Was rollen Bernd und Kurt zusammen?

Hoffentlich passt alles ins Auto.

Kurt und Bernd sind schon eine Woche an der Ostsee. Auf der Insel Rügen haben sie einen Campingplatz direkt am Strand gefunden. In ihrem kleinen Auto haben sie alles mitgebracht, was sie beim Camping brauchen: ein Zelt, Schlafsäcke, ein Schlauchboot, einen Kocher und natürlich Lebensmittel. Heute fahren sie wieder nach Hause zurück.

Bernd: Das Zelt habe ich schon abgebrochen.

Kurt: Das ist die leichte Arbeit gewesen. Wir müssen jetzt alles packen.

Bernd: Lass uns noch das schöne Wetter genießen!

Kurt: Das geht nicht, sonst kommen wir zu spät zu Hause an. Hast du der Dame im Büro schon das Geld gegeben?

Bernd: Alles schon gemacht!

Kurt: Na, dann mal los!

Bernd: Kannst du mir helfen? Wir müssen das Schlauchboot zusammenrollen.

Kurt: Wo ist denn das Zelt?

Bernd: Ich habe es schon zusammengerollt und ins Auto gesteckt.

Kurt: Hoffentlich passt alles ins Auto.

Bernd: Kein Problem. Ohne Lebensmittel haben wir jetzt mehr Platz als vorher.

12 Was stimmt nicht?
Die folgenden Sätze sind falsch. Gib die richtigen Antworten!

1. Die Insel Rügen liegt in der Nordsee.
2. Kurt und Bernd übernachten in ihrem Auto.
3. Heute fahren sie zu einem anderen Campingplatz.
4. Kurt meint, dass es schwer ist, das Zelt abzubrechen.
5. Beide Jugendliche haben schon alles gepackt.
6. Bernd hat einer Dame vor dem Zelt für ihren Campingplatz bezahlt.
7. Beide rollen eine Luftmatratze zusammen.
8. Bernd hat das Zelt auf das Auto gesteckt.
9. Kurt und Bernd sind vor einer Woche ohne Lebensmittel gekommen.

13 Fragen
Beantworte diese Fragen!

1. Wie viele Tage sind Bernd und Kurt schon an der Ostsee?
2. Wie weit ist die See von Ihnen entfernt?
3. Wie weißt du, dass beide Jugendliche nicht immer in einem Imbiss oder einem Restaurant essen?
4. Was hat Bernd schon gleich gemacht?
5. Warum will Kurt alles schnell packen?
6. Was hat die Büroangestellte von Bernd bekommen?
7. Ist in dem Schlauchboot noch Luft?
8. Wo liegt das Zelt?

für dich

Rügen is Germany's largest island, with a coastline of 340 miles. None of the towns on the island is located more than four miles from the Baltic Sea shore. The island is dotted with sandy beaches, steep cliffs, brick village churches and thatched roofs that are the landmark of the simple houses of this area.

CD Track 15

1. Sie liegt in der Ostsee.
2. Sie übernachten am Strand (in einem Zelt).
3. Heute fahren sie nach Hause.
4. Er meint, es ist eine leichte Arbeit.
5. Sie müssen noch alles packen.
6. Er hat einer Dame im Büro das Geld gegeben.
7. Sie rollen ein Schlauchboot zusammen.
8. Er hat es ins Auto gepackt.
9. Nein, vor einer Woche haben sie Lebensmittel mitgebracht.

1. Sie sind schon sieben (acht) Tage an der Ostsee.
2. Sie ist ganz in der Nähe.
3. Sie haben Lebensmittel und einen Kocher mitgebracht.
4. Er hat das Zelt abgebrochen.
5. Er will nicht zu spät zu Hause ankommen.
6. Sie hat Geld von ihm bekommen.
7. Nein, in dem Schlauchboot ist keine Luft mehr.
8. Es liegt im Auto.

CD Track 16

Lektion B

SPRACHE

Word Order of Dative and Accusative Cases

In a sentence containing both an indirect object noun (dative) and a direct object noun (accusative), the indirect object noun precedes the direct object noun.

	Indirect Object Noun (dative)	**Direct Object Noun (accusative)**
Er gibt He gives	*dem Fluggast* the passenger	*eine Bordkarte.* a boarding pass.

When the indirect object or the direct object appears as a pronoun, the pronoun precedes the noun object.

	Indirect Object Pronoun (dative)	**Direct Object Noun (accusative)**
Er gibt He gives	*ihm* him	*eine Bordkarte.* a boarding pass.

	Direct Object Pronoun (accusative)	**Indirect Object Noun (dative)**
Er gibt He gives	*sie* it	*dem Fluggast.* to the passenger.

If a sentence contains both an indirect object pronoun and a direct object pronoun, then the direct object pronoun precedes the indirect object pronoun.

	Direct Object Pronoun (accusative)	**Indirect Object Pronoun (dative)**
Er gibt He gives	*sie* it	*ihm.* to him.

As a general rule, pronouns follow the verb in the following order: subject, direct object, indirect object. Stated in another way: If the direct object is a noun, it is second. If the direct object is a pronoun, it is first.

WB Activity 11

GV Activities 9–10

Q 8–9

Angelika bringt ihnen eine Torte. Sie bringt sie ihnen.

14 Wie hilft sie ihnen?

Frau Sehlers ist Reiseleiterin *(tour guide)*. Sie hilft den Touristen.

 Track 17

▶ der Lehrerin die Flugscheine geben
Sie gibt der Lehrerin die Flugscheine.

1. der Klasse die Jugendherberge zeigen
2. den Touristen die Bordkarten holen
3. einem Schüler die Zeit sagen
4. ihrer Mutter die Karte kaufen
5. dem Jungen den Koffer geben
6. den Jugendlichen eine Landkarte bringen

Ask questions: *Wer gibt der Lehrerin die Flugscheine?, Wem gibt Frau Sehlers die Flugscheine?, Was gibt Frau Sehlers der Lehrerin?*

1. Sie zeigt der Klasse die Jugendherberge.
2. Sie holt den Touristen die Bordkarten.
3. Sie sagt einem Schüler die Zeit.
4. Sie kauft ihrer Mutter die Karte.
5. Sie gibt dem Jungen den Koffer.
6. Sie bringt den Jugendlichen eine Landkarte.

15 Noch einmal, bitte!

Mach die letzte Übung noch einmal! Folge dem Beispiel!

▶ der Lehrerin die Flugscheine geben
Sie gibt sie ihr.

1. der Klasse die Jugendherberge zeigen
2. den Touristen die Bordkarten holen
3. einem Schüler die Zeit sagen
4. ihrer Mutter die Karte kaufen
5. dem Jungen den Koffer geben
6. den Jugendlichen eine Landkarte bringen.

CD Track 18

1. Sie zeigt sie ihr.
2. Sie holt sie ihnen.
3. Sie sagt sie ihm.
4. Sie kauft sie ihr.
5. Sie gibt ihn ihm.
6. Sie bringt sie ihnen.

Petra sagt ihrem Freund, wann sie rüberkommt.

Lektion B

CD Track 19

1. Ja, ich habe ihn ihm gezeigt.
2. Ja, ich habe sie ihr gegeben.
3. Ja, ich habe es ihnen gebracht.
4. Ja, ich habe ihn ihm gekauft.
5. Ja, ich habe es ihm geholt.
6. Ja, ich habe es ihnen bezahlt.

CD Track 20

1. Sie kauft sie ihrer Tante.
2. Sie gibt sie deiner Freundin.
3. Er bringt es der Dame.
4. Er zeigt sie seinem Onkel.
5. Sie holt ihn dem Fluggast.
6. Sie bietet ihn ihrem Freund an.

1. Der Junge schreibt seiner Lehrerin einen Brief.
   Er schreibt ihn ihr.
2. Frau Rabe kauft ihrem Sohn ein Fahrrad.
   Frau Rabe kauft es ihm.
3. Wir sollen der Dame ihre Tasche bringen.
   Wir sollen sie ihr bringen.
4. Angelika gibt ihrer Oma die Bordkarte.
   Angelika gibt sie ihr.
5. Ich werde meiner Freundin ein Geschenk kaufen.
   Ich werde es ihr kaufen.
6. Der Herbergsvater zeigt den Jugendlichen ein paar Zimmer.
   Der Herbergsvater zeigt sie ihnen.

16 Ja,...

Hast du das wirklich gemacht?

➤ Hast du deiner Freundin zwei CDs gekauft?
   Ja, ich habe sie ihr gekauft.

1. Hast du deinem Vater den Camper gezeigt?
2. Hast du deiner Schwester die Luftmatratze gegeben?
3. Hast du deinen Freunden das Buch gebracht?
4. Hast du deinem Onkel einen Schlafsack gekauft?
5. Hast du deinem Bruder das Fahrrad geholt?
6. Hast du deinen Eltern das Zelt bezahlt?

17 Beantworte die Fragen!

Gib deine Antworten mit den Wörtern in Klammern *(using the words in parentheses)*!

➤ Wem sagt er die Zeit? (seine Freundin)
   Er sagt sie seiner Freundin.

1. Wem kauft sie die Bluse? (ihre Tante)
2. Wem gibt sie die Bordkarte? (deine Freundin)
3. Wem bringt er das Eis? (die Dame)
4. Wem zeigt er die Stadt? (sein Onkel)
5. Wem holt sie den Flugschein? (der Fluggast)
6. Wem bietet sie den Kuchen an? (ihr Freund)

18 Sätze, bitte!

Bilde ganze Sätze mit den Wörtern! Folge dem Beispiel!

➤ Paul / zeigen / seine Freundin / die Landkarte
   Paul zeigt seiner Freundin die Landkarte.
   Paul zeigt sie ihr.

1. Junge / schreiben / seine Lehrerin / ein Brief
2. Frau Rabe / kaufen / ihr Sohn / ein Fahrrad
3. Wir / sollen / die Dame / ihre Tasche / bringen
4. Angelika / geben / ihre Oma / die Bordkarte
5. Ich / werden / meine Freundin / ein Geschenk / kaufen
6. Herbergsvater / zeigen / die Jugendlichen / ein paar Zimmer

Kapitel 2

Lesestück

CD Track 21

Unterwegs°

Wie du schon in diesem Kapitel gelesen hast, sind Jugendherbergen in Deutschland und auch in anderen Ländern sehr beliebt. Besonders während der Sommermonate übernachten Kinder mit Eltern oder Lehrern, Jugendliche mit oder ohne Lehrer und Erwachsene° in den vielen deutschen Jugendherbergen.

Für die Übernachtung° braucht man eine Mitgliedskarte. Gleich nach der Ankunft muss man sie dem Herbergsvater oder der Herbergsmutter zeigen. Am Eingang° stehen meistens wichtige Informationen an einer Tafel.

Die meisten Besucher bringen ihre Rucksäcke, Taschen oder manchmal auch ihre Koffer mit. An der Auskunft sagt man ihnen, in welchen Zimmern sie übernachten. Mahlzeiten° kann man in einer Jugendherberge auch bekommen. In einer großen Küche bereitet man das Essen zu°.

Richard und David kommen heute zur Jugendherberge in St. Goar am Rhein. Sie sind schon zwei Wochen unterwegs und haben in dieser Jugendherberge am Rhein vor ein paar Monaten ein Zimmer reserviert. Sie sind mit dem Zug angekommen und vom Bahnhof zehn Minuten zu Fuß gegangen. Sie tragen beide einen großen Rucksack und bringen auch noch einen kleinen Rucksack mit. Endlich kommen sie bei der Jugendherberge an.

Die Jugendherberge in St. Goar

Richard: Ich bin froh, dass wir endlich hier sind.
David: Diese Jugendherberge liegt wirklich weit oben°.
Richard: Na ja, die meisten Leute kommen auch nicht zu Fuß her.
David: Komm, gehen wir hinein!
Herbergsvater: Hallo! Darf ich Ihre Mitgliedskarten sehen?
Richard: Bitte sehr.
Herbergsvater: Füllen Sie doch gleich dieses Formular aus°! Haben Sie Ihre eigene Bettwäsche° mitgebracht?

Der Herbergsvater spricht mit Richard und David.

Beide sind endlich da.

David:	Nein, die brauchen wir von Ihnen. Außerdem möchten wir auch unser Frühstück und Abendessen bei Ihnen bekommen.
Herbergsvater:	Natürlich. Sie bleiben zwei Tage bei uns?
Richard:	Ja, man hat uns gesagt, dass es hier in der Umgebung viel zu sehen gibt. Stimmt das?
Herbergsvater:	Ja, da haben Sie Recht. Burg Rheinfels° steht direkt über uns und die Loreley° ist auch ganz in der Nähe. Außerdem können Sie mit den Rheinschiffen Ausflüge nach Norden oder nach Süden machen. Sie werden sich bestimmt nicht langweilen°.
David:	Danke für Ihre Auskunft.
Herbergsvater:	Ich wünsche Ihnen einen angenehmen Aufenthalt°.

Die Übernachtung kostet nur 12 Euro pro Person°. Für die Bettwäsche und das Essen müssen beide noch extra bezahlen. Aber alles ist natürlich viel billiger als in einem Hotel. Außerdem lernen David und Richard noch andere junge Leute kennen. Sie werden noch eine Woche unterwegs sein, bis sie wieder nach Hause zurückfahren müssen.

unterwegs on the way; *der Erwachsene* adult; *die Übernachtung* overnight stay; *der Eingang* entrance; *die Mahlzeit* meal; *das Essen zubereiten* to prepare the meal; *weit oben* way up; *das Formular ausfüllen* to fill out the form; *Ihre eigene Bettwäsche* your own bed linen; *Burg Rheinfels* name of fortress overlooking the Rhine at St. Goar; *Loreley* legendary rock (about 400 feet) between Kaub and St. Goarshausen; *sich langweilen* to be bored; *der angenehme Aufenthalt* pleasant stay; *pro Person* per person

WB Activities 12–14

GV Activities 11–13

Q 10

OT Activity 12

emcp.com

Die Jugendherberge ist nicht weit von hier.

Viele machen Ausflüge mit Rheinschiffen.

19 Was passt zusammen?

Welche Wörter haben etwas Gemeinsames (something in common)?

1. Kapitel
2. Sommermonat
3. übernachten
4. Lehrer
5. ankommen
6. Auskunft
7. Rucksäcke
8. Mahlzeit
9. Zug
10. laufen
11. Eingang
12. Umgebung
13. Ausflug
14. billig

A. Abendessen
B. Reise
C. Juli
D. Tür
E. bleiben
F. Gegend
G. Erwachsener
H. preiswert
I. Gepäck
J. Lektion
K. Bahnhof
L. zu Fuß
M. da sein
N. Information

1. J
2. C
3. E
4. G
5. M
6. N
7. I
8. A
9. K
10. L
11. D
12. F
13. B
14. H

20 Fragen

Beantworte diese Fragen!

1. Wann kommen besonders viele Leute zu den Jugendherbergen?
2. Was muss man für eine Jugendherberge haben?
3. Wie lange sind Richard und David unterwegs?
4. Wie kommen sie vom Bahnhof zur Jugendherberge?
5. Liegt diese Jugendherberge direkt am Rhein?
6. Was müssen Richard und David an der Auskunft machen?
7. Was kann man in der Umgebung von St. Goar sehen?
8. Wohin kann man mit Rheinschiffen fahren?
9. Was kann man in einer Jugendherberge für extra Geld bekommen?

 Track 22

1. Während der Sommermonate.
2. Eine Mitgliedskarte.
3. Zwei Wochen.
4. Zu Fuß.
5. Nein, sie liegt oben.
6. Sie müssen ein Formular ausfüllen.
7. Burg Rheinfels und die Loreley.
8. Nach Norden oder nach Süden.
9. Bettwäsche und Mahlzeiten.

Wohin kann man mit Rheinschiffen fahren?

Lektion B

Persönliches

WB Activities 15–16

PA

Camping. You have decided to go on a camping trip with one of your friends. Describe to a classmate where you want to go, what you plan to take along, how long you will stay and what you will do there. Be as creative as possible.

ROLLENSPIEL

Ein Interview. Interview one of your classmates. But first, list at least eight questions about favorite activities (sports, hobbies); traveling (places, time of year); responsibilities at home (doing homework, mowing the lawn); family members and relatives (including where some live); tasks to be done before going to school (taking a shower, eating breakfast). Add any other questions that may present a good written portrait of the person. Then proceed with the interview and jot down the answers. Reverse roles.

Praktisches

Form groups of three. Your group has decided to stay at a youth hostel. Each student gives at least four reasons why he or she wants to stay in a particular hostel. Student 1 writes about the activities *(Was es dort alles zu tun gibt)*; Student 2 writes about the facilities *(Wie die Jugendherberge aussieht)*; and Student 3 shows interest in the area *(Wie mir die Umgebung gefällt)*. After everyone is finished, the students compare lists and reach a general consensus on four items that are most important to the group.

Schreiben

PA

Unsere Klassenzeitung. Get together with one to three other classmates. Imagine that you have your own class newspaper. You will all collaborate on writing an article about a person, event or interesting experience that occurred recently in your class, school or town. Your description should be in the form of a newspaper article. All or some of the articles may be displayed on a bulletin board for others to read.

Sie müssen das Schlauchboot zusammenrollen.

Q 11–12

CA Activities 5–8

Hast du das Zelt ins Auto gesteckt?

Wörter und Ausdrücke

TALKING ABOUT CAMPING

Wohin geht ihr campen? Where are you going camping?
Was bringen viele Leute zum Campingplatz mit? What do many people bring along to a campground?
  Einen Camper. A camper.
  Einen Wohnwagen. An RV (recreational vehicle).
  Ein Zelt. A tent.
  Schlafsäcke. Sleeping bags.
  Eine Luftmatratze. An air mattress.
  Lebensmittel. Groceries.
  Einen Kocher. A cooker.

Der Campingplatz ist an der Ostsee. The campground is at the Baltic Sea.
Er liegt direkt am Strand. It's located directly at the beach.
Er hat das Zelt abgebrochen. He took down the tent.
Sie müssen das Schlauchboot zusammenrollen. They have to roll up the inflatable boat.
Hast du das Zelt ins Auto gesteckt? Did you put (stick) the tent in the car?
Wir haben mehr Platz als vorher. We have more space than before.

Lektion B

RÜCKBLICK

21 Kombiniere...

Der Herbergsvater	hat	mir	die Umgebung	gesetzt
Die Jugendlichen	haben	sich	den See	angesehen
Wir		uns	vor dem Café	getroffen
Unsere Lehrerin			auf einen Stuhl	gezeigt

22 Sätze, bitte!

Bilde Sätze mit diesen Wörtern!

1. Herr / sich ansehen / Flugschein
2. Peter und Ulla / sich treffen / vor der Schule
3. Können / ihr / sich beeilen / nicht
4. Ich / müssen / die Haare / sich kämmen
5. Müssen / du / die Zähne / sich putzen
6. Wir / sich freuen / auf den Sommer

1. Der Herr sieht sich den Flugschein an.
2. Peter und Ulla treffen sich vor der Schule.
3. Könnt ihr euch nicht beeilen?
4. Ich muss mir die Haare kämmen.
5. Musst du dir die Zähne putzen?
6. Wir freuen uns auf den Sommer.

23 Wie sagt man's?

Beende die Sätze mit den Wörtern aus der Liste!

Mitgliedskarte	Campingplatz	Zeit	Umgebung
Mittagessen	Hunger	Insel	See
Freund	Stadt	Schalter	Rucksack
Schiff			

Practice each mini-dialog. For further expansion, have students substitute other words besides those presented.

1. Um wie viel Uhr gibt's ___?
   So gegen halb eins.
   Beeil dich etwas! Ich habe schon großen ___.
2. Am Nachmittag fahren wir an den ___.
   Gut, ich komme mit. Kommt dein ___ auch?
   Nein, er hat heute keine ___.

Kapitel 2

3. Ohne ___ kannst du nicht in die Jugendherberge.
   Das weiß ich. Ich habe sie in meinem ___.
   Da bin ich ja froh.
   Komm, gehen wir zum ___!
4. Was macht ihr heute Nachmittag?
   Wir sehen uns die ___ hier an.
   Geht ihr auch in die ___?
   Nein, da sind zu viele Leute und es ist auch zu weit dorthin.
5. Wo liegt denn dieser ___?
   Auf einer kleinen ___.
   Wie kommt man denn dorthin?
   Mit einem ___ natürlich.

1. Mittagessen, Hunger
2. See, Freund, Zeit
3. Mitgliedskarte, Rucksack, Schalter
4. Umgebung, Stadt
5. Campingplatz, Insel, Schiff

24 Neue Sätze, bitte!

Substitute pronouns for the italicized words. Change the word order where necessary.

1. Die Jugendlichen geben *dem Herbergsvater ihre Mitgliedskarten*.
2. Die Angestellte zeigt *den Fluggästen den Flugsteig*.
3. Wann kannst du *meiner Freundin den Brief* schreiben?
4. Warum bringst du *deinem Onkel ein Geschenk*?
5. Wir kaufen *unseren Eltern zwei Flugscheine*.
6. Gib *dem Teilnehmer die Karte*!
7. Zeig *deiner Freundin die Schule*!
8. Ich hole *meiner Mutter den Koffer*.
9. Rudi soll *unserer Lehrerin den Platz* zeigen.

1. Die Jugendlichen geben sie ihm.
2. Die Angestellte zeigt ihn ihnen.
3. Wann kannst du ihn ihr schreiben?
4. Warum bringst du es ihm?
5. Wir kaufen sie ihnen.
6. Gib sie ihm!
7. Zeig sie ihr!
8. Ich hole ihn ihr.
9. Rudi soll ihn ihr zeigen.

Er sagt ihnen, was es alles in der Umgebung gibt.

Rückblick

For additional practice, you may want to have students use some or all of these words in sentences.

1. sitzen
2. billig
3. bekannt
4. schlecht
5. kalt
6. trinken
7. alt
8. letzter
9. dunkel
10. gehen
11. spät
12. leicht
13. sprechen
14. kurz
15. links
16. schicken

WB Activities 17–21

GV Activities 14–16

PA

VP

TP

25 Das Gegenteil

Was ist das Gegenteil *(opposite)* von diesen Wörtern?

spät	schlecht	schicken	kalt	leicht
billig	sitzen	letzter	links	trinken
alt	bekannt	kurz	dunkel	gehen
sprechen				

1. stehen
2. teuer
3. fremd
4. gut
5. heiß
6. essen
7. neu
8. erster
9. hell
10. kommen
11. früh
12. schwer
13. hören
14. lang
15. rechts
16. bekommen

Was weißt du?

1. *Ich bin in einer Jugendherberge angekommen.* Upon arrival at a youth hostel, you go directly to the reception desk. The youth hostel director asks you several questions. Answer them.

   a. *Hast du eine Mitgliedskarte?*

   b. *Woher kommst du denn?*

   c. *Wie bist du hergekommen?*

   d. *Wie lange willst du hier bleiben?*

   e. *Wohin fährst du denn von hier?*

   f. *Was möchtest du dir in der Umgebung ansehen?*

2. *Was bringst du mit?* Name five items that you would need if you were staying at a youth hostel.

3. *Worauf freust du dich?* Describe two activities or events that you are looking forward to, and give reasons why.

4. *Im Sommer gehen wir campen.* You and your friend have decided to go camping during your summer vacation. Write a short description that includes how you will prepare for the trip, items you will take along, places you want to go and any other details you may want to add.

5. Make a list of things you do every morning to get ready for school, using as many reflexive verbs as possible.

Vokabeln

abbrechen *(bricht ab, brach ab, abgebrochen)* to break down 2B
als than; *Da ist mehr Platz als vorher.* There is more room than before. 2B
angenehm pleasant 2B
der **Aufenthalt,-e** stay 2B
der **Ausflug,̈e** excursion, trip 2A
die **Bettwäsche** bed linen 2B
campen to camp; *campen gehen* to go camping 2B
der **Camper,-** camper 2B
der **Campingplatz,̈e** campground 2B
sich **duschen** to shower, take a shower 2A
eigen own 2B
der **Eingang,̈e** entrance 2B
einige a few 2A
eitel vain 2A
der **Erwachsene,-n** adult 2B
das **Essen,-** meal, food 2B
extra extra 2B
sich **freuen auf** to look forward to 2A
genießen *(genoss, genossen)* to enjoy; *Lass uns...genießen!* Let's enjoy...! 2B
die **Herbergsmutter,̈** youth hostel director (female) 2B
der **Herbergsvater,̈** youth hostel director (male) 2A
hineingehen *(ging hinein, ist hineingegangen)* to go inside 2B
hoffentlich hopefully 2B
das **Hotel,-s** hotel 2B
die **Information,-en** information 2B
die **Jugendherberge,-n** youth hostel 2A
sich **kämmen** to comb one's hair 2A
das **Kapitel,-** chapter 2B
die **Klassenreise,-n** class trip 2A
der **Kocher,-** cooker 2B
komisch funny, strange 2A
sich **langweilen** to be bored 2B
die **Lebensmittel** (pl.) groceries 2B
los: Na, dann mal los! Well then, let's go! 2B
die **Luftmatratze,-n** air mattress 2B
die **Mahlzeit,-en** meal 2B
die **Mitgliedskarte,-n** membership card 2A
oben on top, upstairs; *weit oben* way up 2B
die **Ostsee** Baltic Sea 2B
packen to pack 2B
sich **putzen** to clean oneself; *sich die Zähne putzen* to brush (clean) one's teeth 2A
sich **rasieren** to shave oneself 2A
der **Reisescheck,-s** traveler's check 2A
reservieren to reserve 2B
das **Rheinschiff,-e** Rhine ship 2A
der **Schlafsack,̈e** sleeping bag 2B
das **Schlauchboot,-e** inflatable boat 2B
sich **setzen** to sit down 2A
der **Sommermonat,-e** summer month 2B
stecken to put, stick 2B
der **Strand,̈e** beach, shore 2B
tun to do 2A
die **Übernachtung,-en** overnight stay, accommodation 2B
die **Umgebung** surroundings, vicinity 2A
unterwegs on the way 2B
viele many 2B
sich **vorbereiten auf** to prepare/get ready for 2A
vorher before 2B
warten auf to wait for 2A
sich **waschen** *(wäscht, wusch, gewaschen)* to wash oneself 2A
der **Wohnwagen,-** RV (recreational vehicle) 2B
das **Zelt,-e** tent 2B
zubereiten to prepare (meal) 2B
zurückfahren *(fährt zurück, fuhr zurück, ist zurückgefahren)* to go (drive) back 2B
zusammenrollen to roll up 2B

Was gibt's alles auf einem Campingplatz?

Rückblick

Was darf man nicht in der Nacht tun?

Während der Nachtruhe von 22.00 - 07.00 ist jeglicher Autoverkehr auf dem Campingplatz untersagt!

Campingplatzleitung

In this chapter you will learn how to:
- talk about past events
- discuss current weather conditions
- talk about weather forecasts
- describe a trip
- make plans

KAPITEL 3

Ferien

LEKTION A

1 Wovon spricht man?
Beende diese Sätze mit den richtigen Wörtern!

1. Viele Touristen laufen jeden Winter in den ___ Ski.
2. Rom und Florenz liegen in ___.
3. Auf dem ___ gibt es viele Bauernhöfe.
4. Was machst du in den ___? Vielleicht fahren wir nach Spanien.
5. Der Sand an diesem ___ ist fein und ganz weiß.
6. Der Chiemsee liegt im Bundesland ___.
7. Mallorca ist eine ___ nicht weit von ___.
8. Fährst du in den Norden? Nein, im ___ ist es wärmer.

1. Bergen, Alpen
2. Italien
3. Land
4. Ferien
5. Strand
6. Bayern
7. Insel, Spanien
8. Süden

Im Reisebüro

CD Tracks 3–4

Stainers hoffen, dass die Angestellte im Reisebüro etwas vorschlagen wird.

die Angestellte im Reisebüro

Herr und Frau Stainer haben vor, dieses Jahr wieder eine Reise in den Süden zu machen. Sie wissen noch nicht genau, wohin sie fahren wollen. Deshalb gehen sie zu einem Reisebüro und hoffen, dass man ihnen da etwas vorschlagen wird.

Lektion A

Ich sehe gleich im Computer nach.

Können Sie uns etwas anderes vorschlagen?

Ist da im August in einer Pension noch etwas frei?

Angestellte: Sie sagten, dass sie letztes Jahr in den Bergen gewesen sind?

Herr Stainer: Ja, aber diesen Sommer möchten wir lieber woanders hin.

Frau Stainer: Vielleicht nach Italien oder nach Spanien?

Angestellte: Wissen Sie, die spanische Insel Mallorca ist sehr beliebt.

Herr Stainer: Leider ist da immer so viel Betrieb.

Frau Stainer: Unsere Nachbarn erzählten uns, dass sie im Mai eine Woche auf einem Bauernhof wohnten.

Angestellte: Ja, viele Leute machen auf dem Bauernhof Ferien.

Herr Stainer: Nein, das gefällt mir nicht.

Frau Stainer: Können Sie uns etwas anderes vorschlagen?

Angestellte: Einen Moment, bitte. Ich sehe gleich im Computer nach. Hier haben wir's. Ich kann Ihnen den Chiemsee vorschlagen. Wir haben jetzt Sonderangebote dorthin, ein Hotel oder eine Pension mit drei Mahlzeiten pro Tag.

Herr Stainer: Ist da im August in einer Pension noch etwas frei?

Angestellte: Ich werde einmal anrufen.

Kapitel 3

2 Von wem spricht man hier?

Identifiziere die Personen! Diese Person oder Personen...

1. sieht im Computer nach.
2. haben von ihren Ferien auf dem Bauernhof gesprochen.
3. sind vor einem Jahr in den Bergen gewesen.
4. sagt, dass die Insel Mallorca sehr beliebt ist.
5. schlägt eine Reise zu zwei anderen Ländern vor.
6. meint, dass da zu viele Touristen sind.
7. sagt, dass der Preis dorthin jetzt sehr gut ist.
8. wird ein Hotel oder Büro anrufen.

 Track 5

1. die Angestellte
2. die Nachbarn (von Stainers)
3. Herr und Frau Stainer
4. die Angestellte
5. Frau Stainer
6. Herr Stainer
7. die Angestellte
8. die Angestellte

3 Was passt hier?

Ergänze die Sätze mit den richtigen Verbformen aus der Liste!

| machen | schlagen | möchten | sehen | erzählen |
| haben | gefallen | sein | wissen | gehen |

1. ___ Sie dieses Jahr etwas vor?
2. Da ___ immer viel los.
3. Ihre Nachbarn haben ihnen von einem Bauernhof ___.
4. Ich ___, dass diese Insel sehr beliebt ist.
5. Was ___ Sie uns vor, wohin wir reisen sollen?
6. Die Angestellte im Reisebüro ___ im Computer nach.
7. Es ___ Herrn Stainer nicht, auf einem Bauernhof Ferien zu machen.
8. Wohin ___ ihr eine Reise?
9. Stainers ___ in ein Reisebüro.
10. Wohin ___ ihr dieses Jahr?

1. Haben
2. ist
3. erzählt
4. weiß
5. schlagen
6. sieht
7. gefällt
8. macht
9. gehen
10. möchtet

Warum ruft die Angestellte in einer Pension an?

Lektion A

für dich

der Chiemsee

Mallorca (or "Majorka" in English) is Spain's largest of the Balearic Islands in the Mediterranean Sea. The island's major industry is tourism. It is one of the most popular vacation spots frequented by Germans.

To avoid the hustle and bustle of city life and the congested tourist areas, many Germans opt to spend their leisure time in quiet surroundings and even vacation on farms (*Ferien auf dem Bauernhof*).

The *Chiemsee*, located between Munich, Germany, and Salzburg, Austria, attracts many visitors every year due to numerous recreational opportunities and one of King Ludwig's famous castles.

SPRACHE

Past Tense (Narrative Past Tense)

Regular Verbs

The past tense is frequently used in narratives and stories. The past tense of regular verbs has the following endings added to the stem of the verb:

ich   sag-te
du   sag-test
er }
sie }   sag-te
es }
wir   sag-ten
ihr   sag-tet
sie   sag-ten
Sie   sag-ten

Sie suchte im Computer nach einem Hotel.

Meine Lehrerin wohnte ein Jahr in Deutschland. — My teacher lived in Germany for one year.

When the stem of the verb ends in *-t* or *-d*, an *-e-* is inserted between the stem and the ending.

Die Karte kostete nur ein paar Euro. — The ticket cost just a few euro.

The following is a list of the most important regular verbs that you have already learned:

	basteln to do (handi)crafts	**machen** to do
	bedienen to wait on	**mähen** to mow
sich	**beeilen** to hurry	**meinen** to mean
	begrüßen to greet	**packen** to pack
	besichtigen to visit, view	**parken** to park
	besuchen to visit	**passen** to fit
	bezahlen to pay	**passieren** to happen
	brauchen to need	**planen** to plan
	dauern to take, last	**regnen** to rain
	decken to cover (set table)	**reisen** to travel
	fotografieren to take pictures	**sagen** to say
		sammeln to collect
sich	**freuen auf** to look forward to	**schenken** to give a present
		schicken to send
	glauben to believe	**schmecken** to taste
	holen to get, fetch	**schneien** to snow
	hören to hear, listen to	**spielen** to play
sich	**interessieren für** to be interested in	**spülen** to wash, rinse
		tanzen to dance
	interviewen to interview	**üben** to practice
	jubeln to cheer	**wandern** to hike
	kaufen to buy	**warten** to wait
	klingeln to ring (bell)	**wohnen** to live
	lächeln to smile	**wünschen** to wish
	landen to land	**zeigen** to show, demonstrate
	lernen to learn	

WB Activities 3–4

GV Activities 5–7

Q 3

Was machten diese Touristen?

Sie wanderten in den Bergen.

Lektion A

CD Track 6

1. Nein, ich kaufte nichts.
2. Nein, ich zeigte nichts.
3. Nein, ich bezahlte nichts.
4. Nein, ich schickte nichts.
5. Nein, ich fotografierte nichts.
6. Nein, ich plante nichts.

CD Track 7

1. Wir tanzten in der Disko.
2. Wir hörten Musik.
3. Wir planten eine Party.
4. Wir lernten Deutsch.
5. Wir machten die Arbeit.
6. Wir spielten Fußball.
7. Wir schickten einen Brief.
8. Wir mähten den Rasen.

4 Nein,...

Beantworte diese Fragen mit „nein"!

▸ Sagtest du etwas?
  Nein, ich sagte nichts.

1. Kauftest du etwas?
2. Zeigtest du etwas?
3. Bezahltest du etwas?
4. Schicktest du etwas?
5. Fotografiertest du etwas?
6. Plantest du etwas?

Kaufte er etwas?

5 Gestern

Sagt, was ihr gestern gemacht habt!

▸ einen Fußball kaufen
  Wir kauften einen Fußball.

1. in der Disko tanzen
2. Musik hören
3. eine Party planen
4. Deutsch lernen
5. die Arbeit machen
6. Fußball spielen
7. einen Brief schicken
8. den Rasen mähen

Was kosteten die Poster?

Wo bezahlten die Kunden?

Kapitel 3

6 Was haben sie gemacht?

Du bist mit deinen Freunden zusammen und sagst ihnen, was du und andere alles am Wochenende gemacht haben.

> Mein Bruder übt Gitarre.
> Mein Bruder übte Gitarre.

1. Meine Freunde wandern in den Bergen.
2. Monika lernt für eine Mathearbeit.
3. Peter und ich machen die Hausaufgaben.
4. Meine Schwester spielt Tennis.
5. Wir besuchen ein Museum.
6. Anne tanzt in der Disko.

CD Track 8

1. Meine Freunde wanderten in den Bergen.
2. Monika lernte für eine Mathearbeit.
3. Peter und ich machten die Hausaufgaben.
4. Meine Schwester spielte Tennis.
5. Wir besuchten ein Museum.
6. Anne tanzte in der Disko.

7 Warum?

Sag, warum dir das Wochenende nicht gefallen hat!

> Es schneit die ganze Zeit.
> Es schneite die ganze Zeit.

1. Es regnet jeden Tag.
2. Das Essen schmeckt nicht.
3. Wir spielen nicht Fußball.
4. Mein neuer Mantel passt mir nicht.
5. Wir besuchen unsere Tante.
6. Ich mache viele Hausaufgaben.
7. Der Film dauert drei Stunden.
8. Die Jugendlichen jubeln zu laut beim Rockkonzert.

CD Track 9

1. Es regnete jeden Tag.
2. Das Essen schmeckte nicht.
3. Wir spielten nicht Fußball.
4. Mein neuer Mantel passte mir nicht.
5. Wir besuchten unsere Tante.
6. Ich machte viele Hausaufgaben.
7. Der Film dauerte drei Stunden.
8. Die Jugendlichen jubelten zu laut beim Rockkonzert.

Hasan und seine Fans jubelten nach dem Basketballspiel.

Lektion A

Aktuelles

Der Chiemsee

Von all den vielen Seen in Deutschland ist der Chiemsee einer der bekanntesten und beliebtesten. Besonders im Sommer, aber auch im Winter, besuchen viele Touristen den Chiemsee und seine Umgebung.

Der Chiemsee liegt in Süddeutschland im Bundesland Bayern, zwischen München im Westen und Salzburg im Osten. Um den See herum° gibt es viele Hotels, Pensionen, Jugendherbergen und Campingplätze. Die meisten Besucher kommen nach Prien, einem kleinen Ort° am Chiemsee, denn° sie wollen von dort mit einem Schiff eine Rundfahrt° machen. Von den drei Inseln im Chiemsee besuchen die meisten Touristen die Herreninsel. Warum ist die Herreninsel so beliebt? König° Ludwig II. baute da im Jahr 1878 ein Schloss°. Es sollte wie Versailles sein, nur noch größer und schöner. Der König wohnte nur zehn Tage in dem Schloss. Man kann das Schloss Herrenchiemsee das ganze° Jahr besichtigen°.

das Schloss auf der Herreninsel

der Chiemsee und seine Umgebung

Was kaufen sie an der Kasse?

Folgen wir einmal° den Besuchern dorthin. Von Prien kann man nur mit einem Schiff zur Herreninsel kommen. Karten kauft man direkt an der Kasse, gleich wo die Schiffe liegen. Die Schiffe fahren sehr oft am Tag. Die Schifffahrt° dauert nur 15 Minuten, bis man auf der Herreninsel ankommt. Nachdem° alle Besucher ausgestiegen sind, können sie den Schildern° zum Schloss folgen. Die meisten Leute gehen fünfzehn bis zwanzig Minuten zu Fuß, andere fahren mit einer Kutsche° zum Schloss.

Die Schifffahrt zur Herreninsel dauert nur 15 Minuten.

Gleich bei der Ankunft ist man von dem wunderschönen° Schloss, Garten und von den sieben Brunnen mit Wasserspielen begeistert°. Ein großer Marmorbrunnen° steht vor dem Schloss. Im Schloss kann man zwanzig Zimmer besichtigen. Die meisten Besucher machen eine Führung° mit. Im Erdgeschoss° ist das König Ludwig II. Museum. Dort kann man viel über das kurze Leben° (1845–1886) dieses bekannten Königs lernen.

um...herum around; *der Ort* town; *denn* because; *die Rundfahrt* sightseeing trip; *der König* king; *das Schloss* castle; *ganz* whole; *besichtigen* to visit, view; *Folgen wir einmal...* Let's follow...; *die Schifffahrt* boat trip; *nachdem* after; *das Schild* sign; *die Kutsche* carriage; *wunderschön* marvelous, breathtaking; *ist man von den sieben Brunnen mit Wasserspielen begeistert* one is thrilled by the seven fountains with waterworks; *der Marmorbrunnen* marble fountain; *die Führung* guided tour; *das Erdgeschoss* ground floor; *das Leben* life

der Marmorbrunnen vor dem Schloss

das Arbeitszimmer des Königs

WB Activities 5–6

Q 4–5

emcp.com

71

8 Wie heißt dieses Wort?

Ergänze die folgenden Sätze! Wenn du die Anfangsbuchstaben der fehlenden Wörter (beginning letters of missing words) **von eins bis vierzehn liest, dann weißt du den Namen von einem bekannten Teil im Schloss Herrenchiemsee. Schreib die Wörter mit großen Buchstaben** (capital letters)**! Wichtig: ß = SS**

1. SEEN
2. PRIEN
3. IM
4. EINE
5. GARTEN
6. EINER
7. LUDWIG
8. GRÖSSER
9. AUSSTEIGEN
10. LEUTE
11. EINEM
12. RUNDFAHRT
13. IST
14. ES

As a culminating activity, you may want to have students check the web sites of German, Austrian and Swiss tourist offices. An excellent exercise would be to write some of the letters or e-mails in German requesting posters, brochures, and so on. about designated areas. Point out that most cities in these three countries can be accessed by typing the URL with *"de"* (Germany) *"at"* (Austria) or *"ch"* (Switzerland). Examples: *www.berlin.de* or *www.wien.at* or *www.zuerich.ch*.

1. Der Chiemsee ist einer von vielen ___ in Deutschland.
2. Die meisten Touristen fahren mit einem Schiff von ___ zur Herreninsel.
3. Das Schloss findet man ___ Bundesland Bayern.
4. Viele Besucher machen ___ Führung durch das Schloss.
5. Die Touristen sind von dem Schloss und dem ___ begeistert.
6. Manche Leute fahren mit ___ Kutsche.
7. König ___ II. hat da nur ein paar Tage gewohnt.
8. Er wollte das Schloss ___ bauen als das Versailler Schloss.
9. Die Besucher fahren 15 Minuten mit dem Schiff zur Herreninsel und müssen dort dann ___.
10. Die meisten ___ gehen zu Fuß.
11. Zur Herreninsel muss man mit ___ Schiff fahren.
12. Wenn man sich auf einem Schiff die Gegend ansieht, dann macht man eine ___.
13. Die Herreninsel ___ bei Touristen sehr beliebt.
14. ___ gibt viele Zimmer im Schloss, aber man kann nur 20 Zimmer besichtigen.

PERSÖNLICHES

 Track 11

1. Wohin möchtest du in die Ferien fahren? Warum?
2. Wann hast du vor, wieder eine Reise zu machen? Wohin geht's dann?
3. Wie plant deine Familie eine Reise?
4. Wohin würdest (would) du gern in Deutschland, Österreich oder in der Schweiz reisen? Warum?
5. Wie weit sind Seen und Berge von dir entfernt? Wie kannst du dorthin kommen?

Kapitel 3

ROLLENSPIEL

Imagine that you and a relative or a friend are planning to go to Europe. You go to a travel agency *(Reisebüro)* to get some information about your proposed trip. Role-play this situation with a classmate. One of you takes the role of the traveler *(der/die Reisende)*, while the other plays the role of the travel agent *(der Reiseberater/die Reiseberaterin)*. In your discussion you may want to cover the following topics: your interest in several countries; suggested places to visit; cost and what's included; how to get there; length of vacation; and number of people coming along. Ask as many questions as possible and use your imagination when answering questions.

In Ulm and around Ulm and roundabout Ulm.

Wörter und Ausdrücke

TALKING ABOUT VACATION PLANS

Wohin fährst du gern? Where do you like to go?
  An den Strand. To the beach.
  Nein, woanders hin. No, somewhere else.
  Aufs Land. To the country.
  Auf einen Bauernhof. To a farm.
  Ans Meer. To the ocean.

Was möchtest du besichtigen? What would you like to visit (view)?

Machst du da Ferien? Are you taking your vacation there?
  Nein, da ist so viel Betrieb. No, it's too busy there.
Kannst du mir etwas anderes vorschlagen? Can you suggest something else?
  Ja, ein Hotel oder eine Pension. Yes, a hotel or a bed and breakfast.
  Ist da noch etwas frei? Is there still something available?

Lektion A

LEKTION B

9 Das Wetter

Sieh dir die Zeichnungen *(illustrations)* **an und schreib einen oder zwei Sätze über jede Zeichnung! Beantworte die Frage: Wie ist das Wetter und was wirst du bei diesem Wetter tun?**

▸ Heute haben wir ein Gewitter. Da werde ich zu Hause bleiben.

1.

2.

Sample answers:
1. Wir haben starke Winde. Wir werden heute nicht Fußball spielen.
2. Die Temperatur ist 17 Grad. Mein Freund und ich werden Fahrrad fahren.
3. Leider gibt es Regenschauer. Bei diesem Wetter sehen wir lieber fern.
4. Heute ist es bewölkt. Wir werden heute Nachmittag wandern.
5. Die Sonne scheint. Meine Freunde und ich werden zum Strand gehen.
6. Toll, es schneit. Ich werde mit meinem Bruder Ski laufen.

3.

4.

5.

6.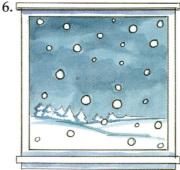

Lektion B

Planen wir unsere Reise!

Was machen sie am Tisch?

Ich weiß, du liegst gern in der Sonne am Strand.

Herr Rösler sendet ein Fax nach Hiddensee.

Herr Rösler und seine Tochter Birgit haben vor, eine Woche in die Ferien zu fahren. Birgit will ihre Freundin Melanie mitbringen. Alle drei sitzen im Wohnzimmer und sprechen über ihre Ferienreise im August. Sie wissen noch nicht genau, wohin sie fahren wollen. Deshalb sehen sie sich verschiedene Broschüren und eine Landkarte an.

Herr Rösler: Wir waren doch schon ein paar Mal in Bayern.

Birgit: Dort fand ich es ganz toll, besonders in Lindau am Bodensee.

Melanie: Ich weiß, du liegst gern in der Sonne am Strand. Wir fuhren letztes Jahr zur Nordsee. Leider gab es oft Regenschauer und es war immer ganz bewölkt. Wir fuhren schon früher wieder nach Hause.

Herr Rösler: Ich habe eine Idee. Wie wär's mit der Insel Hiddensee in der Ostsee? Hier steht's: „Bei uns scheint die Sonne öfter als auf dem Land." Die Tageshöchsttemperatur im August ist ungefähr 30 Grad.

Birgit: Waren unsere Nachbarn nicht schon mal da?

Herr Rösler: Stimmt. Ich werde sie anrufen. Zuerst sende ich ein Fax nach Hiddensee. Da kann man uns erst einmal über die Insel Auskunft geben.

Kapitel 3

10 Wie heißt dieses Wort?

Ergänze die folgenden Sätze! Wenn du die Anfangsbuchstaben von eins bis elf liest, dann weißt du, was Herr Rösler, Birgit und Melanie im August machen werden. Schreib die Wörter mit großen Buchstaben!

1. Melanie ist Birgits ___.
2. Sie sehen sich ___ Landkarte an.
3. Letztes Jahr gab es im Norden viele ___.
4. Es war auch ___ ganz bewölkt.
5. Herr Rösler will ___ einmal über Hiddensee Information bekommen.
6. Herr Röslers ___ waren schon einmal auf der Insel.
7. Birgit ___ will Melanie mitbringen.
8. In Bayern fand Birgit ___ ganz toll.
9. Rügen und Hiddensee sind ___.
10. Auf Hiddensee ___ oft die Sonne.
11. Herr Rösler sendet ___ Fax nach Hiddensee.

1. **F**REUNDIN
2. **E**INE
3. **R**EGENSCHAUER
4. **I**MMER
5. **E**RST
6. **N**ACHBARN
7. **R**ÖSLER
8. **E**S
9. **I**NSELN
10. **S**CHEINT
11. **E**IN

11 Fragen

 Track 16

Beantworte diese Fragen!

1. Was wollen Herr Rösler, Birgit und Melanie im Sommer machen?
2. Warum sehen sie sich Broschüren und eine Landkarte an?
3. Wo gefiel es Birgit besonders?
4. Weißt du, wo das liegt?
5. Warum fahren viele Touristen nach Hiddensee?
6. Wie warm ist es da im August (Celsius und Fahrenheit)?
7. Warum will Herr Rösler seine Nachbarn anrufen?
8. Warum sendet er ein Fax?

You may want to review the conversions. To convert Fahrenheit to centigrade *(Celsius)* subtract 32, then multiply by 5 and divide by 9. To convert to Fahrenheit, multiply by 9, divide by 5 and add 32.

1. Eine Ferienreise.
2. Sie wissen noch nicht genau, wohin sie fahren wollen.
3. In Lindau am Bodensee.
4. Es liegt in Bayern.
5. Dort scheint oft die Sonne.
6. 30°C (Celsius), 86°F (Fahrenheit).
7. Sie waren schon in Hiddensee.
8. Er möchte Auskunft über Hiddensee bekommen.

für *dich*

The *Bodensee* (Lake Constance) is located in the southwestern corner of Germany. It is often referred to as the *Dreiländereck* (three-country corner) as it borders on three countries—Germany, Austria and Switzerland.

Lektion B

Hiddensee is a small, remote island in the *Ostsee* (Baltic Sea), west of the big island of Rügen. Cars are not allowed on this island which is best reached by ferry from Schaprode on the island of Rügen or from Stralsund on the mainland.

The inhabitants of Hiddensee often can be heard saying in their local dialect: „Bi uns scheint die Sünn öfters as över Land." (Bei uns scheint die Sonne öfters als über Land.)

SPRACHE

Past Tense (Narrative Past Tense)

Irregular Verbs

The irregular verbs do not follow the pattern of the regular verbs introduced earlier in this chapter and, therefore, must be learned individually. To learn to use these verbs more easily you should study the first or the third person singular of the past tense. This will give you the base form to which endings are added in all other persons. Here are these endings:

	kommen	**gehen**	**fahren**
ich	kam	ging	fuhr
du	kam-st	ging-st	fuhr-st
er			
sie	kam	ging	fuhr
es			
wir	kam-en	ging-en	fuhr-en
ihr	kam-t	ging-t	fuhr-t
sie	kam-en	ging-en	fuhr-en
Sie	kam-en	ging-en	fuhr-en

Viele Schüler kamen jeden Tag pünktlich.	Many students came on time every day.
Jens ging um sieben Uhr zur Schule.	Jens went to school at seven o'clock.
Warum fuhrst du erst so spät in die Stadt?	Why did you drive downtown so late?

To facilitate learning the correct use of the irregular verbs, you should always remember three forms: the infinitive, the past and the past participle. These forms are also called the "principal parts" of a verb. The most frequently used irregular verbs, which you already know, are listed on the next page. You will find the complete list of all irregular verbs in the "Grammar Summary" at the end of this book. Only the basic forms (without prefixes) of the more commonly used verbs are listed.

INFINITIVE	PAST		PAST PARTICIPLE	MEANING
beginnen	begann		begonnen	to begin
bleiben	blieb	ist	geblieben	to stay
bringen	brachte		gebracht	to bring
essen	aß		gegessen	to eat
fahren	fuhr	ist	gefahren	to drive
finden	fand		gefunden	to find
fliegen	flog	ist	geflogen	to fly
geben	gab		gegeben	to give
gefallen	gefiel		gefallen	to like
gehen	ging	ist	gegangen	to go
gewinnen	gewann		gewonnen	to win
haben	hatte		gehabt	to have
helfen	half		geholfen	to help
kennen	kannte		gekannt	to know
kommen	kam	ist	gekommen	to come
laufen	lief	ist	gelaufen	to run
lesen	las		gelesen	to read
liegen	lag		gelegen	to lie, be located
nehmen	nahm		genommen	to take
rufen	rief		gerufen	to call
scheinen	schien		geschienen	to shine
schießen	schoss		geschossen	to shoot
schlagen	schlug		geschlagen	to beat, hit
schneiden	schnitt		geschnitten	to cut
schreiben	schrieb		geschrieben	to write
schreien	schrie		geschrien	to scream, yell
schwimmen	schwamm	ist	geschwommen	to swim
sehen	sah		gesehen	to see
sein	war	ist	gewesen	to be
singen	sang		gesungen	to sing
sitzen	saß		gesessen	to sit
sprechen	sprach		gesprochen	to speak
stehen	stand		gestanden	to stand
steigen	stieg	ist	gestiegen	to climb
tragen	trug		getragen	to carry
treffen	traf		getroffen	to meet
trinken	trank		getrunken	to drink
tun	tat		getan	to do
verlassen	verließ		verlassen	to leave
verstehen	verstand		verstanden	to understand
waschen	wusch		gewaschen	to wash
werden	wurde	ist	geworden	to become, be
wissen	wusste		gewusst	to know

WB Activities 10–11

GV Activities 10–12

Q 8–9

Lektion B

CD Track 17

1. Die Schule begann schon im Sommer.
2. Ich flog mit einem Flugzeug.
3. Monikas Opa fuhr auf einem Motorrad.
4. Peter und ich sprachen immer deutsch.
5. Meine Eltern kamen nicht nach Hause.
6. Unsere Freunde brachten tolle Geschenke.
7. Erikas Mutter fand viel Geld.

1. Wer schrieb denn?
2. Warum riefst du an?
3. Wen kannten Sie?
4. Was tranken wir?
5. Wo stand es?
6. Wohin gingt ihr später?
7. Wann hattest du denn Zeit?
8. Wem half Susanne gern?

12 Ich weiß genau, was alles los war.

Tina hatte viele Träume (*dreams*). Sie erzählt ihrer Freundin davon.

▸ mein Onkel / zu Besuch sein
  Mein Onkel war zu Besuch.

1. die Schule / schon im Sommer beginnen
2. ich / mit einem Flugzeug fliegen
3. Monikas Opa / auf einem Motorrad fahren
4. Peter und ich / immer deutsch sprechen
5. meine Eltern / nicht nach Hause kommen
6. unsere Freunde / tolle Geschenke bringen
7. Erikas Mutter / viel Geld finden

13 Viele Fragen

CD Track 18

Bilde neue Fragen! Folge dem Beispiel!

▸ Wohin läufst du?
  Wohin liefst du?

1. Wer schreibt denn?
2. Warum rufst du an?
3. Wen kennen Sie?
4. Was trinken wir?
5. Wo steht es?
6. Wohin geht ihr später?
7. Wann hast du denn Zeit?
8. Wem hilft Susanne gern?

Wo saßen Hasan und Angelika?

Worüber sprachen Christian und Petra?

Kapitel 3

14 Erzähle das noch einmal!
Retell the following narrative using past tense verbs.

Werner und Peter wohnen nicht weit von der Stadt entfernt. Am Sonnabend gehen sie zum Kaufhaus. Werner spricht mit der Angestellten: „Wie viel kostet die Gitarre?" Sie sagt: „Heute nur 200 Euro." Die Jungen glauben, dass das nicht zu teuer ist. Sie haben aber nur 120 Euro mit. Deshalb laufen sie nach Hause zurück. Werners Vater gibt ihnen 80 Euro. Dann fahren sie schnell mit ihren Rädern zum Kaufhaus und kaufen die Gitarre.

wohnten, gingen, sprach, sagte, glaubten, war, hatten, liefen, gab, fuhren, kauften

15 Passende Wörter, bitte!
Complete each sentence using the appropriate verb from the list below. Make sure you use the past tense form. You will not use all the verbs.

beginnen	warten	essen	lesen	bleiben
haben	fliegen	kommen	gehen	liegen
sein	dauern	geben	spielen	steigen
schmecken				

1. Die Dame ___ um drei Uhr zu uns.
2. Das Essen ___ sehr gut.
3. Die Touristen ___ wenig Zeit.
4. Herr Held ___ eine Stunde auf den Bus.
5. Der Film ___ pünktlich.
6. Am Abend ___ wir schon in München.
7. Sein Onkel ___ nicht lange bei uns.
8. Die Jugendlichen ___ viele Bücher.
9. Die Mädchen ___ Gitarre.
10. Die Reise ___ drei Stunden.
11. Der Pilot ___ von Boston direkt nach Köln.
12. Mein Vater ___ mir etwas Geld.

1. kam
2. schmeckte
3. hatten
4. wartete
5. begann
6. waren
7. blieb
8. lasen
9. spielten
10. dauerte
11. flog
12. gab

Lektion B

Lesestück

Wir waren am Bodensee

Susanne
Daniela

Susanne und Daniela waren bis vor einem Jahr in derselben° Schule in Köln. Aber dann ist Susannes Familie nach Bremen gezogen°. Beide stehen immer noch in Kontakt°. Oft senden sie E-Mails, manchmal sprechen sie auch am Telefon. Heute sendet Daniela Susanne wieder eine E-Mail und erzählt ihrer Freundin von° ihren Ferien.

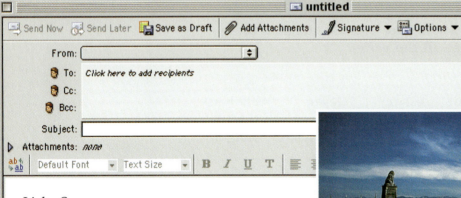
Lindau

Liebe Susanne,

unsere Reise zum Bodensee begann vor zwei Wochen. Wir waren nur auf der deutschen Seite vom Bodensee. Von Köln fuhren wir mit unserem Auto auf der Autobahn° über Wiesbaden, Heidelberg, Stuttgart, Ulm nach Lindau am Bodensee. Es dauerte ungefähr fünf Stunden bis wir ankamen. Wir blieben zwei Tage lang in Lindau. Wie du weißt, liegt Lindau im Dreiländereck Deutschland-Österreich-Schweiz. Es ist die südwestlichste Stadt von Bayern.

Bestimmt willst du wissen, was wir alles am Bodensee gemacht haben. Erich, der Bruder meines Vaters, seine Frau und zwei Kinder wohnen in Lindau. Am ersten Tag segelten° wir. Onkel Erich hat ein großes Segelboot°. Das Wetter war zum Segeln sehr günstig° — Sonne und genug Wind. Am zweiten Tag zeigten sie uns die Altstadt° aus dem Mittelalter°. Das Alte Rathaus° in der Stadtmitte ist für Besucher eine Sehenswürdigkeit°.

das alte Schloss in Meersburg

The *Zeppelin* is named after Graf Ferdinand von Zeppelin (1838–1917), who was a German army officer and airship *(Zeppelin dirigible, blimp)* inventor and builder.

Am nächsten Tag war das Wetter nicht sehr schön, es war meistens sehr bewölkt und es gab auch ab und zu° Regenschauer. Wir hatten aber Glück, denn° wir waren an dem Tag nicht draußen. In Friedrichshafen, nur 20 Kilometer entfernt, besichtigten wir das Zeppelin-Museum. Dieter, mein Bruder, interessierte sich besonders für die Geschichte des Zeppelins, der Vorgänger° des Flugzeugs.

Die letzten drei Tage verbrachten° wir in Meersburg am Bodensee, ganz in der Nähe von Friedrichshafen. Alle vier — mein Vater, meine Mutter, Dieter und ich — besichtigten das Alte Schloss, wanderten in der Gegend und fuhren mit einem Schiff zur Insel Mainau. Viele nennen° Mainau die Blumeninsel°. Es ist unglaublich°, wie viele bunte Blumen° es auf dieser Insel gibt.

Wir waren eine ganze Woche am Bodensee und fuhren dann langsam nach Hause zurück. Unterwegs übernachteten wir in Freiburg, einer bekannten Stadt im Schwarzwald.

Jetzt hab' ich aber genug erzählt. Wie geht's dir denn? Wie waren deine Ferien? Schreib doch mal bald!

Herzliche Grüße° auch an deine Eltern!
Deine Daniela

derselbe the same; *ziehen* to move; *in Kontakt stehen* to be in contact; *erzählen von* to tell about; *die Autobahn* German freeway; *segeln* to sail; *das Segelboot* sailboat; *günstig* favorable; *die Altstadt* old town; *das Mittelalter* Middle Ages; *das Rathaus* city hall; *die Sehenswürdigkeit* sight; *ab und zu* once in a while; *denn* because; *der Vorgänger* predecessor; *verbringen* to spend (time); *nennen* to name, call; *die Blumeninsel* flower island; *unglaublich* unbelievable; *die Blume* flower; *herzliche Grüße* kindest regards

WB Activities 12–14

GV Activities 13–15

Q 10

OT Activity 17

emcp.com

7, 4, 2, 10, 5, 8, 1, 9, 6, 3

16 Die richtige Reihenfolge

Setze die folgenden Sätze in die richtige Reihenfolge, so wie alles im Lesestück passiert ist!

1. Alle vier besichtigten ein Museum.
2. Mit dem Auto fuhren sie über Stuttgart.
3. Daniela sendet ihrer Freundin eine E-Mail.
4. Daniela und ihre Familie begannen ihre Reise.
5. Sie segelten auf dem Bodensee.
6. Die Familie übernachtete in Freiburg.
7. Vor einem Jahr gingen Daniela und Susanne zu derselben Schule.
8. Onkel Erich zeigte ihnen das Rathaus in der Altstadt.
9. Sie fuhren zu einer Insel.
10. Sie kamen in Lindau an.

Lektion B

17 Was passt hier?

Beende die Sätze mit den richtigen Wörtern aus der Liste! Pass auf! Die Verben müssen in verschiedenen Zeitformen *(tenses)* stehen.

segeln	erzählen	beginnen	liegen	kommen
ziehen	besichtigen	fahren	zeigen	senden
wohnen	sein			

1. Susanne ___ vor einem Jahr nach Bremen.
2. Daniela und Susanne ___ oft E-Mails.
3. Daniela ___ Susanne heute von ihrer Reise.
4. Ihre Reise ___ vor vierzehn Tagen.
5. Daniela und ihre Familie ___ nach ein paar Stunden in Lindau an.
6. Ihr Onkel ___ am Bodensee.
7. Alle ___ auf dem See.
8. Am ersten Tag ___ genug Wind zum Segeln.
9. Onkel Erich ___ ihnen die Altstadt.
10. Friedrichshafen ___ nicht weit von Lindau entfernt.
11. Dort ___ alle das Zeppelin-Museum.
12. Die ganze Familie ___ mit einem Schiff zu einer Insel.

1. zog
2. senden
3. erzählt
4. begann
5. kamen
6. wohnt
7. segelten
8. war
9. zeigte
10. liegt
11. besichtigten
12. fuhr

 Track 20

Persönliches

1. Wie ist die Wettervorhersage in deiner Gegend für morgen?
2. Was für Wetter hast du am liebsten? Warum?
3. Wie war das Wetter in deinen letzten Ferien?
4. Sendest du ab und zu eine E-Mail? An wen?
5. Wohnst du lieber in der Stadt oder auf dem Land? Warum?

ROLLENSPIEL

You and a classmate are discussing travel plans to different parts of the United States or to other countries. Both of you read about current weather conditions and the forecast from your local newspaper for these areas of interest. Ask your partner questions about where he or she would like to go, what the weather is like there, what the forecast is for tomorrow and the typical weather conditions during the four seasons. Ask other questions that relate to travel and weather. Reverse roles.

Praktisches

Wo wollen wir Ferien machen? You and two or three of your classmates have decided to go on a vacation trip during the summer. Each of you prepares a list of the places you would like to visit and gives several reasons for your selections (favorable weather, mountains, lakes, etc.). Discuss your selections as a group. Then elect a spokesperson to prepare the final list based on the other students' most convincing reasons. The final list may be presented to the rest of the class as well.

Schreiben

Diese Reise hat uns sehr gefallen. Write about a vacation trip that you have taken in the past (or imagine a trip you would like to take). Your description should include the following information: time of year and place you traveled to, weather conditions during your stay, how long you stayed, who came along, some of the activities you did and when you returned home.

WB Activity 15

PA

Q 11

CA Activities 5–8

Wörter und Ausdrücke

TALKING ABOUT THE WEATHER

Wie ist die Wettervorhersage für...? What is the weather forecast for...?
In den Bergen gibt's Schnee und starke Winde. In the mountains there is snow and there are strong winds.
Im Schwarzwald gibt es Regenschauer. In the Black Forest there are rain showers.
In Berlin wird es bewölkt und 20 Grad sein. In Berlin, it will be cloudy and 20 degrees.
Die Tageshöchsttemperatur an der Nordsee steigt auf 24°C. The highest daytime temperature for the day at the North Sea will rise to 24°C.

An der Ostsee ist es heiter. At the Baltic Sea there is sunshine and clear skies.

DISCUSSING TRAVEL PLANS

Sie sprechen über ihre Ferienreise und sehen sich Broschüren an. They talk about their vacation trip and look at brochures.
Wie wär's mit Hiddensee? How about Hiddensee?
Er sendet ein Fax dorthin. He is sending a fax there.
Man wird ihnen erst einmal über die Insel Auskunft geben. First, they will give them information about the island.

Lektion B

RÜCKBLICK

18 Kombiniere...

Gestern	erzählte	die Eltern	von der Reise
Am Sonntag	gab	ich	in die Ferien
Im August	fuhren	ihr	ein Gewitter
	zogen	es	woanders hin

19 Heute und gestern
Schreib neue Sätze! Folge dem Beispiel!

▷ Ich trage viel Gepäck.
   Ich trug viel Gepäck.

1. Wohin fährst du dieses Jahr?
2. Wir sprechen immer deutsch.
3. Im Januar schneit es hier.
4. Die Temperatur steigt auf 27°C.
5. Wie schmeckt das Essen?
6. Wir trinken Cola zum Abendessen.
7. Ich kaufe keinen Mantel.
8. Anne bekommt viele Karten zum Geburtstag.
9. Die Besucher warten schon lange.
10. Gibt er dir sein Fahrrad?
11. Frau Stainer packt die Koffer.
12. Die Kinder spielen auf dem Rasen.

1. Wohin fuhrst du dieses Jahr?
2. Wir sprachen immer deutsch.
3. Im Januar schneite es hier.
4. Die Temperatur stieg auf 27°C.
5. Wie schmeckte das Essen?
6. Wir tranken Cola zum Abendessen.
7. Ich kaufte keinen Mantel.
8. Anne bekam viele Karten zum Geburtstag.
9. Die Besucher warteten schon lange.
10. Gab er dir sein Fahrrad?
11. Frau Stainer packte die Koffer.
12. Die Kinder spielten auf dem Rasen.

Wie schmeckte Herrn und Frau Schulz das Essen?

Kapitel 3

20 Wohin fahren wir denn?
Bilde einen Dialog mit den folgenden Sätzen!

1. Reise / machen / wir / eine / wollen
2. fahren / wohin / wir / sollen
3. Tina / Idee / hat / gute / eine
4. nicht / warum / Innsbruck / reisen / wir / nach
5. schön / es / dort / ist / besonders
6. wer / mit / kommt / alles
7. genau / das / wir / nicht / wissen
8. Freundin / mit / kommt / vielleicht / meine
9. sie / geplant / Reise / schon / hat / eine
10. ohne / wir / dann / sie / fahren

1. Wir wollen eine Reise machen.
2. Wohin sollen wir fahren?
3. Tina hat eine gute Idee.
4. Warum reisen wir nicht nach Innsbruck?
5. Dort ist es besonders schön.
6. Wer kommt alles mit?
7. Das wissen wir nicht genau.
8. Vielleicht kommt meine Freundin mit.
9. Sie hat schon eine Reise geplant.
10. Dann fahren wir ohne sie.

21 Was fehlt?
Beende die Sätze mit Reflexivpronomen!

▸ Kämm ___ doch das Haar!
  Kämm dir doch das Haar!

1. Hast du ___ die Zähne geputzt?
2. Ich freue ___ schon jetzt auf diese Reise.
3. Möchten Sie ___ diese Schuhe ansehen?
4. Wir können ___ hier an den Tisch setzen.
5. Warum beeilt ihr ___ nicht?
6. Wann bereitest du ___ auf Günters Geburtstag vor?
7. Rasier ___, Rudi!
8. Wollen Sie ___ mit uns treffen?

1. dir
2. mich
3. sich
4. uns
5. euch
6. dich
7. dich
8. sich

22 Erzähl die Geschichte!
Retell the following narrative in the past tense and then in the present perfect tense.

Ursula und Claudia haben vor, ins Kino zu gehen. Sie treffen sich um halb drei bei Ursula. Sie sprechen über ein paar Filme. Zum Kino sind es nur zehn Minuten zu Fuß.

Im Kino gibt es einen Film aus Amerika. Vor dem Kino stehen ihre zwei Freunde, Rainer und Walter. Die beiden gehen auch ins Kino, aber erst um fünf Uhr. Sie laden Ursula und Claudia ein. Jetzt haben die Vier noch zwei Stunden Zeit. Ein Eiscafé ist gleich um die Ecke. Dort essen sie italienisches Eis. Das schmeckt ganz besonders gut.

Past tense: hatten, trafen, sprachen, waren

gab, standen, gingen, luden, hatten, war, aßen, schmeckte

Present perfect tense:
haben...vorgehabt,
haben...getroffen,
haben...gesprochen,
sind...gewesen

hat...gegeben,
haben...gestanden,
sind...gegangen,
haben...eingeladen,
haben...gehabt,
ist...gewesen,
haben...gegessen,
hat...geschmeckt

Rückblick

23 Mach es anders!

Rewrite the sentences changing the direct and indirect objects to pronouns. Change the word order, where necessary.

 Ich gebe *meinem Freund den Tennisschläger.*
Ich gebe ihn ihm.

1. Kannst du *deiner Schwester den Computer* zeigen?
2. Geben Sie *der Dame die Bordkarte*!
3. Hilfst du *deinem Freund*?
4. Ich kann *den Rucksack* nicht finden.
5. Wir kaufen *unseren Eltern ein Geschenk.*
6. Sende *deiner Freundin eine E-Mail*!
7. Die Angestellte gibt *dem Fluggast die Auskunft.*
8. Das Kleid passt *deiner Freundin* sehr gut.
9. Sie gibt *den Leuten die Flugscheine.*
10. Das Museum gefällt *meiner Tante* nicht besonders.

1. ihn ihr
2. sie ihr
3. ihm
4. ihn
5. es ihnen
6. sie ihr
7. sie ihm
8. ihr
9. sie ihnen
10. ihr

WB Activity 16
GV Activities 16–18
VP
TP

Was weißt du?

1. *Was ich gern in den Ferien machen möchte.* Imagine that you have two weeks off from school and enough money to go on a vacation trip. List five activities related to your trip such as where you would go, whom you would take along, what you would have to buy before your departure, what you would like to do once you get there and so on.

2. *Das möchte ich gern sehen.* Pick one area of Germany, Austria or Switzerland that you would like to see. From your school library, Internet or other sources (friends, neighbors), describe in English what is so unique about this area and why you would like to visit there.

3. *Wie ist das Wetter?* Using a newspaper or Internet weather site, describe the local and national weather conditions including temperatures and forecasts for various parts of the country.

4. *Was wir auf der Party machten.* Using the narrative past tense, briefly jot down what you had to buy for a real or imaginary party and what you did at the party.

5. *Wer war dort?* Someone you know undoubtedly went on a trip (camping, bus, train, plane) during the past year. Find out a few details and then write at least six sentences about this person's experience in the narrative past.

Vokabeln

ab und zu once in a while *3B*
die **Alpen** (pl.) Alps *3B*
die **Altstadt,¨e** old town *3B*
anderes: etwas anderes something else *3A*
die **Autobahn,-en** German freeway *3B*
der **Bauernhof,¨e** farm *3A*
besichtigen to visit, view *3B*
der **Betrieb: viel Betrieb sein** to be busy *3A*
bewölkt cloudy, overcast *3B*
die **Blume,-n** flower *3B*
die **Blumeninsel** flower island *3B*
die **Broschüre,-n** brochure *3B*
denn because *3B*
derselbe the same *3B*
das **Dreiländereck** three-country corner (Germany, Austria, Switzerland) *3B*
erst einmal first *3B*
erzählen von to tell about *3B*
das **Fax,-e** fax *3B*
die **Ferien: Ferien machen** to take vacation *3A*
die **Ferienreise,-n** vacation trip *3B*
frei free, available *3A*
gestern yesterday *3B*
das **Gewitter,-** thunderstorm *3B*
der **Grad,-e** degree *3B*
der **Gruß,¨e** greeting; *herzliche Grüße* kindest regards *3B*
günstig favorable *3B*
heiter clear (skies) *3B*
hinfahren *(fährt hin, fuhr hin, ist hingefahren)* to drive/travel there *3A*
das **Land: aufs Land fahren** to drive to the country *3A*
das **Meer,-e** ocean *3A*
das **Mittelalter** Middle Ages *3B*
der **Nachbar,-n** neighbor *3A*
nennen *(nannte, genannt)* to name, call *3B*
die **Pension,-en** bed and breakfast *3B*
pro per; *pro Tag* per day *3A*
das **Rathaus,¨er** city hall *3B*
der **Regenschauer,-** rain shower *3B*
das **Reisebüro,-s** travel agency *3A*
das **Schloss,¨er** castle *3B*
der **Schnee** snow *3B*
das **Segelboot,-e** sailboat *3B*
segeln to sail *3B*
die **Sehenswürdigkeit,-en** sight, place of interest *3B*
senden to send *3B*
sogar even *3B*
stehen: in Kontakt stehen to be in contact *3B*
steigen *(stieg, ist gestiegen)* to climb; *steigen auf* climb to, rise to *3B*
die **Tageshöchsttemperatur,-en** highest daytime temperature *3B*
über about, over; *über etwas Auskunft geben* to give some information about *3B*
unglaublich unbelievable *3B*
verbringen *(verbrachte, verbracht)* to spend (time) *3B*
die **Wettervorhersage** weather forecast *3B*
wie: wie wär's how about *3B*
der **Wind,-e** wind *3B*
woanders somewhere else *3A*
ziehen *(zog, gezogen)* to move *3B*

die Alpen in Bayern

Schloss Linderhof in Bayern

Rückblick

In this chapter you will learn how to:
- talk about obligations
- identify animals
- express likes and dislikes
- describe daily activities
- talk about a farm

KAPITEL 4

Bei uns

91

LEKTION A

1 An welchem Tag war das?

Sag, an welchem Tag Herr Meier, Frau Meier, Marco oder Katrina das gemacht haben!

1. Katrinas Mutter hat etwas auf einer Bank gelesen.
2. Marcos Vater hat etwas an seinem Auto gemacht.
3. Herr Meier ist später nach Hause gekommen.
4. Ein paar Gäste sind bei Meiers zu Besuch gewesen.
5. Katrinas Bruder hat am Telefon gesprochen.
6. Katrina hat ihre Arbeit für die Schule nicht gemacht.
7. Beide Eltern haben etwas für Marco gekauft.

1. Am Mittwoch.
2. Am Sonnabend.
3. Am Dienstag.
4. Am Sonntag.
5. Am Freitag.
6. Am Montag.
7. Am Donnerstag.

2 Was passt hier?

Ergänze diese Sätze mit den Wörtern aus der Liste und der richtigen Zeitform! Du wirst nicht alle Wörter brauchen.

| schicken | staubsaugen | anrufen | arbeiten | sitzen |
| lesen | kaufen | üben | hören | ansehen |

1. Marcos Eltern haben einen Geburtstagskuchen ____.
2. Marco hat seine Freundin ____.
3. Wann hat Katrina Gitarre ____?
4. Marco hat in seinem Zimmer Rockmusik ____.
5. An welchem Tag hat sich Katrina kein Fernsehprogramm ____?
6. Marcos Vater hat an seinem Auto ____.
7. Wo hat Frau Meier ein Buch ____?
8. Hat Katrina eine E-Mail an ihre Freundin ____?

1. gekauft
2. angerufen
3. geübt
4. gehört
5. angesehen
6. gearbeitet
7. gelesen
8. geschickt

Was hat er gemacht?

94

Kapitel 4

Es gibt heute viel zu tun

Hat Goran die Wäsche schon gewaschen?

Boris staubsaugt.

Was soll Enisa machen?

Mutter: Enisa, du wolltest mir doch bei der Arbeit helfen. Es gibt heute viel zu tun.

Enisa: Einen Moment. Ich komme gleich. Du sagtest, ich sollte die Wäsche bügeln?

Mutter: Ja, bitte. Goran hat die Wäsche schon gewaschen. Er konnte das schon heute Morgen machen.

Enisa: Musste er nicht auch noch sein Rad reparieren?

Mutter: Das hat er schon gemacht.

Enisa: Was ist denn der Lärm oben?

Mutter: Das ist Boris. Er staubsaugt im Wohnzimmer und in den Schlafzimmern.

Enisa: Sollte Boris nicht auch noch die Küche aufräumen?

Mutter: Nein, das mache ich. Ich muss auch das Abendessen zubereiten. Vati wird noch den Rasen mähen. Gegen sieben kommt dann unser Besuch.

Lektion A

CD Track 4

1. Sie haben zwei Söhne und eine Tochter.
2. Goran hat sie gewaschen.
3. Sie soll die Wäsche bügeln.
4. Goran hat es repariert.
5. Er kommt aus dem Wohnzimmer oder aus einem Schlafzimmer.
6. Nein, das macht die Mutter.
7. Der Vater mäht ihn.

1. Heute gibt es viel zu tun.
2. Sie soll die Wäsche bügeln.
3. Er hat sie heute Morgen gewaschen.
4. Er hat sein Rad repariert.
5. Er staubsaugt im Wohnzimmer und in den Schlafzimmern.
6. Sie will das Abendessen zubereiten.
7. Gegen sieben kommt ihr Besuch.

3 Das ist falsch.

Etwas stimmt hier nicht. Was ist die richtige Antwort?

1. Die Eltern in dieser Familie haben zwei Töchter und einen Sohn.
2. Die Mutter hat die Wäsche gewaschen.
3. Enisa hat die Wäsche schon gebügelt.
4. Boris hat das Rad repariert.
5. Der Lärm kommt aus der Küche.
6. Boris wird die Küche aufräumen.
7. Die Besucher mähen den Rasen.

4 Fragen

CD Track 5

Beantworte diese Fragen!

1. Warum soll Enisa ihrer Mutter helfen?
2. Was soll Enisa machen?
3. Wann hat Enisas Bruder die Wäsche gewaschen?
4. Was hat er noch getan?
5. Was macht Boris oben?
6. Was will die Mutter noch in der Küche machen?
7. Warum muss sie das tun?

Hat Petra die Gläser gewaschen?

Hat Tanja ihr Zimmer aufgeräumt?

dich

Heiko putzt sich die Zähne. Bestimmt ist die Badezimmertür geschlossen *(closed)*.

Whatever their dwelling, house or apartment, most Germans live behind closed doors. Not only are the outside doors to their homes closed (locked and bolted in urban areas), but within their homes, most of the doors to the individual rooms are kept closed. Since people do come and go, you can hear the constant opening and closing of doors in a typical German household.

For the visitor, this closed-door syndrome can cause confusion and create an occasional surprise. You never know who is lurking behind closed doors; people sometimes pop out unexpectedly. Americans have been known to wait needlessly outside the door of the room containing the toilet (often separate from the bathroom), when in fact it was empty all the time.

SPRACHE

Past Tense of Modal Auxiliaries

The past tense forms of the modal auxiliaries are as follows:

INFINITIVE	PAST	MEANING
dürfen	durfte	may, to be permitted to
können	konnte	can, to be able to
mögen	mochte	to like
müssen	musste	must, to have to
sollen	sollte	should, to be supposed to
wollen	wollte	to want to

Goran musste sein Rad reparieren. — Goran had to repair his bike.

Die Schüler sollten bis morgen ein Kapitel lesen. — The students were supposed to read a chapter for tomorrow.

Katrina wollte sich ein Fernsehprogramm ansehen. — Katrina wanted to watch a TV program.

WB Activity 3

GV Activities 7–8

Q 3

Lektion A

CD Track 6

1. Erika wollte zur Party gehen.
2. Die Kinder wollten Eis essen.
3. Die Jugendlichen wollten Karten spielen.
4. Ulis Mutter wollte einen Brief schreiben.
5. Du wolltest das Buch lesen.
6. Die Eltern wollten ihre Tochter besuchen.
7. Anke wollte den Rasen mähen.
8. Ihr wolltet Tennis spielen.

Sample answers:
1. Frau Rieger musste ein Paket schicken.
2. Die Jugendlichen durften den Film sehen.
3. Rainer konnte gut Gitarre spielen.
4. Ich wollte ein Geschenk kaufen.
5. Anne und Rosi mochten Kalte Platte nicht essen.
6. Wir sollten die Arbeit machen.

5 Was wollten sie?

Sag, was die einzelnen Leute wollten!

➤ Paul / nach Deutschland fliegen
  Paul wollte nach Deutschland fliegen.

1. Erika / zur Party gehen
2. die Kinder / Eis essen
3. die Jugendlichen / Karten spielen
4. Ulis Mutter / einen Brief schreiben
5. du / das Buch lesen
6. die Eltern / ihre Tochter besuchen
7. Anke / den Rasen mähen
8. ihr / Tennis spielen

6 Sätze, bitte!

Bilde Sätze in der Vergangenheit *(past tense)* **mit diesen Wörtern!**

➤ Briefmarken sammeln wollen
  Maria wollte Briefmarken sammeln.

1. ein Paket schicken müssen
2. den Film sehen dürfen
3. gut Gitarre spielen können
4. ein Geschenk kaufen wollen
5. Kalte Platte nicht essen mögen
6. die Arbeit machen sollen

Was wollte Familie Schulz alles machen?

Kapitel 4

7 Was passt hier?

Complete each sentence using an appropriate past tense form of a modal auxiliary. You may be able to use several modal auxiliaries for each sentence. Can you tell the difference in meaning?

1. Am Wochenende ___ Anne mit ihrer Freundin zu einem Campingplatz fahren.
2. Ich ___ meinen Mantel nicht finden.
3. Nach der Schule ___ alle Schulfreunde ins Eiscafé gehen.
4. Robert ___ das Essen gar nicht.
5. Wir ___ bis zwölf Uhr am Abend auf der Party bleiben.
6. Renate ___ ihre Arbeit schon früher machen.
7. ___ du das Geschirr nicht spülen?

Sample answers:
1. wollte
2. konnte
3. wollten
4. mochte
5. durften
6. sollte
7. Konntest

CD Track 7

Words that are introduced later in this chapter, particularly in the *Lesestück*, are not listed at the end of this section as they will appear in the end-of-chapter vocabulary.

Aktuelles

In einer Großstadt

Miriam Schröder wohnt in Leipzig, einer großen Stadt im Osten Deutschlands. Miriam ist sechzehn und wohnt mit ihrem Vater in einer Wohnung. Ihre Eltern sind schon seit vielen Jahren geschieden°. Miriams Mutter wohnt jetzt in Düsseldorf. Miriam besucht ihre Mutter einmal im Jahr, meistens im Sommer, während der Schulferien. Ihr Vater arbeitet in einem Büro im Alten Rathaus, direkt in der Stadtmitte.

Während der Zeit der ehemaligen DDR°, vor dem Fall der Mauer° im Jahr 1989, hatte es Herr Schröder sehr schwer. Heute hat sich viel geändert° — es gibt Vorteile° aber auch manche Nachteile°.

Wo wohnt Miriam?

Leipzig, eine Großstadt

Lektion A

Miriams Vater arbeitet im Alten Rathaus.

Warum ist die Thomaskirche so bekannt?

In den Kaufhäusern ist die Auswahl heute größer als früher, aber das Leben selbst° ist für ihn und auch andere in dieser Gegend komplizierter als vor 1989.

Miriam geht auf ein Gymnasium. Sie hat vor, in zwei Jahren ihr Abitur zu machen und hofft, dann an der Leipziger Universität oder an einer anderen Universität zu studieren. Sie möchte gern Englisch studieren und später einmal Lehrerin werden. Nächstes Jahr hat sie die Gelegenheit, mit einer Schülergruppe drei Wochen nach Amerika zu reisen. Dann wird sie bestimmt englisch sprechen müssen.

Dieses Jahr kommen einige amerikanische Schüler für ein paar Wochen nach Leipzig. Sarah, ein Mädchen von dieser Gruppe, wird während ihres Besuchs bei Miriam wohnen. Die anderen werden bei Nachbarn unterkommen°. Miriam hofft, dass sie auch dann viel Englisch sprechen kann. Ihr Vater und ihre Nachbarn sind schon ein paar Mal zusammengekommen, denn sie wollen planen, was sie alles mit den Schülern machen werden.

In Leipzig gibt's viel zu sehen. Den Hauptbahnhof°, zum Beispiel, hat man vor ein paar Jahren ganz renoviert. Er ist einer der größten Bahnhöfe in Europa. Direkt im Hauptbahnhof gibt es jetzt viele moderne Geschäfte und Restaurants. Gleich in der Nähe vom Hauptbahnhof werden sie die Thomaskirche besuchen.

Kapitel 4

Sie ist besonders durch Johann Sebastian Bach (1685–1750) bekannt. Von 1723 bis 1750 war er Kantor in dieser bekannten Kirche° und Stadtmusikdirektor von Leipzig. Nicht weit von der Thomaskirche steht die Nicolaikirche, wo man im Jahr 1989 eine friedliche° Revolution angefangen hat. Der bekannteste deutsche Dichter°, Johann Wolfgang von Goethe (1749–1832), hat hier in Leipzig drei Jahre (1765–1768) studiert. Außerhalb der Stadtmitte steht das große Völkerschlachtdenkmal. Es erinnert an die große Schlacht° zwischen Napoleon und anderen Ländern im Jahr 1813.

Als Brieffreunde kennen sich Miriam und Sarah schon ganz gut. Sie senden sich oft E-Mails, manchmal auch mit einem Anhang° von Fotos oder anderen Dateien°. Meistens schreibt Sarah auf Deutsch, denn sie ist schon im dritten Jahr Deutsch auf einer amerikanischen High School. Miriam antwortet immer auf Englisch. Auf diese Weise verständigen sich° die beiden Mädchen ganz gut. Im letzten Brief hat Miriam Sarah erzählt, wie sie in Leipzig herumkommen° werden. Für Sarah war es nicht verständlich°, warum viele Leipziger nicht mit ihrem Auto in der Stadt fahren.

Have students do some research about Bach, Goethe and the Berlin Wall and report back to the class.

Man hat den Hauptbahnhof ganz renoviert.

Wer war Johann Sebastian Bach?

Was kann man alles in Leipzig sehen?

Lektion A

101

Sarah, Miriams Freundin

Von einer Straßenbahn hat Sarah schon gehört, aber gesehen hat sie noch keine. Das wird sich schnell ändern, wenn sie mit ihren Schulfreunden zu Besuch da ist.

geschieden divorced; *die ehemalige DDR* former Deutsche Demokratische Republik (East Germany); *der Fall der Mauer* the fall of the Wall (divided Berlin 1961–1989); *sich ändern* to change; *der Vorteil* advantage; *der Nachteil* disadvantage; *das Leben selbst* the life itself; *unterkommen* to accommodate; *der Hauptbahnhof* main (railway) station; *die Kirche* church; *friedlich* peaceful; *der Dichter* poet, writer; *die Schlacht* battle; *der Anhang* attachment (e-mail); *die Datei* file; *sich verständigen* to communicate; *herumkommen* to get around; *verständlich* clear

Was ist hier am Völkerschlachtdenkmal vor fast 200 Jahren passiert?

WB Activities 4–6

GV Activity 9

Q 4–5

emcp.com

Hat Sarah schon einmal eine Straßenbahn gesehen?

Kapitel 4

8 Was passt zusammen?
Ergänze die Sätze mit den richtigen Satzteilen!

1. Miriams Vater und Mutter sind
2. In den Ferien besucht sie
3. Jeden Wochentag fährt Herr Schröder
4. Nach 1989 gab es
5. Für viele Leipziger ist
6. Miriam will
7. Die amerikanischen Schüler kommen
8. Im Hauptbahnhof gibt es
9. Johann Sebastian Bach war
10. Johann Wolfgang von Goethe war
11. Ein großes Denkmal steht
12. Viele Einwohner fahren

1. D
2. I
3. G
4. B
5. J
6. E
7. L
8. C
9. H
10. A
11. K
12. F

A. ein Dichter
B. keine Mauer mehr
C. Geschäfte und Restaurants
D. geschieden
E. später vielleicht Lehrerin werden
F. nicht mit ihren Autos in der Stadt herum
G. zur Arbeit im Alten Rathaus
H. vor mehr als 250 Jahren Kirchenkantor
I. ihre Mutter
J. das Leben selbst komplizierter als früher
K. außerhalb der Stadtmitte
L. bei Nachbarn unter

Wer war Johann Wolfgang von Goethe?

Lektion A

9 Eine bekannte Sehenswürdigkeit

Lies die einzelnen Beschreibungen und identifiziere dann die Wörter oder Namen! Wenn du die Anfangsbuchstaben der fehlenden Wörter oder Namen von eins bis zwölf liest, dann weißt du den Namen von einer bekannten Sehenswürdigkeit in Leipzig. Schreib alles mit großen Buchstaben!

1. Nicht gestern oder morgen.
2. Das machen die Schüler am Ende des Gymansiums.
3. Da studiert man.
4. Das englische Wort für das, was Goethe war.
5. Da war Bach Kantor.
6. Er lebte 65 Jahre.
7. Das senden viele Leute mit ihrer E-Mail.
8. So heißt Miriams Vater.
9. Da begann eine friedliche Revolution.
10. Sarah ist Schülerin in dieser Schule.
11. Leipzig liegt da.
12. Dann besucht Miriam ihre Mutter.

1. **H**EUTE
2. **A**BITUR
3. **U**NIVERSITÄT
4. **P**OET
5. **T**HOMASKIRCHE
6. **B**ACH
7. **A**NHANG
8. **H**ERR SCHRÖDER
9. **N**ICOLAIKIRCHE
10. **H**IGH SCHOOL
11. **O**STEN
12. **F**ERIEN

 Track 8

PERSÖNLICHES

1. Kommen ab und zu bei dir zu Hause Leute zu Besuch? Wer und wann?
2. Was musst du oft oder manchmal zu Hause machen?
3. Was machst du gern? Was machst du nicht so gern? Und warum?
4. Hast du Brüder oder Schwestern? Wenn ja, was müssen sie zu Hause tun?
5. Wohnst du in einer Kleinstadt oder in einer Großstadt? Was gibt es da zu sehen?

ROLLENSPIEL

Imagine that you are an exchange student and you live with a family (classmates) that has a son or daughter (your classmate's role) your age. Prepare a list of chores that likely need to be done. Then discuss these chores with family members (your classmates). Some sample questions may be: *Kann ich in der Küche (in der Garage, im Garten) helfen? Welche Arbeit kann ich tun? Was gibt's für mich zu tun? Kann ich das Fahrrad (Auto, Moped) reparieren?*

If there is a German exchange student in your school, you may want to have a group of students find out more about him or her by preparing and asking questions. The information could then be shared in German with the rest of the class.

Track 9

Few know how much one must know to know how little one knows.

WB Activity 7

CA Activities 1–4

Wörter und Ausdrücke

DESCRIBING FAMILY ACTIVITIES AND CHORES

Warum haben sie so wenig Zeit? Why do they have so little time?
  Gäste kommen zu Besuch. Guests are coming for a visit.
  Mutti strickt einen Pullover. Mom is knitting a sweater.
  Marco muss staubsaugen. Marco has to vacuum.
  Frau Meier wäscht die Wäsche. Mrs. Meier is washing clothes.
  Herr Meier arbeitet heute länger im Büro. Mr. Meier works longer at the office today.
  Katrina bügelt die Wäsche. Katrina is ironing clothes.

Was liest du? What are you reading?
  Eine Zeitschrift. A magazine.
  Einen Roman. A novel.
  Ich lese jetzt nichts. Ich habe mein Buch in der Schule gelassen. I'm not reading anything now. I left my book at school.

Warum kannst du nichts hören? Why can't you hear anything?
  Er macht oben zu viel Lärm. He is making too much noise upstairs.

Lektion A

LEKTION B

CD Track 10

You may want to expand the list of animals provided. Ask personalized questions such as: *Hast du ein Tier zu Hause? Was für ein Tier hast du? Welche Tiere hast du gern? Warum?*

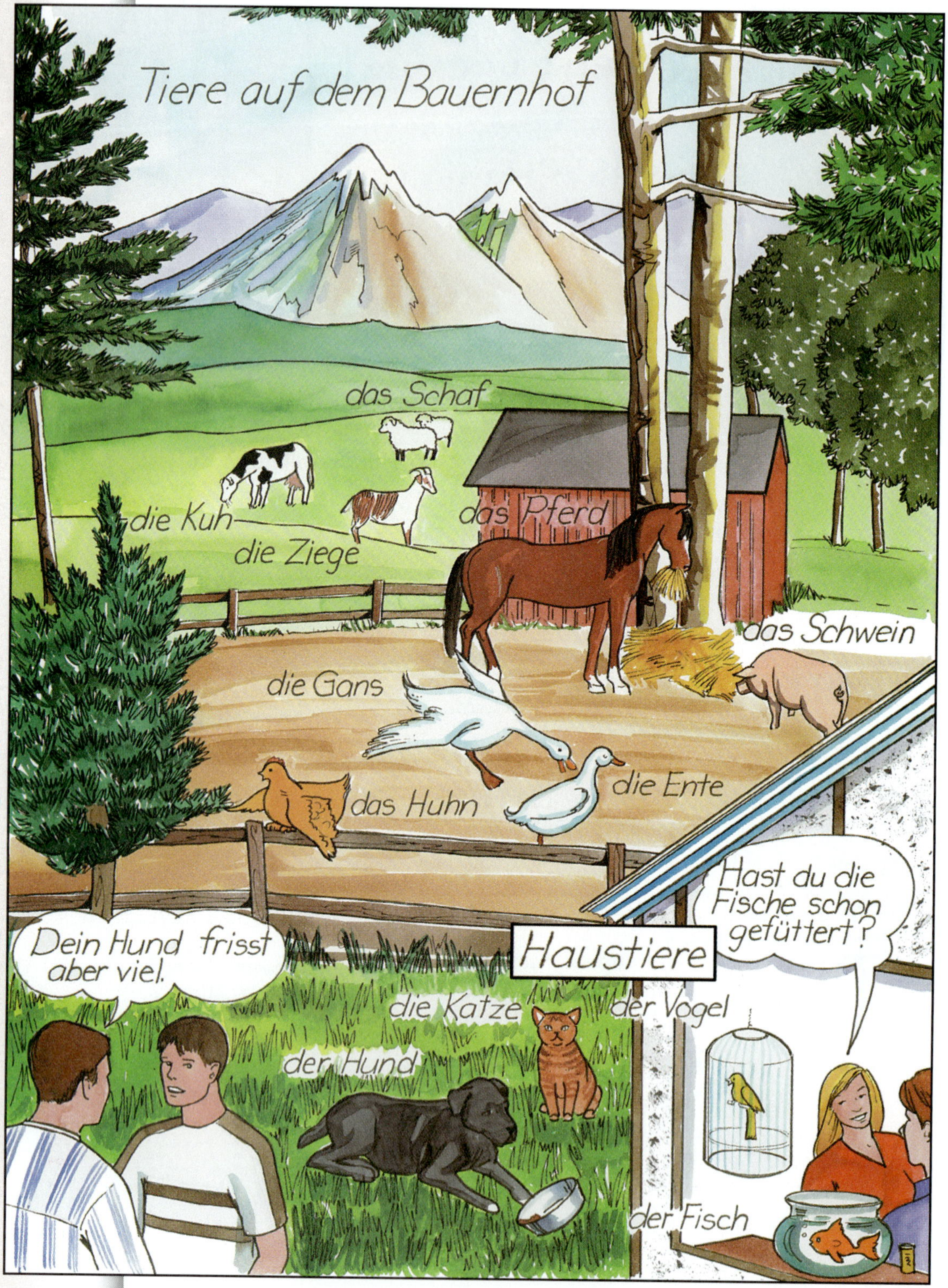

Tiere auf dem Bauernhof
das Schaf
die Kuh
die Ziege
das Pferd
das Schwein
die Gans
die Ente
das Huhn
Dein Hund frisst aber viel.
Haustiere
Hast du die Fische schon gefüttert?
die Katze
der Vogel
der Hund
der Fisch

WB Activity 8
GV Activity 10
Q 6
OT Activities 20–21

10 Was für ein Tier möchtest du haben?

Gib fünf Gründe (reasons), warum du dieses Tier haben willst!

> Ich möchte einen Hund. Er ist ein Freund. Er ist nett. Er ist immer zu Hause. Er kommt immer zu mir.

11 Wer hat ein Haustier?

Hast du, dein Freund oder deine Freundin ein Haustier? Sag, was du von dem Haustier weißt!

> Mein Freund hat eine Katze. Sie ist klein und grau. Sie heißt Muschi und ist zehn Jahre alt. Er hat sie zum Geburtstag bekommen.

Ich bin beim Füttern

Was macht Michaela, sobald sie nach Hause kommt?

Was sagt der Papagei?

Michaela kommt jeden Schultag gegen zwei Uhr nach Hause. Gleich beim Aufmachen der Wohnungstür kommt Arno, ihr Hund, und begrüßt sie. Arno, ein Irischer Setter, ist immer froh, wenn Michaela aus der Schule kommt. Michaelas Mutter arbeitet nur bis zum frühen Nachmittag und ist dann auch schon bald zu Hause. Während Michaela mit ihrem Hund spricht, hört sie auch schon Rudi, ihren Papagei. Er sagt immer: „Hallo, Michaela!" Es klingt wirklich komisch.

Mutter:	Michaela, wo steckst du denn?
Michaela:	Im Wohnzimmer. Ich bin gerade beim Füttern.
Mutter:	Gibst du Rudi nicht zu viel?
Michaela:	Na, Mutti! Wie oft habe ich unseren Papagei schon gefüttert?
Mutter:	Und Arno? Hat der etwas zum Fressen?
Michaela:	Mehr als er braucht. Jetzt schläft er schon. Was für ein Hundeleben!
Mutter:	Wir müssen in den nächsten Tagen den Käfig sauber machen.
Michaela:	Das mache ich morgen nach der Schule.
Mutter:	Was hast du denn mit deiner Hand gemacht?
Michaela:	In der Sportstunde haben wir Basketball gespielt. Beim Spielen ist das passiert. Es tut aber gar nicht weh.
Mutter:	Na gut.

12 Was stimmt hier nicht?

Die folgenden Sätze sind falsch. Gib die richtigen Antworten!

1. Arno begrüßt Michaela vor der Wohnung.
2. Michaelas Mutter ist am Morgen zu Hause.
3. Rudi ist Michaelas Bruder.
4. Der Irische Setter sitzt im Käfig.
5. Michaela soll die Wohnung sauber machen.
6. Es ist etwas mit Michaelas Fuß passiert.

 Track 13

1. Er begrüßt sie an der Tür.
2. Sie arbeitet am Morgen.
3. Er ist ihr Papagei.
4. Der Papagei sitzt im Käfig.
5. Sie soll den Käfig sauber machen.
6. Es ist etwas mit ihrer Hand passiert.

13 Wovon spricht man hier?

Identifiziere das Hauptwort *(noun)*, das man in jedem Satz beschreibt! Nenne das Hauptwort und seinen Artikel!

1. Dort findet man Tiere. Sie sollen nicht frei herumlaufen.
2. Es ist ein Vogel. Oft kann er ein paar Wörter sprechen.
3. Man nennt ihn oft seinen besten Freund.
4. Dort kommt man in ein Haus oder in eine Wohnung.
5. Man braucht sie, wenn man den Ball beim Basketballspiel von einem Spieler zu einem anderen Spieler schießt.
6. Da sitzen eine Familie und ihre Gäste.
7. Meistens gehen die Jugendlichen am Morgen während der Woche dorthin.
8. Das ist die Zeit zwischen vierzehn und sechzehn Uhr.

1. der Käfig
2. der Papagei
3. der Hund
4. die Tür
5. die Hand
6. das Wohnzimmer
7. die Schule
8. der Nachmittag

Wo sind Tiere, wenn sie nicht frei herumlaufen sollen?

Lektion B

für dich

In dieser Gegend gibt es viele Einfamilienhäuser.

Since Germany is one of the most densely populated countries in Europe, people have to live relatively close together, mainly in apartment buildings (*Mietshäuser*) or in houses divided for the use of several families (*Mehrfamilienhäuser*). Single-family homes (*Einfamilienhäuser*) standing in splendid isolation are a particular luxury. To accommodate the many Germans who still want to live in a private house, despite the space problem, a lot of modern residential developments consist of two-story-plus-attic houses joined together and known as townhouses (*Reihenhäuser*). Each *Reihenhaus* has its own yard—sometimes one in the front and one in the back. The most desired houses in the row are at the two ends, because the yards can extend around the side, and there is only one attached neighbor with whom to share a wall and fence.

As land is scarce and expensive, houses (*Häuser*) cost considerably more than they do in most parts of the United States. Many houses have been passed on from generation to generation. Germans cherish their privacy; therefore, most families define their property lines with various types of separations, ranging from wrought iron or wooden fences to hedges.

SPRACHE

Infinitives Used as Nouns

An infinitive of a verb becomes a noun when it is preceded by the preposition *beim* (*bei dem*), *zum* (*zu dem*) or *mit* (*mit dem*).

Beim Spielen haben wir viel Spaß.	While playing, we have a lot of fun.
Das Wetter ist gut zum Fotografieren.	The weather is good for taking pictures.
Bist du mit dem Schreiben fertig?	Have you finished writing?

Infinites can be used as nouns without prepositions.

Wandern ist gesund.	Hiking is healthy.

Strand- und Kurgebiet

Mitführen von Hunden an den Strand, Radfahren auf der Promenade und im Kurpark, sowie Spielen und Lagern auf der Düne und in den Anlagen ist nicht gestattet.

Der Bürgermeister

Kapitel 4

14 Was ist dann los?

Sieh dir die Zeichnungen mit Ausdrücken an! Dann gib die Antworten!

▶ ich / viel Übung haben
Beim Sprechen habe ich viel Übung.

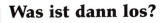

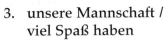
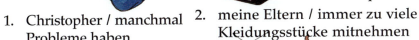

1. Christopher / manchmal Probleme haben
2. meine Eltern / immer zu viele Kleidungsstücke mitnehmen
3. unsere Mannschaft / viel Spaß haben
4. Klaus / sehr aufpassen müssen
5. wir / sich nur für gute Programme interessieren
6. die Katze / gleich da sein

1. Beim Lesen hat Christopher manchmal Probleme.
2. Beim Packen nehmen meine Eltern immer zu viele Kleidungsstücke mit.
3. Beim Schwimmen hat unsere Mannschaft viel Spaß.
4. Beim Fahren muss Klaus sehr aufpassen.
5. Beim Fernsehen interessieren wir uns nur für gute Programme.
6. Beim Füttern ist die Katze gleich da.

CD Track 14

15 Was brauchst du dazu?

Sag, was man dazu braucht!

▶ schreiben
Ich brauche den Bleistift zum Schreiben.

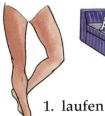

1. laufen
2. sitzen
3. hören
4. sehen

5. schreiben
6. arbeiten
7. fahren
8. segeln

1. Ich brauche die Beine zum Laufen.
2. Ich brauche das Sofa zum Sitzen.
3. Ich brauche die Ohren zum Hören.
4. Ich brauche die Augen zum Sehen.
5. Ich brauche den Tisch zum Schreiben.
6. Ich brauche die Hand zum Arbeiten.
7. Ich brauche das Fahrrad zum Fahren.
8. Ich brauche das Segelboot zum Segeln.

Lektion B

Sample answers:
1. hat Frau Meier viel Spaß
2. brauche ich etwas Zeit
3. geht es nicht so schnell
4. gehen sie zur Disko
5. gewinnt er oft
6. geht es viel besser
7. hilft er mir
8. braucht man den Mund

 Track 15

16 Was fehlt?

Beende die Sätze! Sei sicher, dass alle Sätze sinnvoll (*meaningful*) sind!

1. Beim Stricken ___.
2. Zum Arbeiten ___.
3. Mit dem Mähen ___.
4. Zum Tanzen ___.
5. Beim Spielen ___.
6. Mit dem Üben ___.
7. Beim Füttern ___.
8. Zum Sprechen ___.

Lesestück

Auf dem Bauernhof

Elke, Sofie und Angelika sind gute Freundinnen. Alle drei wohnen in Köln, einer Großstadt im Bundesland Nordrhein-Westfalen. In den Sommerferien haben sie die Gelegenheit°, zwei Wochen auf einem Bauernhof außerhalb° der Großstadt zu verbringen. Schon letztes Jahr sind sie da gewesen. Es hat ihnen so gut gefallen, dass sie wieder dahin fahren wollten.

Elke, Sofie und Angelika (von links nach rechts)

Kapitel 4

Sofie mit ihrem Pferd

Für die Mädchen ist dieser Bauernhof ein wirkliches Paradies. Auf dem Bauernhof gibt es nicht nur Pferde, sondern auch Kühe, Schweine, Gänse und ein paar Hühner. Besonders interessieren sie sich aber für die Pferde. Reiten° macht ihnen sehr viel Spaß. Bevor sie in der Gegend reiten dürfen, müssen sie zuerst noch auf dem Bauernhof helfen. Da gibt's immer viel zu tun. Man sagt ja: „Zuerst kommt die Arbeit, dann das Vergnügen!"

Schon früh am Morgen geht's los. Dann misten sie die Ställe aus°. Nach dem Frühstück kümmern sie sich um° das Füttern und das Säubern° der Tiere. Endlich dürfen sie aus der Koppel° hinausreiten°. Zuerst reiten sie langsam, dann galoppieren sie und lassen ihre Pferde sehr schnell laufen. Die Pferde brauchen ja auch viel Bewegung, denn sie stehen sehr lange im Stall.

Elke, Sofie und Angelika haben schon ihren beliebtesten Weg aus der Koppel gefunden. Den Pferden gefällt dieser Weg auch gut. Die Mädchen reiten immer dieselben Pferde. Auf diese Weise lernen sie ihr eigenes Pferd gut kennen und wissen genau, was ihr Pferd beim Reiten gern und nicht gern hat.

Sie reiten meistens eine Stunde lang und kommen dann wieder zum Bauernhof zurück. Manchmal sind auch ein paar andere Jugendliche einige Tage auf dem Bauernhof. Die Besitzer° haben es gern, wenn junge Leute zu ihnen kommen. Den Besuchern gefällt natürlich ihr Aufenthalt, denn sie kommen aus dem Betrieb der Großstadt heraus und lernen etwas über das Leben° auf einem Bauernhof.

Angelika hat ihr Pferd gesattelt.

Elke hilft auf dem Bauernhof.

Angelika kümmert sich um das Säubern ihres Pferdes.

die Gelegenheit opportunity; *außerhalb* outside; *reiten* to ride (horse); *die Ställe ausmisten* to clean out the stables; *sich kümmern um* to look after; *säubern* to clean; *die Koppel* paddock; *hinausreiten* to ride out; *der Besitzer* owner; *das Leben* life

WB Activities 12–14

GV Activities 12–14

LA Activity 3

Q 9–10

OT Activity 22

Lektion B   emcp.com

17 Wovon spricht man hier?

identify the noun

Identifiziere das Hauptwort, das man in jedem Satz beschreibt. Nenne das Hauptwort und seinen Artikel!

1. Da wohnen mehr als eine Million Einwohner.
2. Die Pferde laufen dort herum. Sie können nur so weit laufen, denn sie kommen da nicht heraus.
3. Er wohnt in seinem eigenen Haus und hat es auch bezahlt.
4. Es legt Eier *(eggs)*. Viele Deutsche kochen die Eier und essen sie zum Frühstück.
5. Die Tiere übernachten da, besonders im Winter, wenn es sehr kalt ist.
6. Dort findet man oft eine Koppel mit Pferden.
7. In Deutschland gibt es sechzehn von diesen.
8. Das ist das Wort, wenn Besucher ein paar Wochen da bleiben.
9. Elke kennt Sofie schon seit vielen Jahren.
10. Das ist meistens wie eine kleine und enge Straße. Man darf da aber kein Auto fahren.

1. die Großstadt
2. die Koppel
3. der Besitzer
4. das Huhn
5. der Stall
6. der Bauernhof
7. das Bundesland
8. der Aufenthalt
9. die Freundin
10. der Weg

 Track 16

18 Fragen

Beantworte diese Fragen!

1. Welche anderen Großstädte gibt es in Nordrhein-Westfalen? Nenne mindestens drei Großstädte! (*Tipp:* Sieh auf der Landkarte am Anfang dieses Buches nach!)
2. Waren Elke, Sofie und Angelika schon einmal auf diesem Bauernhof?
3. Was machen die drei Mädchen auf diesem Bauernhof besonders gern?
4. Was müssen sie vor dem Frühstück machen?
5. Wohin reiten sie nach dem Füttern und Säubern der Tiere?
6. Warum ist es für die Pferde gut, etwas Bewegung zu bekommen?
7. Warum reiten die drei immer dieselben Pferde?
8. Warum kommen Besucher oft auf diesen Bauernhof?

Sample answers:
1. Düsseldorf, Essen und Dortmund sind drei Großstädte in Nordrhein-Westfalen.
2. Ja, letztes Jahr waren sie da.
3. Sie reiten gern.
4. Sie müssen die Ställe ausmisten.
5. Sie reiten aus der Koppel hinaus.
6. Die Pferde stehen sehr lange im Stall.
7. Dann lernen sie ihre Pferde besser kennen.
8. Sie wollen aus dem Betrieb der Großstadt heraus.

Kapitel 4

Persönliches

1. Hast du ein Haustier? Was für ein Tier ist es und wie sieht es aus?
2. Welche Tiere hast du am liebsten? Warum?
3. Bist du schon einmal auf einem Bauernhof gewesen? Was hast du da gemacht?
4. Wo kann man in deiner Nähe reiten?
5. Gefällt dir das Leben besser in einer Kleinstadt oder in einer Großstadt? Gib drei Gründe dafür!

ROLLENSPIEL

You have been invited to spend a week on a farm. You are curious to learn more about what this farm has to offer, so you make a phone call inquiring about such details as location, what animals the farm has, how big the farm is, what will be expected of you during your short stay and any other pertinent information. Reverse roles with a classmate.

Praktisches

In groups of three, each of you makes up a weekly schedule listing activities you have planned for each day. Try to leave open at least one or two days. After you are finished, you decide that you still want to meet with the other two students during the week. Ask each student what his or her plans are for each day, and jot down the day (including time) when the others can get together with you for some activity that you think you may enjoy. Select a spokesperson who will tell the rest of the class on which day you are planning to get together and for what activity.

Schreiben

Was ich während der Woche tun muss. Make up a typical weekly calendar on which you write at least two different chores that you need to do for each day.

Lektion B

Land und Leute

In Liechtenstein gibt es viele Berge.

Was sieht man gleich bei der Einfahrt in Vaduz?

Das Fürstentum Liechtenstein

Das Fürstentum° Liechtenstein ist ein sehr kleines Land. Liechtenstein ist ungefähr so groß wie Washington, D.C. Das Land grenzt im Osten und Norden an° Österreich, im Süden und Westen an die Schweiz.

In Liechtenstein gibt es viele Berge. Der höchste Berg ist die Grauspitze (2 599 m). Liechtenstein liegt auf der östlichen Seite vom Rhein. Ungefähr 30 000 Einwohner wohnen in diesem Land. Liechtenstein ist schon seit 1719 ein Fürstentum.

Tausende von Touristen besuchen jedes Jahr das Fürstentum Liechtenstein. Es gibt nur einen Grenzübergang° zwischen Österreich und Liechtenstein, aber keinen zwischen der Schweiz und Liechtenstein. In diesem Land gibt es keinen Flughafen und es gibt nur einen kleinen Bahnhof. Die meisten Touristen kommen mit dem Auto oder mit dem Bus. Mit dem Auto kommt man am besten von Norden oder von Süden in die Hauptstadt.

Vaduz ist die Hauptstadt von Liechtenstein. Ungefähr 5 000 Einwohner wohnen da. Gleich bei der Einfahrt° in Vaduz sieht man das Schloss auf dem Berg. Es ist schon 700 Jahre alt. Heute wohnt dort der Fürst° mit seiner Familie. In der Stadt und in der Gegend gibt es ein paar Hotels, Restaurants, zwei Campingplätze und eine Jugendherberge.

Seit 1912 hat Liechtenstein seine eigenen Briefmarken. Diese schönen und oft bunten Briefmarken sind in der ganzen Welt beliebt und bekannt. Die offizielle Währung° in Liechtenstein ist der Schweizer Franken°.

Von der Hauptstadt aus kann man auf ein paar Straßen in die Berge fahren. Eine Landkarte vor dem Verkehrsbüro° informiert die Besucher, wohin die Straßen führen. Ein Besuch in Liechtenstein dauert meistens nicht sehr lange. Eine Reise dorthin ist aber für jeden Besucher ein besonderes Erlebnis°.

Die schönen Briefmarken sind in der ganzen Welt bekannt.

das Fürstentum principality; *grenzen an* to border on; *der Grenzübergang* border crossing; *die Einfahrt* entrance; *der Fürst* prince; *die offizielle Währung* official currency; *der Franken* franc; *das Verkehrsbüro* tourist office; *das Erlebnis* experience

WB Activities 15–16
GV Activities 15–16
Q 11

emcp.com

Aus welchem Land kommen die Touristen?

Lektion B

117

1. D
2. C
3. F
4. H
5. J
6. E
7. A
8. B
9. I
10. G

19 Was passt hier am besten?
Ergänze die Sätze mit den richtigen Satzteilen!

1. Vor dem Verkehrsbüro ist
2. Ein Berg ist ungefähr
3. Vaduz hat ungefähr
4. Die Währung von Liechtenstein ist
5. Das Schloss steht auf
6. Liechtenstein hat seine
7. Mit dem Auto fährt man am besten von
8. Das Land ist so groß wie
9. Liechtenstein grenzt im Osten an
10. Liechtenstein ist seit

A. Süden oder von Norden in die Hauptstadt
B. die Hauptstadt von Amerika (USA)
C. 2600 m hoch
D. eine Landkarte
E. eigenen Briefmarken
F. 5 000 Einwohner
G. fast 300 Jahren ein Fürstentum
H. der Schweizer Franken
I. Österreich
J. einem Berg

Was können die Besucher auf der Landkarte sehen?

Wo steht das Schloss?

Kapitel 4

20 Fragen

Beantworte diese Fragen!

1. Welche Nachbarländer grenzen an Liechtenstein?
2. Wie viele Einwohner hat das Land?
3. Wie kommen die meisten Touristen nach Liechtenstein?
4. Warum kann man nicht nach Liechtenstein fliegen?
5. Wie heißt die Hauptstadt?
6. Was steht auf einem Berg?
7. Was ist in der ganzen Welt bekannt?
8. Was ist die Währung dort?
9. Was finden die Touristen vor dem Verkehrsbüro?
10. Bleiben die Touristen lange in Liechtenstein?

CD Track 19

1. Die Schweiz und Österreich.
2. Ungefähr 30 000 Einwohner.
3. Mit dem Auto oder mit dem Bus.
4. Es gibt keinen Flughafen.
5. Vaduz.
6. Ein Schloss.
7. Die Briefmarken.
8. Der Schweizer Franken.
9. Eine Landkarte.
10. Nein.

Q 12

CA Activities 5–8

die Kühe

der Bauer und sein Pferd

Wörter und Ausdrücke

IDENTIFYING AND TALKING ABOUT ANIMALS

Tiere auf einem Bauernhof Animals on a farm
- **das Pferd** horse
- **die Kuh** cow
- **die Ziege** goat
- **das Schaf** sheep
- **das Schwein** pig
- **das Huhn** chicken
- **die Ente** duck
- **die Gans** goose

Haustiere Pets
- **der Hund** dog
- **die Katze** cat
- **der Vogel** bird
- **der Fisch** fish

Was frisst denn dein Hund? What is your dog eating?
Hast du deine Katze schon gefüttert? Did you feed your cat yet?

Lektion B

Rückblick

CD Track 20

21 Etwas Persönliches

Beantworte diese Fragen!

1. Wem sollst du manchmal helfen?
2. Was machst du dann?
3. Wer besucht euch ab und zu?
4. Was musstest du in letzter Zeit reparieren?
5. Bist du schon einmal auf einem Pferd geritten? Wann war das?
6. Warum möchtest du in einer Großstadt oder in einer Kleinstadt wohnen?

22 Wovon spricht man hier?

Identifiziere das Hauptwort und jeden Artikel!

1. das Büro
2. die Wäsche
3. die Küche
4. der Garten
5. die Zeitung
6. die E-Mail
7. der Bauernhof
8. der Stall

1. Da arbeiten viele Angestellte. Manche sitzen vor einem Computer, andere arbeiten am Schreibtisch. Was ist es?
2. Ich habe meine Hose, mein Hemd und andere Kleidungsstücke schon ein paar Mal angehabt. Ich will sie sauber machen. Wohin kommt jetzt alles?
3. Mein Vater oder meine Mutter bereitet dort das Essen zu. Wo ist das?
4. Da sitzen die Leute manchmal auf einer Bank, besonders wenn es warm ist. Es ist nicht vor dem Haus oder im Park. Es gibt da viele Blumen. Wo sitzen sie denn?
5. Da kann man jeden Morgen lesen, was es Neues gibt. Was ist das?
6. Helmut sendet nicht gern Briefe mit der Post. Das dauert zu lange. Er hat aber einen Computer. Was sendet er?
7. Familie Kaiser wohnt nicht in einer Stadt. Es gibt in ihrer Gegend wenige Häuser. Sie haben auf ihrem Land viele Kühe, Schweine und auch zwei Pferde. Wo wohnen sie?
8. Pferde und Kühe übernachten da und man füttert sie auch dort? Wo ist das?

23 Was war am Wochenende alles los?

Retell the following paragraph using the narrative past.

Monika hat am Samstag wenig Zeit. Sie muss für ihre Mutter am Morgen einkaufen. Zuerst soll sie zum Markt gehen. Es ist dort viel preiswerter als im Supermarkt. Dann geht sie zu Müllers. Dort kauft sie ein paar Blumen. Auf dem Weg nach Hause will sie ein Schokoeis essen. Das schmeckt besonders gut. Kurz vor ihrem Haus trifft sie Kerstin, ihre Freundin. Monika kann aber nicht lange mit Kerstin sprechen. Sie sagt „Tschüs" und beeilt sich dann. Sie muss um drei Uhr wieder zu Hause sein.

hatte, musste, sollte, war, ging, kaufte, wollte, schmeckte, traf, konnte, sagte, beeilte, musste

24 Auf einem Bauernhof wohnen

Imagine that you would like to spend a few weeks during the summer on a farm. Briefly describe where you would want to go, reasons for your choice (weather, friends, animals), what you would do there and so forth.

25 Was passt hier!

Welche Wörter passen in den folgenden Sätzen?

Koppel	fahren	Hause	staubsaugen	Weg
Wäsche	repariert	füttern	Büro	reiten
sauber	Großvater	weiß	Bauernhof	musst
tust	arbeiten	Kühe	wohnen	Nachbarn

1. Welche Tiere gibt es auf Ihrem ___?
   Wir haben Schweine, Hühner, Pferde — ja natürlich auch ___ für die Milch.
   Wie lange ___ Sie schon hier?
   Schon immer. Meine Großmutter und mein ___ haben schon vor sechzig Jahren hier gewohnt.
2. Darfst du mit dem Pferd hier ___?
   Auf dem kleinen ___ hier darf ich, aber nicht auf der Straße.
   Was ___ du später?
   Ich muss die Schweine ___.

1. Bauernhof, Kühe, wohnen, Großvater
2. reiten, Weg, tust, füttern

3. Nachbarn, Pferd, fahren, repariert
4. Büro, arbeiten, Hause, weiß
5. sauber, staubsaugen, musst, Wäsche

3. Warum reitest du nicht zu unseren ___?
   Es ist so weit und ich kann nicht mit meinem ___ hinkommen.
   Kannst du nicht mit deinem Rad ___?
   Ja, das geht. Gestern war es noch kaputt. Jetzt habe ich es aber ___.
4. Ist denn deine Mutter noch im ___?
   Ja, sie muss heute etwas länger ___.
   Wann kommt sie denn nach ___?
   Das ___ ich nicht.
5. Hast du das Wohnzimmer ___ gemacht?
   Natürlich. Ich musste heute morgen ___.
   Was ___ du noch machen?
   Ich soll bis morgen die ___ waschen.

Was weißt du?

1. *Was ich zu Hause machen muss.* Describe three activities or tasks that you need to do at home, either after school or on weekends.
2. *Wer hat ein Haustier?* Find at least three classmates or friends who own a pet. Write a brief description of each pet, including the name and age of the animal and who owns it.
3. *Unterhalte dich mit einem Schulfreund über das Thema „Ein Tag bei mir zu Hause"!* In your discussion, talk about such things as your family, daily activities for you and your family (including work, leisure time), where and with whom you have breakfast, lunch and dinner, and what else you like to do on a typical day.
4. *Schreib etwas über diese Wörter!* Write a sentence or two about each of the following words or phrases: *der Bauernhof, sauber machen, reparieren, die Großstadt.*

WB Activities 17–20
GV Activities 17–18
VP
TP

Kapitel 4

Vokabeln

außerhalb outside 4B
ausmisten to clean out (stable) 4B
die **Bank,-̈e** bench 4A
der **Besitzer,-** owner 4B
bügeln to iron 4A
die **Ente,-n** duck 4B
fressen *(frisst, fraß, gefressen)* to eat (animals) 4B
füttern to feed 4B
galoppieren to gallop 4B
die **Gans,-̈e** goose 4B
der **Gast,-̈e** guest 4A
die **Gelegenheit,-en** opportunity 4B
gerade just 4B
die **Großstadt,-̈e** large city, metropolis 4B
das **Haustier,-e** domestic animal, pet 4B
herauskommen *(kam heraus, ist herausgekommen)* to come/get out 4B
hierher here 4B
hinausreiten *(ritt hinaus, ist hinausgeritten)* to ride out 4B
das **Huhn,-̈er** chicken 4B
der **Hund,-e** dog 4B
das **Hundeleben** dog's life 4B
der **Irische Setter,-** Irish setter 4B
der **Käfig,-e** cage 4B
die **Katze,-n** cat 4B
klingen to sound 4B
die **Koppel,-n** paddock 4B
die **Kuh,-̈e** cow 4B
sich **kümmern um** to look after, take care of 4B
der **Lärm** noise 4A
lassen *(lässt, ließ, gelassen)* to leave, let 4A
das **Leben** life 4B
der **Papagei,-en** parrot 4B
das **Pferd,-e** horse 4B
die **Post** mail 4A
reiten *(ritt, ist geritten)* to ride (horse) 4B
der **Roman,-e** novel 4A
sauber machen to clean 4B
säubern to clean 4B
das **Schaf,-e** sheep 4B
schlafen *(schläft, schlief, geschlafen)* to sleep 4B
der **Schultag,-e** school day 4B
das **Schwein,-e** pig 4B
die **Sportstunde,-n** sports class 4B
der **Stall,-̈e** stable, barn 4B
stecken to be, *Wo steckst du denn?* Where are you? 4B
stricken to knit 4A
das **Tier,-e** animal 4B
der **Vogel,-̈** bird 4B
die **Wäsche** clothes, laundry 4A
die **Weise** manner, fashion; *auf die Weise* in this manner 4B
wenig little 4A
die **Wohnungstür,-en** apartment door 4B
die **Zeitschrift,-en** magazine 4A
die **Ziege,-n** goat 4B
zurückkommen *(kam zurück, ist zurückgekommen)* to come back 4B

ein paar Schweine

eine Ziege

Rückblick

In this chapter you will learn how to:
- describe an eating establishment
- identify foods
- order meals in a restaurant
- express likes and dislikes
- discuss a menu

KAPITEL 5

Guten Appetit!

LEKTION A

1 Was hat Erika gegessen?

Erika ist mit ihrem Freund essen gegangen. Du musst raten *(guess)*, was sie gegessen hat. Sie hat ein Getränk, eine Suppe, ein Hauptgericht *(main meal)* mit Beilagen und einen Nachtisch gehabt. Für deine Antwort brauchst du die folgenden Silben *(syllables)*.

LIMONADE
GEMÜSESUPPE
RINDERBRATEN
GEMISCHTER SALAT
BRATKARTOFFELN
PUDDING

2 Was möchtest du zum Mittagessen?

Du hast acht Euro. Was kannst du dafür in einem Imbiss bestellen? Hier ist eine Liste mit den Preisen. Was ist deine Auswahl?

Lektion A

Beim Frühstück

Woher hast du denn die frischen Brötchen?

Wo findet Dieter die Marmelade?

Was essen wir denn heute Abend?

Dieter: Auf welcher Seite des Kühlschranks ist denn die Marmelade?

Mutter: Direkt vor deiner Nase. Anstatt der Marmelade, bring mir lieber Erdnussbutter. Was möchtest du trinken?

Dieter: Milch, bitte. Woher hast du denn die frischen Brötchen?

Mutter: Vom Bäcker. Trotz des Wetters bin ich schon früh zum Bäcker gegangen.

Dieter: Es gibt immer noch Regenschauer. Ich werde heute mit dem Bus zur Schule fahren. Was essen wir denn heute Abend?

Kapitel 5

Mutter:	Während des Nachmittags will ich noch zum Fleischer. Du weißt ja, Onkel Hans und Tante Frieda kommen zum Abendessen. Ich bereite Schweinebraten zu. Als Gemüse gibt's noch Spargel. Ach ja, und auch Bratkartoffeln und einen kleinen Salat.
Dieter:	Oh, es klingelt. Anna, die Schwester meines Freundes, ist schon unten.
Mutter:	So? Warum kenne ich sie nicht?
Dieter:	Na, ich kann sie dir ja bald mal vorstellen.
Mutter:	Ja, tu das bitte! Moment mal! Diese Schlüssel gehören mir. Hast du nicht deine?
Dieter:	Natürlich. Tut mir Leid. Tschüs, Mutti!
Mutter:	Verliere sie bitte nicht wieder! Bis später, Dieter!

3 Wer ist das?

 Track 4

Sag, von welcher Person man hier spricht! Wer...?

1. verkauft schon früh am Morgen Brot
2. besucht Dieter und seine Mutter
3. klingelt
4. ist schon am Morgen in einem Geschäft gewesen
5. holt etwas aus dem Kühlschrank
6. bereitet das Abendessen zu
7. wird eine Person bald vorstellen
8. bietet Bratwurst und Rinderbraten an

1. der Bäcker
2. Onkel Hans und Tante Frieda
3. Anna
4. die Mutter
5. Dieter
6. die Mutter
7. Dieter
8. der Fleischer

Wer kann etwas nicht im Kühlschrank finden?

Warum will Dieters Mutter später zum Fleischer gehen?

4 Was passt hier?

Ergänze die folgenden Satzteile! Sei sicher, dass die Sätze auch sinnvoll sind!

1. Es klingelt
2. Dieter will
3. Trotz des Wetters ist
4. Sie wird als Gemüse
5. Beim Fleischer kann man
6. Die Marmelade steht
7. Dieters Onkel und Tante kommen
8. Sie kennt
9. Es gibt
10. Seine Mutter möchte gern

A. zu Besuch
B. im Kühlschrank
C. Spargel anbieten
D. noch Regenschauer
E. das Mädchen bald vorstellen
F. Schweinbraten bekommen
G. die Schwester von Dieters Freund nicht
H. an der Tür
I. Erdnussbutter
J. Dieters Mutter zum Bäcker gegangen

1. H
2. E
3. J
4. C
5. F
6. B
7. A
8. G
9. D
10. I

für dich

Was für ein Geschäft ist das?

Although supermarkets are quite common, many Germans still prefer to buy their rolls, breads and pastries at the *Bäcker* or *Bäckerei* and sausages and meats at the *Fleischer* or *Fleischerei*. Germans in northern Germany usually refer to the butcher or butcher shop as *Fleischer (Fleischerei)*, whereas in southern Germany a butcher or butcher shop usually is known as *Metzger (Metzgerei)*.

There are more than 200 different kinds of breads and 30 different kinds of rolls from which to choose. The variety of sausages is also mind-boggling. It is said that there are 1,500 different types of sausages in Germany.

emcp.com

SPRACHE

Genitive

Definite and Indefinite Articles and Possessive Adjectives

Up to now you have been acquainted with three cases in German: the nominative (subject case), the accusative (direct object case) and the dative (indirect object case). Besides these three cases, there is a fourth case: the *genitive*.

The genitive shows possession or relationship. The genitive forms of the definite and indefinite articles and the possessive adjectives are as follows:

	SINGULAR		PLURAL
masculine	**feminine**	**neuter**	
des	der	des	der
eines	einer	eines	—
meines	meiner	meines	meiner
deines	deiner	deines	deiner
seines	seiner	seines	seiner
ihres	ihrer	ihres	ihrer
seines	seiner	seines	seiner
unseres*	unserer*	unseres*	unserer*
eueres*	euerer*	eueres*	euerer*
ihres	ihrer	ihres	ihrer
Ihres	Ihrer	Ihres	Ihrer

*The *e* in front of the *r* in *unser* and *euer* is often omitted if the ending begins with a vowel.

An *-es* is added to one-syllable masculine and neuter nouns, whereas an *-s* is added to masculine and neuter nouns with two or more syllables. Note that no ending is added to feminine plural nouns.

Auf welcher Seite deines Buches steht das?	On which page of your book is that?
Warte bei der Tür des Hauses!	Wait at the door of the house!
Die Farbe seines Anzugs gefällt mir.	I like the color of his suit.
Wer ist die Freundin ihres Bruders?	Who is her brother's girlfriend?

WB Activity 3

GV Activities 5–6

Q 3

Lektion A

CD Track 5

1. Das ist das Auto meines Freundes.
2. Das ist der Stadtplan des Reisebüros.
3. Das ist die Gitarre ihres Bruders.
4. Das ist der Reisepass des Amerikaners.
5. Das ist der Fahrplan der Dame.
6. Das ist das Geld unserer Freundin.

1. Der Pulli (Pullover) meiner Schwester kostet vierzig Euro.
2. Das Fahrrad seines Cousins kostet zweihundert Euro.
3. Die Bluse der Dame kostet fünfundzwanzig Euro.
4. Die Briefmarke des Briefes kostet einen Euro.
5. Der Hamburger ihrer Mutter kostet zwei Euro.

5 Wem gehört das?

Sag, wem das gehört! Schreib ganze Sätze!

▷ die Karte / seine Schwester
  Das ist die Karte seiner Schwester.

1. das Auto / mein Freund
2. der Stadtplan / das Reisebüro
3. die Gitarre / ihr Bruder
4. der Reisepass / der Amerikaner
5. der Fahrplan / die Dame
6. das Geld / unsere Freundin

6 Wie viel kosten diese Sachen?

CD Track 6

▷ sein Vater
  Das Buch seines Vaters kostet fünfzehn Euro.

1. meine Schwester
2. sein Cousin
3. die Dame
4. der Brief
5. ihre Mutter

Kapitel 5

7 Welche Farben haben diese Autos?

Paul will von seinen Freunden wissen, welche Farben die Autos der Leute haben. Kannst du ihm helfen?

▶ mein Bruder / gelb
  Das Auto meines Bruders ist gelb.

1. die Verkäuferin / rot
2. sein Freund / schwarz
3. euer Lehrer / dunkelblau
4. meine Tante / weiß
5. die Herbergsmutter / grün
6. ihre Freundin / grau

8 Haben diese Leute etwas verloren?

Einige Leute haben Sachen verloren. Man hat sie aber unterdessen gefunden.

▶ Der Fluggast hat seinen Reisepass verloren.
  Ach, da ist der Reisepass des Fluggasts.

1. Der Besitzer hat seinen Schlüssel verloren.
2. Seine Schwester hat ihre Uhr verloren.
3. Die Dame hat ihren Fahrplan verloren.
4. Der Schüler hat seinen Kuli verloren.
5. Die Lehrerin hat ihr Buch verloren.
6. Der Mann hat seinen Koffer verloren.

Was sind die Farben der Kleidung?

1. Das Auto der Verkäuferin ist rot.
2. Das Auto seines Freundes ist schwarz.
3. Das Auto eueres Lehrers ist dunkelblau.
4. Das Auto meiner Tante ist weiß.
5. Das Auto der Herbergsmutter ist grün.
6. Das Auto ihrer Freundin ist grau.

1. Ach, da ist der Schlüssel des Besitzers.
2. Ach, da ist die Uhr seiner Schwester.
3. Ach, da ist der Fahrplan der Dame.
4. Ach, da ist der Kuli des Schülers.
5. Ach, da ist das Buch der Lehrerin.
6. Ach, da ist der Koffer des Mannes.

SPRACHE

Prepositions

The following prepositions require the genitive case:

anstatt instead of
trotz in spite of
während during
wegen because of

Während meiner Reise hatte ich viel Spaß.	During my trip I had a lot of fun.
Er kam trotz des Wetters zu uns.	He came to us in spite of the weather.

Interrogative Pronoun: *Wessen?*

The interrogative pronoun in the genitive is *wessen* (whose), which is used in asking for persons in the singular as well as in the plural.

Wessen Fahrrad ist das? Das ist das Fahrrad meines Freundes.
Whose bicycle is this? That's my friend's bicycle.

Wessen Briefe sind das? Das sind die Briefe unserer Großeltern.
Whose letters are these? These are our grandparents' letters.

Names

The genitive case of proper names is usually formed by adding *-s*. Contrary to English, there is no apostrophe added.

Rainers Freundin	Rainer's girlfriend
Giselas Bruder	Gisela's brother
Deutschlands Städte	Germany's cities

WB Activity 4
GV Activity 7
Q 4

WB Activity 5

Hasan ist Christians Freund.

9 Auf einer Schulparty

Du bist auf einer Schulparty. Du hast ein paar Fragen. Deine Schulfreunde beantworten sie.

▸ Wann geht ihr ins Kino? (Woche)
   Während der Woche.

1. Wann fliegst du nach Deutschland? (Sommer)
2. Wann besucht Tina ihren Freund? (Nachmittag)
3. Wann lesen wir unsere Zeitschrift? (Reise)
4. Wann essen wir? (Arbeit)
5. Wann fährst du in die Stadt? (Morgen)
6. Wann schreibst du deinen Brief? (Abend)

 Track 9

1. Während des Sommers.
2. Während des Nachmittags.
3. Während der Reise.
4. Während der Arbeit.
5. Während des Morgens.
6. Während des Abends.

10 Auf einer Reise

Du bist mit deiner Familie und mit ein paar Freunden nach Deutschland geflogen. Auf dem Flughafen, kurz vor dem Flug zurück nach Amerika, fragt dein Vater oder deine Mutter „Wessen...ist das?"

▸ meine Freundin
   Das ist der Reisepass meiner Freundin.

 Track 10

1. Mutter
2. Cousine
3. Schwester
4. Onkel
5. Bruder

1. Das ist die Tasche meiner Mutter.
2. Das ist das Paket meiner Cousine.
3. Das ist der Koffer meiner Schwester.
4. Das ist das Geschenk meines Onkels.
5. Das ist das Buch meines Bruders.

Lektion A

11 Was fehlt hier?

Ergänze die folgenden Sätze mit den Wörtern in Klammern!

1. Hast du das Rathaus (die Stadt) ___ gesehen?
2. Während (der Abend) ___ hat er keine Zeit.
3. Was macht die Schwester (dein Freund) ___?
4. Wir hören die Musik (die Gäste) ___.
5. Hier sind die Fotos (seine Familie) ___.
6. Gehen Sie nicht wegen (die Jugendlichen) ___?
7. Sie fahren trotz (das Wetter) ___.
8. Anstatt (meine Tante) ___ ist mein Onkel gekommen.

1. der Stadt
2. des Abends
3. deines Freundes
4. der Gäste
5. seiner Familie
6. der Jugendlichen
7. des Wetters
8. meiner Tante

CD Track 11

12 Fragen, bitte!

Bilde Fragen! Folge dem Beispiel!

> *Rolands* Freund besucht uns.
> *Wessen* Freund besucht uns?

1. Ich habe *Petras* Buch gelesen.
2. Webers haben *Frau Bäckers* Haus gekauft.
3. Peter isst *Angelikas* Kuchen gern.
4. Der Kellner hat die Handtasche *des Gastes* gefunden.
5. Wir haben die Karten *der Touristen* bekommen.
6. Sie haben die CD *meines Bruders* gehört.
7. Er wird mir die Fahrkarte *seines Freundes* geben.
8. Frau Meier hat das Auto *ihrer Tante* gekauft.

1. Wessen Buch habe ich gelesen?
2. Wessen Haus haben Webers gekauft?
3. Wessen Kuchen isst Peter gern?
4. Wessen Handtasche hat der Kellner gefunden?
5. Wessen Karten haben wir bekommen?
6. Wessen CD haben sie gehört?
7. Wessen Fahrkarte wird er mir geben?
8. Wessen Auto hat Frau Meier gekauft?

CD Track 12

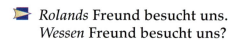

Wie und wo essen die Deutschen?

Wenn man nach Deutschland kommt, sieht man gleich den Unterschied° zwischen den deutschen und amerikanischen Mahlzeiten. Schon das Frühstück ist sehr verschieden. In den meisten Hotels bekommen die Gäste zum Frühstück Brötchen, Butter, Marmelade und Kaffee. Manchmal gibt es auch ein gekochtes Ei° und eine Auswahl von Käse und Wurst. Zum Mittag- und

Kapitel 5

Abendessen trinken Deutsche Bier, Wein, Cola, Saft°, oder Mineralwasser. Man stellt kein Wasser auf den Tisch wie in Amerika. Wenn man Wasser trinken will, dann muss man um Leitungswasser bitten°.

Deutsche halten° während der Mahlzeit die Gabel in der linken Hand und das Messer in der rechten. Beim Bezahlen nach der Mahlzeit gibt man dem Kellner oder der Kellnerin kein großes Trinkgeld°. Die Rechnung enthält° schon 10% (Prozent) oder 15% Bedienungsgeld°. Das steht auch auf der Speisekarte.

Wo essen die Deutschen, wenn sie nicht zu Hause sind? Es kommt natürlich darauf an°, ob man viel oder wenig Geld ausgeben will und wie viel Zeit man hat. Viele Restaurants machen Reklame° und versuchen, neue Gäste zu finden. Wenn man wenig Zeit hat und sich nicht an einen Tisch setzen will, dann bietet ein Imbiss ein schnelles und preiswertes Essen. Manche Imbisse, besonders im Einkaufszentrum, spezialisieren sich auf Bratwürste, Wurst- und Käsebrötchen, belegte Brote° und anderes.

Was gibt's zum Frühstück?

Was essen und trinken sie?

Was bietet man hier am Imbiss an?

Lektion A

Sitzen diese Leute draußen?

Während der Sommermonate gehen die Deutschen gern in ein Gartenlokal°. Dort sitzen sie draußen, essen und trinken und unterhalten sich. Hamburger-Restaurants sind heute auch sehr beliebt. Diese Restaurants zeigen den amerikanischen Einfluss°.

Die Gaststätte oder das Gasthaus° ist für viele Deutsche immer noch das beliebteste Restaurant. Am Eingang vor dem Gasthaus kann man immer die Speisekarte finden. Manche Restaurants schreiben die Speisekarte auf eine Tafel und stellen sie neben den Eingang.

Ein Ratskeller ist ein Restaurant im Rathaus. Dort bekommt man immer ein gutes Essen. Im Ratskeller ist es aber oft sehr teuer.

Was gibt's hier zu essen?

Wo findet man einen Ratskeller?

Wer nicht in der Stadt essen will, hat auch eine gute Auswahl außerhalb der Stadt. Auf dem Land gibt es Restaurants mit lokalen Spezialitäten. Manche Restaurants liegen direkt am See oder am Fluss und haben einen schönen Ausblick° aufs Wasser. Meistens kosten die Mahlzeiten dort etwas mehr. In den großen Städten kann man heute auch viele Spezialitäten aus anderen Ländern kosten°. Besonders beliebt sind Speisen aus Italien, Griechenland, der Türkei und China.

Für Deutsche ist es eine Tradition, in ein Café oder in eine Konditorei° zu gehen. An warmen Tagen kann man da auch draußen sitzen, Kaffee trinken und ein Stück Kuchen oder ein Eis essen. Die Auswahl an Kuchen und Torten in einer Konditorei ist phantastisch.

WB Activities 6–8

GV Activity 8

Q 5

emcp.com

Was möchtest du hier essen?

der Unterschied difference; *ein gekochtes Ei* a boiled egg; *der Saft* juice; *um Leitungswasser bitten* to ask for tap water; *halten* to hold; *das Trinkgeld* tip; *enthalten* to include; *das Bedienungsgeld* service charge; *kommt...darauf an* depends on; *Reklame machen* to advertise; *belegte Brote* sandwiches; *das Gartenlokal* outdoor restaurant; *der Einfluss* influence; *die Gaststätte/das Gasthaus* local restaurant; *der Ausblick* view; *kosten* to taste; *die Konditorei* café

Warum gehen Deutsche gern in ein Café oder in eine Konditorei?

Lektion A

CD Track 13

1. Sie essen Brötchen, Brot, Käse, Wurst, Butter, Marmelade und trinken Kaffee.
2. Sie trinken Bier, Wein, Cola, Saft oder Mineralwasser.
3. Sie halten die Gabel in der linken Hand und das Messer in der rechten.
4. Man muss ihm oder ihr nicht viel Trinkgeld geben.
5. Dort kann man ein schnelles und preiswertes Essen bekommen.
6. Sie können sie am Eingang des Restaurants lesen.
7. Sie sitzen gern draußen in einem Gartenlokal.
8. Die Gaststätte oder das Gasthaus ist noch heute sehr beliebt.
9. Es ist ein Restaurant im Rathaus.
10. Speisen aus Italien, Griechenland, der Türkei und China sind bei ihnen heute beliebt.

13 Fragen

Beantworte diese Fragen!

1. Was essen und trinken die Deutschen meistens zum Frühstück?
2. Was trinken viele Deutsche zum Mittagessen?
3. Wie essen die Deutschen? Was machen sie mit dem Messer und der Gabel?
4. Wie viel Trinkgeld muss man dem Kellner oder der Kellnerin geben?
5. Was ist ein Imbiss?
6. Wo können die Gäste die Speisekarte zuerst lesen, bevor sie ins Restaurant gehen?
7. Wo sitzen die Deutschen gern im Sommer?
8. Welches Restaurant ist für viele Deutsche noch heute sehr beliebt?
9. Was ist ein Ratskeller und wo findet man ihn?
10. Welche Speisen sind bei den Deutschen heute beliebt?

Persönliches

1. Was isst und trinkst du gern?
2. Wohin gehst du gern essen?
3. Hast du schon einmal ein Picknick gemacht? Wo und mit wem bist du da gewesen?
4. Wie kommst du von zu Hause zur Schule und wieder zurück?
5. Gehst du mit einem Schulfreund oder mit einer Schulfreundin jeden Tag in die Schule?

ROLLENSPIEL

Have a classmate play the role of a German student living in your home for several weeks. He or she wants to find out what you normally eat and drink for breakfast, lunch (school and at home) and dinner, and what are typical American eating habits and table etiquette. Then your classmate tells you about his or her eating habits (various meals, snacks) and table etiquette in his or her home.

Kapitel 5

Track 15

Fischer's freshly combed errand boy is devouring freshly fried fresh fish patties.

CA Activities 1–4

Wörter und Ausdrücke

TALKING ABOUT FOODS

Was gibt's zu essen? What do we have to eat?
- **Gulaschsuppe** goulash soup
- **Gemüsesuppe** vegetable soup
- **Tomatensuppe** tomato soup
- **Hühnersuppe** chicken soup
- **Fleisch** meat
- **Schweinebraten** roast pork
- **Rinderbraten** roast beef
- **Würstchen** hot dog
- **Fisch** fish
- **Forelle** trout
- **Fischfilet** fish fillet

Welches Gemüse schmeckt dir? What kind of vegetables do you like?
- **Bohnen** beans
- **Erbsen** peas
- **Karotten (Möhren)** carrots
- **Spargel** asparagus
- **Spinat** spinach
- **Champignons** mushrooms

Möchtest du einen Salat? Would you like a salad?
- **Ja, einen gemischten Salat.** Yes, a tossed salad.
- **Einen Tomatensalat.** A tomato salad.
- **Einen Gurkensalat.** A cucumber salad.

Was für Beilagen haben Sie? What kind of side dishes do you have?
- **Bratkartoffeln** fried potatoes
- **Salzkartoffeln** boiled potatoes

Wie wär's mit einem Nachtisch? How about a dessert?
- **Kompott** stewed fruit
- **Pudding** pudding
- **Obst** fruit(s)
- **Apfelkuchen** apple cake

Möchtest du ein Getränk? Would you like a beverage?
- **Tee** tea
- **Mineralwasser** mineral water
- **Limonade** lemonade, soft drink

Und zum Frühstück? And for breakfast?
- **Erdnussbutter auf einem Brötchen.** Peanut butter on a hard roll.
- **Warst du beim Bäcker und beim Fleischer?** Were you at the baker's and at the butcher's?

TALKING ABOUT ONE'S HOME

Es hat geklingelt. The door bell rang.
- **Wer ist denn unten?** Who is downstairs?
- **Hast du dich vorgestellt?** Did you introduce yourself?
- **Hast du deinen Schlüssel verloren?** Did you lose your key?
- **Wem gehört das?** To whom does this belong?

Lektion A

LEKTION B

14 Was braucht man dafür?
Sag, was man hier zum Essen oder Trinken braucht!

▶ Ich möchte Zucker in den Tee tun. Ich brauche ___.
   einen Teelöffel

1. Wenn man Kuchen schneidet, dann braucht man ___.
2. Wir essen die Gulaschsuppe mit ___.
3. Für die Milch braucht ihr ___.
4. Eine Tasse und ___ gehören zusammen.
5. Hast du ___ für die vielen Kartoffeln?
6. Bring mir bitte ___ Kaffee!
7. Für die Bratwurst musst du ein Messer und ___ haben.
8. Ich brauche ___, sonst kommt vielleicht die Suppe auf meine neuen Jeans.

1. ein Messer
2. einem Suppenlöffel
3. ein Glas
4. eine Untertasse
5. eine Schüssel
6. eine Tasse
7. eine Gabel
8. eine Serviette

CD Tracks 17–18

So ein Festessen!

Timo hat sich schon lange auf das Abitur vorbereitet?

Timo Hauser hat es endlich geschafft. Seit ein paar Monaten hat er sich jeden Tag nach der Schule und am Wochenende auf das Abitur vorbereitet. Am Anfang dieser Woche hat er die gute Nachricht bekommen. Er hat alle Prüfungen bestanden.

Timo hat seine Freundin Karla zum Abendessen eingeladen. Seine Mutter hat den Tisch gedeckt. Da stehen die Tassen, Untertassen und Teller. Messer, Gabeln und Löffel liegen auch auf dem Tisch. Wie an vielen anderen Tagen gibt es heute Kalte Platte.

So ein Festessen!

Oh, diese CD wollte ich schon immer.

Dieter spricht mit seiner Mutter.

Frau Hauser hat ein paar Scheiben Brot und Wurst geschnitten, auf einen großen Teller gelegt und dann alles in die Mitte des Tisches gestellt. Zu diesem großen Ereignis stehen auch zwei Kerzen auf dem Tisch. Timos Vater wird etwas später von seiner Arbeit kommen.

Timo: Du hast ja den Tisch sehr schön gedeckt. So ein Festessen!

Mutter: Na, du machst mal wieder Witze. Das Abendessen ist doch nicht so besonders.

Timo: Ja, aber mit diesen Kerzen!

Karla: Ich habe dir dieses Geschenk mitgebracht.

Timo: Da bin ich gespannt, was das ist. Es sieht so groß aus.

Karla: Das täuscht. Mach es mal auf!

Timo: Oh, diese CD wollte ich schon immer. Herzlichen Dank!

Mutter: Esst doch bitte etwas! Alle diese Wurstsorten habe ich heute Nachmittag beim Fleischer gekauft. Bitte, bedient euch!

Timo: Es klingelt. Das ist bestimmt Vati.

15 Was fehlt hier?

Ergänze diese Sätze mit den richtigen Verbformen aus der Liste!

mitbringen	bestehen	bedienen	essen
stellen	werden	vorbereiten	schneiden
decken	sein	stehen	klingeln

1. Herr Hauser ___ etwas später nach Hause kommen.
2. Frau Hauser hat die Wurst in Scheiben ___.
3. Timo ___ gespannt, was für ein Geschenk er bekommen hat.
4. Timo hat seine Prüfungen ___.
5. Was ___ auf dem Tisch? Zwei Kerzen.
6. Heute ___ alle Kalte Platte.
7. Frau Hauser hat den großen Teller auf den Tisch ___.
8. Timo geht an die Tür, denn es hat ___.
9. Karla hat ein Geschenk ___.
10. Timo hat sich schon lange auf das Abitur ___.
11. Frau Hauser hat den Tisch ___.
12. Timos Mutter sagt, sie sollen sich ___.

1. wird
2. geschnitten
3. ist
4. bestanden
5. steht
6. essen
7. gestellt
8. geklingelt
9. mitgebracht
10. vorbereitet
11. gedeckt
12. bedienen

16 Fragen

CD Track 19

Beantworte diese Fragen!

1. Was hat Timo schon lange gemacht?
2. Warum ist er jetzt so froh?
3. Wer sitzt am Tisch?
4. Was liegt oder steht alles auf dem Tisch?
5. Was gibt Karla ihrem Freund?
6. Was hat Frau Hauser am Nachmittag gemacht?
7. Wie wissen alle, dass Herr Hauser da ist?

1. Er hat sich nach der Schule und am Wochenende auf das Abitur vorbereitet.
2. Er hat die Prüfungen bestanden.
3. Frau Hauser (Timos Mutter), Timo, und Karla.
4. Tassen, Untertassen, Teller, Messer, Gabeln, Löffel, Wurst, Brot und zwei Kerzen stehen auf dem Tisch.
5. Sie gibt ihm ein Geschenk.
6. Sie hat Wurstsorten beim Fleischer gekauft.
7. Es klingelt.

Herr Hauser gratuliert seinem Sohn.

Lektion B

für dich

The *Abitur* is the culminating achievement for students who are graduating from a *Gymnasium.* Students prepare for these important examinations (oral and written in several subjects) for several months. The Abitur's final grade will determine which university the students can attend and what fields of interest they can pursue. For example, a very high graduation grade of "1" or "1-" will allow a student to apply to a school where he or she can enroll in a field such as premed. Lower grades may force a student to attend a less prestigious school. Also, higher grades improve the chance to be admitted at a particular university of the student's choice.

In comparison to American colleges and universities, tuition fees are quite nominal as the federal government of Germany subsidizes higher education expenses.

SPRACHE

Additional *der*-words

The endings for the *der*-words, for example, *dieser* (this), *jeder* (every, each) and *welcher* (which), are the same as those of the definite article.

	SINGULAR			PLURAL
	masculine	feminine	neuter	
nominative	dies**er**	dies**e**	dies**es**	dies**e**
accusative	dies**en**	dies**e**	dies**es**	dies**e**
dative	dies**em**	dies**er**	dies**em**	dies**en**
genitive	dies**es**	dies**er**	dies**es**	dies**er**

Since *jeder* does not have a plural form, you may substitute the word *alle* (all). Use the same endings.

17 Wie findest du das?

Du gehst mit Britta einkaufen. Sie will wissen, ob die Kleidungsstücke schön sind. Du zeigst ihr andere Sachen.

 Track 20

▷ Wie findest du den Pulli?
Dieser Pulli hier ist schöner.

1. Wie findest du die Bluse?
2. Wie findest du den Mantel?
3. Wie findest du das Kleid?
4. Wie findest du den Rock?
5. Wie findest du die Schuhe?
6. Wie findest du das T-Shirt?

1. Diese Bluse hier ist schöner.
2. Dieser Mantel hier ist schöner.
3. Dieses Kleid hier ist schöner.
4. Dieser Rock hier ist schöner.
5. Diese Schuhe hier sind schöner.
6. Dieses T-Shirt hier ist schöner.

18 Alles ist teuer.

 Track 21

Beim Einkaufen sagt dir Günter, dass alles sehr teuer ist.

▷ Diese CD ist teuer.
Jede CD ist teuer.

1. Dieses Buch ist teuer.
2. Dieser Pulli ist teuer.
3. Dieser Computer ist teuer.
4. Diese Klarinette ist teuer.
5. Dieses Geschenk ist teuer.

1. Jedes Buch ist teuer.
2. Jeder Pulli ist teuer.
3. Jeder Computer ist teuer.
4. Jede Klarinette ist teuer.
5. Jedes Geschenk ist teuer.

Have students bring some advertisements and ask them to talk about them, using the forms of *dieser*. (Dieses Auto kostet viel Geld. Dieser Anzug ist preiswert. Ich möchte diese CDs kaufen.)

19 Das ist mir nicht klar.

 Track 22

Ulrike spricht über verschiedene Sachen. Du verstehst aber nicht, was sie meint. Frag sie!

▷ Ich habe die Arbeit gemacht.
Welche Arbeit?

1. Ich habe den Flugschein bezahlt.
2. Ich habe meine Freundin besucht.
3. Ich habe die Rockmusik gehört.
4. Ich habe das Spiel gewonnen.
5. Ich habe die Karten gekauft.
6. Ich habe den Kellner gefragt.

1. Welchen Flugschein?
2. Welche Freundin?
3. Welche Rockmusik?
4. Welches Spiel?
5. Welche Karten?
6. Welchen Kellner?

Lektion B

CD Track 23

Have students change sentences to: *Nein, ich sammle keine Briefmarken. Ich sammle Poster.*

1. Nein, nicht diesen Film.
2. Nein, nicht dieses Buch.
3. Nein, nicht diesen Koffer.
4. Nein, nicht dieses Mädchen.
5. Nein, nicht diesen Fahrplan.
6. Nein, nicht diese Zeitung.
7. Nein, nicht diese Hausaufgaben.
8. Nein, nicht diese Arbeit.

1. er
2. en
3. es, er
4. e, e
5. er
6. e
7. er
8. e
9. es
10. e
11. en
12. e

20 Nein...
Sag, was du nicht machst!

▸ Sammelst du die Briefmarken?
Nein, nicht diese Briefmarken.

1. Siehst du den Film?
2. Liest du das Buch?
3. Packst du den Koffer?
4. Kennst du das Mädchen?
5. Siehst du dir den Fahrplan an?
6. Kaufst du die Zeitung?
7. Verstehst du die Hausaufgaben?
8. Machst du die Arbeit?

21 Was fehlt hier?
Ergänze die folgenden Sätze mit den richtigen Endungen!

1. Dies___ Film gefällt mir gar nicht.
2. Welch___ Kellner musst du fragen? Ich glaube, es ist dieser junge Mann.
3. Wir fahren jed___ Jahr zu dies___ Stadt.
4. Welch___ Koffer brauchen wir denn? Dies___ zwei.
5. Die Farbe dies___ Krawatte gefällt mir nicht.
6. Warum fragen sie jed___ Verkäuferin?
7. Wartet bitte bei dies___ Tür hier!
8. Welch___ Lehrerinnen hast du in der Schule?
9. Ich kenne den Bruder dies___ Mädchens.
10. Ich weiß jed___ Antwort.
11. Möchten Sie dies___ Anzug kaufen?
12. Welch___ Freunde wirst du besuchen?

Dieser Motorroller gefällt ihr sehr.

Kapitel 5

Rainer und Tanja kommen mit der Straßenbahn.

Lesestück

Gehen wir zur Pizzeria!

Rainer, Tanja, Hanne und Britta sind gute Freunde. Während des Schultags sehen sie sich° oft in denselben Klassen. Auch am Wochenende kommen sie oft zusammen°. Heute wollen sie sich vor der Pizzeria treffen. Dieses Restaurant ist ganz in der Nähe von Hanne und Britta, aber für Rainer und Tanja ist es zu weit zu Fuß. Deshalb kommen beide mit der Straßenbahn. Die vier Freunde begrüßen sich vor der Pizzeria.

Hanna und Britta warten schon lange, bis beide da sind.

Rainer: Hallo! Habt ihr schon lange gewartet?

Hanne: Zehn oder fünfzehn Minuten.

Tanja: Wegen des Verkehrs° hat es etwas länger gedauert.

Britta: Ich habe schon großen Hunger. Lasst uns die Speisekarte° ansehen!

Hanne: Seit dem letzten Mal hat sich da nichts geändert°.

Rainer: Ja, kommt! Gehen wir hinein!

In der Pizzeria setzen sie sich in eine Ecke. Auf der Wand° direkt neben ihrem Tisch hat man eine bunte Szene von einer italienischen Insel am Meer gemalt°. Das Bild sieht wirklich interessant und realistisch aus. Die Kellnerin kommt auch gleich und bringt die Speisekarte.

Sie sehen sich die Speisekarte an.

Lektion B

Tiramisu is a popular Italian dessert containing ladyfingers, espresso coffee, cocoa, mascarpone, vanilla, light rum, sugar, toasted almonds, maraschino cherries and whipped cream (on top).

Was für ein Bild ist an der Wand?

Bitte schön?

Prices on the menu include value-added tax *(Mehrwertsteuer)* as well as service *(Bedienung)* and a tip *(Trinkgeld)*. Germans often round off the final check to the nearest euro without expecting any small change. For example, the teenagers may have rounded the bill upward to 22 euro. Point out to students that the English and German plural forms of the words "euro" *(Euro)* and "cent" *(Cent)* do not have an *s* at the end.

Rainer: Diese Speisekarte bietet° immer eine gute Auswahl.
Tanja: Stimmt. Wer die Wahl hat, hat die Qual!
Kellnerin: Bitte schön?
Tanja: Ich habe keinen großen Hunger. Bringen Sie mir bitte diesen Nachtisch — Tiramisu° und eine Cola.
Rainer: Das klingt gut. Dasselbe für mich auch, bitte. Ich möchte aber eine Limo°.
Hanne: Ich bestelle° Lasagne und eine Cola.
Britta: Anstatt dieser Speise° esse ich lieber Broccoli mit Käse. Ich trinke auch gern eine Cola.
Kellnerin: Danke. Die Getränke bringe ich gleich.

Rainer und die drei Mädchen unterhalten sich über° verschiedene Themen°: Schule, Freizeit° und das Wochenende. Während ihrer Unterhaltung° bringt die Kellnerin die Getränke. Hanne schreibt noch schnell eine Karte an ihre Freundin Karsta. Tanja hat ihr Handy mit und ruft ihre Eltern an. Sie wird etwas später nach Hause kommen. Schon bald kommen die beiden Speisen und der Nachtisch. Die Kellnerin bringt auch Messer, Gabeln und Löffel.

Hanne: Meine Lasagne schmeckt wieder ganz toll.
Britta: Über mein Essen kann ich mich auch nicht beklagen°.
Rainer: Das Tiramisu ist die Spezialität dieser Pizzeria. Ich esse es oft hier.

Tanja: Ich muss für morgen ein Geschenk für meine Eltern kaufen. Am Sonntag feiern° sie ihren 20. Hochzeitstag°.

Rainer: Gut, ich komme mit.

Die vier Jugendlichen bitten° die Kellnerin, die Rechnung° zu bringen. Alles kostet zusammen 21 Euro und 20 Cent. Sie bedanken sich° bei der Kellnerin und verlassen dann das Restaurant.

Wen ruft Tanja an?

Was haben sie gegessen?

sich sehen to see each other; *zusammenkommen* to get together; *der Verkehr* traffic; *die Speisekarte* menu; *sich ändern* to change; *die Wand* wall; *malen* to paint; *bieten* to offer; *das Tiramisu* Italian dessert; *die Limo* short form for *Limonade*; *bestellen* to order; *die Speise* meal; *sich unterhalten über* to converse, talk about; *das Thema* topic; *die Freizeit* leisure time; *die Unterhaltung* conversation; *sich beklagen über* to complain about; *feiern* to celebrate; *der Hochzeitstag* wedding anniversary; *bitten* to ask; *die Rechnung* bill, check; *sich bedanken* to thank

22 Von wem spricht man hier?

Identifiziere diese Personen! Du hast von ihnen im Lesestück gelesen. Diese Person oder diese Personen...

1. ruft die Eltern an
2. isst Lasagne
3. trinkt keine Cola
4. kommt mit der Speisekarte
5. gehen in ein Geschäft
6. bekommt von ihrer Freundin eine Karte
7. verlassen die Pizzeria
8. fahren mit einem Verkehrsmittel zum Restaurant
9. feiern etwas Besonderes
10. bekommt Geld für das Essen, den Nachtisch und die Getränke
11. sehen sich oft in der Schule
12. bestellen einen Nachtisch

WB Activities 13–15
GV Activity 14
LA Activity 3
Q 9–10
CD Track 25
emcp.com

1. Tanja
2. Hanne
3. Rainer
4. die Kellnerin
5. Tanja und Rainer
6. Karsta
7. Rainer, Tanja, Hanne und Britta
8. Rainer und Tanja
9. Tanjas Eltern
10. die Kellnerin
11. Rainer, Tanja, Hanne und Britta
12. Tanja und Rainer

Lektion B

23 Was passt zusammen?

Wähle die besten Wörter aus der Liste und ergänze die Ausdrücke! Benutze jedes Wort nur einmal!

sehen	warten	anrufen	kosten	bringen
feiern	bezahlen	trinken	bestellen	haben

1. ein Getränk ___
2. sich oft in der Schule ___
3. keinen Hunger ___
4. viel Geld ___
5. eine Person mit dem Handy ___
6. bei der Kellnerin ein Essen ___
7. die Rechnung ___
8. ein besonderes Ereignis ___
9. ein paar Minuten auf Freunde ___
10. ein paar Löffel ___

Wer bestellt bei der Kellnerin?

PERSÖNLICHES

1. *Meine Lieblingsspeisekarte.* Du hast vor, ein authentisches deutsches Restaurant zu starten. Natürlich schreibst du die Speisekarte auf Deutsch. Sei so kreativ wie möglich, aber vergiss nicht dein Lieblingsessen!

2. *Die Gäste kommen bald.* Du hast ein paar Freunde zum Essen eingeladen. Du musst noch schnell den Tisch decken. Beschreib, was du alles auf den Tisch stellen und legen musst!

ROLLENSPIEL

Simulate a restaurant situation. Having studied the menu, you and another classmate decide to go into a restaurant. The table is occupied by one or two others, so you ask if you may sit at their table. The food server brings the menu and suggests the house specialty. Both you and your classmate ask several questions concerning the various dishes, beverages and desserts, and then you decide what to order. After you have eaten, you pay your bill and leave the restaurant.

Praktisches

Form groups of three or four and select one classmate to be the food server; the others play the role of the guests. As a group, create a menu in German that includes beverages, soups, vegetables, meat and fish dishes and desserts. Include the price for each item and then determine how much money (in euro) each classmate can spend for dinner. The server *(Kellner/Kellnerin)* secretly determines which items are not available today. The guests *(Gäste)* place their orders (staying within the price ranges) while the server writes them down. Then the server reads back everything for verification, including the final cost of each dinner. The guests make sure that the cost does not exceed their budget.

SCHREIBEN

Im Restaurant. Schreib etwas über dieses Thema einschließlich *(including)* der folgenden Einzelheiten: Du und dein Freund (deine Freundin) stehen vor einem Restaurant. Ihr seht euch die Speisekarte an, geht ins Restaurant hinein, setzt euch hin. Der Kellner kommt. Er fragt, was ihr wünscht; ihr fragt nach der Spezialität und jeder bestellt ein anderes Essen. Ihr unterhaltet euch. Dann bezahlt ihr.

Ask students to write about their favorite local restaurant. They should give the name, location, kinds of foods served, prices and reasons why they like to go there.

Q 11

CA Activities 5–8

Wörter und Ausdrücke

DESCRIBING A TABLE SETTING

Was liegt oder steht auf dem Tisch? What is on the table?
- **die Schüssel** bowl
- **der Teller** plate
- **die Tasse** cup
- **die Untertasse** saucer
- **die Serviette** napkin
- **das Messer** knife
- **die Gabel** fork
- **der Teelöffel** teaspoon
- **der Suppenlöffel** soupspoon, tablespoon
- **der Zucker** sugar
- **das Salz** salt
- **der Pfeffer** pepper

TALKING ABOUT AND PREPARING FOR A SPECIAL OCCASION

- **So ein Festessen!** Such a feast!
- **Sie hat ein paar Scheiben Brot geschnitten.** She cut a few slices of bread.
- **Sie legt es auf einen großen Teller.** She puts it on a big plate.
- **Zu diesem Ereignis stehen zwei Kerzen da.** For this event two candles are there.
- **Ich bin gespannt.** I'm curious.
- **Das täuscht.** That's deceiving.
- **Herzlichen Dank!** Thank you very much.
- **Bedient euch!** Help yourselves.

Lektion B

Rückblick

24 Kombiniere...

Während der Woche	sind	Katrin	ins Restaurant gegangen
Wegen des Wetters	haben	meine Eltern	keine Arbeit gehabt
Am Abend	ist	wir	in der Altstadt gewesen
Gestern	hat	mein Freund	nichts gegessen

25 Was fehlt hier?

Ergänze diese Sätze mit passenden Antworten!

1. Zum Nachtisch möchte ich ___.
2. Auf der Speisekarte stehen ___.
3. Zum Frühstück essen wir ___.
4. Ich habe Appetit auf ___.
5. Trinkst du ___ gern?
6. Bringen Sie uns bitte ___!
7. Für eine Suppe brauche ich ___.
8. Ich möchte ein ___.

Sample answers:
1. Apfelkuchen
2. die Preise
3. Brötchen mit Butter und Marmelade
4. eine Pizza
5. Limo
6. die Speisekarte
7. einen Suppenlöffel
8. Wiener Schnitzel

Die Kellnerin bringt ihnen...

26 Sätze, bitte!

Bilde ganze Sätze mit diesen Wörtern!

➤ die Klarinette (mein Freund)
Ich spiele die Klarinette meines Freundes.

1. die Farbe (der Mantel)
2. das Fotoalbum (die Familie)
3. das Radio (das Mädchen)
4. die Poster (meine Lieblingsband)
5. die Karten (die Jungen)
6. der Name (der Besucher)
7. die Reise (mein Großvater)
8. die Fahrräder (seine Freunde)
9. die Wohnung (ihre Großmutter)
10. der Garten (unsere Tante)

Sample answers:
1. Mir gefällt die Farbe des Mantels.
2. Das Fotoalbum der Familie ist sehr interessant.
3. Das Radio des Mädchens ist ganz neu.
4. Ich habe die Poster meiner Lieblingsband am Montag gekauft.
5. Wie viel kosten die Karten der Jungen?
6. Wie ist der Name des Besuchers?
7. Die Reise meines Großvaters ist schön gewesen.
8. Die Fahrräder seiner Freunde stehen da.
9. Wo ist die Wohnung ihrer Großmutter?
10. Der Garten unserer Tante hat viele Blumen.

27 dieser oder welcher?

Ergänze die folgenden Sätze mit den richtigen Formen von *dieser* oder *welcher*.

1. ___ Musikinstrument spielst du?
2. Wann sehen Sie ___ Film?
3. ___ CDs möchtest du hören?
4. ___ Heft brauchst du denn?
5. Ich verstehe ___ Touristen gar nicht.
6. Wegen ___ Arbeit kann ich nicht rüberkommen.
7. ___ Jungen werden gewinnen?
8. Kennst du ___ drei Spieler?
9. Zu ___ Städten sollen wir fahren?
10. Habt ihr mit ___ Gästen viel zu tun?
11. Aus ___ Zimmer kommen sie?
12. Trotz ___ Wetters spielen wir Tennis.

1. Welches
2. diesen
3. Welche
4. Welches
5. diese
6. dieser
7. Welche
8. diese
9. welchen
10. diesen
11. welchem
12. dieses

28 Wie geht's weiter!

Beende diesen Dialog! Sei sicher, dass der Dialog auch sinnvoll ist!

Kellner: Was möchtest du essen?
Du: ___
Kellner: Wiener Schnitzel.
Du: ___
Kellner: Ja, Bratwurst haben wir.
Du: ___
Kellner: Limo, Cola und Mineralwasser.
Du: ___
Kellner: Sonst noch etwas?
Du: ___
Kellner: Pudding, Eis und Kompott.
Du: ___

Sample answers:
Was ist Ihre Spezialität?
Haben Sie Bratwurst?
Was haben Sie zu trinken?
Bringen Sie mir eine Limo, bitte.
Was haben Sie zum Nachtisch?
Ich möchte Pudding, bitte.

Rückblick

Sample answers:
1. Dort kann man Brötchen, Brot und Kuchen kaufen.
2. Ohne Schlüssel kann ich die Tür nicht aufmachen.
3. Da kann man Lasagne und Tiramisu bestellen.
4. Limo ist ein Getränk.
5. Da steht, wie viel man für das Essen bezahlen muss.
6. Da kann man lesen, was es in einem Restaurant zu essen gibt.

29 Was bedeuten diese Wörter?

Beschreib jedes Wort mit einem ganzen Satz!

1. der Bäcker
2. der Schlüssel
3. die Pizzera
4. das Getränk
5. die Rechnung
6. die Speisekarte

Sie lesen die Speisekarte.

30 In einem Restaurant arbeiten

Du liest in der Zeitung über eine Arbeit als Kellner oder Kellnerin in einem Restaurant. Du willst während der Sommermonate Geld verdienen *(earn)*. Deshalb bewirbst du dich *(you apply)* für diesen Job. Du gehst zum Restaurant und sprichst mit dem Manager. Schreib einen Dialog mit allen Fragen und Antworten!

Was weißt du?

1. *In welches Restaurant sollen wir gehen?* You and your friend are deciding in which restaurant you want to eat. Give at least three reasons why you want to eat at the restaurant of your choice.

2. *Mein Lieblingsessen.* Develop a short menu listing some of the foods that you like to eat for lunch or dinner.

3. *Das gehört mir nicht.* Pretend that you have borrowed several items from family members, friends and classmates. Describe what you have in your possession. *Beispiel: Ich bin mit dem Fahrrad meiner Schwester in die Schule gefahren.*

4. *Was sind ein paar Unterschiede zwischen einem deutschen und einem amerikanischen Restaurant?* Describe a few differences that you have observed between German and American restaurants. In your description *(auf Deutsch)* include the restaurant, foods and service.

5. *Was ich zum Picknick mitnehme.* Make a list of at least six items that you would take along on a picnic.

WB Activities 16–20
GV Activities 15–18
VP
TP

Vokabeln

sich **ändern** to change *5B*
der **Anfang,¨e** start, beginning *5B*
der **Apfelkuchen,-** apple cake *5A*
aussehen *(sieht aus, sah aus, ausgesehen)* to look, appear *5B*
der **Bäcker,-** baker, bakery *5A*
sich **bedanken** to thank *5B*
sich **bedienen** to help oneself *5B*
die **Beilage,-n** side dish *5A*
sich **beklagen über** to complain about *5B*
bestehen: eine Prüfung bestehen *(bestand, bestanden)* to pass (an exam) *5B*
bestellen to order *5B*
bieten *(bot, geboten)* to offer *5B*
bitten *(bat, gebeten)* to ask *5B*
die **Bohne,-n** bean *5A*
die **Bratkartoffeln** (pl.) fried potatoes *5A*
Broccoli broccoli *5B*
der **Cent,-s** cent *5B*
der **Champignon,-s** mushroom *5A*
der **Dank** thanks; *Herzlichen Dank!* Thank you very much! *5B*
die **Erbse,-n** pea *5A*
die **Erdnussbutter** peanut butter *5A*
das **Ereignis,-se** event *5B*
feiern to celebrate *5B*
das **Festessen,-** feast *5B*
das **Fischfilet** fish fillet *5A*
das **Fleisch** meat *5A*
der **Fleischer,-** butcher *5A*
die **Forelle,-n** trout *5A*
die **Freizeit** leisure time *5B*
frisch fresh *5A*
die **Gabel,-n** fork *5B*
gehören to belong *5A*
die **Gemüsesuppe,-n** vegetable soup *5A*
gespannt sein to be curious *5B*
das **Getränk,-e** beverage *5A*
die **Gulaschsuppe,-n** goulash soup *5A*
der **Gurkensalat** cucumber salad *5A*
der **Hochzeitstag,-e** wedding anniversary *5B*

die **Hühnersuppe,-n** chicken soup *5A*
die **Karotte,-n** carrot *5A*
die **Kellnerin,-nen** food server (female), waitress *5B*
die **Kerze,-n** candle *5B*
der **Knödel,-** dumpling *5A*
das **Kompott** stewed fruit *5A*
Lasagne (pl.) lasagna (Italian pasta dish) *5B*
legen to put, place *5B*
die **Limo,-s** lemonade, soft drink *5B*
die **Limonade,-n** lemonade, soft drink *5A*
malen to paint *5B*
das **Messer,-** knife *5B*
das **Mineralwasser** mineral water *5A*
die **Möhre,-n** carrot *5A*
der **Nachtisch,-e** dessert *5A*
das **Obst** fruit(s) *5A*
der **Pfeffer** pepper *5B*
die **Prüfung,-en** test, exam *5B*
der **Pudding** pudding *5A*
realistisch realistic(ally) *5B*
die **Rechnung,-en** bill, check (restaurant) *5B*
das **Restaurant,-s** restaurant *5B*
der **Rinderbraten** beef roast *5A*
der **Salat,-e** salad; *gemischter Salat* tossed salad *5A*
das **Salz** salt *5B*
die **Salzkartoffeln** (pl.) boiled potatoes *5A*
der **Schlüssel,-** key *5A*
schneiden *(schnitt, geschnitten)* to cut *5B*
die **Schüssel,-n** bowl *5B*
der **Schweinebraten** pork roast *5A*
sich **sehen** *(sieht, sah, gesehen)* to see each other *5B*
die **Serviette,-n** napkin *5B*
der **Spargel** asparagus *5A*
die **Speise,-n** meal *5B*
die **Speisekarte,-n** menu *5B*
die **Spezialität,-en** specialty *5B*
der **Spinat** spinach *5A*
die **Suppe,-n** soup *5A*

der **Suppenlöffel,-** soupspoon, tablespoon *5B*
die **Szene,-n** scene *5B*
täuschen to deceive, mislead *5B*
der **Tee** tea *5A*
der **Teelöffel,-** teaspoon *5B*
der **Teller, -** plate *5B*
das **Thema, -men** topic *5B*
das **Tiramisu** Italian dessert *5B*
der **Tomatensalat** tomato salad *5A*
die **Tomatensuppe,-n** tomato soup *5A*
unten downstairs, below *5A*
sich **unterhalten** *(unterhält, unterhielt, unterhalten)* to talk, converse *5B*
die **Unterhaltung,-en** conversation *5B*
die **Untertasse,-n** saucer *5B*
der **Verkehr** traffic *5B*
verlieren *(verlor, verloren)* to lose *5A*
sich **vorstellen** to introduce oneself *5A*
die **Wand,¨e** wall *5B*
das **Würstchen,-** hot dog *5A*
die **Wurstsorte,-n** kind of sausage *5B*
der **Zucker** sugar *5B*
zusammenkommen *(kam zusammen, ist zusammengekommen)* to get together *5B*

In this chapter you will learn how to:
- make a shopping list
- talk about going shopping
- request and pay for items
- describe a store
- identify fruits and vegetables

KAPITEL 6

Einkaufen

CD Track 1

LEKTION A

Have students ask each other what their favorite and not-so-favorite fruits and vegetables are. *Ich esse...gern. Ich esse...nicht so gern.*

Many vegetables have already been introduced in previous chapters.

WB Activity 1
GV Activities 1–2
Q 1
OT Activities 28–29

Kapitel 6

1 Eine Einkaufsliste

Uwes Schwester hat ihm eine Einkaufsliste gegeben, aber leider kann er sie nicht lesen. Sie hat nur die Silben aufgeschrieben. Sie will testen, wie klug ihr Bruder ist. Was muss er alles kaufen? Kannst du ihm helfen? Er soll sechs verschiedene Sachen kaufen. *Tipp:* Zwei Wörter hast du schon im letzten Kapitel gelernt.

ERDBEEREN, TOMATEN, SPINAT, KIRSCHEN, BOHNEN, WEINTRAUBEN

BEE BEN BOH
ERD KIR MA NAT NEN
REN SCHEN SPI TEN TO
TRAU WEIN

CD Tracks 2–3

Bitte, geh einkaufen!

Was schreibt Michaela?

Was macht sie mit dem Wörterbuch?

Michaela ist gegen zwei Uhr aus der Schule gekommen. Zu Hause geht sie gleich auf ihr Zimmer rauf. Für morgen hat sie viele Hausaufgaben. Zuerst liest sie ein Kapitel im Geschichtsbuch, dann schreibt sie einen kurzen Aufsatz für die Deutschklasse und zuletzt bereitet sie sich auf ihre englische Prüfung vor. Die ist für Michaela etwas schwer. Sie versteht nicht immer alles. Mit einem Wörterbuch übersetzt sie ein paar Vokabeln, denn sie weiß nicht, was alle Wörter bedeuten. Ihre Mutter ist auch schon da. Sie arbeitet in der Küche. Nach einer Weile hört sie ihre Mutter rufen.

Lektion A

Was schreibt Michaelas Mutter auf eine Einkaufsliste?

Warum sieht Michaela im Schrank nach?

Mutter: Michaela, bitte komm runter!
Michaela: Ja, Mutti! Was gibt's?
Mutter: Ich habe heute noch viel zu tun. Bitte geh doch schnell etwas einkaufen!
Michaela: Was brauchen wir denn?
Mutter: Besonders Obst und Gemüse.
Michaela: Das haben wir doch alles schon am Sonnabend auf dem Markt gekauft.
Mutter: Ach, das ist fast schon weg. Ich schreibe alles für dich auf eine Einkaufsliste. Also, ein paar Tomaten, ein Pfund Weintrauben, vier Äpfel, zwei Kilo Kartoffeln und auch noch Brombeeren. Die schmecken in dieser Jahreszeit besonders gut.
Michaela: Sonst noch etwas?
Mutter: Sieh doch mal im Schrank nach! Haben wir noch genug Mehl zum Backen?
Michaela: Ja, mindestens fünf Pfund.
Mutter: Das ist genug.
Michaela: Was wirst du denn backen?
Mutter: Eine Torte für unsere Gäste am Sonntag. Bleib bitte nicht zu lange! Ich muss mich schon etwas auf unseren Besuch heute Abend vorbereiten.
Michaela: Gut, ich bin bald wieder da.

WB Activity 2
GV Activities 3–4
LA Activity 1
Q 2
OT Activity 30

2 Die richtige Reihenfolge

Setze die folgenden Sätze in die richtige Reihenfolge, so wie alles passiert ist! Michaela oder Michaelas Mutter...

1. sieht im Schrank nach
2. schreibt einen Aufsatz
3. kommt mit Obst und Gemüse zurück
4. kommt aus der Schule
5. bittet ihre Tochter, einkaufen zu gehen
6. geht zum Geschäft
7. liest etwas über Geschichte
8. sagt, dass sie sich auf ihre Gäste vorbereiten muss
9. ruft ihre Tochter
10. sieht in einem Wörterbuch nach

4, 7, 2, 10, 9, 5, 1, 8, 6, 3

3 Wie heißt dieses Wort?

Ergänze die folgenden Sätze! Wenn du die Anfangsbuchstaben der fehlenden Wörter von eins bis dreizehn liest, dann weißt du das Wort, das sehr wichtig ist, wenn man vieles zum Kochen oder Backen kaufen muss. Schreib alle Wörter mit großen Buchstaben!

1. Zum Übersetzen braucht Michaela ___ Wörterbuch.
2. ___ Mutter arbeitet in der Küche.
3. Im Schrank sieht Michaela ___, ob da noch genug Mehl ist.
4. Sie brauchen zwei Kilo ___.
5. Für Deutsch schreibt Michaela einen ___.
6. Michaela wird Brombeeren ___ Äpfel kaufen.
7. Michaelas Mutter bäckt ___ ihre Gäste eine Torte.
8. Die Prüfung für Englisch wird bestimmt ___.
9. Michaela ___ ein Kapitel in einem Buch.
10. Das Obst vom letzten Sonnabend ___ schon fast weg.
11. Am ___ kommt Besuch.
12. Michaela soll ein paar ___ kaufen.
13. Sonst noch ___?

1. **E**IN
2. **I**HRE
3. **N**ACH
4. **K**ARTOFFELN
5. **A**UFSATZ
6. **U**ND
7. **F**ÜR
8. **S**CHWER
9. **L**IEST
10. **I**ST
11. **S**ONNTAG
12. **T**OMATEN
13. **E**TWAS

Lektion A

Wie viel wird das wiegen?

When buying groceries, it's important to know the metric weight units. Many groceries are packaged to make it convenient to follow recipes that require standard measures. German recipes list ingredients by weight rather than by volume as in the United States. Germans commonly measure by the metric pound *(Pfund)* or kilo *(Kilo)*. A *Pfund* is half a kilo, or 500 grams *(Gramm)*. This makes it slightly more than a U.S. pound (454 grams). A *Kilo* is two *Pfund* or 1,000 *Gramm*. When a package is marked *50 Gramm*, you should be able to estimate the contents to be one-tenth of a *Pfund* or slightly less than two ounces. You'll find a scale in almost every German kitchen.

Demonstrative Pronouns

Demonstrative pronouns refer to a person or thing just mentioned that needs to be referred to in more detail. In English the demonstrative pronouns are **this** (one), **that** (one), **these** and **those**. The most common demonstrative pronouns in German are forms of *der, die* and *das*. You will notice that the forms are the same as the definite article, except for the dative plural, which adds an *-en* to *den*, thus becoming *denen*.

Siehst du das Auto dort?	Do you see the car there?
__Das__ möchte ich gern haben.	That's the one I would like to have.
Kennst du diese Leute?	Do you know these people?
Ja, __die__ kenne ich gut.	Yes, those I know well.

The demonstrative pronouns are used especially in conversation. Because they refer to a previously discussed person or thing, they should always be emphasized when speaking.

| | SINGULAR | | | PLURAL |
	masculine	feminine	neuter	
nominative	der	die	das	die
accusative	den	die	das	die
dative	dem	der	dem	denen

Kapitel 6

4 Wie bitte?

Sag, dass du die Leute nicht verstanden hast!

➤ der Schüler
Nein, den habe ich nicht verstanden.

1. die Kellnerin
2. der Verkäufer
3. die Angestellte
4. die Jungen
5. der Lehrer
6. die Mädchen

die Angestellte

CD Track 4

1. Nein, die habe ich nicht verstanden.
2. Nein, den habe ich nicht verstanden.
3. Nein, die habe ich nicht verstanden.
4. Nein, die habe ich nicht verstanden.
5. Nein, den habe ich nicht verstanden.
6. Nein, die habe ich nicht verstanden.

5 Ja...

Sag, dass du diese Personen gut kennst!

➤ Kennst du diese Jugendlichen?
Ja, die kenne ich gut.

1. Kennst du diese Mädchen?
2. Kennst du diesen Mann?
3. Kennst du diesen Bäcker?
4. Kennst du diese Rockgruppe?
5. Kennst du diesen Fußballspieler?

CD Track 5

1. Ja, die kenne ich gut.
2. Ja, den kenne ich gut.
3. Ja, den kenne ich gut.
4. Ja, die kenne ich gut.
5. Ja, den kenne ich gut.

6 Nein...

Haben sie dir geschrieben? Nein, von denen habe ich nichts gehört.

1. Hat dir Angelika geschrieben?
2. Hat dir deine Mutti geschrieben?
3. Hat dir dein Freund geschrieben?
4. Haben dir deine Brieffreunde geschrieben?
5. Hat dir Wolfgang geschrieben?

CD Track 6

1. Nein, von der habe ich nichts gehört.
2. Nein, von der habe ich nichts gehört.
3. Nein, von dem habe ich nichts gehört.
4. Nein, von denen habe ich nichts gehört.
5. Nein, von dem habe ich nichts gehört.

Hat Hanne ihrer Freundin geschrieben?

Lektion A

CD Track 7

1. Von der erzähle ich gern.
2. Bei der wohne ich gern.
3. Mit denen tanze ich gern.
4. Außer der lade ich Susi gern ein.
5. Von der spreche ich gern.

CD Track 8

1. Ja, für die habe ich etwas gekauft.
2. Ja, mit der bin ich auf einem Bauernhof gewesen.
3. Ja, die habe ich besucht.
4. Ja, bei denen habe ich gewohnt.
5. Ja, mit dem bin ich Fahrrad gefahren.

7 Das mache ich gern.

Sag, dass du das gern machst!

▶ Zu meinem Onkel fahre ich gern.
Zu dem fahre ich gern.

1. Von meiner Mutter erzähle ich gern.
2. Bei meiner Tante wohne ich gern.
3. Mit den Jugendlichen tanze ich gern.
4. Außer Monika lade ich Susi gern ein.
5. Von meiner Freundin spreche ich gern.

8 Aus den Ferien zurück

Du bist gerade aus den Ferien zurückgekommen. Dein Freund oder deine Freundin will wissen, was du alles getan hast. Beantworte ihre Fragen mit „ja"!

▶ Bist du mit Heinz ins Kino gegangen?
Ja, mit dem bin ich ins Kino gegangen.

1. Hast du für deine Freunde etwas gekauft?
2. Bist du mit deiner Schwester auf einem Bauernhof gewesen?
3. Hast du deine Tante besucht?
4. Hast du bei deinen Großeltern gewohnt?
5. Bist du mit deinem Freund Fahrrad gefahren?

Hat Frau Schulz eine Zeitschrift gelesen?

Sind sie mit dem Fahrrad gefahren?

Kapitel 6

9 Ja oder nein?

Beantworte die folgenden Fragen mit „ja" oder mit „nein"!

 Track 9

▶ Kennst du die Verkäuferin? Nein,...
  Nein, die kenne ich nicht.

▶ Schreibst du die Karte? Ja,...
  Ja, die schreibe ich.

1. Sprechen die Touristen deutsch? Nein,...
2. Ist der Herr bald dran? Ja,...
3. Kennst du die Jungen? Nein,...
4. Läuft der Fußballspieler schnell? Ja,...
5. Ist das Museum sehr bekannt? Ja,...
6. Hast du die Musik schon gehört? Nein,...
7. Glaubst du deiner Freundin? Ja,...
8. Kaufst du deinen Eltern ein paar Geschenke? Ja,...
9. Fährst du ohne deinen Bruder an den See? Nein,...
10. Hast du das Buch gefunden? Ja,...

1. Nein, die sprechen nicht deutsch.
2. Ja, der ist bald dran.
3. Nein, die kenne ich nicht.
4. Ja, der läuft schnell.
5. Ja, das ist sehr bekannt.
6. Nein, die habe ich nicht gehört.
7. Ja, der glaube ich.
8. Ja, denen kaufe ich ein paar Geschenke.
9. Nein, ohne den fahre ich nicht an den See.
10. Ja, das habe ich gefunden.

Ist Christian mit Angelika auf dem Bahnhof gewesen?

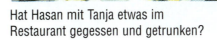

Hat Hasan mit Tanja etwas im Restaurant gegessen und getrunken?

Lektion A

In recent years, due to pressure put on the government, stores have been allowed to remain open longer hours. This policy change results from more and more couples working, making it difficult for families to shop outside of working hours. Generally, German stores are not open as long as American stores.

Einkaufszentrum in Schöneberg

Wo kaufen die Deutschen ein?

Deutsche Geschäfte sind nicht so lange geöffnet° wie amerikanische. Von Montag bis Freitag sind sie von 8.00 oder 9.00 Uhr morgens bis 20.00 Uhr abends geöffnet. Am Sonnabend schließen° die Geschäfte um 16.00 Uhr, außer während der Adventszeit. Dann schließen die Geschäfte erst um 18.00 Uhr.

Die meisten Deutschen gehen ein paar Mal die Woche einkaufen. Vor den Geschäften stehen die Sonderangebote oft auf Schildern° und Postern. Die Leute kaufen frisches Brot und frische Brötchen meistens in der Gegend, wo sie wohnen. Wo es eine Bäckerei gibt, ist auch eine Metzgerei° nicht weit entfernt.

Blumen gibt es auf jedem Markt.

Mehr als 60% aller Deutschen gehen auf den lokalen Markt zum Einkaufen. Markttag ist ein- oder zweimal die Woche. Dann kaufen die Leute frisches Gemüse, Obst und Blumen. Den größten Einkauf machen die meisten Deutschen im Supermarkt. Da kann man alles kaufen, was man zu Hause braucht.

Die Kaufhäuser — viele sind den amerikanischen Kaufhäusern ähnlich° — spielen auch eine wichtige Rolle. In einem deutschen Kaufhaus kann man aber oft auch Lebensmittel kaufen. Die findet man meistens im untersten Stockwerk°.

Kaufhäuser spielen auch in Deutschland eine wichtige Rolle.

Kapitel 6

eine Drogerie

Was kann man in einer Apotheke kaufen?

Eine Drogerie ist nicht dasselbe wie ein amerikanischer „Drugstore". Eine Drogerie verkauft Toilettenartikel, Filme und Fotoartikel und vieles anderes. Zu einer Drogerie kann man keine Rezepte° bringen. Medikamente bekommt man nur in einer Apotheke°.

Es gibt viele Kleidungsgeschäfte° für Damen und Herren. Schuhe kauft man in Schuhgeschäften. Bei Kleidung und Schuhen muss man aufpassen. Die deutschen Maßeinheiten° sind nicht dieselben wie die amerikanischen. Amerikanische Jeans sind bei den Deutschen besonders beliebt.

Die Deutschen haben heute mehr Freizeit als früher. Deshalb findet man in Deutschland viele Geschäfte, die° sich auf Freizeitartikel spezialisiert haben. Für Touristen gibt es viele Souvenirgeschäfte, besonders in beliebten Gegenden.

Schuhe haben auch andere Maßeinheiten.

Lektion A

Was findet man in diesem Geschäft?

Hier gibt's ein Sonderangebot.

Lesen ist ein beliebtes Hobby. Es gibt viele Zeitungsstände, wo man lokale, nationale und manchmal auch internationale Zeitungen und Zeitschriften sowie Postkarten und auch Briefmarken bekommen kann. Video- und Computergeschäfte gibt es in allen großen und auch kleinen Städten. Man kann wirklich alles, was man braucht, in deutschen Kaufhäusern und Geschäften kaufen.

Einen Markt gibt es in fast jeder kleinen und großen Stadt. Für Touristen ist es ein interessantes Erlebnis, einmal einen Markt zu besuchen. Dort gibt es immer eine persönliche Atmosphäre, und die Auswahl an verschiedenen Waren ist meistens gut. Der größte Betrieb ist am Morgen, wenn alles noch ganz frisch ist.

Der größte Betrieb auf dem Markt ist am Morgen.

An den Obstständen findet man eine große Auswahl an Obst, wie zum Beispiel Bananen, Pfirsiche, Erdbeeren und Kirschen. Manche Stände verkaufen nur eine Obstsorte. Dort kann man vielleicht saftige° Äpfel kaufen oder auch frische Erdbeeren, besonders im Juli.

Während sich einige Stände auf Obst spezialisieren, bieten andere Gemüse an. Hier findet man zum Beispiel Karotten, Zwiebeln und vieles anderes Gemüse. Die Preise sind klar markiert. Jeder Stand hat eine Waage. Da wiegt der Verkäufer oder die Verkäuferin das Obst oder Gemüse und packt es in eine Tüte°. Die meisten Kunden bringen ihre eigenen Einkaufstaschen mit; dann kann die Verkäuferin oder der Verkäufer das Obst oder Gemüse direkt in die Einkaufstasche legen.

Außer den Obst- und Gemüseständen gibt es auch noch andere Stände auf dem Markt. Zum Beispiel kann man dort Backwaren°, verschiedene Wurstsorten, Käse, Kleidungsstücke und vieles andere kaufen.

WB Activities 5–8

GV Activity 6

Q 4–5

emcp.com

An den Obstständen findet man eine große Auswahl an Obst.

Auf dem Markt kann man auch verschiedene Lebensmittel kaufen.

sind...geöffnet are open; *schließen* to close; *das Schild* sign; *die Metzgerei* butcher shop; *ähnlich* similar; *das unterste Stockwerk* the lowest level; *das Rezept* prescription; *die Apotheke* pharmacy; *das Kleidungsgeschäft* clothing store; *die Maßeinheit* measuring unit; *die* which; *saftig* juicy; *die Tüte* bag; *der Kunde* customer; *die Backwaren* baked goods

Lektion A

10 Was bedeutet das?

Identifiziere jedes Wort mit einem ganzen Satz! Auf Deutsch, bitte!

1. die Metzgerei
2. der Zeitungsstand
3. die Apotheke
4. die Drogerie
5. der Markt
6. die Bäckerei
7. das Souvenirgeschäft
8. das Sonderangebot
9. der Obststand
10. die Kunden

Sample answers:
1. Dort kann man Wurst kaufen.
2. Da gibt es Zeitungen und Zeitschriften.
3. Hier kann man Medikamente kaufen.
4. Dort kauft man Toilettenartikel.
5. Viele Leute gehen auf den Markt und kaufen da Obst und Gemüse.
6. In einer Bäckerei gibt es Brote und Brötchen.
7. Da bekommt man Postkarten, Bücher aus der Gegend und anderes.
8. Es steht auf einem Schild oder Poster und zeigt, was preiswert ist.
9. Da kauft man Obst wie zum Beispiel Bananen, Erdbeeren und Birnen.
10. Die kaufen in einem Geschäft oder auf dem Markt ein.

PERSÖNLICHES

Eine Einkaufsliste. Stell dir vor *(imagine)*, dass deine Klasse während einer Deutschlandreise ein Essen für die Gastgeberfamilien *(host families)* zubereiten soll! Du sollst das ganze Essen planen. Schreib auf eine Liste, was du alles für das Essen kaufen musst!

ROLLENSPIEL

You and a classmate role-play the part of the customer *(der Kunde/die Kundin)* and the salesperson at a bakery, butcher shop, supermarket or open-air market. The customer, who needs to get baked goods, sausages and other items for a party, prepares a list of everything to be purchased. The salesperson prepares a list of all available goods (including prices in euro) offered at the store or stand. The customer asks for specific items, and the salesperson informs the customer what the cost is and if the requested items are available. At the end, the salesperson adds up all the purchased items and lets the customer know the total price. Be as creative as possible in your conversational exchange.

Eine Angestellte bedient ihre Kunden.

Zungenbrecher

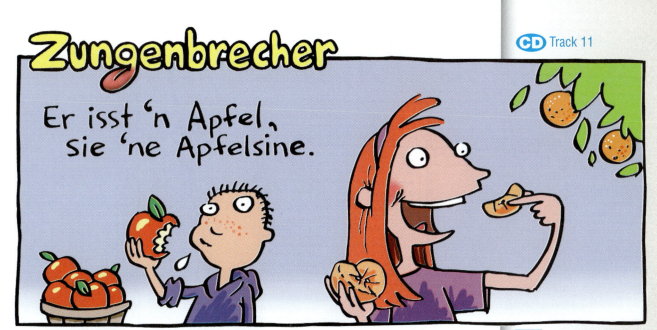

Er isst 'n Apfel, sie 'ne Apfelsine.

He is eating an apple, she an orange.

Wörter und Ausdrücke

IDENTIFYING FRUITS AND VEGETABLES

Obst fruit(s)
- **Birnen** pears
- **Weintrauben** grapes
- **Bananen** bananas
- **Apfelsinen** oranges
- **Pfirsiche** peaches
- **Pflaumen** plums
- **Erdbeeren** strawberries
- **Äpfel** apples
- **Brombeeren** blackberries
- **Kirschen** cherries
- **Tomaten** tomatoes

Gemüse vegetables
- **Kartoffeln** potatoes
- **Zwiebeln** onions

DESCRIBING WHAT SHE IS DOING AFTER SCHOOL

Sie geht auf ihr Zimmer rauf. She goes up to her room.
Sie liest ein Kapitel im Geschichtsbuch. She reads a chapter in the history book.
Sie schreibt einen kurzen Aufsatz für die Deutschklasse. She writes a short essay for German class.
Sie versteht nicht alles. She doesn't understand everything.
Sie übersetzt ein paar Vokabeln. She is translating a few vocabulary words.
Sie kommt runter. She comes downstairs.

TALKING ABOUT SHOPPING

Schreib bitte alles auf die Einkaufsliste! Please write everything on the shopping list!
Das Obst ist schon weg. The fruit is already gone.
Wir brauchen ein Pfund Weintrauben. We'll need one pound (500 grams) of grapes.
Hast du noch genug Mehl zum Backen? Do you still have enough flour for baking?
Ich brauche mindestens ein Kilo. I need at least one kilo.
Bäckst du eine Torte? Are you baking a layer cake?

Lektion A

LEKTION B

CD Tracks 12–13

Personalize this section, asking such questions as: *Gibt es in deiner Gegend ein Kaufhaus? Kannst du es beschreiben?*

Present students with a floor plan of a department store (departments on each floor) and a list of items to be purchased. Students decide on what floor they would find each of the items.

Point out that *dritter Stock* is the fourth floor in America.

WB Activity 9
GV Activity 7
Q 6
OT Activities 31–32

174

Kapitel 6

11 Wie heißen diese Sachen und wo kann man sie kaufen?

Was ist es und wo kauft man es?

- Das sind CDs. Die kann man in der Musikabteilung kaufen.
- Das ist ein Kuli. Den kann man in der Schreibwarenabteilung kaufen.

1. Das sind Bücher. Die kann man in der Bücherabteilung kaufen.
2. Das ist ein Kleid. Das kann man in der Damenabteilung kaufen.
3. Das ist ein Tennisschläger. Den kann man in der Sportabteilung kaufen.
4. Das sind ein Computer und Fernseher. Die kann man in der Multimediaabteilung kaufen.
5. Das sind Spielwaren. Die kann man in der Spielwarenabteilung kaufen.
6. Das sind Hemden. Die kann man in der Herrenabteilung kaufen.

12 Wähle drei Abteilungen und beschreib, was du dort alles kaufen möchtest!

In welche Abteilung werden sie vielleicht mit der Rolltreppe fahren?

Lektion B

Im Lebensmittelgeschäft

Wie teuer sind die Erdbeeren?

Diese Äpfel sind sehr süß.

Marcos Vater hat ihn gebeten, etwas Obst in der Lebensmittelabteilung im Kaufhaus zu kaufen. Er setzt sich auch gleich auf sein Fahrrad und fährt ungefähr zwei Kilometer dorthin. Als er dort ankommt, bemerkt er die vielen Leute im Erdgeschoss des Kaufhauses und weiß auch gleich warum. Heute gibt es Sonderangebote. Deshalb fährt er zu einem kleinen Lebensmittelgeschäft, denn da ist nicht so viel Betrieb.

Die Obstabteilung hat eine gute und große Auswahl an verschiedenen Obstsorten. Er kennt die Verkäuferin und fragt sie um Rat.

Marco: Die Erdbeeren sehen ganz frisch aus. Wie teuer sind die denn?

Verkäuferin: Ganz preiswert. Unser Sonderangebot ist aber nur heute.

Marco: Muss ich die Erdbeeren vorher noch wiegen?

Verkauferin: Nein, das brauchst du nicht. Wir machen das alles an der Kasse.

Marco: Und die Äpfel hier? Wie schmecken die denn?

Verkäuferin: Es kommt auf deinen Geschmack an. Diese Äpfel sind sehr süß.

Marco: Nein, die schmecken uns nicht so gut. Welche anderen schlagen Sie vor?

Verkäuferin: Wer saure Äpfel gern isst, der kauft diese roten hier.

Für unseren Nachtisch.

Für wen sind diese Erdbeeren?

Viele Grüße an deinen Vater.

Marco: Ich weiß wirklich nicht, was für Äpfel mein Vater will. So wichtig sind die aber nicht. Die kann er oder meine Mutter später selbst kaufen. Auf jeden Fall nehme ich die Erdbeeren.

Verkäuferin: Komm doch gleich an die Kasse, dann kann ich dich auch dort sofort bedienen.

Marco folgt der Verkäuferin zur Kasse. Die Verkäuferin kennt nicht nur Marco, sondern auch seine Eltern, denn sie kaufen oft hier ein.

Verkäuferin: Meistens kommt deine Mutter oder dein Vater bei uns einkaufen.

Marco: Das stimmt. Meine Mutter ist aber mit dem Zug nach Bremen gefahren. Mein Vater hat zu viel zu tun.

Verkäuferin: Wen besucht denn deine Mutter da?

Marco: Ihre Schwester. Sie ist sehr krank und Mutti will ein paar Tage dort bleiben.

Verkäuferin: Und wer macht bei euch unterdessen das Essen? Dein Vater kocht doch gar nicht.

Marco: Meine Großmutter wohnt ganz in der Nähe. Sie wird wohl rüberkommen oder wir machen uns nur eine Kalte Platte.

Verkäuferin: Für wen sind diese Erdbeeren?

Marco: Für unseren Nachtisch. Erdbeeren mit Schlagsahne schmecken immer gut.

Verkäuferin: Also, viele Grüße an deinen Vater. Ich hoffe, dass es deiner Tante bald wieder gut geht.

Marco: Vielen Dank.

WB Activity 10
GV Activities 8–9
LA Activity 2
Q 7
OT Activity 33

Lektion B

1. kaufen
2. Isst
3. Frag
4. geht
5. sieht
6. gefahren
7. wiege
8. kennt
9. schmecken
10. Weiß
11. schlägt
12. folgt

CD Track 16

1. Im Kaufhaus.
2. Da sind zu viele Leute.
3. In der Obstabteilung.
4. An der Kasse.
5. Sie kaufen oft im Lebensmittelgeschäft ein.
6. Ihre Schwester ist sehr krank.
7. Marcos Großmutter.
8. Sie essen die Erdbeeren mit Schlagsahne.

13 Was fehlt hier?

Ergänze die folgenden Sätze mit den richtigen Verbformen! Sei sicher, dass alle Sätze sinnvoll sind!

1. Oft ___ Marcos Eltern in dem kleinen Lebensmittelgeschäft ein.
2. ___ du süße Äpfel gern? Nein, die schmecken mir nicht.
3. ___ sie doch um Rat!
4. Wie ___ es Marcos Tante?
5. Das Obst ___ sehr frisch aus.
6. Marcos Mutter ist zu ihrer Schwester ___.
7. Wie weißt du, wie schwer die Erdbeeren sind? Ich ___ sie.
8. Marco ___ die Verkäuferin im Lebensmittelgeschäft gut.
9. Erdbeeren mit Schlagsahne ___ besonders gut.
10. ___ Marco, was für Äpfel sein Vater will?
11. Die Verkäuferin ___ saure Äpfel vor.
12. Marco ___ ihr zur Kasse.

14 Fragen

Beantworte diese Fragen!

1. Wo soll Marco Obst kaufen?
2. Warum kauft er es nicht dort?
3. In welcher Abteilung findet Marco die Erdbeeren?
4. Wo wiegt die Verkäuferin die Erdbeeren?
5. Warum kennt die Verkäuferin Marcos Eltern?
6. Warum ist Marcos Mutter zu ihrer Schwester gereist?
7. Wer kocht ab und zu, wenn Marcos Mutter nicht zu Hause ist?
8. Was machen Marco und sein Vater mit den Erdbeeren? Wie essen sie sie?

Wie sind die roten Äpfel? Sauer oder süß?

Kapitel 6

dich

When grocery shopping, many Germans still prefer the small grocery stores where the service is more personalized and the store's owner and employees take an interest in their customers. It's not unusual for employees of smaller stores to chat with regular customers about family and other topics of interest and concerns within their neighborhood.

In contrast to Americans, Germans usually pay for their groceries in cash, although credit cards are used more and more today. The most commonly used credit card in Germany is the *Euro Card*, often referred to as *EC-Karte*. Some of the major American credit cards may not be accepted in every store.

Viele benutzen beim Einkaufen die Euro Card.

SPRACHE

Question Words

As you have learned in previous chapters, the question word *wer* asks for persons and *was* for objects. After accusative prepositions you must use *wen* and after dative prepositions you must use *wem* if the question refers to persons.

Mit wem spielst du Schach?   With whom do you play chess?
Mit meinem Freund.   With my friend.

Für wen arbeitest du?   For whom do you work?
Ich arbeite für meine Tante.   I work for my aunt.

The question word *wessen* (whose) is used when asking about possession.

Wessen Haus ist das?   Whose house is that?
Das ist Renates Haus.   That's Renate's house.

WB Activity 11

GV Activities 10–12

Q 8

Wessen Haustier ist das?

Lektion B

CD Track 17

1. Wem hat Angelika kein Geschenk gegeben?
2. Von wem hast du viel gehört?
3. Bei wem wohnt Rosi jetzt?
4. Wem habt ihr geholfen?
5. Wem glaubst du nicht?
6. Wem hat Peter geschrieben?
7. Zu wem geht ihr rüber?
8. Wem steht der Pulli sehr gut?

1. Das sind Rainers Kulis.
2. Das ist Monikas Jacke.
3. Das ist Günters Englischbuch.
4. Das ist Katrins Fußball.
5. Das sind Tanjas Hefte.
6. Das ist Daniels Schuh.

1. Was habe ich gesehen?
2. Wen haben wir angerufen?
3. Wen hat Holger besucht?
4. Was hat Herr Meier gesagt?
5. Was habe ich nicht gehört?
6. Wen hat Tina gefragt?
7. Was haben die Schüler nicht verstanden?

15 Auf einer Party

Du bist auf einer Party. Die Musik ist zu laut. Du kannst nicht alles verstehen. Deshalb fragst du sehr viel.

▶ Die nächste Party ist bei *Monika*.
Bei wem ist die nächste Party?

1. Angelika hat *ihrer Schwester* kein Geschenk gegeben.
2. Ich habe viel von *Klaus* gehört.
3. Rosi wohnt jetzt bei *ihrem Onkel*.
4. Wir haben *unserer Lehrerin* geholfen.
5. Ich glaube *der Verkäuferin* nicht.
6. Peter hat *seiner Freundin* geschrieben.
7. Wir gehen zu *Ingrid* rüber.
8. Der Pulli steht *Ali* sehr gut.

16 Wessen Sachen sind das?

 Track 18

Nach der Schule fragt dich deine Lehrerin, wessen Sachen das sind.

1. Wessen Kulis sind das? (Rainer)
2. Wessen Jacke ist das? (Monika)
3. Wessen Englischbuch ist das? (Günter)
4. Wessen Fußball ist das? (Katrin)
5. Wessen Hefte sind das? (Tanja)
6. Wessen Schuh ist das? (Daniel)

17 *Wen* oder *Was*?

 Track 19

Stell Fragen über bestimmte Satzteile!

▶ Ich habe *die E-Mail* heute Morgen geschickt.
Was habe ich heute Morgen geschickt?

1. Ich habe *das Fußballspiel* gesehen.
2. Wir haben *seinen Freund* angerufen.
3. Holger hat *meine Tante* besucht.
4. Herr Meier hat *nichts* gesagt.
5. Ich habe *die Musik* nicht gehört.
6. Tina hat *ihre Mutter* gefragt.
7. Die Schüler haben *die Wörter* nicht verstanden.

Kapitel 6

18 Was fehlt?

Ergänze die folgenden Sätze mit diesen Fragewörtern:
Was? Wer? Wen? Wem? Wessen?

1. ___ Hemd ist das hier auf dem Stuhl?
2. ___ kannst du nicht glauben? Der Monika.
3. ___ gibt's im Fernsehen?
4. ___ triffst du nach dem Kino?
5. ___ Handschuh hast du gefunden?
6. ___ hat er dir gesagt?
7. ___ ist der neue Schüler?
8. ___ willst du einen Brief schreiben?
9. ___ kommt zum Flughafen?
10. ___ hast du angerufen?
11. ___ habt ihr bei der Arbeit geholfen?
12. ___ wirst du morgen besuchen?

1. Wessen
2. Wem
3. Was
4. Wen
5. Wessen
6. Was
7. Wer
8. Wem
9. Wer
10. Wen
11. Wem
12. Wen

Lesestück

CD Track 20

Im Supermarkt

Frau Weigand wohnt mit ihrer Familie — ihrem Mann, ihrem Sohn und ihrer Tochter — in der Stadt Luzern in der Schweiz. Gewöhnlich° geht sie ein paar Mal die Woche in verschiedenen Geschäften gleich in der Nähe von ihrem Haus einkaufen. Meistens braucht sie nicht viel und es dauert auch nicht so lange. Wenn sie aber viel einkaufen muss, dann fährt sie mit ihrem Auto zum Supermarkt.

Am Wochenende erwartet° sie Besuch. Ihr Bruder und seine Frau kommen eine Woche aus Deutschland zu Besuch. Sie kommen jedes Jahr. Die Umgebung gefällt ihnen besonders gut und in der Stadt ist immer viel los. Deshalb muss Frau Weigand sich gut auf den Besuch vorbereiten.

Wie immer, sitzt Frau Weigand am Küchentisch und überlegt sich°, welche Lebensmittel sie für die nächste Woche braucht. Sie schreibt alles auf eine Einkaufsliste.

Was überlegt sich Frau Weigand?

Was liest Frau Weigand am Eingang?

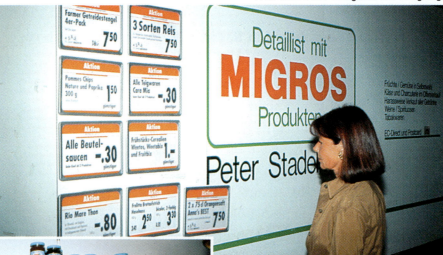

Was steht auf diesen Regalen?

As this reading is set in Switzerland, you may want to point out that the Swiss currency is not part of the euro system. The Swiss still use the Swiss franc as their currency. To familiarize students with the Swiss franc you may want to cut out a currency exchange table (in local or national newspapers) and have students compare exchange rates between U.S. dollars and Swiss francs. There are also Internet sites that offer up-to-date exchange rates.

Manchmal steht sie auf° und sieht im Küchenschrank° nach, ob sie bestimmte Sachen wirklich kaufen muss. Sobald° ihre Einkaufsliste fertig° ist, geht sie aus dem Haus und fährt direkt zum Supermarkt. Natürlich nimmt sie auch ihre Einkaufstasche mit.

Gleich am Eingang liest sie die Sonderangebote der Woche. Dann nimmt sie einen Einkaufswagen° und geht ins Geschäft hinein. Auf den Regalen° stehen die verschiedenen Waren°. Sie geht von einer Reihe° zur anderen. Da kann sie sich aussuchen°, was sie will. Heute kauft sie da Marmelade und Kekse°. An einer Theke° kauft sie Käse und ein paar Scheiben Wurst.

In der Obst- und Gemüseabteilung kauft sie Tomaten und Erdbeeren. Sie wiegt diese auf einer Waage°. Die Waage° druckt° sofort die Etiketten° und Frau Weigand klebt° sie gleich auf die Packungen. Ein Angestellter hilft ihr beim Aussuchen der Bananen und der Gemüsesorten. Dann geht sie mit ihrem Einkaufswagen zur Kasse.

An der Kasse nimmt sie die Lebensmittel aus dem Einkaufswagen und legt sie alle auf den Ladentisch°, wo der Angestellte auch gleich die Preise registriert. In diesem Supermarkt kann man bar° oder mit einer Kreditkarte bezahlen. Frau Weigand bezahlt lieber mit ihrer Kreditkarte.

Der Angestellte gibt ihr für alles eine Quittung. Frau Weigand steckt die Lebensmittel in ihre Einkaufstasche, rollt sie im Einkaufswagen zum Auto, stellt sie ins Auto und fährt dann wieder nach Hause.

Unterdessen ist auch die Post gekommen. Sie macht den Briefkasten° auf, nimmt die Post heraus und geht ins Haus. Jetzt ist sie auf ihren Besuch am Freitag Nachmittag gut vorbereitet.

gewöhnlich usually; *erwarten* to expect; *sich überlegen* to think about; *aufstehen* to get up; *der Küchenschrank* kitchen cupboard; *sobald* as soon as; *fertig sein* to be ready, finished; *der Einkaufswagen* shopping cart; *das Regal* shelf; *die Waren* goods; *die Reihe* row; *sich aussuchen* to select, choose; *der Keks* cookie; *die Theke* counter; *die Waage* scale; *drucken* to print; *das Etikett* label, sticker; *kleben* to stick; *der Ladentisch* checkout counter; *bar* cash; *der Briefkasten* mailbox

Was macht sie hier?

Was nimmt sie aus dem Briefkasten heraus?

WB Activities 12–14
GV Activities 13–15
LA Activity 3
Q 9–10

emcp.com

1. K**ÜCHENTISCH**
2. R**EGALEN**
3. E**TIKETT**
4. D**EUTSCHLAND**
5. I**TALIEN**
6. T**OCHTER**
7. K**EKSE**
8. A**UTO**
9. R**EIHE**
10. T**HEKE**
11. E**INGANG**

19 Wie heißt dieses Wort?

Ergänze die folgenden Sätze! Wenn du die Anfangsbuchstaben der fehlenden Wörter von eins bis elf liest, dann weißt du das Wort, was viele Leute beim Einkaufen gebrauchen. Schreib alle Wörter mit großen Buchstaben!

1. Frau Weigand bereitet ihre Einkaufsliste am ___ vor.
2. Im Supermarkt stehen viele Lebensmittel auf ___.
3. Auf dem ___ steht, wie viel die Packung kostet.
4. Frau Weigands Bruder und seine Schwester kommen aus ___.
5. ___ liegt südlich von der Schweiz.
6. Frau Weigand hat eine ___ und einen Sohn.
7. Auf einem Regal stehen Marmelade und auch ___.
8. Frau Weigand fährt mit dem ___ zum Supermarkt.
9. Im Geschäft geht sie von einer ___ zur anderen.
10. An einer ___ bekommt sie Wurst und Käse.
11. Die Einkaufswagen stehen am ___ des Supermarkts.

Lektion B

CD Track 21

1. Wenn sie viel einkaufen muss, dann fährt sie lieber dorthin.
2. Eine Woche.
3. Sie schreibt dort ihre Einkaufsliste.
4. Sie sieht im Küchenschrank nach.
5. Auf den Regalen.
6. Dann weiß sie, wie viel es kostet.
7. Sie nimmt sie aus dem Einkaufswagen und legt sie auf den Ladentisch.
8. Nein, sie bezahlt mit einer Kreditkarte.
9. Sie bekommt eine Quittung.
10. Post.

20 Fragen
Beantworte diese Fragen!

1. Warum fährt Frau Weigand manchmal zum Supermarkt?
2. Wie lange übernachten ihre Besucher bei Weigands?
3. Was macht Frau Weigand am Küchentisch?
4. Wie weiß sie, was sie alles braucht?
5. Wo stehen viele Waren?
6. Warum wiegt sie das Obst?
7. Was macht sie mit den Lebensmitteln an der Kasse?
8. Bezahlt sie bar?
9. Wie weiß sie, was sie gekauft hat und wie viel alles gekostet hat?
10. Was findet sie im Briefkasten?

Persönliches

 Track 22

1. Gibt es in deiner Nähe eine Bäckerei? Was kannst du dort alles kaufen?
2. Musst du manchmal in einem Geschäft oder Supermarkt einkaufen? Was kaufst du da?
3. Was für Obst schmeckt dir am besten?
4. Was für Gemüse isst du gern?
5. Wo kann man die Sonderangebote von einem Supermarkt lesen?

ROLLENSPIEL

In welcher Abteilung ist das? Du arbeitest bei der Information in einem Kaufhaus. Natürlich kennst du das Kaufhaus sehr gut. Deshalb hilfst du den Kunden. Ein Mitschüler oder eine Mitschülerin spielt die Rolle eines Kunden oder einer Kundin. Hier sind ein paar mögliche Fragen: *Wo kann ich Hemden kaufen?, Können Sie mir sagen, wo die Lebensmittelabteilung ist?, Wo gibt's die preiswerten Jeans?, Wo ist die Kasse?*

Praktisches

You are planning a party for eight friends this weekend. You plan to serve a cold-cut platter, ice-cream sundaes and beverages. Do you have everything you need? With two or three classmates, first make a list of everything that you'll need and mark it *Was wir brauchen*. Your list should include food, beverages, dishes, silverware and so on. Then make a second list (again, using your imagination) of those items that you already have on hand, and mark it *Was wir haben*. Compare your first list with your second list to create a third list, called *Was wir kaufen müssen*, which tells you what you need to buy for the party. Keep the conversation going while you write your third list.

Schreiben

1. *Was kann ich dafür kaufen?* Stell dir vor, du hast 200 Euro und kannst kaufen, was du willst. Schreib die Sachen und die Preise auf eine Liste!

2. *Auf dem Markt finde ich das bestimmt.* Du willst etwas Besonderes kaufen. Auf dem Markt gibt es viele Stände. Einige davon haben vielleicht das, was du kaufen willst. Entwickle *(Develop)* einen kurzen Dialog zwischen dir und den Verkäufern bei zwei oder drei verschiedenen Ständen! Frag sie, ob sie den Artikel haben! Wenn nicht, können sie dir sagen, wo du es kaufen kannst? Wie viel kostet der Artikel? usw. Schreib so viel wie möglich darüber!

PA

Q 11

CA Activities 5–8

Wörter und Ausdrücke

See note on p. 174.

DESCRIBING A DEPARTMENT STORE

Wie komme ich zum dritten Stock? How do I get to the third floor?
  Mit dem Fahrstuhl. With the elevator.
  Mit der Rolltreppe. With the escalator.
Wo ist die Lebensmittelabteilung? Where is the grocery department?
  Im Erdgeschoss. On the ground floor.

TALKING ABOUT A GROCERY STORE

Er bemerkt viele Leute im Erdgeschoss. He notices many people on the ground (main) floor.
Er fragt die Verkäuferin um Rat. He asks the saleswoman for advice.
Muss ich die verschiedenen Obstsorten vorher noch wiegen? Do I have to weigh the various kinds of fruit beforehand?
Sind die Äpfel süß oder sauer? Are the apples sweet or sour?
Es kommt auf deinen Geschmack an. It depends on your taste.
Ich kann sie bedienen. I can wait on you.
Folge der Verkäuferin zur Kasse! Follow the saleswoman to the cashier's (cash register).
Meistens kauft sie selbst hier ein. She usually comes here shopping herself.

OTHER EXPRESSIONS

Ist sie krank? Is she sick?
Unterdessen macht er das Essen. In the meantime he is making the meal.
Kochst du? Are you cooking?
Es gibt Erdbeeren mit Schlagsahne. We'll have strawberries with whipped cream.

Lektion B

Rückblick

21 Kombiniere...

Wem	habt	ihr	im Supermarkt	gemacht
Was	haben	sie	in der Schule	eingekauft
Wer	hat	die beiden	heute Nachmittag	gesehen
Wen	hast	Anne	vor einer Stunde	geholfen
		du	im Herbst	angerufen

 Track 23

22 Fragen
Beantworte jede Frage mit einem ganzen Satz!

1. Gibt es in der Nähe, wo du wohnst, ein Lebensmittelgeschäft?
2. Wie oft geht deine Familie dort einkaufen?
3. Was steht alles auf der Einkaufsliste fürs Wochenende?
4. Brauchst du beim Einkaufen eine Einkaufstasche? Warum?
5. Beschreib, wie du zum Kaufhaus kommst!

You may want to turn this activity into an essay in which students describe shopping opportunities in their neighborhood.

Warum braucht Frau Weigand eine Einkaufstasche?

Wie oft geht sie einkaufen?

Was macht der Angestellte an der Kasse?

Kapitel 6

23 Obst, Gemüse oder Backwaren?

Identifiziere die einzelnen Wörter. Jedes Wort gehört zu einer dieser drei Kategorien: Obst, Gemüse oder Backwaren.

🚩 der Apfel - Obst

1. die Kartoffel - Gemüse
2. das Brot - Backwaren
3. die Birne - Obst
4. die Torte / der Kuchen - Backwaren
5. die Banane - Obst
6. die Karotte - Gemüse
7. der Pfirsich - Obst
8. das Brötchen - Backwaren

24 Die passende Antwort!

Ergänze den Dialog! Du sprichst mit einem Verkäufer. Es ist wichtig, dass der ganze Dialog sinnvoll ist!

Verkäufer: Was möchtest du?
Du: ___
Verkäufer: Die großen oder kleinen?
Du: ___
Verkäufer: Ja, die sind etwas preiswerter.
Du: ___
Verkäufer: Sonst noch etwas?
Du: ___
Verkäufer: Wir haben heute ein Sonderangebot.
Du: ___
Verkäufer: Jede Banane kostet nur 40 Cent.
Du: ___
Verkäufer: Das macht € 3,10 zusammen.
Du: ___
Verkäufer: Und € 6,90 zurück.
Du: ___

Sample answers:
Ein paar Äpfel.
Die kleinen, bitte.
Geben Sie mir drei.
Ja, fünf Bananen.
Was für ein Sonderangebot haben Sie denn?
Das ist sehr preiswert.
Hier sind zehn Euro.
Danke.

This conversation lends itself to a role-playing activity in which students play the parts of the salesperson and the customer.

Rückblick

Track 24

25 Auf einem Markt

Stell dir vor, du verkaufst Obst und Gemüse auf einem Markt! Du sprichst mit vielen Kunden und hilfst ihnen beim Einkaufen. Hier sind ihre Fragen. Beantworte sie!

1. Wie sind Ihre Tomaten?
2. Haben Sie noch Pfirsiche?
3. Warum sind Ihre Erdbeeren so teuer?
4. Wie viel kosten die Kartoffeln?
5. Wo gibt es hier Blumen?
6. Sind die Äpfel preiswert?
7. Können Sie diese Karotten wiegen?
8. Wann bekommen Sie wieder die Apfelsinen aus Spanien?

Sample answers:
1. Die sind ganz frisch.
2. Nein, leider nicht.
3. Es gibt noch nicht viele während dieser Jahreszeit.
4. Fünf Pfund kosten drei Euro.
5. Dort drüben.
6. Ja, sie kosten nur zwei Euro.
7. Ja, natürlich.
8. Am Montag.

26 Zu Besuch

Uwes Freund Rolf kommt am Wochenende zu Besuch. Rolf wird zwei Tage bei Uwe bleiben. Uwes Mutter bittet ihren Sohn, eine Einkaufsliste zu machen. Uwe weiß besser, was Rolf gern isst. Kannst du Uwe dabei helfen? Schreib acht Lebensmittel mit den Preisen auf. Uwes Mutter will wissen, wie viel alles kostet.

27 Wie sagt man's?

After students have completed the sentences, have them read these mini-dialogs in pairs for practice. Students should vary each dialog as much as possible.

1. Wurst, essen, Käse, gut
2. gekauft, Einkaufsliste, Zeit, Gäste
3. Fußball, finden, ist, Rolltreppe
4. einkaufen, Woche, Mal, Nachmittag

finden	Einkaufsliste	Nachmittag	gekauft
Gäste	einkaufen	Rolltreppe	Woche
Fußball	gut	essen	ist
Käse	Zeit	Wurst	Mal

1. Diese ___ schmeckt mir nicht.
   Du brauchst sie ja nicht zu ___.
   Wie schmeckt der ___?
   Sehr ___.
2. Hast du schon alles ___?
   Nein, ich habe meine ___ noch nicht geschrieben.
   Hast du denn keine ___?
   Leider weiß ich nicht, wann die ___ kommen.

Kapitel 6

3. Ich möchte einen ___ kaufen.
   Den ___ Sie in der Sportabteilung.
   Wo ___ die denn?
   Fahren Sie mit der ___ zum dritten Stock.
4. Wie oft gehen Sie denn ___?
   Zwei- oder dreimal die ___.
   Wann gehen Sie das nächste ___?
   Bestimmt morgen ___.

28 Ja, bitte!

CD Track 25

Beantworte die folgenden Fragen mit „ja"!

Sie hat alles, was sie braucht, auf eine Einkaufsliste geschrieben.

▸ Brauchst du deine Einkaufsliste?
  Ja, die brauche ich.

1. Glauben Sie der Kellnerin?
2. Fragen Sie die Verkäuferin?
3. Hast du die Lebensmittel bezahlt?
4. Kannst du deinen Freunden helfen?
5. Hast du deine Tante besucht?
6. Verstehen die Gäste das?
7. Ist dein Freund sehr sportlich?
8. Kennst du seinen Lehrer?

1. Ja, der glaube ich.
2. Ja, die frage ich.
3. Ja, die habe ich bezahlt.
4. Ja, denen kann ich helfen.
5. Ja, die habe ich besucht.
6. Ja, die verstehen das.
7. Ja, der ist sehr sportlich.
8. Ja, den kenne ich.

29 Wer? Wen? Wem? Wessen?

Ergänze die Sätze mit einem dieser vier Fragewörter!

1. ___ Schuhe sind das?
2. ___ kommt morgen zu Besuch?
3. ___ hast du zur Party eingeladen?
4. Von ___ hat Susi Post bekommen?
5. Für ___ wirst du spielen?
6. ___ Bruder heißt Rudi?
7. ___ geht heute einkaufen?
8. Bei ___ wohnt sie jetzt?
9. ___ haben Sie denn angerufen?
10. ___ soll ich später helfen?

1. Wessen
2. Wer
3. Wen
4. wem
5. wen
6. Wessen
7. Wer
8. wem
9. Wen
10. Wem

Rückblick

Sample answers:
1. gehe ich zur Schule
2. spielen wir Fußball
3. meines Bruders
4. sind sehr teuer
5. hast du bekommen
6. dauert sehr lange
7. möchte ich gern kommen
8. kommen nur die Mädchen

30 Was fehlt?

Ergänze die folgenden Sätze!

1. Während des Tages ___.
2. Trotz des schlechten Wetters ___.
3. Ich besuche die Schwester ___.
4. Die Fahrkarten der Besucher ___.
5. Wessen Brief ___?
6. Werners Reise nach Salzburg ___.
7. Wegen deiner Eltern ___.
8. Anstatt der Jungen ___.

Trotz der vielen Lebensmittel passt alles in ihre Einkaufstasche.

WB Activities 15–17
GV Activities 16–18
VP
TP

Was weißt du?

1. *Meine Einkaufsliste.* Make a list of 10 grocery items that includes at least two each of dairy products, baked goods, fruits and vegetables. Determine an appropriate price for each item and add up the total of all 10 items.

2. *Wo ist der nächste Supermarkt?* Write at least five sentences describing where the closest supermarket is in your area. Your description should include directions on how to get from your home to the store.

3. *Diese Früchte esse ich gern.* Pick three fruits that you like to eat. Give reasons why you like them, and tell how often you eat these fruits.

4. *Wie unser Kaufhaus aussieht.* Describe a department store close to your home. Indicate where in the store you can find at least five departments, and list some of the items that you can purchase in each department.

5. *Wo können wir diese Lebensmittel finden?* Imagine that you work in a grocery store. Here are some sample questions that customers might ask you. How do you answer them?

    a. Können Sie mir sagen, wo die Milch ist?
    b. Wo ist die Obstabteilung?
    c. Wie teuer sind die Bananen?
    d. Wo sind die Einkaufswagen?
    e. Was für Sonderangebote haben Sie heute?

6. *Sollen die Geschäfte früh oder spät am Abend schließen?* Should stores stay open late at night? Give two reasons for and against.

Kapitel 6

Vokabeln

die **Abteilung,-en** department 6B
als when 6B
ankommen: auf deinen Geschmack ankommen to depend on your taste 6B
der **Apfel,-̈** apple 6A
die **Apfelsine,-n** orange 6A
der **Aufsatz,-̈e** essay, composition 6A
aufstehen (*stand auf, aufgestanden*) to get up 6B
sich **aussuchen** to choose, select 6B
backen (*bäckt, backte, gebacken*) to bake 6A
die **Banane,-n** banana 6A
bar cash 6B
bedienen to serve, wait on 6B
bemerken to notice 6B
die **Birne,-n** pear 6A
der **Briefkasten,-̈** mailbox 6B
die **Brombeere,-n** blackberry 6A
die **Dame,-n** lady 6B
die **Deutschklasse,-n** German class 6A
drucken to print 6B
die **Einkaufsliste,-n** shopping list 6A
der **Einkaufswagen,-** shopping cart 6B
das **Elektrogerät,-e** electric appliance 6B
die **Erdbeere,-n** strawberry 6A
das **Erdgeschoss,-e** ground floor, first floor (in America) 6B
erwarten to expect 6A
das **Etikett,-en** sticker, label 6B
der **Fahrstuhl,-̈e** elevator 6B
der **Fall,-̈e** case; *auf jeden Fall* in any case 6B
fertig sein to be ready, finished 6B
folgen to follow 6B
das **Geschichtsbuch,-̈er** history book 6A
der **Geschmack** taste 6B

gewöhnlich usually 6B
herausnehmen (*nimmt heraus, nahm heraus, herausgenommen*) to take out 6B
der **Keks,-e** cookie 6B
das **Kilo,-s** kilo 6A
die **Kirsche,-n** cherry 6A
kleben to stick, glue 6B
kochen to cook 6B
krank sick, ill 6B
die **Kreditkarte,-n** credit card 6B
der **Küchenschrank,-̈e** kitchen cupboard 6B
der **Küchentisch,-e** kitchen table 6B
der **Ladentisch,-e** checkout counter 6B
das **Lebensmittelgeschäft,-e** grocery store 6B
das **Mehl** flour 6A
mindestens at least 6A
das **Multimedia** multimedia 6B
die **Obstsorte,-n** kind of fruit(s) 6B
die **Packung,-en** package 6B
der **Pfirsich,-e** peach 6A
die **Pflaume,-n** plum 6A
das **Pfund,-e** pound 6A
der **Rat** advice; *um Rat fragen* to ask for advice 6B
raufgehen (*ging rauf, ist raufgegangen*) to go upstairs 6A
das **Regal,-e** shelf 6B
registrieren to register 6B
die **Reihe,-n** row 6B
die **Rolltreppe,-n** escalator 6B
rufen (*rief, gerufen*) to call 6A

runterkommen (*kam runter, ist runtergekommen*) to come downstairs 6A
sauer sour 6B
die **Schreibwaren** (pl.) stationery 6B
selbst oneself 6B
sobald as soon as 6B
die **Spielwaren** (pl.) toys 6B
die **Sportabteilung,-en** sports department 6B
der **Stock, Stockwerke** floor, story 6B
der **Supermarkt,-̈e** supermarket 6B
süß sweet 6B
die **Theke,-n** counter 6B
die **Tomate,-n** tomato 6A
die **Torte,-n** layer cake
sich **überlegen** to think about 6B
übersetzen to translate 6A
unterdessen in the meantime 6B
verstehen (*verstand, verstanden*) to understand 6A
die **Vokabel,-n** word, vocabulary 6A
die **Waage,-n** scale 6B
die **Ware,-n** goods (pl.) 6B
weg sein to be gone 6A
die **Weile** while 6A
die **Weintraube,-n** grapes, bunch of grapes 6A
wiegen (*wog, gewogen*) to weigh 6B
das **Wort,-̈er** word 6A
das **Wörterbuch,-̈er** dictionary 6A
zuletzt finally, at last 6A
die **Zwiebel,-n** onion 6A

Sie wiegt es auf der Waage.

Rückblick

In this chapter you will learn how to:
- discuss your hobbies and interests
- talk about daily activities
- sequence daily events
- describe outdoor activities
- talk about a sports competition

KAPITEL 7
Hobbys und Interessen

LEKTION A

1 Das machen sie gern.

Schreib zwei Sätze über jede der folgenden Zeichnungen! Beschreib wo die Leute sind und was sie machen!

▶ Der Jugendliche ist im Garten. Er hebt Gewichte.

Sample answers:
1. Zwei Herren sind im Fernsehen. Sie sprechen über Politik.
2. Ein Mädchen sitzt am Computer. Sie surft im Internet.
3. Ein Junge liegt auf seinem Bett. Er liest eine Jugendzeitschrift.
4. Ein paar Leute joggen am See. Sie laufen fünf Kilometer.
5. Eine Frau und ein Mann sitzen auf einer Bank. Sie genießen die Natur.
6. Der Herr und die Dame sind in einer Quizsendung. Der Herr fragt die Dame.

Lektion A

Ich fotografiere gern

Hier, nehmen Sie diese guten Batterien.

Die letzten Fotos sind nicht so gut ausgefallen.

Schon seit ihrer frühen Jugend fotografiert Sandra sehr gern. Als sie noch ein Kind war, hat sie die alte Kamera von ihrer Großmutter bekommen. Von Anfang an hat sie gezeigt, dass sie für Fotografieren ein gutes Auge hat. Letztes Jahr haben ihr ihre Eltern die neuste Kamera mit allem Drum und Dran geschenkt. Sandra genießt besonders die Natur. Deshalb macht sie die schönsten Fotos im Freien. Bei dem kleinen Fotogeschäft in ihrer Nachbarschaft ist sie die beste Kundin. Der Besitzer kennt sie sehr gut und gibt ihr auch oft Tipps, wie sie ihre Fotos noch besser machen kann.

Sandra: Die letzten Fotos sind nicht so gut ausgefallen.

Besitzer: Hast du sie nicht mit dem neuen Teleobjektiv gemacht?

Sandra: Nein, ich wollte es erst ohne versuchen.

Besitzer: Wenn du die bunten Blumen von ganz nah fotografierst, dann ist es wichtig, mit einem Teleobjektiv zu arbeiten. Ich selbst mache lieber Fotos beim Turnen. Meine Cousine macht in einem Turnklub mit. Das ist natürlich drinnen. Da brauche ich das Blitzgerät oder ich schieße mit diesem schnellen Film hier.

Am Zeitungsstand kauft Sandra eine Fotozeitschrift.

Sandra: Vielleicht werde ich es auch einmal mit meinem Blitzgerät ausprobieren. Ich habe es ja vor ein paar Monaten bei Ihnen gekauft, aber bis jetzt noch nicht ausprobiert.

Besitzer: Ja, versuchen Sie es einmal. Hier, nehmen Sie diese guten Batterien. Sie sind etwas teurer, aber sie halten viel länger.

Sandra: Manchmal surfe ich im Internet. Da gibt's eine Chat-Gruppe für Fotografen. Ich frage dort oft die erfahrenen Leute. Es ist toll, wie schnell ich meistens eine Antwort bekomme.

Besitzer: Jeden zweiten Monat kaufe ich die Zeitschrift „Fotografieren macht Spaß". Da finde ich immer die interessantesten Artikel von Experten.

Sandra: Wo kaufen Sie denn diese Zeitschrift?

Besitzer: Gleich um die Ecke beim Zeitungsstand.

Sandra: Danke für die guten Tipps. Bis bald!

Besitzer: Tschüs!

Sandra verliert auch keine Zeit und geht zum Zeitungsstand. Sie hat Glück. Sie bekommt dort noch eine Fotozeitschrift. Sie kann kaum warten, bis sie nach Hause kommt, denn sie will jetzt noch viel mehr lernen. Die nächsten Fotos wird sie drinnen machen. Wann kommen denn ihre Eltern nach Hause? Mit denen wird sie zuerst experimentieren.

Lektion A

2 Was passt hier?

Ergänze die folgenden Ausdrücke mit den besten Wörtern aus der Liste!

genießen	surfen	schenken	haben	brauchen
fotografieren	geben	kaufen	kennen	sehen

1. für das Blitzgerät Batterien ___
2. ein gutes Auge ___
3. im Internet ___
4. mit dem Teleobjektiv alles näher ___
5. mit der Kamera Blumen ___
6. den Geschäftsbesitzer gut ___
7. die Natur ___
8. dieser Kundin ein paar Tipps ___
9. eine Zeitschrift am Zeitungsstand ___
10. einer Person eine Kamera zum Geburtstag ___

3 Fragen

Beantworte diese Fragen!

1. Was liest der Besitzer des Fotogeschäfts alle acht oder neun Wochen?
2. Warum wird Sandra ihre Eltern gleich zu Hause fotografieren?
3. Wie lange fotografiert Sandra schon?
4. Was braucht man, wenn man etwas ganz aus der Nähe fotografieren will?
5. Was macht Sandra im Internet? Warum?
6. Wohin geht Sandra nach dem Fotogeschäft und bevor sie nach Hause geht? Was macht sie da?
7. Was für Fotos macht der Besitzer gern?
8. Wo fotografiert Sandra lieber, drinnen oder draußen?

Was braucht Sandra für das Blitzgerät?

für dich

Nearly six million young people between the ages of 14 and 21 live in Germany. According to a survey conducted by a German social research institute, this age group's favorite hobbies are sports, movies, listening to music, going to discos or just meeting friends. Their greatest concerns are unemployment, destruction of the environment, crime and xenophobia (fear and hatred of strangers or foreigners), right-wing radicalism and violence. When speaking of the future, 75 percent want to get married and 83 percent would like to have children. As many as 74 percent of the young people think various cultures living together in Germany is a good thing, while 73 percent have friends who are not German. As far as money is concerned, 64 percent think very carefully about what they do with their money; 76 percent have at one time or another saved money for a specific purpose.

Have students make a list of the most pressing issues for teenagers in this country. How do they compare with those in Germany?

Was für Interessen, Hobbys und auch Probleme haben deutsche Jugendliche?

emcp.com

SPRACHE

Adjectives after *der*-words

The endings of adjectives in the singular following *der*-words are *-en*, except in the nominative (all genders) and in the accusative (feminine and neuter) where they are *-e*. In the plural, all adjective endings are *-en*.

	SINGULAR			PLURAL
	masculine	feminine	neuter	
nominative	-e	-e	-e	-en
accusative	-en	-e	-e	-en
dative	-en	-en	-en	-en
genitive	-en	-en	-en	-en

In order for you to understand the adjective endings more clearly, look carefully at the chart on the next page. It incorporates the adjective endings above as well as articles and corresponding nouns.

Lektion A

	SINGULAR			PLURAL
	masculine	feminine	neuter	
nominative	der alt**e** Film	die jung**e** Dame	das neu**e** Haus	die alt**en** Filme
accusative	den alt**en** Film	die jung**e** Dame	das neu**e** Haus	die jung**en** Damen
dative	dem alt**en** Film	der jung**en** Dame	dem neu**en** Haus	den neu**en** Häusern
genitive	des alt**en** Filmes	der jung**en** Dame	des neu**en** Hauses	der alt**en** Filme

The adjective endings listed above follow these *der*-words: *dieser* (this), *jeder* (every, each), *welcher* (which), *mancher* (some, many a), *solcher* (such, such a). *Alle* and *beide* can be used only in the plural with their corresponding adjective endings for *der*-words.

Singular

nominative: *Wo ist der neue Schüler?* — Where is the new student?

Die junge Verkäuferin ist an der Kasse. — The young saleswoman is at the cash register.

Welches rote Fahrrad gefällt dir? — Which red bicycle do you like?

accusative: *Er sieht jeden deutschen Film.* — He is watching every German film.

Kaufst du diese teure Gitarre? — Are you buying this expensive guitar?

Wir fahren ohne das große Zelt ab. — We are leaving without the large tent.

dative: *Ich spreche mit dem netten Österreicher.* — I'm speaking with the nice Austrian.

Aus welcher großen Stadt kommen Sie? — Which large city are you from?

Die Tante gibt jedem kleinen Mädchen ein Geschenk. — The aunt is giving every little girl a present.

genitive: *Wir besuchen euch während des schönen Sommers.* — We'll visit you during the beautiful summer.

Das ist das Auto der netten Frau. — That's the nice woman's car.

Trotz dieses schlechten Wetters fahren wir in die Ferien. — In spite of this bad weather, we'll go on vacation.

Plural

nominative: *Die guten Restaurants sind nicht immer teuer.* — The good restaurants are not always expensive.

accusative: *Habt ihr diese deutschen Filme gesehen?* — Did you see these German films?

dative: *Wir wohnen bei den netten Leuten.* — We are living with the nice people.

genitive: *Während der schlechten Tage spielen wir nicht.* — During the bad days we aren't playing.

NOTE: For an adjective ending in *-el*, the *e* is omitted if an added ending begins with the letter *e*.

dunkel, das dunkle Zimmer — dark, the dark room

The same is true for adjectives with an *-er* ending whereby the *e* of the last syllable can be omitted.

das teure Auto, das teure Auto — the expensive car

WB Activities 3–5
GV Activities 3–6
Q 2–5

4 Wo ist...?

Du bereitest dich auf eine Campingreise mit deinen Freunden vor. Ihr besprecht, was für Sachen ihr mitnehmen wollt. Frag sie, wo sie alle sind!

▷ neu
  Wo ist der neue Schlafsack?

CD Track 5

1. klein

2. braun

3. groß

4. schwarz

5. bunt

6. weiß

1. Wo ist das kleine Zelt?
2. Wo ist der braune Rucksack?
3. Wo ist die große Landkarte?
4. Wo ist der schwarze Kocher?
5. Wo ist die bunte Luftmatratze?
6. Wo ist der weiße Ball?

Lektion A

CD Track 6

1. Nein, der lange Rock steht dir gut.
2. Nein, das bunte Kleid steht dir gut.
3. Nein, die blauen Schuhe stehen dir gut.
4. Nein, die engen Jeans stehen dir gut.
5. Nein, der kurze Mantel steht dir gut.
6. Nein, das große T-Shirt steht dir gut.

CD Track 7

1. Die nette Lehrerin.
2. Das interessante Buch.
3. Den heißen Kaffee.
4. Die braunen Hefte.
5. Den alten Mann.
6. Die ganze Arbeit.
7. Die schöne Natur.
8. Die erfahrenen Leute.

5 Einkaufen

Peter geht mit seiner Freundin Gisela einkaufen. Gisela will ein paar Kleidungsstücke kaufen. Gisela will von Peter wissen, wie ihr alles steht.

> Ist dieser Pulli zu rot?
> Nein, der rote Pulli steht dir gut.

1. Ist dieser Rock zu lang?
2. Ist dieses Kleid zu bunt?
3. Sind diese Schuhe zu blau?
4. Sind diese Jeans zu eng?
5. Ist dieser Mantel zu kurz?
6. Ist dieses T-Shirt zu groß?

6 Fragen

Beantworte die folgenden Fragen!

> Was möchtest du sehen? (See / groß)
> Den großen See.

1. Wen möchtest du besuchen? (Lehrerin / nett)
2. Was musst du lesen? (Buch / interessant)
3. Was willst du trinken? (Kaffee / heiß)
4. Was kannst du nicht finden? (Hefte / braun)
5. Wen wirst du fragen? (Mann / alt)
6. Was sollst du machen? (Arbeit / ganz)
7. Was willst du genießen? (Natur / schön)
8. Wen wirst du fragen? (Leute / erfahren)

Was genießen die Leute?

Kapitel 7

7 Auf der Reise

Du erzählst deinen Freunden, was du alles auf deiner Reise gemacht hast.

> das Buch lesen / deutsch
> Ich habe das deutsche Buch gelesen.

1. die Kamera ausprobieren / neu
2. den Film sehen / toll
3. die Gitarre mitnehmen / alt
4. den Brief von Tante Anna lesen / nett
5. das Geschenk schicken / schön
6. die Erdbeeren essen / frisch
7. die Bilder kaufen / klein

8 Zum Geburtstag

 Track 9

Während des Jahres schickt Ursulas Mutter ihren Verwandten zum Geburtstag ein paar Sachen. Ursulas Freundin will wissen, was sie dieses Jahr geschickt hat.

> Fotos / neu
> Sie hat die neuen Fotos geschickt.

1. Bilder / teuer
2. Videos / alt
3. Uhren / schön
4. Kekse / lecker
5. CDs / französisch
6. Servietten / weiß

 Track 8

1. Ich habe die neue Kamera ausprobiert.
2. Ich habe den tollen Film gesehen.
3. Ich habe die alte Gitarre mitgenommen.
4. Ich habe den netten Brief von Tante Anna gelesen.
5. Ich habe das schöne Geschenk geschickt.
6. Ich habe die frischen Erdbeeren gegessen.
7. Ich habe die kleinen Bilder gekauft.

1. Sie hat die teuren Bilder geschickt.
2. Sie hat die alten Videos geschickt.
3. Sie hat die schönen Uhren geschickt.
4. Sie hat die leckeren Kekse geschickt.
5. Sie hat die französischen CDs geschickt.
6. Sie hat die weißen Servietten geschickt.

Vielleicht schickt sie ihren Verwandten in Amerika eine Kuckucksuhr aus dem Schwarzwald.

Lektion A

9 Was trägt jeder zum Zug?

Die Schüler des Lessing Gymnasiums in Nürnberg machen eine Reise zu einer Jugendherberge in Mainz. Herr Kunze, der Lehrer, ist mit seiner Klasse auf dem Bahnhof. Er sagt den Schülern, was jeder zum Zug tragen soll.

▷ Bruno / der Koffer / alt
  Bruno, trag doch den alten Koffer!

1. Christine / das Paket / klein
2. Dieter und Petra / das Schlauchboot / neu
3. Martin / die Gitarre / teuer
4. Hans / die Schultasche / dunkel
5. Karl / der Rucksack / groß
6. Heidi und Steffie / die Tasche / grün

10 Eine Campingtour

Eine Gruppe von Jugendlichen will eine Campingtour in den Schwarzwald machen. Vor der Reise bereiten sie sich vor und sprechen über ihre Reise. Ergänze die Adjektive mit den richtigen Endungen!

1. Nimmst du den groß____ Koffer mit?
2. Ja, ich habe alle diese neu____ Sachen gekauft.
3. Nicht alles ist neu. Wo ist das alt____ Zelt?
4. Von welchem alt____ Zelt sprichst du denn?
5. Du hast es bei der letzt____ Party von Rolf bekommen.
6. Mein Vater hat mir dieses grün____ Zelt geliehen.
7. Sollen wir die schwarz____ Jacke in den Koffer packen?
8. Ich nehme lieber dieses grau____ Sweatshirt mit.
9. Willst du nicht die englisch____ Zeitschriften lesen?
10. Nein, aber ich werde das deutsch____ Buch da mitnehmen.

Für die lange Campingtour braucht er eine Schwimmweste.

CD Track 10

1. Christine, trag doch das kleine Paket!
2. Dieter und Petra, tragt doch das neue Schlauchboot!
3. Martin, trag doch die teure Gitarre!
4. Hans, trag doch die dunkle Schultasche!
5. Karl, trag doch den großen Rucksack!
6. Heidi und Steffie, tragt doch die grüne Tasche!

1. en
2. en
3. e
4. en
5. en
6. e
7. e
8. e
9. en
10. e

11 Was fehlt hier?

Ergänze die Sätze mit den Wörtern in Klammern!

▶ Wo ist ___? (Auto, toll)
Wo ist das tolle Auto?

1. Hast du ___ gesehen? (Film, italienisch)
2. Welches ___ möchtest du kaufen? (Fahrrad, preiswert)
3. Die Touristen kommen aus ___. (Museum, bekannt)
4. Der Herr besucht ___. (Rathaus, alt)
5. Ich möchte ___ besuchen. (Stadt, interessant)
6. Der Bruder ___ wohnt in Leipzig. (Dame, alt)
7. Wir gehen zu ___. (Pizzeria, teuer)
8. ___ gefällt mir nicht. (Kleid, rot)
9. Was macht ihr nach ___? (Spiel, lang)
10. Während ___ sitzen wir gern auf dem Rasen. (Tag, schön)
11. Möchten Sie lieber ___? (Mantel, braun)
12. Habt ihr ___ gemacht? (Arbeit, schwer)

1. den italienischen Film
2. preiswerte Fahrrad
3. dem bekannten Museum
4. das alte Rathaus
5. die interessante Stadt
6. der alten Dame
7. der teuren Pizzeria
8. Das rote Kleid
9. dem langen Spiel
10. des schönen Tages
11. den braunen Mantel
12. die schwere Arbeit

CD Track 11

Aktuelles

Das Rockmobil

In der Siegener Gegend bieten die Musikpädagogen den Jugendlichen ein freies Musikprogramm an: Workshops, Musikkurse, Seminare und das Üben mit Musikinstrumenten. Ein Rockmobil fährt durch die Gegend. Da können die Jugendlichen kostenlos° alle Instrumente einer Rockband ausprobieren. Im Bus, man nennt es Rockmobil, gibt es alles: Keyboards und Synthesizer, Gitarren, Mikrofone und andere Instrumente. Schon ein paar Tausend Jugendliche waren seit dem Anfang Gäste im Rockmobil. Es ist kein Wunder°, dass man in dieser Gegend immer mehr Musiker findet. Das Rockmobil bietet ihnen viel an.

Was gibt es alles im Rockmobil?

Lektion A

Welche Musikinstrumente spielen sie?

Was machen der Leiter und seine Schüler?

Was ist der Traum der Mädchen?

Es ist Mittwoch Nachmittag, 15 Uhr. Vor dem Rathaus steht ein alter Bus. Die bunten Bilder draußen auf dem Bus zeigen, dass es drinnen Musik gibt. Man kann auch etwas hören. Jemand stimmt° eine elektrische Gitarre und im hinteren° Teil des Busses trommelt° ein anderer.

„Hallo, sind wir zu spät da?" Eva (14) und Sarah (13) steigen in den Bus ein. Anna (12) und Sonja (14) warten schon. „Kein Problem", sagt Hans-Dieter Klug, der Leiter° des Rockmobilteams. „Wir stimmen nur die Instrumente."

Einmal als Band zusammenspielen — das ist der Traum° der vier Mädchen. Aber erst einmal üben. Ein Lied steht auf den Notenblättern°: „Mmmm, mmmm..." Hans-Dieter zeigt die Griffe° und gibt den Rhythmus an°. Sie haben viel Spaß beim Spielen. Die Atmosphäre zwischen Lehrer und Schülern ist locker°. Sie sprechen über Schule oder Sport, ab und zu sieht ein neugieriger° Kopf durch die Tür und alle begrüßen ihn.

Kapitel 7

Sie üben ein paar Mal, bis sie die ersten Takte° können. „Jetzt kommt noch der Phillip," sagt Hans-Dieter und macht die Tür zum hinteren Teil des Busses auf. Phillip, ein zwölfjähriger° Schüler, hat bis jetzt allein° Schlagzeug geübt. Er sitzt in einer schalldichten° Kabine, so dass die anderen ihn nicht stören°. „Nicht zu schnell! Und eins, zwei, drei und vier..." Das klingt schon ganz gut. „Jetzt brauchen wir noch den Bass. Wer will den Bass spielen?" „Ich!" — „Ich!" schreit Sonja. „Nicht so laut", sagt Hans-Dieter. Er dreht° auch gleich den Verstärker° etwas leiser. Jetzt ist die Band komplett. Einmal alles zusammen durchspielen. Dann ist auch schon die Stunde um°.

WB Activities 6–7

GV Activity 7

Q 6

„Das muss ich noch einmal zu Hause üben", sagt Sarah. Das wollen die anderen auch. „Wird das bis zum Schulfest° klappen°?" Skeptische Gesichter°. Aber sie wissen es. Sie üben erst seit zwei Wochen zusammen. Und das Rockmobil kommt ja jede Woche zurück.

kostenlos free of charge; *das Wunder* wonder; *stimmen* to tune; *hinter* back; *trommeln* to drum; *der Leiter* leader; *der Traum* dream; *das Notenblatt* sheet of music; *der Griff* grip, stroke; *angeben* to indicate; *locker* relaxed; *neugierig* curious; *der Takt* beat; *zwölfjährig* twelve-year-old; *allein* alone; *schalldicht* soundproof; *stören* to disturb; *drehen* to turn; *der Verstärker* amplifier; *um* over; *das Schulfest* school festival; *klappen* to work; *das Gesicht* face

Sie übt ein paar Mal, bis sie die ersten Takte kann.

Sie spielen alles noch einmal zusammen durch.

Lektion A

12 Was passt hier?

Ergänze die folgenden Sätze mit den Verben aus der Liste! Sei sicher, dass du in jedem Satz die richtige Verbform benutzt!

bieten	finden	zeigen	stehen	üben
haben	machen	müssen	stimmen	drehen
kommen	sein			

1. Die Jugendlichen ___, bis sie die ersten Takte können.
2. Sarah sagt, dass sie noch einmal zu Hause üben ___.
3. Ein alter Bus ___ vor dem Rathaus.
4. Das Rockmobil ___ ein paar Mal im Monat wieder.
5. Man ___ in der Siegener Gegend immer mehr Musiker.
6. Die vier Mädchen ___ einen Traum.
7. Die Atmosphäre ___ sehr locker.
8. Der Leiter des Rockmobilteams ___ den Verstärker etwas leiser.
9. Jemand ___ die Tür des Busses auf.
10. Das Rockmobil ___ den Jugendlichen viel an.
11. Die Bilder am Bus ___, dass sie drinnen Musik spielen.
12. Eine Person ___ eine Gitarre.

1. üben
2. muss
3. steht
4. kommt
5. findet
6. haben
7. ist
8. dreht
9. macht
10. bietet
11. zeigen
12. stimmt

13 Ein paar Sätze, bitte!

Schreib mindestens drei Sätze über jedes der folgenden Wörter!

1. das Rockmobil
2. die Gegend
3. das Instrument
4. der Leiter
5. die Atmosphäre

Persönliches

Bestimmt hast du ein Hobby oder irgendein Interesse, was du gern machst. Schreib mindestens acht Sätze darüber! Hier sind ein paar Tipps für deine Beschreibung: Name des Hobbys, wann und wo (draußen/drinnen) und wie oft du es machst, wie viele andere mitmachen und was an diesem Hobby oder Interesse besonders ist.

ROLLENSPIEL

Pretend that you and one of your classmates are planning a typical day. Both of you would like to spend some time together, but you have conflicts. One of you expresses an interest in pursuing a hobby or favorite leisure-time activity. The other indicates that there are a number of chores that have to be done. Compromise by agreeing to participate in at least two activities (hobbies and/or leisure-time activities) as well as doing two chores.

The rattlesnakes rattled until their rattles sounded listless.

Wörter und Ausdrücke

CA Activities 1–4

TALKING ABOUT GENERAL INTERESTS

im Internet surfen to surf the Internet
Sportsendungen und Quizsendungen sehen to watch sports and quiz shows
joggen to jog
turnen to do gymnastics
Gewichte heben to lift weights
die Natur genießen to enjoy nature (outdoors)
über Politik sprechen to talk about politics
Jugendzeitschriften lesen to read youth magazines

TALKING ABOUT PHOTOGRAPHY

Sie hat eine Kamera mit allem Drum und Dran. She has a camera with all the bells and whistles.
Machst du Fotos im Freien? Are you taking pictures outdoors?
Versuch dieses Teleobjektiv! Try this telephoto lens!
Drinnen brauche ich ein Blitzgerät. Inside I'll need a flash attachment.
Ich frage die erfahrenen Leute. I'll ask the experienced people.
In der Fotozeitschrift finde ich Artikel von Experten. In the photo magazine I'm finding articles by experts.
Ich werde mit meiner Kamera experimentieren. I'll experiment with my camera.

Lektion A

LEKTION B

14 Was ist das?

Sag, was man in den folgenden Sätzen beschreibt!

1. Die Jugendlichen sitzen auf einem Campingplatz. Am Abend ist es etwas kühl. Was machen sie?
2. Was für eine Ausrüstung braucht man, um auf einen Baum zu klettern?
3. Die Jugendlichen sitzen draußen und essen dort. Wie nennt man das?
4. Wie kann man über einen Bach kommen, ohne durchs Wasser zu laufen?
5. Wo hat man seine Ausrüstung?
6. Was muss man haben, wenn man nicht weiß, wohin ein Weg geht?
7. Was haben sie zum Essen mitgebracht?

1. Ein Feuer.
2. Ein Seil.
3. Ein Picknick.
4. Man kann sich über den Bach hangeln.
5. Im Rucksack.
6. Eine Karte und einen Kompass.
7. Lebensmittel.

CD Tracks 15–16

Mutig sein!

Was machen die Naturfreunde nach der Ankunft mit einem Bus?

Die Eifel bietet Naturfreunden viele Möglichkeiten. Besonders Jugendliche kommen zum Survivaltraining in diese Gegend. Annette und Patrick sind mit ihrer Schulklasse am Wochenende hierher gekommen. Alle haben ihre Ausrüstung und Lebensmittel fürs Wochenende in Rucksäcke gepackt. Gleich nach der Ankunft mit einem Bus gehen sie ein paar Kilometer zu Fuß, bis sie Holger treffen. Er ist der Leiter des Survivaltrainings. Helmut hilft ihm dabei.

Lektion B

Könnt ihr mit dem Kompass umgehen?

Nicht genau.

Dann macht euch fest und schnallt euch an!

Holger: Zuerst müsst ihr euch die Karte dieser Gegend ansehen, so dass ihr genau wisst, wo ihr seid. Könnt ihr mit dem Kompass umgehen?

Annette: Nicht genau.

Patrick: Ich habe ihn schon ein paar Mal auf unserem Ausflug durch den Schwarzwald benutzt.

Holger: Sieh mal, Annette! Das Wichtige ist, dass der Kompass dir zeigt, wo du bist und wohin du gehen willst. Mit dem Kompass kann man sich gut orientieren. So, geht mal zu Helmut! Der zeigt euch, wie man mit dem Seil auf einen Baum klettert und wie man sich über einen Bach hangeln kann.

Helmut: Ihr müsst erst einmal Knoten ins Seil machen. Dann macht euch fest, schnallt euch an und macht das Seil straff. Gut so, Patrick!

Patrick: Es sieht viel leichter aus als es ist.

Annette: Ich weiß nicht, ob ich es auf den Baum schaffe.

Helmut: Keine Angst! Nur mutig sein! Jeder Sportliche wird es schaffen. Ihr seid ja alle in guter Kondition.

Das Wetter ist an diesem Wochenende sehr kühl. Ab und zu regnet es auch. Das macht aber nichts. Alle Jugendlichen wollen lernen, wie man mit der Natur auskommt. Am Abend lernen sie, wie man ohne Streichhölzer ein Feuer macht. Dann machen sie ein Picknick, singen Lieder und freuen sich schon auf das Neue des nächsten Tages.

WB Activities 9–10
GV Activity 8
LA Activity 2
Q 8
emcp.com

15 Fragen

Beantworte diese Fragen!

1. Warum kommen viele Jugendliche in die Eifel?
2. Was haben sie mitgebracht?
3. Was sollen sich die Jugendlichen zuerst ansehen?
4. Warum braucht man oft einen Kompass?
5. Was soll Helmut den anderen Jugendlichen zeigen?
6. Was sollen sie zuerst mit dem Seil machen?
7. Wie soll Annette sein?
8. Wie ist das Wetter an diesem Wochenende?
9. Was machen alle später am Abend?

The Eifel is located west of the Rhine River, between Aachen in the northwestern part to Trier in the midwestern region of Germany. Its hilly and rugged terrain is a popular spot for outdoor people, particularly those who enjoy climbing and studying the ecological and geological development from early times.

Adjectives Used as Nouns

Adjectives can be used as nouns. Although these adjectives are capitalized, they still have the same endings as if they were preceding nouns.

Suchst du den Kleinen?	Are you looking for the little one?
Ich kenne die Kluge.	I know the smart one.

Wie ist die Musikalische?

CD Track 17

1. Sie kommen zum Survivaltraining dorthin.
2. Sie haben Ausrüstung und Lebensmittel mitgebracht.
3. Sie sollen sich die Karte dieser Gegend ansehen.
4. Er zeigt, wo man ist und wohin man gehen will.
5. Er soll zeigen, wie man mit dem Seil auf einen Baum klettert und wie man sich über einen Bach hangeln kann.
6. Sie sollen einen Knoten machen.
7. Sie soll mutig sein.
8. Es ist kühl und es regnet ab und zu.
9. Sie sitzen am Feuer, machen ein Picknick und singen Lieder.

WB Activity 11

GV Activity 9

Q 9

Lektion B

CD Track 18

1. Mit der Neuen.
2. Der Kluge.
3. Bei dem Bekannten.
4. Den Kleinen.
5. Die Musikalische.
6. Mit dem Schicken.

CD Track 19

1. Meinst du die Kleine?
2. Meinst du den Deutschen?
3. Meinst du die Nette?
4. Meinst du den Großen?
5. Meinst du die Langsame?

CD Track 20

16 Neu in der Schule

Erika ist neu in der Schule. Bei einem Tanz fragt sie Daniela oft über verschiedene Jungen und Mädchen.

▸ Wen kennst du? (groß — die)
  Die Große.

1. Mit wem tanzt er? (neu — die)
2. Wer ist das dort? (klug — der)
3. Bei wem steht sie? (bekannt — der)
4. Wen fragt der Lehrer? (klein — der)
5. Wen brauchen wir? (musikalisch — die)
6. Mit wem sprechen die Mädchen? (schick — der)

17 Über andere

Günter will etwas über die Leute in der Gegend seiner Tante wissen.

▸ Wo arbeitet er? (alt)
  Meinst du den Alten?

1. Wo wohnt sie? (klein)
2. Wo tanzt er gern? (deutsch)
3. Wo sitzt sie denn? (nett)
4. Wohin fährt er? (groß)
5. Wohin geht sie? (langsam)

Heike, Katja und Susanne
(von links nach rechts)

Lesestück

Wettkampf° im Wasser

Hausaufgaben machen ist für Heike, Katja und Susanne heute nicht das Wichtigste. Die drei Mädchen sind auf dem Weg nach Hohenlimburg, einem kleinen Ort° in der Nähe von Dortmund. Hier gibt es einen Fluss, besonders gut für Kanuten°. Nur wer Talent hat, darf hier mitmachen. Heike, Katja und Susanne sind sehr

Kapitel 7

erfahrene Kanuten. Sie haben schon bei vielen Wettkämpfen mitgemacht. Heute haben sie einen Wettkampf gegen einen anderen Klub.

Kurz nach der Ankunft mit einem kleinen Bus tragen sie ihre eigenen Kajaks° zum Wasser. Ihre Kajaks und ihre andere Ausrüstung bringen sie jedes Mal selbst mit. Jedes Mädchen hat eine Schwimmweste° und einen Helm. Am Ufer° des Flusses gibt der Trainer° den Mädchen seines Klubs noch ein paar kurze Anweisungen°. Die roten Tore° muss man gegen die Strömung°, die grünen Tore mit der Strömung durchfahren°. Das ist nicht so einfach. Man braucht viel Kraft°, um gegen die Strömung zu paddeln.

Am Ufer gibt jemand° alle paar Minuten ein Signal. Eine Teilnehmerin° nach der anderen paddelt ihr neun Kilo leichtes Kajak durch die Tore. Einige Zuschauer stehen am Ufer und schreien, denn sie wollen, dass ihre Mannschaft gewinnt. Wenn die Teilnehmerinnen Tore verpassen° oder berühren°, dann verlieren sie Punkte°. Es ist auch wichtig, so schnell wie möglich zum Ziel° zu kommen. Am Ende der 350 Meter langen Strecke° steigen alle aus und tragen ihre Kajaks zum Start zurück.

Was trägt Katja zum Wasser?

Der Trainer gibt ihnen Anweisungen.

Was ist auch für Katja nicht so einfach?

Lektion B

Das Paddeln macht allen viel Spaß. Beim Wettkampf treffen sie auch junge Sportler aus anderen Städten. Viele Teilnehmer trainieren ein paar Mal die Woche. Besonders Ausdauertraining° ist wichtig. Manche heben auch Gewichte, denn sie brauchen starke Muskeln°.

Heike, Katja und Susanne haben aber auch andere Hobbys: Telefonieren und im Internet surfen. Nach dem Wettkampf fährt der Bus nach Hause zurück. Im Bus sprechen sie über Musik, Freunde und…ach ja, da waren ja auch noch ein paar Hausaufgaben.

der Wettkampf competition; *der Ort* town, place; *der Kanute* canoeist; *das Kajak* kayak; *die Schwimmweste* life jacket; *das Ufer* shore; *der Trainer* coach; *die Anweisung* instruction; *das Tor* gate; *die Strömung* flow, current; *durchfahren* to go through; *die Kraft* strength; *jemand* someone; *die Teilnehmerin* participant; *verpassen* to miss; *berühren* to touch; *der Punkt* point; *das Ziel* goal, finish line; *die Strecke* stretch; *das Ausdauertraining* endurance training; *der Muskel* muscle

Sie will so schnell wie möglich zum Ziel.

Auch Susanne braucht beim Paddeln starke Muskeln.

Wird Susanne den Wettkampf gewinnen?

18 Wie heißt dieses Wort?

Ergänze die folgenden Sätze! Wenn du die Anfangsbuchstaben der fehlenden Wörter von eins bis neun liest, dann weißt du das Wort, was beim Sport oft sehr wichtig ist. Schreib alle Wörter mit großen Buchstaben!

1. Die Mädchen trainieren ein paar Mal die ___.
2. Am ___ der Strecke steigen alle aus ihren Kajaks aus.
3. Die Teilnehmer müssen ihre Kajaks durch die ___ paddeln.
4. Der ___ sagt den Mädchen, wie sie es am besten machen sollen.
5. Sie tragen ihre eigenen ___ zum Ufer.
6. Der Trainer gibt den Mädchen ___, so dass sie vor dem Start gut informiert sind.
7. Beim Paddeln sind starke ___ sehr wichtig. Deshalb heben manche Gewichte.
8. Die Teilnehmer verlieren ___, wenn sie ein Tor verpassen.
9. Sie paddeln ihre Kajaks auf einem ___.

1. **W**OCHE
2. **E**NDE
3. **T**ORE
4. **T**RAINER
5. **K**AJAKS
6. **A**NWEISUNGEN
7. **M**USKELN
8. **P**UNKTE
9. **F**LUSS

19 Fragen

 Track 21

Beantworte diese Fragen!

1. Warum fahren die drei Mädchen nach Hohenlimburg?
2. Wer macht da meistens mit?
3. Wie kommen die Kajaks vom Bus zum Fluss?
4. Was bringen die Mädchen außer ihren Kajaks noch mit?
5. Warum gibt es rote und grüne Tore?
6. Warum schreien die Zuschauer?
7. Was passiert, wenn man ein Tor verpasst?
8. Was machen alle am Ende der Strecke?
9. Warum heben manche Teilnehmer Gewichte?
10. Was machen Heike, Katja und Susanne außer dem Kajakwettkampf noch gern?

1. Dort machen sie bei einem Wettkampf mit.
2. Die besten Kanuten.
3. Die Mädchen tragen sie.
4. Sie bringen Schwimmwesten und Helme mit.
5. Die Teilnehmer fahren durch die roten Tore gegen die Strömung und durch die grünen Tore mit dem Fluss.
6. Sie wollen, dass ihre Mannschaft gewinnt.
7. Dann verliert man Punkte.
8. Sie steigen aus und tragen ihre Kajaks zum Start zurück.
9. Sie brauchen starke Muskeln.
10. Sie telefonieren und surfen gern im Internet.

Lektion B

Persönliches

Q 11

Ein Picknick. Stell dir vor, du bereitest ein Picknick vor. Beschreib, wer kommen wird, wohin und warum ihr dorthin fahrt, was ihr mitnehmen wollt und was es da alles gibt! Sei so kreativ wie möglich!

ROLLENSPIEL

Komm mit! Du möchtest ganz gern, dass dein Freund oder deine Freundin am Sonntagnachmittag irgendwohin *(somewhere)* mitkommt. Er oder sie will aber nicht. Versuch deinen Freund oder deine Freundin zu überzeugen *(convince)*, dass es viel Spaß machen wird! Gib fünf Gründe *(reasons)* dafür!

Praktisches

Form groups of three. Working on your own, Student 1 outlines what he or she considers an ideal day, describing only enjoyable activities; Student 2 details an average day, including enjoyable activities as well as chores that need to be done; Student 3 describes what would be a very bad day, listing only chores that must be completed. (Each student must give at least eight activities/chores in sequence of importance.) Then discuss the lists as a group and create a fourth list that reflects most realistically a student's efficient use of time, family obligations and personal responsibilities.

Backen Hasan und Christian gern?

Was machen Tanja und Martin gern?

Kapitel 7

Schreiben

Mein Hobby. Hast du ein Hobby? Wofür interessierst du dich? Schreib ganz kurz darüber!

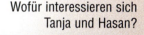

Was ist Christians Hobby?  Activities 5–8

Wofür interessieren sich Tanja und Hasan?

Wörter und Ausdrücke

TALKING ABOUT OUTDOOR ACTIVITIES

Sei mutig! Be brave!
Ich habe eine Karte und einen Kompass. I have a map and a compass.
Ich habe es benutzt. I used it.
Was macht ihr mit dem Seil? What are you doing with the rope?
Ich klettere auf den Baum. I'm climbing the tree.
Wir hangeln uns über den Bach. We are moving across the creek on a rope (hand over hand).
Wir bringen die Ausrüstung mit. We are bringing along the equipment.
Wir machen ein Picknick. We are having a picnic.
Wir machen ein Feuer (ohne Streichhölzer). We are making a fire (without matches).
Welche Möglichkeiten gibt es da? What possibilities are there?
Kannst du mit dem Kompass umgehen? Can you handle the compass?
Hast du einen Knoten gemacht? Did you make a knot?
Mach dich fest, schnall dich an und mach das Seil straff! Secure yourself to the rope, tighten your harness and the rope!
Keine Angst! Don't be afraid!
Sei mutig! Be brave!
Ich bin nicht in guter Kondition. I'm not in good shape.

Das macht nichts. That doesn't matter.
Sie kommen gut mit der Natur aus. They get along well with nature.

Lektion B

Rückblick

20 Kombiniere...

Hast	Sie	die neue	Kuchen	gelesen
Habt	du	die tollsten	Museum	gehört
Hat	Peter	den frischen	Hits	besucht
Haben	ihr	das große	Zeitschrift	gegessen

21 Das Gegenteil, bitte!

Wie heißt das Gegenteil *(opposite)* von den einzelnen Wörtern?

▶ lang
  kurz

1. nein
2. interessant
3. schnell
4. vor
5. klein
6. neu
7. hell
8. billig
9. schwer
10. früh
11. schwarz
12. viel

1. ja
2. langweilig
3. langsam
4. nach
5. groß
6. alt
7. dunkel
8. teuer
9. leicht
10. spät
11. weiß
12. wenig

Fährt Katja langsam durch die Tore?

Kapitel 7

22 Ganze Sätze, bitte!

Bilde Sätze mit den folgenden Wörtern!

1. können / du / tragen / groß / Koffer
2. deutsch / Flugzeug / abfliegen / acht Uhr
3. lesen / dein / Mutter / lang / Brief
4. morgen / sehen / wir / interessant / Film
5. Karsten / kaufen / preiswert / Bücher
6. wir / holen / gelb / Bananen
7. wie / gefallen / du / neu / Geschäft
8. Jungen / nicht spielen / während / schlecht / Wetter
9. verstehen / ihr / einfach / Hausaufgaben
10. wollen / du / halb / Stück / Kuchen / essen

1. Kannst du den großen Koffer tragen?
2. Das deutsche Flugzeug fliegt um acht Uhr ab.
3. Liest deine Mutter den langen Brief?
4. Morgen sehen wir den interessanten Film.
5. Karsten kauft die preiswerten Bücher.
6. Wir holen die gelben Bananen.
7. Wie gefällt dir das neue Geschäft?
8. Die Jungen spielen nicht während des schlechten Wetters.
9. Versteht ihr die einfachen Hausaufgaben?
10. Willst du das halbe Stück Kuchen essen?

23 Wo wohnst du?

CD Track 22

Du bist neu in deiner Schule und willst wissen, wo die anderen Schulfreunde wohnen. Sie sagen es dir.

▶ Museum / groß
Ich wohne beim großen Museum.

1. Kino / neu
2. Pizzeria / italienisch
3. Rathaus / alt
4. Haus / grün
5. Boutique / klein
6. Ufer / weiß

1. Ich wohne beim neuen Kino.
2. Ich wohne bei der italienischen Pizzeria.
3. Ich wohne beim alten Rathaus.
4. Ich wohne beim grünen Haus.
5. Ich wohne bei der kleinen Boutique.
6. Ich wohne beim weißen Ufer.

24 Die richtigen Endungen

Ergänze die folgenden Sätze mit den richtigen Endungen!

1. Dies___ klug___ Schüler wissen immer alles.
2. D___ amerikanisch___ Touristen fliegen direkt nach München.
3. D___ bunt___ Kleid gefällt mir sehr.
4. Während d___ warm___ Tages brauche ich d___ schwarz___ Mantel nicht.
5. Kannst du d___ gut ___ Freundin nicht helfen?
6. Er fährt mit d___ neu___ Auto.
7. Hast du d___ alt___ Fahrrad gekauft?
8. Anstatt dies___ teur___ Krawatte kaufe ich lieber dies___ blau___ Hemd.
9. Wir lesen d___ interessant___ Bücher.
10. Ich will dies___ preiswert___ Karten holen.

1. e, en
2. ie, en
3. as, e
4. es, en, en, en
5. er, en
6. em, en
7. as, e
8. er, en, es, e
9. ie, en
10. e, en

Rückblick

25 Was hat Elisabeth gestern gemacht?

Lies, was Elisabeth gestern gemacht hat. Du musst aber alle Sätze richtig mit den besten Wörtern aus der Liste ergänzen.

gemacht	angesehen	angekommen	gegessen
gefahren	bestellt	getroffen	aufgestanden
gegangen	gewartet	geschmeckt	angerufen
zubereitet	gehabt	getrunken	beeilt

Am Morgen ist Elisabeth um sieben Uhr ___. In der Küche hat ihre Mutter das Frühstück ___. Elisabeth ist nach einer halben Stunde in die Küche ___ und hat noch schnell ein Brötchen mit Marmelade ___ und ein Glas Milch ___.

Ihre Freundin Brigitte hat schon ein paar Minuten vor dem Haus ___; dann sind beide mit ihren Rädern zur Schule ___. In der Schule hat Elisabeth sechs Fächer ___. Am Nachmittag haben sich Elisabeth und Brigitte mit zwei Freunden in einem Café ___. Dort haben die vier Jugendlichen Eis ___. Das hat sehr gut ___.

Am späten Nachmittag hat Elisabeth Brigitte ___ und sie gefragt, ob sie rüberkommen möchte. Das hat sie auch ___. Beide haben sich bis zehn Uhr ein Fernsehprogramm ___. Dann hat sich Elisabeth ___. Um halb elf ist sie wieder zu Hause ___.

aufgestanden, zubereitet, gegangen, gegessen, getrunken

gewartet, gefahren, gehabt, getroffen, bestellt, geschmeckt

angerufen, gemacht, angesehen, beeilt, angekommen

WB Activities 15–17
GV Activities 14–15
PA
VP
TP

Was weißt du?

1. *Mein Hobby.* Describe in at least six sentences your special interests or hobbies.
2. *Das möchte ich gern machen.* State three activities that you would like to do. Give reasons why you cannot do them.
3. *Unsere Schulband.* Describe your school band. Your description should include the number of players, the musical instruments represented, how often practice takes place and any other information that might be of interest.
4. *Ein Schulausflug.* Imagine that you and your classmates are planning a field trip. Describe where you would like to go, what you would like to do there and any special equipment or items that you would need to take along. Be as creative as possible.
5. *Ein Wettkampf.* Describe some competition that you and/or your school friends were involved in recently.

Vokabeln

die **Angst** fear; *Keine Angst!* Don't be afraid! 7B
sich **anschnallen** to buckle up, tighten one's harness 7B
die **Anweisung,-en** instruction 7B
der **Artikel,-** article 7A
das **Ausdauertraining** endurance training 7B
ausfallen *(fällt aus, fiel aus, ist ausgefallen)* to turn out 7A
auskommen *(kam aus, ist ausgekommen)* to get along 7B
die **Ausrüstung,-en** equipment 7B
der **Bach,¨e** creek 7B
die **Batterie,-n** battery 7A
der **Baum,¨e** tree 7B
benutzen to use 7B
berühren to touch 7B
das **Blitzgerät,-e** flash attachment 7A
die **Chat-Gruppe,-n** chat group 7A
drum und dran: mit allem Drum und Dran with all the bells and whistles 7A
durchfahren *(fährt durch, fuhr durch, ist durchgefahren)* to go/drive through 7B
erfahren experienced 7A
experimentieren to experiment 7A
der **Experte,-n** expert 7A
sich **festmachen** to secure, fasten 7B
das **Feuer** fire 7B
das **Fotogeschäft,-e** photo store 7A
der **Fotograf,-en** photographer 7A
die **Fotozeitschrift,-en** photography magazine 7A
das **Freie: im Freien** outdoors 7A
das **Gewicht,-e** weight 7A
halten *(hält, hielt, gehalten)* to keep 7A

sich **hangeln** to climb, move on a rope (hand over hand) 7B
heben *(hob, gehoben)* to lift 7A
jemand someone 7B
joggen to jog 7A
die **Jugend** youth 7A
die **Jugendzeitschrift,-en** youth magazine 7A
das **Kajak,-s** kayak 7B
der **Kanute,-n** canoeist 7B
die **Karte,-n** card, map 7B
kaum hardly, scarcely 7A
klettern to climb 7B
der **Klub,-s** club 7B
der **Knoten,-** knot 7B
der **Kompass,-e** compass 7B
die **Kondition,-en** condition, shape 7B
die **Kraft** strength 7B
die **Kundin,-nen** customer (female) 7A
machen: Das macht nichts. That doesn't matter. 7B
der **Meter,-** meter 7B
die **Möglichkeit,-en** possibility 7B
der **Muskel,-n** muscle 7B
mutig brave, courageous 7B
die **Nachbarschaft,-en** neighborhood 7A
nah near, close 7A
die **Natur** nature 7A
der **Naturfreund,-e** nature lover 7B
sich **orientieren** to orient oneself 7B
der **Ort,-e** town, place 7B
paddeln to paddle 7B
das **Picknick,-e** picnic 7B

die **Politik** politics 7A
der **Punkt,-e** point 7A
die **Quizsendung,-en** quiz show 7A
die **Schwimmweste,-n** life jacket 7B
das **Seil,-e** rope 7B
das **Signal,-e** signal 7B
sportlich athletic 7B
die **Sportsendung,-en** sports show 7A
straff machen to tighten, secure (to a rope) 7B
die **Strecke,-n** stretch 7B
das **Streichholz,¨er** match 7B
die **Strömung,-en** flow, current 7B
surfen to surf 7A
das **Survivaltraining** survival training 7B
das **Talent,-e** talent 7B
die **Teilnehmerin,-nen** participant (female) 7B
das **Teleobjektiv,-e** telephoto lens 7A
der **Tipp,-s** tip 7A
das **Tor,-e** gate 7B
der **Trainer,-** coach 7B
trainieren to train, practice 7B
der **Turnklub,-s** gymnastics club 7A
das **Ufer,-** shore 7B
umgehen mit *(ging um, ist umgegangen)* to deal with, handle 7B
verpassen to miss 7B
der **Wettkampf,¨e** competition 7B
das **Ziel,-e** goal, finish line, destination 7B

Sie tragen ihre Kajaks zum Ufer.

Rückblick

In this chapter you will learn how to:
- express preferences in what you eat and drink
- talk about a special event
- identify holidays
- describe a festival
- tell what you did in the past

KAPITEL 8

Feste und Feiertage

LEKTION A

1 Eine Antwort, bitte!

Stell dir vor, dass du mit einem Freund oder einer Freundin auf einem Fest bist. Er oder sie stellt dir ein paar Fragen. Beantworte sie!

1. Was sollen wir machen, wenn es regnet?
2. Wie lange wollen wir da bleiben?
3. Wo sollen wir etwas essen?
4. Worauf hast du Appetit?
5. Wenn sie das dort nicht haben, was sollen wir dann tun?
6. Und wie wär's mit etwas zu trinken? Was möchtest du?
7. Wer soll das alles bezahlen?

 Track 3

Sample answers:
1. Wir nehmen einen Regenschirm mit.
2. Bleiben wir doch den ganzen Tag!
3. Vielleicht essen wir etwas bei einem Imbiss(stand).
4. Ich esse gern eine Käsesemmel.
5. Dann esse ich eine Bratwurst.
6. Ein Spezi, bitte.
7. Wir machen getrennte Kasse.

 Tracks 4–5

Das Oktoberfest macht Spaß

Stefan und Johann wollen eine Entscheidung treffen.

Jung und Alt kommt jedes Jahr zum Oktoberfest.

Jung und Alt kommt jedes Jahr zum Oktoberfest. Das Wetter spielt keine Rolle. Wenn es regnet, dann bringt man einen großen Regenschirm für zwei Personen mit. Bei Sonnenschein — den gibt es meistens — bleiben die Besucher den ganzen Tag. Ein beliebtes Ziel für viele sind die Imbissstände. Da kann man alles essen, was einem schmeckt. Vor einem kleinen Imbissstand stehen Stefan und Johann. Sie wollen gerade eine wichtige Entscheidung treffen. Was schmeckt denn hier besonders gut?

Lektion A

Was schmeckt denn hier besonders gut?

Am besten machen wir getrennte Kasse.

Und wer bezahlt das alles?

Stefan: Ich habe einen großen Hunger.

Johann: Worauf hast du denn Appetit?

Stefan: Vielleicht auf eine große Brezel oder eine leckere Käsesemmel.

Johann: Nein, beide schmecken mir nicht. Eine Fischsemmel oder ein Wurstbrot ist mir lieber.

Stefan: Die gibt's hier aber nicht.

Johann: Wie wär's mit einer Bratwurst mit Sauerkraut?

Stefan: Ja, für dich. Ich esse lieber einen Hamburger, Pommes frites mit viel Ketschup und Senf.

Johann: Gut, und zu trinken möchte ich ein Spezi.

Stefan: Mir kannst du eine Fanta kaufen.

Johann: Und wer bezahlt das alles?

Stefan: Am besten machen wir getrennte Kasse.

2 Was passt hier?

Ergänze die folgenden Sätze mit den Verben aus der Liste! Sei sicher, dass du in jedem Satz die richtige Verbform benutzt!

trinken	geben	kommen	machen	haben
schmecken	treffen	spielen	kaufen	stehen

1. ___ du wirklich Hunger?
2. Kannst du mir etwas zu trinken ___?
3. Es ___ meistens viel Regen.
4. Ich muss noch schnell eine Entscheidung ___.
5. Wenn du es nicht alles bezahlen willst, dann ___ wir getrennte Kasse.
6. Wer ___ vor dem Imbissstand?
7. Das Wetter ___ eine große Rolle.
8. ___ wir Fanta!
9. Die Käsesemmel und das Wurstbrot ___ ihnen nicht.
10. Tausende Besucher ___ zum Oktoberfest.

3 Fragen

Beantworte diese Fragen!

1. Wer geht jedes Jahr zum Oktoberfest?
2. Was machen die Besucher, wenn es regnet?
3. Was kann man an einem Imbissstand kaufen?
4. Was schmeckt Johann nicht?
5. Warum können Stefan und Johann am Imbissstand keine Fischsemmel essen?
6. Was isst Stefan auf dem Hamburger?
7. Was trinkt Johann?

1. Hast
2. kaufen
3. gibt
4. treffen
5. machen
6. steht
7. spielt
8. Trinken
9. schmecken
10. kommen

 Track 6

Sample answers:
1. Jung und Alt geht jedes Jahr zum Oktoberfest.
2. Sie bringen ihre Regenschirme mit.
3. Man kann dort etwas zu essen und zu trinken kaufen.
4. Eine Brezel und eine Käsesemmel schmecken ihm nicht.
5. Die gibt es dort nicht.
6. Er isst auf dem Hamburger Ketschup und Senf.
7. Er trinkt ein Spezi.

Was kann man an diesem Imbissstand kaufen?

Lektion A

für dich

Was gibt's hier zu essen?

Although called *Oktoberfest*, most of this gigantic festival takes place during the latter part of September and ends in early October. Several million people visit the *Oktoberfest* every year drinking beer and eating many tons of pork sausages and roasted chickens. At the beginning of the festival, there is a great *Trachtenfest* parade with thousands of participants in folk costumes with bands, floats and decorated wagons pulled by the famous brewery horses. The parade winds through Munich's downtown streets and ends on the festival grounds, the *Theresienwiese*, or simply called by the Bavarians, the *Wies'n*.

The *Oktoberfest* originated in 1810, when Princess Therese of Saxe-Hildburghausen was married to Bavaria's Crown Prince Ludwig, later crowned King Ludwig I. To celebrate the wedding, it was suggested that a horse race be held. This met the king's approval, and horsemen from all over Bavaria came to take part, with 40,000 visitors looking on. The celebration following the race was such a great success that the place where the race was held was named *Theresienwiese* in honor of the princess, and the festival was repeated each year. Thus, the *Oktoberfest* has become what it is today—Europe's biggest folk festival.

Viele Besucher wollen ein Andenken *(souvenir)* mit nach Hause bringen.

Die Pferde sind schön geschmückt *(decorated)*.

SPRACHE

Adjectives after *ein*-words

The endings of adjectives following *ein*-words differ in only three places from those following *der*-words. In the nominative singular (masculine) the ending is *-er* and in the nominative and accusative singular (neuter) the endings are *-es* in both cases. *Ein*-words are *ein*, *kein* and all possessive adjectives (*mein, dein, sein, ihr, sein, unser, euer, ihr, Ihr*).

	SINGULAR			PLURAL
	masculine	feminine	neuter	
nominative	-er	-e	-es	-en
accusative	-en	-e	-es	-en
dative	-en	-en	-en	-en
genitive	-en	-en	-en	-en

The following charts further illustrate these endings, together with corresponding nouns.

		masculine		
Singular	**nominative**	ein	alt**er**	Freund
	accusative	einen	alt**en**	Freund
	dative	einem	alt**en**	Freund
	genitive	eines	alt**en**	Freundes

		feminine		
Singular	**nominative**	eine	nett**e**	Dame
	accusative	eine	nett**e**	Dame
	dative	einer	nett**en**	Dame
	genitive	einer	nett**en**	Dame

		neuter		
Singular	**nominative**	ein	neu**es**	Haus
	accusative	ein	neu**es**	Haus
	dative	einem	neu**en**	Haus
	genitive	eines	neu**en**	Hauses
Plural	**nominative**	keine	neu**en**	Häuser
	accusative	keine	neu**en**	Häuser
	dative	keinen	neu**en**	Häusern
	genitive	keiner	neu**en**	Häuser

Lektion A

Singular

nominative: Ein kleiner Junge steht dort.
Meine große Schwester ist siebzehn Jahre alt.
Sein neues Auto fährt sehr gut.

accusative: Er will keinen alten Film sehen.
Magst du meine braune Krawatte?
Sie gehen durch ein deutsches Museum.

dative: Gib deinem alten Freund ein Geschenk!
Wir sprechen mit unserer netten Lehrerin.
Die Jugendlichen gehen im Herbst zu ihrem neuen Stadion.

genitive: Anstatt eines billigen Mantels kaufe ich mir lieber einen Anzug.
Die Tochter meiner alten Tante besucht uns.
Ist die Tür Ihres großen Zimmers zu?

Plural

nominative: Meine neuen Schuhe gefallen mir sehr gut.
accusative: Habt ihr keine interessanten Bücher gelesen?
dative: Er hat von seinen alten Freunden lange nichts gehört.
genitive: Die Preise seiner neuen Videos sind toll.

CD Track 7

4 Was für ein Tag ist heute in...?

Beschreib, wie das Wetter in den verschiedenen Teilen Deutschlands ist!

 Nürnberg / schlecht
In Nürnberg ist heute ein schlechter Tag.

1. Münster / kalt
2. Köln / schön
3. Hamburg / warm
4. Frankfurt / kühl
5. Berlin / heiß

Was für ein Tag ist heute in Frankfurt?

5 Wie ist…?

Tante Frieda zeigt dir ihr Haus. Mach ein paar Komplimente!

1. Ist die Küche nicht schön?
2. Ist das Wohnzimmer nicht hell?
3. Ist der Sessel nicht groß?
4. Ist das Bild nicht interessant?
5. Ist der Computer nicht toll?

6 Geschenke

Was kauft Rüdiger seinem Freund Timo zum Geburtstag?

▸ gelb
Er kauft ihm vielleicht ein gelbes Sweatshirt.

1. bunt
2. preiswert
3. interessant
4. neu
5. toll
6. hellblau

CD Track 8

1. Ja, das ist eine schöne Küche.
2. Ja, das ist ein helles Wohnzimmer.
3. Ja, das ist ein großer Sessel.
4. Ja, das ist ein interessantes Bild.
5. Ja, das ist ein toller Computer.

CD Track 9

1. Er kauft ihm vielleicht ein buntes Hemd.
2. Er kauft ihm vielleicht einen preiswerten Rucksack.
3. Er kauft ihm vielleicht ein interessantes Buch.
4. Er kauft ihm vielleicht einen neuen Fußball.
5. Er kauft ihm vielleicht eine tolle CD.
6. Er kauft ihm vielleicht einen hellblauen Pullover.

Lektion A

Have students talk to each other, answering the question *Was hast du gestern gemacht?*

1. Ich habe meine deutsche Zeitschrift gelesen.
2. Ich habe ein neues Zelt gekauft.
3. Ich habe seinen schweren Koffer zum Bahnhof getragen.
4. Ich habe unsere französische Tante besucht.
5. Ich habe ihren netten Cousin angerufen.
6. Ich habe meine kurze E-Mail gesendet.

1. Ich möchte lieber ein neues Auto.
2. Ich möchte lieber eine preiswerte Jacke.
3. Ich möchte lieber einen guten Fernseher.
4. Ich möchte lieber ein kleines Haus.
5. Ich möchte lieber eine dunkelblaue Hose.
6. Ich möchte lieber einen langen Mantel.

Have students ask each other *Was gefällt dir?*, and have them use different adjectives (after *ein*-words) and nouns in their answers.

7 Was hast du gestern gemacht?
CD Track 10

Du erzählst, was du gestern gemacht hast.

▶ einen langen Brief schreiben
Ich habe einen langen Brief geschrieben.

1. meine deutsche Zeitschrift lesen
2. ein neues Zelt kaufen
3. seinen schweren Koffer zum Bahnhof tragen
4. unsere französische Tante besuchen
5. ihren netten Cousin anrufen
6. meine kurze E-Mail senden

8 Wie gefällt dir...?
CD Track 11

Deine Eltern gehen mit dir in die Stadt. Sie wollen wissen, wie dir verschiedene Sachen gefallen. Sag ihnen, was dir lieber ist!

▶ Wie gefällt dir die braune Schultasche? (rot)
Ich möchte lieber eine rote Schultasche.

1. Wie gefällt dir das alte Auto? (neu)
2. Wie gefällt dir die teure Jacke? (preiswert)
3. Wie gefällt dir der alte Fernseher? (gut)
4. Wie gefällt dir das große Haus? (klein)
5. Wie gefällt dir die graue Hose? (dunkelblau)
6. Wie gefällt dir der kurze Mantel? (lang)

Wie gefällt Petra das preiswerte Paar Jeans.

Wie gefällt Ihnen mein neues Fahrrad?

Kapitel 8

Track 12

9 Und du?

Sag, dass du es nicht machst!

▶ Ich gebe ihm ein schönes Geschenk. Und du?
Ich gebe ihm keine schönen Geschenke.

1. Ich kaufe eine bekannte Jugendzeitschrift. Und du?
2. Ich lese ein interessantes Buch. Und du?
3. Ich fotografiere eine deutsche Familie. Und du?
4. Ich esse eine spanische Apfelsine. Und du?
5. Ich hole mir ein frisches Brötchen. Und du?
6. Ich möchte eine heiße Bratwurst. Und du?

1. Ich kaufe keine bekannten Jugendzeitschriften.
2. Ich lese keine interessanten Bücher.
3. Ich fotografiere keine deutschen Familien.
4. Ich esse keine spanischen Apfelsinen.
5. Ich hole mir keine frischen Brötchen.
6. Ich möchte keine heißen Bratwürste.

10 Beende diese Sätze!

Use an *ein*-word with an adjective and a noun. Use a different adjective in each sentence.

1. Kaufst du ___?
2. Habt ihr ___ gesehen?
3. Ich brauche ___.
4. Er wohnt bei ___.
5. Die Touristen fahren durch ___.
6. Haben Sie ___?
7. Wo bekommen wir ___?
8. Hast du ___ gebacken?
9. Ich habe ___ gelesen.
10. Seht ihr euch ___ an?

Wo bekommen sie die billigen Karten?

Sample answers:
1. einen neuen Mantel
2. mein blaues Hemd
3. kein großes Geschenk
4. seinem alten Onkel
5. keine bekannten Städte
6. einen tollen Krimi
7. eine deutsche Landkarte
8. einen frischen Kuchen
9. eine interessante Zeitung
10. einen italienischen Film

Hier können die Besucher ein frisches Stück Torte essen.

Lektion A

Das Oktoberfest

Das größte Fest Deutschlands ist das Oktoberfest in München. Das Oktoberfest beginnt schon im September und endet nach sechzehn Tagen am ersten Sonntag im Oktober. Ein paar Millionen Menschen° besuchen jedes Jahr das bekannte Oktoberfest auf der Theresienwiese — oder auf der „Wies'n", wie sie in Bayern heißt. Gleich am Eingang heißt man die Besucher willkommen°. Manche Leute haben ihre bayrischen Trachten° an. Die sehen besonders schön aus.

Das Oktoberfest ist das größte Fest Bayerns.

Außer den Deutschen kommen auch viele Ausländer° zum Oktoberfest. Alle kommen hierher, um ein paar frohe Stunden zu° verbringen. Besonders beliebt sind die verschiedenen Karussells°. Da kann man durch die Luft schweben° oder sehr schnell im Kreis° herumfahren.

Was machen die Leute gern auf dem Oktoberfest?

Manche laufen herum und sehen sich an, was alles los ist.

Wer ein gutes Auge hat, kann hier vielleicht einen Preis bekommen.

Wenn man auf der Erde° bleiben will, dann kann man sich die Umgebung auch von unten ansehen. An einer Schießbude° versuchen manche ihr Glück. Wer ein gutes Auge hat, bekommt bestimmt einen Preis.

Die Verkäufer an den Ständen haben viel zu tun. Die Kinder möchten natürlich einen Ballon°. Erwachsene kaufen gern ein oder zwei Andenken°. Viele kaufen die beliebten T-Shirts. Man will ja seinen Freunden und Verwandten zeigen, dass man auf dem Oktoberfest gewesen ist. Wie wär's mit einem leckeren Lebkuchenherz° für die Freundin oder den Freund? Die Auswahl ist immer groß.

Da wir schon vom Essen sprechen, gibt es auch hier eine große Auswahl. An warmen Tagen schmeckt ein Eis besonders gut.

Wie wär's mit einem Lebkuchenherz?

Lektion A

Viele Stände verkaufen Bratwürste, Hamburger und Fisch. Auch gebackener Fisch ist bei den Bayern beliebt. Den bekommt der Besucher mit Kartoffelsalat oder auf Semmeln. Backwaren° verkauft man überall°. Da gibt es viele verschiedene Sorten°. Am beliebtesten sind die Brezeln.

Wenn die Besucher vom Laufen müde° sind, können sie sich an lange Tische setzen, ihre Brezeln essen und ein Getränk bestellen. Andere gehen gern in ein Bierzelt. Dort ist immer viel los. Eine Kapelle° spielt den ganzen Tag. Die Leute singen, essen und trinken. Am Wochenende ist es dort meistens schwer einen Platz zu finden.

Jede große Brauerei° in München hat ein Bierzelt auf der Theresienwiese. Vor dem Zelt zeigen sie die schön geschmückten Pferde°. Jedes Fest geht aber doch einmal zu Ende°. Ein Besuch in München während der letzten zwei Wochen im September oder in der ersten Woche im Oktober ist undenkbar°, ohne zum Oktoberfest zu gehen. Es ist für alle Besucher ein großes Erlebnis.

Viele Stände verkaufen Bratwürste und anderes.

Am beliebtesten sind die Brezeln.

Die Auswahl an Leckerbissen ist da immer groß.

die Menschen people; *heißt...willkommen* to welcome; *die bayrischen Trachten* Bavarian costumes; *der Ausländer* foreigner; *um...zu* in order to; *das Karussell* carousel, merry-go-round; *schweben* to soar; *der Kreis* circle; *die Erde* earth; *die Schießbude* shooting gallery; *der Ballon* balloon; *das Andenken* souvenir; *das Lebkuchenherz* gingerbread heart; *die Backwaren* baked goods; *überall* everywhere; *die Sorte* kind; *müde* tired; *die Kapelle* band; *die Brauerei* brewery; *die schön geschmückten Pferde* the beautifully decorated horses; *geht...zu Ende* comes to an end; *undenkbar* unthinkable

11 Was passt hier?

Ergänze die einzelnen Sätze mit den verschiedenen Satzteilen!

1. Das Oktoberfest ist
2. Wer ein gutes Auge hat, geht
3. Die Brauereien haben
4. Am Eingang heißt
5. Das Oktoberfest beginnt
6. Manche Leute schweben auf Karussells
7. Viele Stände verkaufen
8. Die Leute sitzen
9. Die Verkäufer haben
10. Gebackenen Fisch kann man

A. im September
B. viel zu tun
C. schön geschmückte Pferde
D. mit Kartoffelsalat bekommen
E. das größte Fest in Deutschland
F. an langen Tischen
G. durch die Luft
H. man die Besucher willkommen
I. zu einer Schießbude
J. Bratwürste

1. E
2. I
3. C
4. H
5. A
6. G
7. J
8. F
9. B
10. D

Was haben die Brauereien?

Was kaufen die Besucher hier?

Wann beginnt das Oktoberfest?

Lektion A

CD Track 14

1. Es dauert sechzehn Tage.
2. Es ist jedes Jahr in München.
3. Nein, auch Ausländer kommen zum Oktoberfest.
4. Die verschiedenen Karussells sind bei ihnen besonders beliebt.
5. Manche kaufen T-Shirts.
6. Eis schmeckt sehr gut.
7. Sie sitzen an langen Tischen.
8. Sie singen, essen und trinken.
9. Am Wochenende können sie keinen Platz finden.
10. Sie zeigen die schön geschmückten Pferde.

12 Fragen
Beantworte diese Fragen!

1. Wie lange dauert das Oktoberfest?
2. In welcher Stadt ist es jedes Jahr?
3. Kommen nur Deutsche zum Oktoberfest?
4. Was ist bei den Besuchern besonders beliebt?
5. Was für Andenken kaufen manche?
6. Was schmeckt an einem warmen Tag sehr gut?
7. Wo sitzen Leute, wenn sie müde sind?
8. Was machen die Besucher im Bierzelt?
9. Wann können viele Leute keinen Platz finden?
10. Was zeigen die Brauereien vor dem Bierzelt?

PERSÖNLICHES

PA

Wir möchten zu einem bekannten Fest hinfahren. Du und deine Schulfreunde möchten gern zu einem bekannten Fest hinfahren. Beschreib kurz (1) wohin ihr fahren möchtet, (2) was ihr mitnehmen müsst, (3) was und wo ihr auf dem Weg dorthin esst, (4) wie lange ihr dort bleibt, (5) was ihr da alles machen wollt und (6) wann ihr wieder zurückkommt!

ROLLENSPIEL

You and a classmate are in the midst of the *Oktoberfest*. One of you takes the role of a tourist while the other plays the role of a local guide. The tourist asks about the location of the festivities, how to get there and the various activities that will take place. The local guide attempts to give as much information as possible to keep the conversation going. See who can be the funniest, best informed guide.

Kapitel 8

Zungenbrecher

CD Track 15

Der Mondschein schien schon schön.

The shining of the moon already seemed nice.

Wie wär's mit einer Brezel?

Was möchte sie?

CA Activities 1–4

Wörter und Ausdrücke

TALKING ABOUT WHAT TO EAT AND DRINK

Worauf hast du Appetit? What are you hungry for?
Auf eine Brezel und Käsesemmel. For a pretzel and a cheese sandwich.
Wie wär's mit Bratwurst mit Sauerkraut? How about bratwurst with sauerkraut?
Mit meinem Hamburger möchte ich Ketschup und Senf. With my hamburger I would like ketchup and mustard.
Möchtest du ein Spezi oder eine Fanta? Would you like *Spezi* (cola-and-lemon soda) or *Fanta* (orange-flavored soda)?
Machen wir getrennte Kasse! Let's pay separately!

Lektion A

LEKTION B

Have students ask about other special days or events. *Fußball- oder Basketballspiel, Lehrertag, Schulferien,* and so on. Point out that the *Tag der Einheit* is relatively new. It commemorates the day of German Reunification in 1990.

 Track 18

Words that are not included in the chapter vocabulary, but which could be used actively for additional vocabulary build-up, are: *Frohe Weihnachten und ein gesundes Neues Jahr!* Merry Christmas and a healthy New Year!; *Prost Neujahr!* Happy New Year!; *Guten Rutsch!* New Year's greeting, literally meaning "Have a good slide!"; *Alles Gute zur Hochzeit!* Best wishes on your wedding! Students could design a greeting card in German.

WB Activities 8–9

GV Activities 9–10

Q 6

OT Activities 41–42

Lektion B

243

13 Wann sind diese besonderen Tage in diesem Jahr?

1. dein Geburtstag
2. Weihnachten
3. Kolumbustag
4. Washingtons Geburtstag
5. Muttertag
6. Neujahr
7. Martin Luther Kings Geburtstag
8. Vatertag
9. 1. Schultag
10. Ostern

Was ist in Ludwigshafen im Juli los?

Auf dem Cannstatter Volksfest

Klaus und Jürgen sind den ganzen Tag auf dem Cannstatter Wasen.

Nach dem Oktoberfest ist das Cannstatter Volksfest, auch „Cannstatter Wasen" genannt, das beliebteste Fest in Deutschland. Es findet oft zu derselben Zeit wie das Oktoberfest statt. Bad Cannstatt ist ein Teil von Stuttgart. Diese Stadt liegt im Bundesland Baden-Württemberg.

Klaus und Jürgen sind heute vom Morgen bis zum Nachmittag auf dem Cannstatter Wasen. Für Klaus ist es ein besonderer Tag, denn er hat heute Geburtstag.

Kapitel 8

Plötzlich geht's ganz steil nach unten.

Hast du Lust, mit der Achterbahn zu fahren?

Warum nicht?

Jürgen: „Herzlichen Glückwunsch zum Geburtstag!" steht hier auf dem Lebkuchen. Das schenke ich dir.

Klaus: Vielen Dank!

Jürgen: Hast du Lust, mit der Achterbahn zu fahren?

Klaus: Warum nicht? Wildes Fahren, besonders hoch und runter, finde ich ganz toll.

Jürgen: Auch mit vollem Magen?

Klaus: Das macht doch nichts. Lass uns aber zuerst zur Wildwasserbahn gehen! Da stehen die Leute nicht Schlange und wir müssen da nicht lange warten.

Jürgen: Ich lade dich gern zu einer nassen Fahrt ein.

Klaus: Du hast wirklich einen trockenen Humor.

Jürgen: Also, bleib hier stehen! Ich hole schnell die Karten.

Auf der Treppe steigen sie ganz nach oben und setzen sich schnell ins Boot, bevor es abfährt. Zuerst fährt es langsam, aber plötzlich geht's ganz steil nach unten. Klaus und Jürgen jubeln und schreien. Das Wasser spritzt und beide werden nass.

Bevor sie nach Hause fahren, geht's noch auf die Achterbahn. Das macht so viel Spaß, dass sie noch einmal fahren. Zu Hause warten schon die Eltern auf Klaus, denn sie haben eine große Überraschung vorbereitet: eine Party für Klaus. Alle seine anderen Freunde sind schon da.

You may want to explain the ironical remarks and their meanings.

WB Activity 10
GV Activity 11
LA Activity 2
Q 7

Lektion B

1. G
2. C
3. I
4. J
5. D
6. F
7. H
8. B
9. E
10. A

CD Track 21

1. Ein Volksfest findet dort statt.
2. Es liegt im Süden (im Südwesten) Deutschlands.
3. Es ist sein Geburtstag.
4. Er bekommt einen Lebkuchen.
5. Er findet wildes Fahren toll.
6. Da müssen sie nicht lange warten.
7. Sie steigen auf einer Treppe ganz nach oben.
8. Das Wasser spritzt.
9. Es macht ihnen Spaß.
10. Alle seine Freunde sind da.

14 Was passt hier?

Ergänze die einzelnen Sätze mit den richtigen Satzteilen!

1. Seine Eltern bereiten
2. Ich habe keine Lust,
3. Das Cannstatter Volksfest nennt
4. Die Leute steigen
5. Wenn es sehr spritzt,
6. Das Fest findet
7. Es macht so viel Spaß,
8. Er lädt
9. Bevor das Boot abfährt,
10. Viele Besucher stehen

A. an der Kasse Schlange
B. seinen Freund zum Essen ein
C. dorthin zu gehen
D. dann werden alle nass
E. müssen sich alle setzen
F. jedes Jahr da statt
G. eine Überraschung vor
H. dass sie ein paar Mal hingehen
I. man auch „der Wasen"
J. ganz nach oben

15 Fragen

Beantworte diese Fragen!

1. Was findet auf dem Wasen statt?
2. In welchem Teil Deutschlands liegt der Ort, wo dieses Volksfest stattfindet?
3. Warum ist dieser Tag für Klaus so besonders?
4. Was bekommt Klaus von seinem Freund?
5. Was findet Klaus toll?
6. Warum will Klaus zuerst mit der Wildwasserbahn fahren?
7. Wie kommen beide ins Boot?
8. Was passiert, sobald das Boot unten ankommt?
9. Warum fahren Jürgen und Klaus noch einmal mit der Achterbahn?
10. Was passiert, sobald Klaus nach Hause kommt?

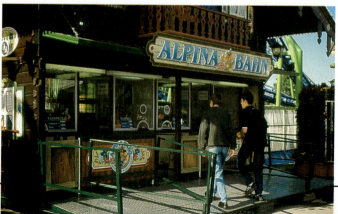

Warum fahren Jürgen und Klaus noch einmal mit der Achterbahn?

Kapitel 8

für dich

The *Cannstatter Volksfest* is almost as old as the *Oktoberfest* in Munich. This festival originated in 1818, when King Wilhelm I and his citizens celebrated a rich harvest after many years of famine. Today, this 16-day festival offers numerous opportunities ranging from fast-food stands to rides for thrill seekers. Here you can find the largest transportable Ferris wheel in the world and many other rides for all age groups. The festival, attracting millions of people, starts its celebration with a big parade, provides extravagant fireworks and includes hot-air balloon races.

Auch auf dem Cannstatter Volksfest sieht man schön geschmückte Pferde.

emcp.com

Hier findet man das größte Riesenrad (Ferris wheel).

SPRACHE

Adjectives Not Preceded by Articles

Whenever an adjective is not preceded by an article, the adjective ending itself is identical to the ending of the definite article as if it would have appeared. This is true for all four cases you have learned (nominative, accusative, dative and genitive). Note the variations in the neuter (nominative and accusative), where the ending actually is *-es* instead of *-as* as it appears in the article *das*, and in the masculine and neuter (genitive), where the ending is *-en*. Genitive masculine and neuter endings are not those of the article, but of preceding adjectives.

	SINGULAR			PLURAL
	masculine	feminine	neuter	
nominative	alt**er** Mann	rot**e** Bluse	neu**es** Auto	klein**e** Kinder
accusative	alt**en** Mann	rot**e** Bluse	neu**es** Auto	klein**e** Kinder
dative	alt**em** Mann	rot**er** Bluse	neu**em** Auto	klein**en** Kinder**n**
genitive	alt**en** Mann**es**	rot**er** Bluse	neu**en** Autos	klein**er** Kinder

WB Activity 11   Q 8
GV Activity 12

Lektion B

Heiße Wurst

CD Track 22

Die Band hat diese tolle Musik gespielt.
Die Band hat tolle Musik gespielt.

The band played this terrific music.
The band played terrific music.

Das braune Haar gefällt mir gut.
Braunes Haar gefällt mir gut.

I like the brown hair.
I like brown hair.

16 Nein, das stimmt nicht.
Beim Einkaufen bespricht Erich die verschiedenen Sachen mit seinem Freund.

 Das lange Buch gefällt mir.
Nein, lange Bücher gefallen mir nicht.

1. Die braune Hose habe ich gern.
2. Die bunte Tasse sieht gut aus.
3. Das grüne Auto finde ich toll.
4. Der große Fernseher kostet viel.
5. Die kalte Kartoffel schmeckt mir.
6. Das frische Brot gibt es am Nachmittag in der Bäckerei.

1. Nein, braune Hosen habe ich nicht gern.
2. Nein, bunte Tassen sehen nicht gut aus.
3. Nein, grüne Autos finde ich nicht toll.
4. Nein, große Fernseher kosten nicht viel.
5. Nein, kalte Kartoffeln schmecken mir nicht.
6. Nein, frische Brote gibt es am Nachmittag nicht in der Bäckerei.

17 Neue Sätze
CD Track 23

Bilde neue Sätze mit den Wörtern in Klammern!

Das Brot schmeckt gut. (deutsch)
Deutsches Brot schmeckt gut.

1. Ich esse die Brötchen sehr gern. (frisch)
2. Wir sehen nicht sehr oft die Fußballspiele. (toll)
3. Das Haar gefällt mir nicht. (dunkelbraun)
4. Das Wetter habe ich gern. (schön)
5. Lesen Sie die Zeitschriften gern? (bekannt)
6. Das Essen schmeckt mir nicht. (kalt)
7. Ich kann den Kaffee nicht trinken. (heiß)
8. Hörst du die Musik gern? (spanisch)

1. Ich esse frische Brötchen sehr gern.
2. Wir sehen nicht sehr oft tolle Fußballspiele.
3. Dunkelbraunes Haar gefällt mir nicht.
4. Schönes Wetter habe ich gern.
5. Lesen Sie bekannte Zeitschriften gern?
6. Kaltes Essen schmeckt mir nicht.
7. Ich kann heißen Kaffee nicht trinken.
8. Hörst du spanische Musik gern?

Kapitel 8

SPRACHE

Adjectives after *nichts, etwas* and *viel*

Adjectives following the words *nichts, etwas* or *viel* and appearing without a noun are always in the singular and are capitalized. Adjectival nouns always use the ending *-es*.

Ich habe viel Gutes über ihn gehört.	I heard a lot of good things about him.
Wir lesen nichts Besonderes.	We are reading nothing special.

WB Activity 12

Q 9

Adjectives Following Quantity Words

There are a number of quantity words such as *viele, wenige, einige, andere, ein paar* and all numbers *(zwei, drei...)*. If these quantity words are followed by adjectives, then the adjective endings are the same as the *der*-word *dieser*.

Woher sind diese schönen Briefmarken?	Where are these beautiful stamps from?
Viele schöne Briefmarken kommen aus Liechtenstein.	Many beautiful stamps come from Liechtenstein.
Kannst du sechs neue CDs mitbringen?	Can you bring along six new CDs?
Bring mir diese neuen Bälle!	Bring me these new balls!
Bring mir ein paar neue Bälle!	Bring me a few new balls!

NOTE: Whenever these quantity words are followed by adjectives, the adjective endings are either *-e* (nominative and accusative) or *-en* (dative).

Viele schöne Briefmarken kommen aus Liechtenstein.

Lektion B

CD Track 24

Have students describe their last vacation, using adjectives whenever possible.

1. Ich habe nichts Besonderes gemacht.
2. Ich habe viel Interessantes gelesen.
3. Ich habe etwas Neues gekauft.
4. Ich habe etwas Schönes mitgebracht.
5. Ich habe nichts Leckeres gegessen.

1. Deutschland hat sechzehn kleine und große Bundesländer.
2. Seine Mutter bäckt zwei leckere Kuchen.
3. Viele italienische Touristen kommen oft nach München.
4. Hans kauft fünf neue Bücher im Kaufhaus.
5. Petra bekommt ein paar tolle Geschenke zum Geburtstag.
6. Kannst du drei alte Bälle mitbringen?
7. Die Mädchen werden wenige teure Kleider kaufen.
8. Suchen wir uns sechs schöne Plätze aus?
9. Willst du nicht ein paar deutsche Städte fotografieren?
10. Ich sende acht kurze E-Mails.

18 Was hast du denn da gemacht?

Du bist mit deiner Familie in den Ferien gewesen. Jetzt erzählst du deinen Freunden, was du da alles gemacht hast.

▷ viel essen (gut)
  Ich habe viel Gutes gegessen.

1. nichts machen (besonders)
2. viel lesen (interessant)
3. etwas kaufen (neu)
4. etwas mitbringen (schön)
5. nichts essen (lecker)

19 Sätze, bitte!

Bilde Sätze mit den folgenden Wörtern in derselben Reihenfolge (sequence) wie sie da stehen!

1. Deutschland / haben / sechzehn / klein und groß / Bundesländer
2. sein / Mutter / backen / zwei / lecker / Kuchen
3. viele / italienisch / Touristen / kommen / oft / nach München
4. Hans / kaufen / fünf / neu / Bücher / im Kaufhaus
5. Petra / bekommen / ein paar / toll / Geschenke / zum Geburtstag
6. können / du / drei / alt / Bälle / mitbringen
7. die Mädchen / werden / wenige / teuer / Kleider / kaufen
8. sich aussuchen / wir / sechs / schön / Plätze
9. wollen / du / nicht / ein paar / deutsch / Städte / fotografieren
10. ich / senden / acht / kurz / E-Mails

Frau Schulz liest viel Interessantes.

Hier gibt's zwei gelbe Briefkästen.

Lesestück

Ein besonderer Tag

Timo wacht auf° und denkt°, dass heute wieder ein Tag wie jeder andere ist. Moment mal! Das stimmt aber nicht. Heute ist doch ein ganz besonderer Tag. Er wird heute 17 Jahre alt. Er steht schnell auf, geht ins Badezimmer, wäscht sich, putzt sich die Zähne und zieht sich an°. Dann geht er runter ins Wohnzimmer. Sein Vater gratuliert° ihm als erster. „Herzlichen Glückwunsch zum Geburtstag!", sagt er. „Bleib so, wie du bist!" „Ja, ich versuch's!", antwortet er. Timos Mutter hat schon den Frühstückstisch gedeckt. Seine Schwester gratuliert Timo gleich und gibt ihm ein Geschenk. „Super, das ist genau das, was ich mir gewünscht habe — diese Hip-Hop CD."

Wie jeden Morgen holt Timo sein Fahrrad aus der Garage. Heute muss er sich beeilen. Es ist etwas später und die Schule beginnt um acht Uhr. Vor der Schule warten schon seine Schulfreunde. Auch sie gratulieren ihm zum Geburtstag. Im Klassenzimmer muss sich Timo auf einen Stuhl setzen. Ein paar seiner Schulfreunde heben ihn auf dem Stuhl in die Luft. In diesem Moment kommt der Lehrer ins Klassenzimmer. Er lächelt: „Darf ich jetzt auch mal gratulieren? Ich wünsche dir alles Gute zu deinem Geburtstag, Timo!"

Timo steht schnell auf.

Er holt sein Fahrrad aus der Garage.

Ein paar seiner Schulfreunde heben ihn auf dem Stuhl in die Luft.

WB Activity 13
GV Activity 13
LA Activity 3
Q 10
OT Activity 43

Was kaufen Timo und Rolf?

Gleich nach der Schule setzt sich Timo an seinen Schreibtisch zu Hause und macht die Hausaufgaben. Er will alles schnell erledigen°, denn sein Freund Rolf kommt bald. Die beiden wollen zusammen einkaufen. Heute Abend hat Timo ein paar Freunde eingeladen.

Am frühen Nachmittag treffen sich Rolf und Timo vor dem Supermarkt. Die beiden Freunde schieben° den Einkaufswagen durch die Reihen. Sie kaufen Chips und ein paar Flaschen° Getränke. Sie brauchen nicht zu viel einzukaufen, denn Timos Mutter hat noch verschiedene Salate zubereitet.

Timo ist kaum zu Hause, da klingelt es und seine Großeltern stehen vor der Tür. Beide wünschen Timo einen herzlichen Geburtstag. Seine Großmutter sagt dann noch: „Du bist schon wieder so viel gewachsen°." Von seiner Großmutter und seinem Großvater bekommt er auch ein Geschenk. „Das hast du dir gewünscht. Wir hoffen, es gefällt dir!" Plötzlich klingelt das Telefon. Timos Freundin Karla ruft an und gratuliert ihm auch zum Geburtstag. Sie sagt ihm, dass sie später rüberkommen wird.

Was machen Timo und seine Freunde?

Unten im Keller° ist viel Platz zum Feiern. Die ersten Freunde kommen auch schon bald. Sie helfen, den Tisch zu decken. Timos Mutter gibt ihrem Sohn die Salate und andere Leckerbissen. Timo stellt° alles auf einen langen Tisch. Dann kommt auch Timos Freundin Karla und seine anderen Freunde. Rolf kümmert sich um die Musik. Er legt Timos Hip-Hop CD auf°. Dann sitzen alle herum° und unterhalten sich. Einer sagt: „Noch ein Jahr, dann bist du volljährig°!" „Ja, ich spare° schon für den Führerschein°." Für Timo geht die Party viel zu schnell zu Ende. Aber morgen ist wieder Schule. Da müssen alle früh nach Hause. Karla bleibt noch bis zum Ende, aber auch sie muss dann endlich nach Hause.

Was für Musik hören sie?

aufwachen to wake up; *denken* to think; *sich anziehen* to get dressed; *gratulieren* to congratulate; *erledigen* to finish; *schieben* to push; *die Flasche* bottle; *wachsen* to grow; *der Keller* basement; *stellen* to put; *auflegen* to put on; *herumsitzen* to sit around; *volljährig* of (adult) age; *sparen* to save; *der Führerschein* driver's license

Kapitel 8

20 Was fehlt hier?

Ergänze die folgenden Ausdrücke mit den besten Verben von der Liste!

unterhalten	sparen	anziehen	heben
kümmern	auflegen	stellen	aufwachen
gratulieren	klingeln	schieben	erledigen

1. die Leckerbissen auf einen Tisch ___
2. ihn auf einem Stuhl in die Luft ___
3. noch einige Sachen vor der Schule ___
4. sich vor dem Frühstück Kleidungsstücke ___
5. eine neue CD ___
6. jemandem zum Geburtstag ___
7. einen Einkaufswagen durch die Reihen ___
8. sich mit anderen über Politk ___
9. sich um eine andere Person ___
10. schon sehr früh am Morgen ___
11. für das Studium auf der Universität ein paar Jahre vorher ___
12. draußen vor der Tür stehen und ___

21 Fragen

CD Track 26

Beantworte diese Fragen!

1. Warum ist für Timo heute ein besonderer Tag?
2. Was macht er alles vor dem Frühstück?
3. Was für ein Geschenk gibt ihm seine Schwester?
4. Wie kommt Timo zur Schule?
5. Was haben Timos Schulfreunde mit ihm im Klassenzimmer gemacht?
6. Was machen Timo und sein Freund Rolf im Supermarkt?
7. Was hat Timos Mutter für die Party gemacht?
8. Wie weiß Timo, dass jemand draußen vor der Tür steht und wartet?
9. Wo im Haus findet die Party statt?
10. Warum hat Timo noch keinen Führerschein?

---

1. stellen
2. heben
3. erledigen
4. anziehen
5. auflegen
6. gratulieren
7. schieben
8. unterhalten
9. kümmern
10. aufwachen
11. sparen
12. klingeln

---

1. Es ist sein Geburtstag.
2. Er steht auf, geht ins Badezimmer, wäscht sich, putzt sich die Zähne und zieht sich an.
3. Sie schenkt ihm eine Hip-Hop CD.
4. Er fährt mit seinem Fahrrad.
5. Sie haben ihn auf einem Stuhl in die Luft gehoben.
6. Sie kaufen ein.
7. Sie hat verschiedene Salate zubereitet.
8. Es klingelt.
9. Sie findet im Keller statt.
10. Er ist noch nicht volljährig.

Lektion B

Persönliches

1. Wann ist der nächste Feiertag?
2. Was wirst du an dem Tag machen?
3. Gibt es in deiner Stadt oder in deiner Gegend während des Jahres ein Fest? Wie heißt es?
4. Wann ist dein Geburtstag? Was möchtest du an diesem besonderen Tag machen?

ROLLENSPIEL

Wir planen unser Schulfest. Bestimmt hast du während des Jahres in deiner Schule ein Fest. Wenn nicht, dann stell dir vor, dass ihr (du und deine Schulfreunde) irgendein Fest plant. Mit einem Klassenkameraden bereite solch ein Fest vor. Beantwortet folgendes auf einer Liste: Wann und wo wird es sein? Wer kommt? Was müsst ihr vor dem Fest alles machen (Einkäufe machen, Platz reservieren)? Was wird das Fest kosten und wer wird dafür bezahlen?

Praktisches

Assume that you and your classmates have been given an additional holiday during the school year. Form groups of three. Each of you picks a different day and gives reasons why you would like to have that day off. Your list should include at least five reasons. When you are finished, discuss your list with the others. Each person presents his or her choice and gives reasons. A spokesperson decides who has given the best reasons. After your group has decided on one specific holiday, the spokesperson presents your group's selection to the rest of the class. The whole class may want to take a survey to determine which day is the favorite.

Schreiben

An dem Tag haben wir keine Schule. Such dir einen Feiertag während des Jahres aus und beschreib, wie man diesen Tag feiert und was du an solch einem Tag machen wirst!

Land und Leute

Feste und Feiertage in Deutschland

 Track 28

Words that are cognates or easily recognizable are not listed following this reading selection or in the end-of-book vocabulary as they are passive words and not frequently used.

Während des Jahres gibt es viele Feste.

In Deutschland gibt es viele lokale und regionale Feste. Am Anfang des Jahres feiert man das neue Jahr (Neujahr) meistens mit Freunden und mit der Familie. Eines der bekanntesten Feste ist der Karneval in Köln. Er hat seinen Höhepunkt° am Rosenmontag. An diesem Tag ist in allen großen und kleinen Städten am Rhein und auch in Süddeutschland sehr viel los. Tausende Leute sind in der Stadtmitte und sehen sich den langen Umzug° mit Kapellen, Clowns, Festwagen° und mit allem Drum und Dran an. Während dieses Fest in der Kölner Gegend „Karneval" heißt, nennt man dasselbe Fest in München „Fasching".

In den meisten Bundesländern haben Schüler zu Ostern eine oder zwei Wochen Ferien. Viele Familien verbringen viele Stunden, um die Ostereier° zu dekorieren. Die bunten Eier legt man dann mit Schokoladeneiern und anderen Süßigkeiten° in kleine Körbe°. Die Kinder suchen° sie dann im Haus oder draußen. Zu Pfingsten (zwischen dem 9. Mai und dem 13. Juni — am siebten Sonntag und Montag nach Ostern) gibt es viele Feste, besonders in Süddeutschland. Ein bekanntes Fest, zum Beispiel, ist der Siedertanz in Schwäbisch Hall. Dieses Fest geht auf die Stadtgeschichte von vor 600 Jahren zurück.

Zur gleichen Zeit findet in der kleinen romantischen Stadt Rothenburg ein anderes bekanntes Fest statt. Dieses Fest erinnert an° den Dreißigjährigen Krieg° (1618–1648). Zu der Zeit eroberte° ein Graf° Rothenburg und wollte die Stadt zerstören°. Er sagte den Einwohnern, dass jemand die Stadt retten° kann. Die Bedingung°: Jemand sollte einen großen Krug° Wein trinken.

Karneval in Köln

Lektion B

Das machte der Bürgermeister° auch. Deshalb spricht man noch heute beim Fest und während des Jahres von dem bekannten „Meistertrunk". Ein ähnliches° Fest gibt es in Dinkelsbühl, nicht weit von Rothenburg entfernt. Dort haben die Kinder die Stadt gerettet. Das Fest in Dinkelsbühl heißt „Kinderzeche".

Die ganze Stadt Landshut, im südöstlichen Teil Deutschlands, macht bei der „Landshuter Hochzeit°" mit. Dieses Fest findet alle drei Jahre statt. Es erinnert an eine königliche° Hochzeit im 15. Jahrhundert°. Eines der ältesten Feste, auch aus dem 15. Jahrhundert, ist das Ulmer Fischerstechen°. Es findet alle vier Jahre statt. In jedem Boot auf der Donau sind zwei Personen. Jeder von ihnen versucht, den anderen mit einer Stange° aus dem Boot zu stoßen°, während Tausende am Ufer stehen, jubeln und schreien. Der „Uracher Schäferlauf°" in dem kleinen Ort Urach im Bundesland Baden-Württemberg findet im Sommer statt. Wie viele andere geht auch dieses Fest ein paar hundert Jahre zurück. Zu der Zeit feierten die Schäfer am Ende des Tages mit einem 300-Meterlauf°. Der Sieger° bekam ein Schaf.

Was passierte in Rothenburg?

Wie oft findet die „Landshuter Hochzeit" statt?

Kapitel 8

das Oktoberfest

In Bad Dürkheim gibt es jedes Jahr im September den Wurstmarkt, das größte Weinfest der Welt. Wie du schon in dieser Lektion gelesen hast, ist das Cannstatter Volksfest in der Nähe von Stuttgart das zweitgrößte Fest Deutschlands neben dem Oktoberfest. Es dauert 16 Tage und ein paar Millionen Besucher kommen jedes Jahr dorthin. Neben Karussels, einem Riesenrad° und anderen Vergnügungsfahrten° gibt es da viele Bier- und Weinstände. Dieses Fest ist so beliebt, dass viele Einwanderer° in den USA diese Tradition des jährlichen Cannstatter Volksfestes auch in Chicago, Brooklyn und Philadelphia feiern. Und natürlich, wie schon genau in diesem Kapitel beschrieben°, ist das Oktoberfest das größte und bekannteste Volksfest in Deutschland.

Wie in diesem Land feiern auch die meisten Deutschen Weihnachten. Die Weihnachtszeit beginnt mit vier Adventssonntagen. An diesen Tagen kommen die Familien zusammen und zünden an jedem Adventssonntag eine Kerze an°, bis alle vier Kerzen am vierten Adventssonntag brennen°. Viele Kinder haben einen bunten Adventskalender. Er beginnt mit dem ersten Tag im Dezember. Jeden Tag bis zum Weihnachtsabend machen sie eines der 24 Fenster und Türen auf. Der deutsche Nikolaus (manche nennen ihn auch „Weihnachtsmann") kommt vor und während der Weihnachtstage und alle Kinder freuen sich schon, ihn dann zu sehen.

Weihnachtszeit in Nürnberg

WB Activities 14–17

GV Activity 14

Q 11

emcp.com

ein Weihnachtsmarkt

Lektion B

The *Weihnachtsmann* is the more popular term used in middle, northern and eastern Germany. He incorporates the image of *Sankt Nikolaus* with an older demonic character like *Knecht Ruprecht*. While *Sankt Nikolaus* rewarded the good children, *Knecht Ruprecht* punished the bad ones. *Sankt Nikolaus* still surprises children on December 6; however, the differences between him and the *Weihnachtsmann* are becoming increasingly blurred.

1. **F**ASCHING
2. **I**MBISS(STAND)
3. **S**TADT
4. **C**HICAGO
5. **H**AUS
6. **E**NDE
7. **R**OTHENBURG
8. **S**IEDERTANZ
9. **T**ÜREN
10. **E**INWOHNER
11. **C**LOWNS
12. **H**OCHZEIT
13. **E**IER
14. **N**IKOLAUS

der Höhepunkt climax; *der Umzug* parade; *der Festwagen* float; *das Osterei* Easter egg; *die Süßigkeiten* sweets; *der Korb* basket; *suchen* to look for; *erinnern an* to recall; *der Krieg* war; *erobern* to conquer; *der Graf* count; *zerstören* to destroy; *retten* to save; *die Bedingung* condition; *der Krug* jug; *der Bürgermeister* mayor; *ähnlich* similar; *die Hochzeit* wedding; *königlich* royal; *das Jahrhundert* century; *das Fischerstechen* fight of fishermen on boats; *die Stange* pole; *stoßen* to push; *der Schäferlauf* shepherds' run; *der Meterlauf* meter run; *der Sieger* winner; *das Riesenrad* Ferris wheel; *die Vergnügungsfahrt* fun ride; *der Einwanderer* immigrant; *beschrieben* described; *eine Kerze anzünden* to light a candle; *brennen* to burn

22 Wie heißt dieses bekannte Fest?

Die folgenden Sätze beschreiben verschiedene Sachen aus dem Lesestück *Land und Leute*. Weißt du wovon man spricht? Wenn du die Anfangsbuchstaben der fehlenden Wörter von eins bis vierzehn liest, dann weißt du ein bekanntes deutsches Fest. Schreib alle Wörter mit großen Buchstaben!

1. So nennt man dieses bekannte Winterfest in München.
2. Dort kann man auf einem Fest Bratwurst oder Hamburger bekommen.
3. Das ist Rothenburg.
4. Man feiert auch in dieser amerikanischen Stadt im Mittelwesten das Cannstatter Volksfest.
5. Die Kinder suchen die bunten Eier da. Sie sind drinnen.
6. Das ist das Gegenteil *(opposite)* von „Anfang".
7. Dort hat der Bürgermeister einen großen Krug Wein getrunken.
8. Das ist ein Fest in der Stadt Schwäbisch Hall.
9. Auf einem Weihnachtskalender machen die Kinder sie auf. Man braucht sie auch, wenn man in ein Zimmer hereinkommt.
10. Es sind Leute aus einem Ort oder einer Stadt.
11. Die Leute sehen komisch aus, besonders im Gesicht und mit ihrer Kleidung.
12. Das ist ein besonderes Ereignis im Leben eines Mannes und einer Frau.
13. Zu Ostern dekorieren Familien diese. Die Kinder suchen sie später.
14. So nennt man den Weihnachtsmann auch.

Hast du Lust, mit der Wildwasserbahn zu fahren.

Das Wasser spritzt und sie werden nass.

Stehen die Leute Schlange?

CA Activities 5–8

Wörter und Ausdrücke

IDENTIFYING MAJOR HOLIDAYS AND SOME GREETINGS

Neujahr New Year; **Ein glückliches Neues Jahr!** Happy New Year!
Ostern Easter — **Frohe Ostern! / Ein frohes Osterfest!** Happy Easter!
Pfingsten Pentecost
Tag der Einheit Day of Unity
Weihnachten Christmas; **Fröhliche Weihnachten! / Frohe Weihnachten!** Merry Christmas!

TALKING ABOUT ACTIVITIES AT AN AMUSEMENT PARK

Hast du Lust, mit der Achterbahn zu fahren? Would you like to ride the roller coaster?
Mit vollem Magen? With a full stomach?
Lass uns zur Wildwasserbahn gehen! Let's go to the wild water ride!
Die Leute stehen Schlange. The people are standing in line.
Sie steigen die Treppe ganz nach oben. They're climbing the stairs to the very top.
Plötzlich geht's steil nach unten. Suddenly, it goes down a steep incline.
Das Wasser spritzt und sie werden nass. The water splashes and they get wet.

Lektion B

Rückblick

23 Kombiniere...

Wann	haben	Sie	den tollen Film	bezahlen
Wo	hast	ihr	die schweren Aufgaben	bekommen
Woher	wollt	Katrin	für die schöne Bluse	gesehen
Wie viel	wird	du	den langen Brief	gemacht
	musst			

24 Was fehlt hier?

Gib die passenden Endungen an! Nicht alle Sätze brauchen Endungen.

1. e, (no ending), es
2. e, en
3. em, en
4. e, e
5. (no ending), er
6. e, en
7. er, en, (no ending), es
8. es
9. em, en
10. er
11. er, en
12. e, en

1. Mein___ Eltern kaufen ein___ klein___ Haus.
2. Wo sind euer___ deutsch___ Bücher?
3. Er fährt mit sein___ neu___ Auto durch Europa.
4. Hast du mein___ alt___ Kamera gesehen?
5. Heute ist kein___ schön___ Tag.
6. Sie besuchen kein___ groß___ Städte.
7. Er gibt sein___ gut___ Freundin ein___ klein___ Geschenk.
8. Die Touristen gehen durch ein bekannt___ Museum.
9. Sie gehen zu ein___ interessant___ Film.
10. Mein englisch___ Freund kommt zu Besuch.
11. Wir haben viel von sein___ nett___ Schwester gehört.
12. Ihr___ braun___ Schuhe gefallen mir gut.

Sie fahren mit ihren alten und neuen Segelbooten auf einem kleinen See.

25 Was noch?

Ergänze die folgenden Sätze mit den Wörtern in Klammern!

▶ Hast du ___ gesehen? (dein Bruder, klein)
  Hast du deinen kleinen Bruder gesehen?

1. Er liest ___. (mein Buch, neu)
2. Wir besuchen ___. (ein Ort, bekannt)
3. Ich habe ___. (seine Krawatte, bunt)
4. Frau Schulz kauft ___. (keine Zeitschriften, deutsch)
5. Gibst du ___ ein Geschenk? (dein Bruder, groß)
6. Haben Sie ___ mitgebracht? (Ihre Kamera, teuer)
7. Was macht ihr mit ___? (euer Fernseher, alt)
8. Ich kann ___ nicht finden. (meine CD, toll)

1. mein neues Buch
2. einen bekannten Ort
3. seine bunte Krawatte
4. keine deutschen Zeitschriften
5. deinem großen Bruder
6. Ihre teure Kamera
7. euerem alten Fernseher
8. meine tolle CD

26 Wie war sein Ausflug?

CD Track 29

Herr Johann beschreibt seinen Ausflug in den Schwarzwald.

▶ Es regnet oft.
  Es hat oft geregnet.

Have students change these sentences from the present to the narrative past tense.

1. Wir fahren nach Freiburg.
2. Dort findet am Sonntag ein Fest statt.
3. In der Stadtmitte sehen wir uns die Geschäfte an.
4. Ich wandere gern im Schwarzwald.
5. Manchmal machen wir ein Picknick.
6. Deine Tante und ich essen jeden Abend in einem Restaurant.
7. Einmal fahren wir an den Schluchsee.
8. Ich kaufe am Ende noch ein Buch über die Gegend.

1. Wir sind nach Freiburg gefahren.
2. Dort hat am Sonntag ein Fest stattgefunden.
3. In der Stadtmitte haben wir uns die Geschäfte angesehen.
4. Ich bin gern im Schwarzwald gewandert.
5. Manchmal haben wir ein Picknick gemacht.
6. Deine Tante und ich haben jeden Abend in einem Restaurant gegessen.
7. Einmal sind wir an den Schluchsee gefahren.
8. Ich habe am Ende noch ein Buch über die Gegend gekauft.

Im Schwarzwald haben sie sich Geschäfte angesehen.

Rückblick

27 Ein Dialog

Ergänze diesen Dialog!

Sample answers:
Ich habe kein Geld.
Ich will mit der Achterbahn fahren.
Ja, gestern. Es hat viel Spaß gemacht.
Das ist sehr nett von dir.
Nur fünf Minuten.

Freund(in): Warum bezahlst du nichts?
Du: ___
Freund(in): Wofür brauchst du jetzt Geld?
Du: ___
Freund(in): Mit der Achterbahn? Hast du das schon einmal gemacht?
Du: ___
Freund(in): Ich kann dir ein paar Euro geben.
Du: ___
Freund(in): Warte, ich komme auch mit. Wie lange dauert die Fahrt denn?
Du: ___

28 Wo ist Peters Geld?

Peter hat von seinen Eltern 100 Euro zum Geburtstag bekommen. Er hat das Geld noch vor ein paar Minuten gehabt, aber er kann es einfach nicht finden. Kannst du ihm helfen? Schreib die richtigen Antworten. Die ersten Buchstaben von jedem Wort gibt dir die Antwort, wo Peters Geld ist.

1. **A**chterbahn
2. **U**lm
3. **F**ahrt
4. **D**inkelsbühl
5. **E**inheit
6. **R**olf
7. **B**ierzelt
8. **A**uskunft
9. **N**eujahr
10. **K**inderzeche

1. Damit fahren viele Leute gern. Es geht steil nach oben und nach unten.
2. Dort findet das Fischerstechen statt.
3. Ein anderes Wort für „Reise".
4. Ein bekannter Ort nicht weit von Rothenburg entfernt.
5. Dieser Feiertag am 3. Oktober erinnert an etwas Wichtiges in der deutschen Geschichte.
6. So heißt Timos Freund.
7. Viele Münchner und Touristen gehen auf dem Oktoberfest gern dorthin und trinken etwas.
8. Ein anderes Wort für „Information".
9. So nennt man den ersten Januar.
10. Ein bekanntes Fest in Dinkelsbühl.

29 Endungen, bitte!
Ergänze die folgenden Sätze!

Am früh___ Morgen packen Roland und Peter ihr___ Rucksäcke und fahren mit ihr___ Fahrrädern nach Rothenburg. Sie fahren schon um sechs Uhr weg. Zu dies___ Zeit sehen sie auf den klein___ Landstraßen noch kein___ Autos. Nach zwei Stunden wollen sie ein klein___ Picknick machen. Sie setzen sich auf ein___ groß___ Bank und essen ein paar lecker___ Brötchen. Dann geht's weiter. Sie fahren nicht lange, bis sie in der bekannt___ alt___ Stadt ankommen. Sie übernachten dort in ein___ beliebt___ Jugendherberge.

en, e, en, er, en, e, es, e, e, e, en, en, er, en

Roland und Peter sehen Rothenburg schon aus der Entfernung.

Die Besucher können durch ein paar alte Tore in die Stadt kommen.

Sie treffen viele Junge Leute aus der ganzen Welt.

Was weißt du?

1. *Das mache ich gern.* Which ride would you want to go on if you were at an amusement park? Give reasons why.
2. *Der Feiertag gefällt mir am besten.* Choose any holiday during the year and list some of the activities that you would do at that time.
3. *Was ist bei unserem Fest anders?* Pick a holiday or festival in Germany and compare it to a similar event in this country. What are some of the differences and similarities? *(Auf Englisch!)*
4. *Der ideale Geburtstag.* Imagine that your birthday is just around the corner. Describe what your ideal birthday would be like. Your description should include details such as what you do before you go to school, and various activities throughout the day including a get-together with friends and family.

WB Activities 18–20
GV Activities 15–18
PA
VP
TP

Willst du gern mit der Achterbahn fahren?

Hat Timo einen idealen Geburtstag gehabt?

Was ist bei dem Oktoberfest anders als bei unserem Fest?

Kapitel 8

Vokabeln

die **Achterbahn,-en** roller coaster 8B
sich **anziehen** *(zog an, angezogen)* to get dressed 8B
auflegen to put on 8B
aufwachen to wake up 8B
die **Brezel,-n** pretzel 8A
der **Chip,-s** (potato) chip 8B
denken *(dachte, gedacht)* to think 8B
einer one (person) 8B
die **Einheit** unity; *Tag der Einheit* Day of Unity 8B
die **Entscheidung,-en** decision; *eine Entscheidung treffen* to make a decision 8A
erledigen to finish 8B
die **Fahrt,-en** ride 8B
die **Fanta** brand name of soda (orange-flavored) 8A
der **Feiertag,-e** holiday 8B
das **Fest,-e** festival 8B
die **Fischsemmel,-n** fish sandwich 8A
die **Flasche,-n** bottle 8B
der **Frühstückstisch** breakfast table 8B
der **Führerschein,-e** driver's license 8B
ganz whole 8A
die **Garage,-n** garage 8B
getrennt: getrennte Kasse machen to pay separately 8A

glücklich happy; *Ein glückliches Neues Jahr!* Happy New Year! 8B
gratulieren to congratulate 8B
herumsitzen *(saß herum, herumgesessen)* to sit around 8B
hoch high; *hoch und runter* up and down 8B
der **Humor** humor 8B
der **Keller,-** basement 8B
der **Ketschup** ketchup 8A
das **Klassenzimmer,-** classroom 8
der **Lebkuchen,-** gingerbread 8B
die **Lust** pleasure; *Hast du Lust...?* Would you like to...? 8B
der **Magen,-̈** stomach 8B
der **Muttertag** Mother's Day 8B
nass wet 8B
das **Neujahr** New Year 8B
Ostern Easter; *Frohe Ostern!* Happy Easter! 8B
Pfingsten Pentecost 8B
der **Regenschirm,-e** umbrella 8A
die **Rolle,-n** role; *keine Rolle spielen* not to be a factor 8A
runtergehen *(ging runter, ist runtergegangen)* to go downstairs 8B

das **Sauerkraut** sauerkraut 8A
schieben *(schob, geschoben)* to push 8B
der **Senf** mustard 8A
sparen to save 8B
das **Spezi,-s** cola-and-lemon soda 8A
spritzen to splash 8B
stattfinden *(fand statt, stattgefunden)* to take place 8B
stehen *(stand, gestanden)* to stand; *Schlange stehen* to stand in line 8B
steil steep 8B
stellen to put, place 8B
die **Treppe,-n** stairs, stairway 8B
trocken dry 8B
die **Überraschung,-en** surprise 8B
der **Valentinstag** Valentine's Day 8B
das **Volksfest,-e** public festival 8B
voll full 8B
volljährig of (adult) age 8B
wachsen *(wächst, wuchs, ist gewachsen)* to grow 8B
Weihnachten Christmas; *Fröhliche Weihnachten!* Merry Christmas! 8B
wild wild 8B
die **Wildwasserbahn,-en** wild water ride 8B

ein Fest in Thüringen

Rückblick

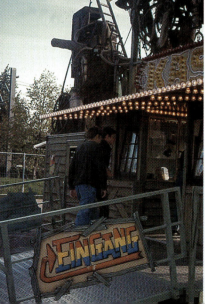

der Eingang zur Wildwasserbahn

In this chapter you will learn how to:
- read and address an envelope
- identify mail-related terms
- describe daily papers or weekly magazines
- discuss computer-related topics

KAPITEL 9
Kommunikation

LEKTION A

1 Was beschreibt man hier?

Kannst du die richtigen Wörter auf der Liste aussuchen? Du wirst nicht alle Wörter brauchen.

Postleitzahl	Brief	Absender	Briefmarken
Postamt	Ort	Hausnummer	Straße
Briefumschlag	Ansichtskarte		

1. Der ___ steht links oben.
2. In welcher ___ in der Stadt wohnen Sie?
3. Ich schreibe einen langen ___.
4. Die ___ von der Stadt München ist sehr bunt.
5. Auf dem Briefumschlag steht die ___ vor dem Ort.
6. Ohne ___ kann man die Post nicht schicken.
7. Der Brief ist in einem ___.
8. Nach der Straße steht die ___.

1. Absender
2. Straße
3. Brief
4. Ansichtskarte
5. Postleitzahl
6. Briefmarke(n)
7. Briefumschlag
8. Hausnummer

CD Tracks 4–5

An wen schickst du die Karte?

Hanne trifft ihre Freundin Britta in der Stadt.

Hanne trifft ihre Freundin Britta in der Stadt. Sie wollen Verschiedenes erledigen. Unterwegs hat Hanne noch eine Ansichtskarte an ihre Brieffreundin in Leipzig geschrieben. Die will sie gleich in einen Briefkasten einwerfen.

Lektion A

An wen schickst du denn diese Ansichtskarte?

Schreibst du ihr oft?

Britta: An wen schickst du denn diese Ansichtskarte?

Hanne: An Karsta, meine Brieffreundin in Leipzig.

Britta: Warum hast du denn die Karte nicht in der Post eingeworfen?

Hanne: Ich habe die Ansichtskarte am Zeitungsstand gekauft. Leider habe ich die genaue Adresse und die Postleitzahl nicht gewusst. Deshalb habe ich zu Hause angerufen.

Britta: Aber ohne Briefmarke kannst du die Karte nicht senden.

Hanne: Da hast du mal wieder Recht. Eine Briefmarke habe ich in der Post gekauft. Ich habe sie in meine Tasche gesteckt. Ich werde sie noch schnell auf die Karte kleben. So, jetzt müssen wir einen Briefkasten finden.

Britta: Da ist schon einer.

Hanne: Gut, man leert ihn in zwei Stunden. Dann bekommt Karsta meine Karte bestimmt schon morgen oder übermorgen.

Britta: Schreibst du ihr oft?

Hanne: Mindestens einmal im Monat. Wir senden uns auch oft E-Mails. Karsta wird mich im Juli besuchen. Seit einem Jahr schicke ich ihr verschiedene Ansichtskarten aus Berlin. Dann hat sie schon vorher eine Idee, was es hier alles zu sehen gibt.

Britta: Also los! Im KaDeWe will ich mir die neuen Notebooks ansehen. Mein Onkel hat eins und ich habe auf seinem Computer schon viel gelernt.

Hanne: Na, wenn wir zu dem großen Kaufhaus gehen, dann gibt's da viel zu sehen.

Britta: Zeit haben wir ja.

WB Activity 3
GV Activities 2–3
LA Activity 1
Q 2
OT Activity 46

emcp.com

2 Was fehlt hier?

Ergänze die folgenden Sätze mit passenden Wörtern!

1. Brittas Onkel ist der Besitzer eines ___.
2. Hanne schickt ihrer Brieffreundin heute eine ___.
3. Wenn man einen Brief schickt, dann muss man eine ___ auf den Briefumschlag kleben.
4. Hanne hat die Adresse und die ___ nicht gewusst.
5. Karsta wird im ___ nach Berlin kommen.
6. Man leert den ___ in zwei Stunden.
7. Briefmarken kann man in der ___ kaufen.
8. Das KaDeWe ist ein bekanntes Berliner ___.
9. Hanne hat eine Ansichtskarte an einem ___ gekauft.
10. Bevor sie die Karte einwirft, nimmt Hanne eine Briefmarke aus ihrer ___.

1. Notebooks
2. Ansichtskarte, Karte
3. Briefmarke
4. Postleitzahl
5. Juli
6. Briefkasten
7. Post
8. Kaufhaus
9. Zeitungsstand
10. Tasche

3 Fragen

Beantworte diese Fragen!

1. Hat Hanne ihre Karte an ihre Brieffreundin zu Hause geschrieben?
2. Warum hat Hanne zu Hause angerufen?
3. Wo hat Hanne die Briefmarke bekommen?
4. Was muss Hanne noch vorher mit der Briefmarke machen, bevor sie die Karte einwirft?
5. Wie lange wird es vielleicht dauern, bis Karsta die Karte mit der Post bekommt?
6. Was schickt Hanne ihrer Brieffreundin noch oft außer Ansichtskarten?
7. Wohin gehen beide Mädchen, nachdem sie die Karte eingeworfen haben?
8. Was machen sie da?

1. Nein, sie hat sie unterwegs geschrieben.
2. Sie hat die genaue Adresse und die Postleitzahl nicht gewusst.
3. Sie hat sie in der Post bekommen.
4. Sie muss sie auf die Karte kleben.
5. Es wird vielleicht einen Tag oder zwei Tage dauern.
6. Sie schickt ihr auch oft E-Mails.
7. Sie gehen zum KaDeWe (in ein Kaufhaus).
8. Sie werden sich die neuen Notebooks ansehen.

Wann wird Karsta die Karte bekommen?

Lektion A

das KaDeWe

The *KaDeWe (Kaufhaus des Westens)* is a Berlin institution just like the Brandenburg Gate. It is the largest department store on the European continent. The wide selection and spectacular array of its hundreds of thousands of displayed items make shopping in the *KaDeWe* a unique experience.

Some of the statistics of the *KaDeWe* are mind-boggling:

- The sales area is as large as Berlin's Olympic Stadium plus an additional four soccer fields.
- In its eight floors there are 64 escalators and 26 elevators.
- An average of 80,000 visitors come to this department store every day.
- There are 2,400 employees in the various store departments.

The sixth floor is a gourmet's paradise. It offers about 33,000 different food items, including many dishes from other countries.

SPRACHE

Prepositions with Dative or Accusative

A number of prepositions use the dative or the accusative case, depending on the particular situation. These prepositions are as follows:

an on, at, to
auf on, on top of
hinter behind
in in, into, to
neben beside, next to
über above, over, across
unter under, below
vor before, in front of
zwischen between

Das Boot ist auf dem See.

Any of these prepositions require the dative case when used with a verb that does not indicate motion into or out of a place. The dative case can be determined by asking the question, Where? *(Wo?)*.

Any of these nine prepositions require the accusative case when used with a verb that indicates motion toward a specific point or direction. The accusative case can be determined by asking the question, Where to? or, In which direction? *(Wohin?)*.

Wo? (Dative)	*Wohin?* (Accusative)
Er wohnt an der Ecke. He lives at the corner.	*Er geht an die Ecke.* He goes to the corner.
Der Teller steht auf dem Tisch. The plate is on the table.	*Sie stellt den Teller auf den Tisch.* She puts the plate on the table.
Das Auto steht hinter dem Haus. The car is behind the house.	*Er fährt das Auto hinter das Haus.* He is driving the car behind the house.
Wohnst du in der Stadt? Do you live in the city?	*Gehst du in die Stadt?* Are you going downtown?
Sie stehen neben dem Auto. They are standing next to the car.	*Sie stellen das Rad neben das Auto.* They are placing the bike next to the car.
Das Flugzeug ist über dem Flughafen. The airplane is over the airport.	*Das Flugzeug fliegt über den Flughafen.* The airplane flies over (past) the airport.
Das Kind ist unter dem Tisch. The child is under the table.	*Das Kind läuft unter den Tisch.* The child runs under the table.
Die Schüler warten vor der Schule. The students are waiting in front of the school.	*Der Lehrer bringt die Schüler vor die Schule.* The teacher takes the students in front of the school.
Der Koffer steht zwischen der Tür und dem Eingang. The suitcase is standing between the door and the entrance.	*Er stellt den Koffer zwischen die Tür und den Eingang.* He is putting the suitcase between the door and the entrance.

> You may want to explain these verb pairs at this point: *liegen - legen, stehen - stellen, sitzen - setzen.*

NOTE: A sentence expressing motion within a given area or in general terms, without indicating a specific destination, requires the dative case.

Er fährt in der Stadt herum.	He is driving around town.
Schwimmst du im See?	Are you swimming in the lake?
Bist du am Kino vorbeigegangen?	Did you go past the movie theater?
Was machst du im Sommer?	What are you doing during the summer?

Lektion A

WB Activities 4–6

GV Activities 4–6

Q 3–7

Have students locate objects in the classroom and ask each other questions. *(Wo liegt dein Buch? Es liegt auf meinem Tisch. Wo ist die Landkarte? Sie hängt an der Wand.)*

1. Sie liegt auf dem Bett.
2. Er ist hinter dem Fernseher.
3. Es steht vor dem Haus.
4. Es steht in der Ecke.
5. Er ist im Wohnzimmer.
6. Er ist auf dem Schreibtisch.

TPR (Total Physical Response): Have students use the prepositions by performing certain tasks or direct classmates to perform them. *(Stefan, geh an die Tafel!; Tina, leg dein Buch auf den Stuhl! usw.)*

1. Christa, setz dich auf diesen Sessel!
2. Roland, setz dich an meinen Tisch!
3. Heike, setz dich vor diese Lampe!
4. Monika, setz dich neben den Schrank!
5. Angelika, setz dich vor das Fenster!
6. Timo, setz dich hinter den Computer!
7. Peter, setz dich auf das Sofa!

Some of the prepositions can be contracted with definite articles. These contractions are used more frequently in spoken German.

Dative Contractions
an dem = am
in dem = im

Accusative Contractions
an das = ans
in das = ins

The contractions *hinterm, hinters; überm, übers; unterm, unters;* and *vorm, vors* occur primarily in colloquial (spoken) German.

4 Wo ist alles im Haus?

Sag, wo alle diese Sachen sind!

▶ Wo steht das Sofa? (Wohnzimmer / in)
  Es steht im Wohnzimmer.

1. Wo liegt die Schultasche? (Bett / auf)
2. Wo ist der Brief? (Fernseher / hinter)
3. Wo steht das Auto? (Haus / vor)
4. Wo steht das Bücherregal? (Ecke / in)
5. Wo ist der Sessel? (Wohnzimmer / in)
6. Wo ist der Wecker? (Schreibtisch / auf)

5 Nicht genug Platz

Ralf hat seine Freunde zu seinem Geburtstag eingeladen. Er hat nicht viel Platz in seinem Haus und sagt allen, wohin sie sich setzen sollen.

▶ Hans / mein Stuhl / auf
  Hans, setz dich auf meinen Stuhl!

1. Christa / dieser Sessel / auf
2. Roland / mein Tisch / an
3. Heike / diese Lampe / vor
4. Monika / der Schrank / neben
5. Angelika / das Fenster / vor
6. Timo / der Computer / hinter
7. Peter / das Sofa / auf

Hasan und Angelika sitzen auf einer Bank.

6 Wohin geht's?

Wohin sollen wir heute Nachmittag gehen? Ihr besprecht, was ihr heute Nachmittag alles vorhabt. Deine Schulfreunde schlagen vor, zu verschiedenen Plätzen zu gehen. Aber alles könnt ihr natürlich nicht schaffen.

Warum hat Hanne die Karte nicht in der Post eingeworfen?

 Kino
  Gehen wir doch ins Kino!

1. das Café
2. das Kaufhaus
3. die Post
4. der Bahnhof
5. das Tanzstudio
6. die Altstadt

CD Track 9

1. Gehen wir doch ins Café!
2. Gehen wir doch ins Kaufhaus!
3. Gehen wir doch in die Post!
4. Gehen wir doch in den Bahnhof!
5. Gehen wir doch ins Tanzstudio!
6. Gehen wir doch in die Altstadt!

7 Wohin stellen wir es?

Familie Schubert hat ein neues Haus. Ihre Nachbarn helfen der Familie, alles an den richtigen Platz zu stellen.

Fahrrad / in / Garage
  Stellt das Fahrrad in die Garage!

1. Kühlschrank / in / Küche
2. Fernseher / vor / Sofa
3. Stuhl / neben / Sessel
4. Geschirr / auf / Tisch
5. Bett / in / Schlafzimmer
6. Schreibtisch / vor / Fenster

Christian und Petra haben ihr Essen auf die Theke gestellt.

CD Track 10

1. Stellt den Kühlschrank in die Küche!
2. Stellt den Fernseher vors Sofa!
3. Stellt den Stuhl neben den Sessel!
4. Stellt das Geschirr auf den Tisch!
5. Stellt das Bett ins Schlafzimmer!
6. Stellt den Schreibtisch vors Fenster!

Lektion A

CD Track 11

Review the following verbs that indicate no motion (dative) or motion (accustive) for further clarification:
stehen/stellen, legen/liegen, sitzen/setzen.

1. Ja, ich habe ihn auf den Schreibtisch gelegt.
2. Ja, ich habe es vors Haus gestellt.
3. Ja, ich habe sie ins Wohnzimmer gelegt.
4. Ja, ich habe es neben die Tür gestellt.
5. Ja, ich habe es aufs Bücherregal gelegt.
6. Ja, ich habe ihn vor den Eingang gestellt.

1. Ich glaube, in der großen Straße.
2. Ich glaube, hinter dem neuen Rathaus.
3. Ich glaube, neben der bekannten Jugendherberge.
4. Ich glaube, vor der nächsten Ecke.
5. Ich glaube, in dem weißen Haus.
6. Ich glaube, neben dem modernen Tanzstudio.

8 Hast du das getan?

Frau Löser hat ihre Tochter Maria gebeten, ein paar Sachen zu erledigen. Jetzt fragt sie Maria, ob sie das getan hat.

▶ Liegt das Kleid auf dem Bett?
  Ja, ich habe es aufs Bett gelegt.

▶ Steht der Stuhl am Tisch?
  Ja, ich habe ihn an den Tisch gestellt.

1. Liegt der Brief auf dem Schreibtisch?
2. Steht das Auto vorm Haus?
3. Liegt die Zeitung im Wohnzimmer?
4. Steht das Fahrrad neben der Tür?
5. Liegt das Buch auf dem Bücherregal?
6. Steht der Koffer vorm Eingang?

9 Wissen Sie, wo er wohnt?

 CD Track 12

Petra will ihren Onkel in einem kleinen Ort besuchen. Sie fragt einige Leute, aber sie wissen auch nicht genau, wo er wohnt.

▶ das alte Museum / hinter
  Ich glaube, hinter dem alten Museum.

1. die große Straße / in
2. das neue Rathaus / hinter
3. die bekannte Jugendherberge / neben
4. die nächste Ecke / vor
5. das weiße Haus / in
6. das moderne Tanzstudio / neben

Ich glaube, das Kaufhaus ist hinter dem Bahnhof.

Track 13

10 Wohin gehst du?

Frag deine Freunde, wohin sie heute Nachmittag gehen! Deine Freunde geben dir die folgenden Antworten.

▶ Gehst du in die Stadt? (Kino)
Nein, ich gehe ins Kino.

1. Gehst du ins Geschäft? (Disko)
2. Gehst du ins Café? (das Restaurant)
3. Gehst du ins Tanzstudio? (Museum)
4. Gehst du in die Schule? (Kaufhaus)
5. Gehst du ins Rathaus? (Klub)
6. Gehst du in die Bäckerei? (Post)

1. Nein, ich gehe in die Disko.
2. Nein, ich gehe ins Restaurant.
3. Nein, ich gehe ins Museum.
4. Nein, ich gehe ins Kaufhaus.
5. Nein, ich gehe in den Klub.
6. Nein, ich gehe in die Post.

11 Ganze Sätze, bitte!

Ergänze die folgenden Sätze!

1. Warum hast du dein Auto nicht vor ___ Haus geparkt?
2. Der Bus hält hinter ___ Schule an.
3. Er stellt sein Rad zwischen ___ Auto und ___ Motorrad.
4. Wir sind über ___ See geschwommen.
5. Hast du Lust, auf ___ Fußballplatz zu gehen?
6. Die Gäste sitzen an ___ Tisch.
7. Bleibt ihr bis drei Uhr in ___ Schule?
8. Die Zeitung liegt unter ___ Stuhl.
9. Die Touristen treffen sich vor ___ Bahnhof.
10. Um wie viel Uhr gehen Sie in ___ Kino?
11. Siehst du das schöne Bild über ___ Klavier?
12. Die Zuschauer stehen vor ___ Eingang Schlange.

1. dem
2. der
3. das/das
4. den
5. den
6. dem
7. der
8. dem
9. dem
10. das
11. dem
12. dem

Angelika und Hasan sitzen hinten im Auto, neben dem Fahrrad.

Lektion A

Aktuelles

Am Zeitungsstand bekommt man nicht nur Zeitungen.

Am Zeitungsstand

Die Deutschen beziehen° ihre tägliche° Information vom Fernsehen, Rundfunk° oder aus Zeitungen und Zeitschriften. Viele Deutsche lesen am liebsten die tägliche oder die wöchentliche° Zeitung. Im Vergleich zum° Fernsehen bieten die Zeitungen bessere und ausführlichere° Informationen.

Die bekanntesten deutschen Zeitungen sind:

> *Bild Zeitung (Hamburg)*
> *Westdeutsche Allgemeine (Essen)*
> *Hannoversche Allgemeine (Hannover)*
> *DIE ZEIT (Hamburg)*
> *Sächsische Zeitung (Dresden)*
> *Die Welt (Hamburg)*
> *Süddeutsche Zeitung (München)*
> *Rheinische Post (Düsseldorf)*
> *Frankfurter Allgemeine (Frankfurt)*

Welche Zeitungen kann man hier bekommen?

Die meisten Familien haben eine Tageszeitung, die° über internationale, nationale und lokale Ereignisse und Nachrichten berichtet°. Oft bekommen Familien auch noch eine Wochenzeitschrift, die einmal in der Woche die Ereignisse der Woche zusammenfasst°. Die Illustrierten oder Magazine wie zum Beispiel *Der Stern, Der Spiegel, Die Bunte Illustrierte* und das Nachrichtenmagazin *Focus* sind sehr beliebt.

Welche lokale Zeitung liest er?

Alle diese Zeitungen und Zeitschriften und viele andere kann man im Abonnement bekommen° oder direkt an einem Zeitungsstand kaufen. Zeitungsstände gibt es überall°, besonders in der Stadtmitte, aber auch in kleineren Städten und Orten.

Die *Bild Zeitung*, die größte Tageszeitung in Deutschland (4,5 Millionen Exemplare° pro Tag), kann man aber nur an einem Kiosk oder Zeitungsstand kaufen. Viele Deutsche kaufen diese Zeitung am Morgen auf dem Weg zur Arbeit. Die *Bild Zeitung* liest sich schnell, hat nicht viel Inhalt° aber dafür viele Fotos und ist voller Sensationen, was Deutschland und andere Länder angeht°. Wegen des Formats kann man die Zeitung leicht in Bussen, Straßenbahnen und Zügen lesen, ohne andere Leute zu stören.

Es gibt ungefähr 10 000 verschiedene Zeitschriften in Deutschland. Die größte ist die Monatszeitschrift des *Allgemeinen Deutschen Automobil-Clubs (ADAC)*. Mehr als 8 Millionen bekommen diese Zeitschrift.

Hier gibt's eine große Auswahl an Zeitungen.

Sie bereitet neue Zeitungsartikel vor.

Lektion A

In den letzten Jahren gibt es mehr und mehr Stadtteilzeitungen°. Diese kann man kostenlos° bekommen. Sie machen meistens viel Werbung° für die verschiedenen Geschäfte und Restaurants in diesem Stadtteil. Ein wichtiger Teil jeder Zeitung sind die Anzeigen°. Wie wichtig die Zeitungen für die Deutschen sind, kann man daraus erkennen°, dass fast jede Schule eine Schüler- oder Schulzeitung hat. Darin bieten die Schüler ihren Schulfreunden, Lehrern, Eltern und auch der Gemeinde° Nachrichten und Interessantes aus der Arbeit der Schule.

In welcher Stadt ist dieses Geschäft?

beziehen to get; *täglich* daily; *der Rundfunk* radio; *wöchentlich* weekly; *im Vergleich zu* in comparison to; *ausführlich* detailed, comprehensive; *die* which; *berichten* to report; *zusammenfassen* to summarize; *im Abonnement bekommen* to get by subscription; *überall* all over; *das Exemplar* copy; *der Inhalt* content; *was...angeht* that concerns; *die Stadtteilzeitung* city area newspaper; *kostenlos* free, without cost; *die Werbung* advertising; *die Anzeige* ad; *daraus erkennen* to recognize by; *die Gemeinde* community

12 Eine Umfrage

Frag deine Klassenkameraden, Freunde und Familienmitglieder, welche Zeitungen und Zeitschriften sie bekommen. Schreib alle auf eine Liste! Deine Klassenkameraden machen auch diese Umfrage *(survey)*. Wenn alle mit der Umfrage fertig sind, dann kombiniert ihr die Listen. Die Endliste soll zeigen, welche Zeitungen und Zeitschriften die beliebtesten in deiner Gegend sind.

Persönliches

1. An wen schreibst du ab und zu?
2. Schreibst du lieber einen Brief oder eine Karte? Warum?
3. Gibt es in deiner Gegend eine Post? Wer in deiner Familie geht manchmal dorthin?
4. Was machst du mit deinem Brief oder mit deiner Karte, nachdem du sie geschrieben hast?
5. Warum schickt man seinen Freunden eine Ansichtskarte?

ROLLENSPIEL

You are at a post office and need to mail a package and some letters. You talk to a postal clerk (a classmate) and inquire about such details as the fastest way of mailing this package, the cost, the cost of stamps to mail a letter and a postcard that you are sending to a foreign country, and any other information that you need to know.

The mail is loaded with parcels.

Wörter und Ausdrücke

DESCRIBING MAIL-RELATED ITEMS

Was steht alles auf einem Briefumschlag oder einer Postkarte? What all is on an envelope or a postcard?

der Absender sender
die Adresse address
der Empfänger receiver
die Hausnummer house number
die Postleitzahl zip code

Der Absender steht auch auf der Rückseite. The sender is also on the back.
Schreibst du eine Ansichtskarte? Are you writing a picture postcard?
Ich werfe sie in den Briefkasten ein. I'm putting it in the mailbox.
Schickst du den Brief mit der Luftpost? Are you sending the letter by airmail?
Wann leert man den Briefkasten? When are they emptying the mailbox?

Lektion A

LEKTION B

13 Worüber spricht man hier?

Identifiziere die Wörter, die man in den folgenden Sätzen beschreibt! Gib auch den Artikel für jedes Wort!

1. Da kann man mit verschiedenen Leuten im Internet sprechen.
2. Es ist wie ein Brief. Man schickt ihn mit dem Computer und nicht mit der Post.
3. Wenn man im Internet mit der rechten oder linken Hand surft, dann braucht man es.
4. Man kann eine kurze Nachricht mit dem Telefon schicken.
5. Anstatt einer Adresse auf einem Briefumschlag gibt es eine andere Adresse, die man braucht, um jemandem im Internet eine Nachricht zu senden.
6. Man braucht es, um eine Person anzurufen und mit ihr zu sprechen.
7. Was man auf dem Computer sieht, kann man auch auf einem Stück Papier lesen. Dazu braucht man ihn.
8. Dort findet man viele Informationen, wenn man da surft.

1. der Chatraum
2. die E-Mail
3. die Maus
4. die SMS
5. die E-Mail Adresse
6. das Telefon
7. der Drucker
8. das Internet

CD Tracks 18–19

Warum hast du mir eine SMS geschickt?

Uwe hat Stephanie schon ein paar Mal angerufen.

Uwe und Stephanie kennen sich schon seit Jahren. Beide gehen auf dasselbe Gymnasium. Oft unterhalten sie sich am Telefon oder senden sich E-Mails. Uwe hat heute schon ein paar Mal angerufen, aber niemand ist zu Hause. Deshalb schickt er ihr eine SMS, worauf sie auch gleich eine Antwort schickt. Darauf steht, dass sie bald rüberkommen wird.

Lektion B

Was wird Uwe am Computer machen?

Du kennst dich ja sehr gut aus.

Ja, ich habe schon viel im Internet gesurft.

Uwe: Wo bist du denn gewesen?

Stephanie: Mit meinem Vater im Computergeschäft. Wir haben einen Drucker gekauft. Der alte druckt zu langsam und nur in Schwarz. Warum hast du mir eine SMS geschickt?

Uwe: Ich habe Probleme mit meinem englischen Aufsatz. Ich habe schon mit meinem Freund in England gechattet, aber der kennt mein Thema auch nicht so gut.

Stephanie: Worüber musst du denn schreiben?

Uwe: Etwas über die englische Geschichte, besonders über den Ersten Weltkrieg.

Stephanie: Wir können verschiedene Crackräume ausprobieren oder auch Web-Seiten in England anklicken.

Uwe: Du kennst dich ja sehr gut aus.

Stephanie: Na ja, ich habe schon viel im Internet gesurft. Du sollst aber vorsichtig sein. Gib keine persönlichen Daten ins Netz! Tausche auch keine E-Mail Adressen mit fremden Leuten aus!

Uwe: Willst du dich auf den Stuhl setzen und dein Glück mit der Maus versuchen?

Stephanie: Es ist doch nicht mein Aufsatz. Ich zeig' dir, worauf du klicken musst, um wichtige Informationen zu bekommen.

Uwe: Also, zeig mir alles, was ich für meine Arbeit brauche!

WB Activities 8–9
GV Activity 9
LA Activity 2
Q 10

Kapitel 9

14 Wie heißt dieses Wort?

Ergänze die folgenden Sätze! Wenn du die Anfangsbuchstaben der fehlenden Wörter von eins bis acht liest, dann weißt du das Wort einer Gruppe, die sich im Internet unterhält. Schreib alle Wörter mit großen Buchstaben!

1. Stephanies Vater hat im ___ einen Drucker gekauft.
2. Uwe ___ mit seinem Aufsatz Probleme.
3. Uwe hat seine Freundin ___, aber sie war nicht zu Hause.
4. Stephanie und Uwe unterhalten sich oft am ___.
5. Stephanie kommt zu Uwe ___.
6. Worüber muss Uwe einen ___ schreiben?
7. Stephanie kennt ___ schon seit Jahren.
8. Man kann mit einer ___ im Internet surfen.

1. **C**OMPUTERGESCHÄFT
2. **H**AT
3. **A**NGERUFEN
4. **T**ELEFON
5. **R**ÜBER
6. **A**UFSATZ
7. **U**WE
8. **M**AUS

15 Was ist das?

Schreib einen Satz über jedes der folgenden Wörter!

1. die SMS
2. der Aufsatz
3. der Computer
4. die E-Mail
5. das Gymnasium
6. das Thema
7. das Internet
8. der Chatraum

Über welches Thema sprechen sie?

Gehen wir doch ins Internet!

Lektion B

für dich

Many German teenagers today have cell phones *(Handys)*. Besides being used to call others, cell phones are also used to send short text messages (up to 160 letters) like an instant e-mail. The initials *SMS* stand for "**S**hort **M**essage **S**ervice."

SPRACHE

da- and *wo*-Compounds

Da is sometimes combined with a preposition in place of a prepositional phrase that refers to an inanimate object. It can never be used with a person because it stands for "it" or "them" (things). If the preposition begins with a vowel, an *-r-* is added to *da-* (*darüber, darunter, daran,* etc.).

*Ich arbeite **mit dem Computer**.*	I'm working with the computer.
*Ich arbeite **damit**.*	I'm working with it.
*Stell den Teller **auf den Tisch**!*	Put the plate on the table!
*Stell den Teller **darauf**!*	Put it there!
*Sprecht ihr **über die Party**?*	Are you talking about the party?
*Sprecht ihr **darüber**?*	Are you talking about it?

Wo-compounds are used in questions in which they replace a prepositional phrase that refers to an inanimate object. It stands for "what." An *-r-* is also added to *wo-* if the preposition begins with a vowel.

*Peter hat **auf den Zug** gewartet.*	Peter waited for the train.
***Worauf** hat er gewartet?*	What did he wait for?
*Sie denken **an die schönen Ferien**.*	They are thinking about the nice vacation.
***Woran** denken sie?*	What are they thinking about?
*Ich bezahle viel Geld **für die Reise**.*	I'm paying a lot of money for the trip.
***Wofür** bezahle ich viel Geld?*	What am I paying a lot of money for?

WB Activity 10

GV Activity 10

Q 11

16 Das habe ich nicht richtig gehört.

Du hörst, was diese Leute alles sagen, aber du bist nicht ganz sicher und fragst noch einmal.

▶ Die Kinder laufen über die Straße.
   Laufen sie wirklich darüber?

1. Stephanie versteht viel vom Internet.
2. Herr Richter steht vor der Tür.
3. Rudi muss lange auf sein Geschenk warten.
4. Anne spricht über die Schule.
5. Die Touristen fragen nach dem bekannten Restaurant.
6. Fritz schreibt mit dem Kuli.
7. Die Jugendlichen freuen sich schon jetzt auf die nächsten Ferien.

CD Track 20

1. Versteht sie wirklich viel davon?
2. Steht er wirklich davor?
3. Muss er wirklich lange darauf warten?
4. Spricht sie wirklich darüber?
5. Fragen sie wirklich danach?
6. Schreibt er wirklich damit?
7. Freuen sie sich wirklich schon jetzt darauf?

17 Erika erzählt über ihre Sommerferien. CD Track 21

Du willst viel über Erikas Schulferien wissen. Sie spricht so schnell, dass du nicht alles verstehen kannst.

▶ Wir sind oft mit dem Boot gefahren.
   Womit seid ihr oft gefahren?

1. Wir haben schon viel von Rügen gehört.
2. Wir schreiben über die lange Reise.
3. Wir denken manchmal an die schönen Tage.
4. Wir haben Monika von dem tollen Ausflug erzählt.
5. Wir wissen nichts über die Geschichte der Stadt.
6. Wir sind ein paar Stunden mit dem Zug gereist.

1. Wovon habt ihr schon viel gehört?
2. Worüber schreibt ihr?
3. Woran denkt ihr manchmal?
4. Wovon habt ihr Monika erzählt?
5. Worüber wisst ihr nichts?
6. Womit seid ihr ein paar Stunden gereist?

Have students ask and answer such questions as *Womit seid ihr oft gefahren? Mit dem Auto./Mit dem Boot.*

Worüber haben sie gesprochen?

Womit sind sie später gefahren?

Lektion B

Sample answers:
1. Neben dem Computer ist die Maus.
2. Der Drucker steht auf dem Tisch.
3. Dein Buch liegt unter der Zeitschrift.
4. Zwischen dem Haus und der Garage steht ein Auto.
5. Ich habe nichts in meiner Tasche.
6. Die Schüler erzählen von dem Schulausflug.
7. Wir haben uns über ihren Besuch gefreut.
8. Um sieben Uhr stehen schon viele Jugendliche vor dem Eingang.

1. Wovon hat Dieter nichts verstanden?
2. Worauf haben sie am Nachmittag gespielt?
3. Woraus haben wir die Räder geholt?
4. Womit ist Heidi auch schon gefahren?
5. Wofür mussten die Jugendlichen nicht viel bezahlen?
6. Worauf freut ihr euch schon jetzt?
7. Worüber hat Susi viel geschrieben?
8. Woran hat Uwe lange gearbeitet?

18 Neue Sätze, bitte!

Lies die einzelnen Sätze und bilde dann neue Sätze!

▶ Marc sieht darauf.
Marc sieht auf einen Fahrplan.

1. Daneben ist die Maus.
2. Der Drucker steht darauf.
3. Dein Buch liegt darunter.
4. Dazwischen steht ein Auto.
5. Ich habe nichts darin.
6. Die Schüler erzählen davon.
7. Wir haben uns darüber gefreut.
8. Um sieben Uhr stehen schon viele Jugendliche davor.

19 Stelle Fragen!

Stelle Fragen über die kursiv *(italicized)* gedruckten Wörter!

▶ Die Gäste haben oft *an langen Tischen* gesessen.
Woran haben die Gäste oft gesessen?

1. Dieter hat nichts *von Fußball* verstanden.
2. Sie haben am Nachmittag *auf dem Fußballplatz* gespielt.
3. Wir haben die Räder *aus dem Keller* geholt.
4. Heidi ist auch schon *mit dem tollen Auto* gefahren.
5. *Für die Kinokarten* mussten die Jugendlichen nicht viel bezahlen.
6. Ihr freut euch schon jetzt *auf die nächsten Ferien*.
7. Susi hat viel *über die schöne Zeit* geschrieben.
8. Uwe hat lange *an dem englischen Aufsatz* gearbeitet.

Woraus hat Timo sein Rad geholt?

Lesestück

Beim Rundfunk°

Schon seit er ein kleiner Junge war, wollte Manfred später einmal im Rundfunk oder Fernsehen arbeiten. Auf dem Gymnasium hat Manfred mit ein paar anderen Schulfreunden in einem kleinen Zimmer ein Tonstudio° gemanagt. Dort haben sie Interviews mit Schülern und manchmal auch mit Eltern gemacht. Einige von diesen Interviews konnte man auch zweimal im Monat in einem kleinen lokalen Rundfunksender° hören.

Auf der Uni° hat Manfred sich weiterhin° für den Rundfunk und das Fernsehen interessiert. Nach vier Semestern hat ihm sein Professor gesagt, dass die Deutsche Welle° in Köln immer junge Leute sucht, besonders in der Abteilung Kommunikation. Deshalb hat Manfred einen Brief an die Deutsche Welle geschrieben. Darin hat er genaue persönliche Daten angegeben°. Außerdem hat ihm auch sein Professor ein Empfehlungsschreiben° gegeben. Bestimmt hat er auch bei der Wahl der vielen Bewerber° geholfen.

Vor zwei Wochen hat Manfred die gute Nachricht erhalten°. Er kann zwei Monate lang sein Praktikum° im Rundfunk bei der Deutschen Welle machen. Er ist über dieses Angebot° sehr froh.

Wofür ist die Deutsche Welle bekannt?

Worüber spricht die Angestellte mit Manfred?

Lektion B

Manfred hilft im Archiv.

Sie suchen ein paar Tonbänder aus.

Die Deutsche Welle ist als einer der größten Auslandssender° der Welt bekannt, denn sie fördert° Deutsch und Fremdsprachen° im Ausland° und bietet Millionen Hörern° ein umfassendes° Bild des wirtschaftlichen° und kulturellen Lebens in Deutschland.

Gleich nach der Ankunft bei der Deutschen Welle gibt ihm eine Angestellte genaue Anweisungen, was Manfred während seines Praktikums machen wird. Manfred will natürlich auch viel über Radio- und Fernsehprogramme wissen. Die Angestellte sagt ihm aber, dass er nur mit dem Rundfunk zu tun haben wird.

In den ersten Tagen hilft er im Archiv. Dort gibt es eine große Auswahl an Tonbändern°. Alles was man seit 1953 — so alt ist die Deutsche Welle schon — aufgenommen° hat, kann man hier im Archiv finden. Für das Programm der nächsten Woche sucht er mit einer anderen Angestellten ein paar Tonbänder aus. Diese will man dann spielen. Die Arbeit im Archiv findet Manfred nicht sehr interessant, aber er weiß, dass er zu Anfang viel lernen muss.

Manfred bringt bestimmte Tonbänder ins Tonstudio. Dort wartet schon der Tontechniker° auf ihn. Er legt ein Tonband auf und Manfred und noch ein paar andere Leute hören Teile eines Interviews. Der Tontechniker meint, dass das Interview für das Programm viel zu lang ist. Deshalb schneidet er ein paar Teile und nimmt nur die wichtigsten Sachen. Manfred ist erstaunt°, wie viele Tasten° es auf einer großen Tafel gibt. Damit kann man die Aufnahmen° genau regulieren.

Gleich neben diesem Studio ist ein anderes kleines Studio. Darin sitzt eine junge Dame vor einem Mikrofon. Manfred geht hinein und spricht ganz kurz mit ihr. Die junge Dame erzählt ihm, was jetzt alles passieren wird. Dann geht er aus dem Studio wieder heraus und sieht zu°, wie die Dame den Text so liest, dass er interessant und lebendig° klingt.

Was macht der Tontechniker?

Worüber ist Manfred erstaunt?

Mit wem spricht Manfred im Studio?

Lektion B

WB Activities 11–12
GV Activities 11–13
LA Activity 3
Q 12

emcp.com

Nach zwei Monaten hat Manfred viel über den Rundfunk bei der Deutschen Welle gelernt. Nach dem Studium wird er bestimmt versuchen, irgendwo° beim Rundfunk oder Fernsehen einen Job zu bekommen. Viel Glück, Manfred!

der Rundfunk radio; *das Tonstudio* recording studio; *der Rundfunksender* radio station; *die Uni* university (abbreviation for *Universität*); *weiterhin* further, continuing; *die Deutsche Welle* German broadcast service (well known for its radio and TV broadcasting around the world); *angeben* to indicate; *das Empfehlungsschreiben* letter of recommendation; *der Bewerber* applicant; *erhalten* to receive; *das Praktikum* practical training; *das Angebot* offer; *der Auslandssender* foreign (radio) station; *fördern* to further, promote; *die Fremdsprache* foreign language; *das Ausland* foreign countries; *der Hörer* listener; *umfassend* comprehensive; *wirtschaftlich* economic; *das Tonband* (recording) tape; *aufnehmen* to record; *der Tontechniker* sound engineer; *erstaunt* amazed; *die Taste* key, push button; *die Aufnahme* recording; *zusehen* to watch; *lebendig* lively; *irgendwo* somewhere

20 Wovon spricht man hier?

Identifiziere die Wörter, die man in den folgenden Sätzen beschreibt. Gib auch jedes Mal das Wort und seinen Artikel!

1. Da gibt es viele Tasten.
2. So nennt man den Lehrer auf einer Universität.
3. Das ist eine Unterhaltung zwischen zwei oder mehreren Personen. Alle sprechen in ein Mikrofon.
4. Da spielt und hört man Musik, aber es gibt kein Bild zu sehen.
5. Es ist ein Brief. Darin schreibt man Gutes über eine andere Person, die eine Arbeit sucht.
6. Man macht auf dieser Schule sein Abitur.
7. Jemand sitzt davor und liest einen Text.
8. Dort findet man eine Auswahl an vielen Sachen aus früheren Jahren.
9. In diesem Zimmer machen die Leute ihre Tonbandaufnahmen.
10. Diese Person bedient eine Tafel und schneidet auch ein Tonband, um besondere Teile zu spielen.

1. die Tafel
2. der Professor
3. das Interview
4. der Rundfunk
5. das Empfehlungsschreiben
6. das Gymnasium
7. das Mikrofon
8. das Archiv
9. das Tonstudio
10. der Tontechniker

Wer bedient diese Tafel?

21 Fragen

Beantworte diese Fragen!

1. Wo hat Manfred schon als Schüler Tonbandaufnahmen gemacht?
2. Wer hat ihm vorgeschlagen, einen Brief an die Deutsche Welle zu schicken?
3. Was für eine gute Nachricht hat Manfred bekommen?
4. Wofür ist die Deutsche Welle besonders bekannt?
5. Wo wird Manfred nur arbeiten? Im Fernsehen oder im Rundfunk?
6. Was findet man im Archiv der Deutschen Welle?
7. Gefällt es Manfred, im Archiv zu arbeiten?
8. Was bringt Manfred für den Tontechniker ins Tonstudio?
9. Was macht der Tontechniker, wenn ein Tonband zu lang ist und er nur bestimmte Teile spielen möchte?
10. Worauf kann man Tonbandaufnahmen regulieren?
11. Warum sitzt eine junge Dame im Studio?
12. Was möchte Manfred nach seinem Studium machen?

 Track 24

1. Er hat schon in einem Tonstudio in der Schule Tonbandaufnahmen gemacht.
2. Manfreds Professor hat es ihm vorgeschlagen.
3. Er kann bei der Deutschen Welle sein Praktikum machen.
4. Sie ist einer der größten Auslandssender der Welt.
5. Er wird nur im Rundfunk arbeiten.
6. Man findet alles, was man seit 1953 aufgenommen hat.
7. Nein, er findet es nicht sehr interessant.
8. Er bringt bestimmte Tonbänder.
9. Er schneidet ein Tonband.
10. Man kann sie auf einer Tafel regulieren.
11. Sie liest einen Text und spricht in ein Mikrofon.
12. Er möchte beim Rundfunk oder Fernsehen einen Job bekommen.

PERSÖNLICHES

 Track 25

1. Wie kommunizierst du mit deinen Freunden? Wie oft in der Woche?
2. Schreibst du manchmal einen Aufsatz? Was ist dein Lieblingsthema zum Schreiben?
3. Hast du ab und zu im Internet gesurft? Was für Informationen suchst du da manchmal?
4. Hast du zu Hause oder in der Schule einen Computer? Was kannst du alles mit dem Computer machen?

Warum sitzt eine junge Dame im Studio?

Lektion B

ROLLENSPIEL

Was ist denn alles in dem Paket? Stell dir vor, dass du gleich nach der Ankunft in Deutschland durch den Zoll *(customs)* musst. Außer deinem Koffer hast du noch ein Paket. Der Zollbeamte oder die Zollbeamtin *(customs official)* fragt dich, was du in dem Paket hast. In diesem Rollenspiel bist du der Tourist und einer deiner Mitschüler oder deiner Mitschülerinnen spielt die Rolle des Zollbeamten oder der Zollbeamtin. Dann macht es umgekehrt *(reverse roles)*!

Praktisches

Working in groups of three or four, develop a direct-mail flyer that advertises one particular product. Examples include computer items, luggage, musical instruments, and sporting goods. First, write down the items that you want to include. Then assign each item a price and write a short description (including headline) for each item advertised. Finally, come up with a company name (including address, phone and fax numbers). As a group, present your newly created brochure or flyer to the class. After all the groups have made their presentations, the whole class should vote on the best *Werbung* or *Reklame*.

SCHREIBEN

Schreib einen Brief auf Deutsch an deinen Brieffreund oder deine Brieffreundin! In deinem Brief solltest du nach ihren Interessen fragen: Sport, Hobbys, Schule usw. Besprich auch deine eigenen Interessen mit deinem Brieffreund oder deiner Brieffreundin! Sei so kreativ wie möglich!

Warum ist es leicht im Handy zu sprechen anstatt einen Brief zu schreiben?

Klaus benutzt die Maus am Computer.

Auf den Gelben Seiten kann man Wichtiges finden.

Jürgen chattet oft im Internet.

CA Activities 5–8

Wörter und Ausdrücke

TALKING ABOUT COMPUTER-RELATED ITEMS AND TOPICS

der Drucker printer
die Maus mouse
eine SMS senden to send a text message (on cell phone)
im Internet chatten to chat on the Internet
jemanden in Chaträumen treffen to meet someone in a chat room
im Netz keine persönlichen Daten geben not to give any personal data (details) on the Internet
mit keinen fremden Leuten E-Mail Adressen austauschen not to exchange e-mail addresses with strangers
eine Web-Seite anklicken to click on a web site
sich gut auskennen to know one's way around, to be well versed

Lektion B

Rückblick

If students have difficulties with these exercises, you may wish to review the grammar and some of the related exercises in the particular chapter in which these were covered.

22 Wohin hast du mein Buch gelegt?   CD Track 26

Monikas kleiner Bruder Heiko will ihr nicht sagen, wohin er ihr Buch gelegt hat. Er sagt ihr, sie soll es raten (*guess*).

▸ das große Zimmer / in
  Ins große Zimmer?

1. die braune Schultasche / neben
2. der kleine Tisch / auf
3. die alte Zeitung / unter
4. das neue Bücherregal / auf
5. die schöne Lampe / hinter
6. der große Schrank / in

1. Neben die braune Schultasche?
2. Auf den kleinen Tisch?
3. Unter die alte Zeitung?
4. Auf das neue Bücherregal?
5. Hinter die schöne Lampe?
6. In den großen Schrank?

23 Warum hat er das nicht getan?

Ergänze den Dialog mit den folgenden Wörtern!

sagen	verstehen	Briefmarken	Arbeit
Zeit	früher	bekommen	Brief
kennt	weißt	spät	tun

Brief, Briefmarken, bekommen, spät, früher, Zeit, verstehen, tun, weißt, Arbeit, sagen, kennt

Ali: Warum hast du den ___ nicht in den Briefkasten eingeworfen?
Karin: Ich hatte keine ___ zu Hause.
Ali: Du kannst sie doch bei der Post ___.
Karin: Ja, aber es war schon zu ___.
Ali: Warum bist du nicht ___ zur Post gegangen?
Karin: Ich hatte leider keine ___.
Ali: Das kann ich nicht ___. Du hast doch immer so wenig zu ___.
Karin: Wie ___ du denn das?
Ali: Dein Bruder sagt oft, du hast keine ___.
Karin: Wie kann er das ___?
Ali: Er ___ dich sehr gut.

Kapitel 9

24 Wie sagt man's?
Ergänze die Dialoge mit den Wörtern aus der Liste!

Internet	geschrieben	Adresse	geschickt
mitgebracht	Nachricht	gehabt	Geburtstag
SMS	klickst	Freundin	Karte
brauchst	gewusst	Post	Informationen

1. Von wem ist diese ___?
   Von meiner ___.
   Was hat sie denn ___?
   Ich soll sie zum ___ besuchen.
2. Was hat die Angestellte in der ___ gesagt?
   Ich soll meine ___ auf das Paket schreiben.
   Hast du das nicht ___?
   Ja, aber ich habe die Postleitzahl nicht ___.
3. Warum hast du ihr keine ___ geschickt?
   Ich habe mein Handy nicht ___.
   Wie hat sie denn deine ___ bekommen?
   Ich habe ihr eine E-Mail ___.
4. Wozu ___ du diese Maus?
   Ich surfe im ___.
   Warum ___ du nicht diese Web-Seite an?
   Ich suche ___ über ein besonderes Thema.

An wen wird er eine Karte schreiben?

Was wird sie in der Post machen?

Rückblick

CD Track 27

25 Wo ist sie?

Ändere *(change)* diese Sätze von *Sie ist...* zu *Sie geht...*

▸ Sie ist im großen Zimmer.
Sie geht ins große Zimmer.

1. Sie ist am langen Tisch.
2. Sie ist auf der kleinen Straße.
3. Sie ist im neuen Kino.
4. Sie ist vor der großen Tür.
5. Sie ist hinter dem alten Rathaus.
6. Sie ist im bekannten Museum.
7. Sie ist in der tollen Disko.

1. Sie geht an den langen Tisch.
2. Sie geht auf die kleine Straße.
3. Sie geht ins neue Kino.
4. Sie geht vor die große Tür.
5. Sie geht hinters alte Rathaus.
6. Sie geht ins bekannte Museum.
7. Sie geht in die tolle Disko.

26 Sie machen eine Reise.

Ergänze die folgenden Sätze mit den richtigen Endungen. In manchen Sätzen brauchst du keine Endungen.

(no ending), er, e, (no ending), es, (no ending), er, en, en

Heute ist ein___ schön___ Tag. Bruno trinkt ein___ Tasse Kaffee und isst ein___ Stück frisch___ Brot dazu. Er muss sich beeilen. In ein paar Minuten kommt sein___ gut___ Freund Hans, und beide werden dann zusammen mit ihr___ neu___ Fahrrädern zur Schule fahren.

e, en, e, e, er, en, e, e, e, e

Bruno holt sein___ interessant___ Bücher und geht schnell aus dem Haus. Auf der Straße ist viel los. Beide Jungen sehen viele alt___ und neu___ Autos und Motorräder. Alle wollen pünktlich zu ihr___ täglich___ Arbeit kommen. Seit einigen Wochen gehen Bruno und Hans in ein___ modern___ Schule. Diese neu___ und groß___ Schule gefällt ihnen sehr gut.

en, (no ending), er, e, e, e

Nach der englisch___ Klasse kommt Herr Uhland, ihr Deutschlehrer. Er ist ein___ älter___ Lehrer. Bruno hat die deutsch___ Stunde gern. Er bekommt in Deutsch ein___ besser___ Note als in Englisch.

en, en, em, en

Am Nachmittag fahren Bruno und Hans um ein___ klein___ See herum, nicht weit von ihr___ Haus. Sie sitzen dort oft bei dem schön___ See und sprechen über die Schule.

Kapitel 9

27 Was fehlt hier?

Ergänze die folgenden Sätze!

1. Hast du lange an ___ Ecke gewartet?
2. Steig schnell in ___ Boot ein!
3. Der Zug steht schon auf ___ Bahnhof.
4. Stell den Teller zwischen ___ Gabel und ___ Löffel!
5. Ist das Gabriele da drüben neben ___ Eingang?
6. Das Schulfest findet in ___ Schule statt.
7. Geh bitte an ___ Tür!
8. Sein Boot liegt hinter ___ Haus.

1. der
2. das
3. dem
4. die, den
5. dem
6. der
7. die
8. dem

28 Kombiniere...

Worüber	habt	du	so lange	gefahren
Woran	seid	Sie	in die Stadt	erzählt
Wovon	bist	ihr	so viel Geld	gewartet
Womit	hast	wir	oft	gesprochen
Wofür	sind		manchmal	ausgegeben
Worauf	haben			

Worauf lesen sie, wann man ihn leert?

Worin sieht Heiko, wie das Wort auf Englisch heißt?

Rückblick

Was weißt du?

1. *Ein Briefumschlag.* Address an envelope to someone (real or fictitious) in Germany. Make sure the format and information reflect that of a typical envelope.

2. *Eine Postkarte.* Write a postcard to a friend or relative. Include such topics as a description of your town, an interesting event or a possible visit.

3. *Das Abonnement* (subscription). Pick three newspapers and/or magazines that you would like to subscribe to, and tell why.

4. *Information im Computer.* Imagine that you have to do some research on the Internet. Outline the steps that you would take to find the information. Be as creative as possible.

5. *Wie kommt die Post dorthin?* You have just written a card or letter to a pen pal in Germany. Describe what you need to do to send it, and what happens to the item from the time it leaves your home until it arrives at your pen pal's home.

6. *Der Weg einer Briefmarke.* Write at least five sentences describing what happens to a stamp from the time it is printed until it is discarded. Here are two possibilities: *Ich kaufe die Briefmarke auf der Post. Ich sammle die Briefmarken mit meinen anderen Briefmarken.*

WB Activities 13–17
GV Activities 14–16
PA
VP
TP

Manche Leute haben ein Abonnement, andere kaufen Zeitungen und Zeitschriften am Zeitungsstand.

Warum kann man Post auf beiden Seiten des Briefkastens einwerfen?

Kapitel 9

Vokabeln

der **Absender,-** sender 9A
die **Adresse,-n** address 9A
angeben (gibt an, gab an, angegeben) to indicate 9B
das **Angebot,-e** offer 9B
anklicken to click on 9B
die **Ansichtskarte,-n** picture postcard 9A
das **Archiv,-e** archive 9B
die **Aufnahme,-n** recording 9B
aufnehmen (nimmt auf, nahm auf, aufgenommen) to record 9B
sich **auskennen** to know one's way around 9B
das **Ausland** foreign countries 9B
der **Auslandssender,-** foreign (radio) station 9B
austauschen to exchange 9B
der **Bewerber,-** applicant 9B
der **Briefumschlag,-̈e** envelope 9A
der **Chatraum,-̈e** chat room 9B
chatten to chat 9B
das **Computergeschäft,-e** computer store 9B
die **Daten** (pl.) data, facts 9B
die **Deutsche Welle** well known for its radio and TV broadcasting around the world 9B
der **Drucker,-** printer 9B
einwerfen (wirft ein, warf ein, eingeworfen), to put in (mailbox), mail (letter, card) 9A

der **Empfänger,-** receiver, recipient 9A
das **Empfehlungsschreiben,-** letter of recommendation 9B
erhalten (erhält, erhielt, erhalten) to receive 9B
erstaunt amazed 9B
fördern to further, promote 9B
fremd strange; *fremde Leute* strangers 9B
die **Fremdsprache,-n** foreign language 9B
die **Hausnummer,-n** house number 9A
der **Hörer,-** listener 9B
das **Interview,-s** interview 9B
irgendwo somewhere 9B
der **Job,-s** job, employment 9B
die **Kommunikation** communication 9B
kulturell cultural 9B
lebendig lively 9B
leeren to empty 9A
lokal local 9B
die **Luftpost** airmail 9A
managen to manage 9B
die **Maus,-̈e** mouse 9B
das **Mikrofon,-e** microphone 9B
das **Netz,-e** net; abbreviation for Internet 9B
niemand nobody, no one 9B
das **Notebook,-s** laptop 9A
persönlich personal 9B
die **Postleitzahl,-en** zip code 9A
das **Praktikum,-ka** practical training 9B

der **Professor,-en** professor 9B
regulieren to regulate, control 9B
die **Rückseite,-n** back, reverse side 9A
der **Rundfunk** radio 9B
der **Rundfunksender,-** radio station 9B
das **Semester,-** semester 9B
die **SMS** cell phone text message (**S**hort **M**essage **S**ervice) 9B
das **Studium, -ien** (university) studies 9B
die **Taste,-n** key, push button 9B
das **Tonband,-̈er** (recording) tape 9B
das **Tonstudio,-s** sound (recording) studio 9B
der **Tontechniker,-** sound engineer 9B
übermorgen day after tomorrow 9A
um (in order) to 9B
umfassend comprehensive 9B
die **Uni,-s** university ("U"), colloquial *Universität* 9B
vorsichtig careful 9B
weiterhin further, continuing to 9B
der **Weltkrieg,-e** world war; *der Erste Weltkrieg* First World War (1914–1918) 9B
wirtschaftlich economic 9B
zusehen (sieht zu, sah zu, zugesehen) to watch 9B

Hier gibt's Zeitungen aus dem Ausland.

Der Tontechniker und Manfred machen Aufnahmen.

Rückblick

In this chapter you will learn how to:
- explain a health-related problem
- describe how you feel
- state a complaint
- identify occupations
- name some medical items

KAPITEL 10

Gesundheit

LEKTION A

1 Welche Berufe passen zu den Wörtern?
Du wirst nicht alle Wörter verstehen. Kannst du die Antworten geben?

▷ Sie fotografiert.
   Sie ist Fotografin.

1. Er fliegt das Flugzeug.
2. Sie steht an der Kasse.
3. Er arbeitet mit Computerprogrammen.
4. Sie spielt in einem Theater.
5. Sie verkauft Medizin in einem Geschäft.
6. Er repariert Autos.
7. Sie weiß viel über Elektrizität.
8. Sie sieht sich die Zähne an.
9. Er spielt in einem Konzert.
10. Sie hilft den Fluggästen im Flugzeug.
11. Er schneidet das Haar.

2 Ich möchte einen Job.
Während des Sommers und vielleicht auch während des Schuljahres hast du Zeit, einen Job zu nehmen. Schreib eine kurze Anzeige *(ad)* in einer lokalen Zeitung, was für einen Job du suchst!

CD Track 2
Point out that the article is not necessary before the profession; for example, *Er ist (ein) Elektriker* is correct either way.

1. Er ist Pilot.
2. Sie ist Verkäuferin.
3. Er ist Informatiker.
4. Sie ist Schauspielerin.
5. Sie ist Apothekerin.
6. Er ist Mechaniker.
7. Sie ist Elektrikerin.
8. Sie ist Zahnärztin.
9. Er ist Musiker.
10. Sie ist Flugbegleiterin.
11. Er ist Friseur.

CD Tracks 3–4

Beim Zahnarzt

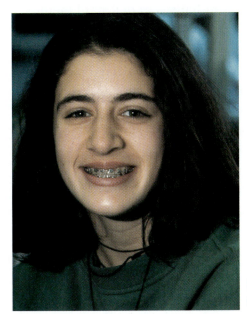

Ayse ist froh, dass alles jetzt vorüber sein wird. Seit einem halben Jahr hat sie eine Zahnspange. Ab und zu ist sie beim Zahnarzt gewesen, denn er will sicher sein, dass die Zähne gut aussehen. Heute ist sie wieder da. Der Zahnarzt wird die Zahnspange herausnehmen.

Seit einem halben Jahr hat Ayse eine Zahnspange.

Lektion A

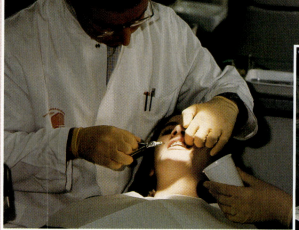

Endlich wirst du die Zahnspange los.

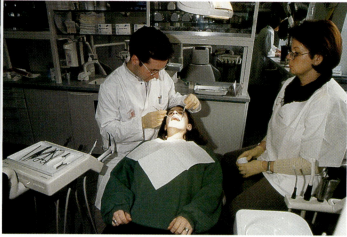

So, jetzt sehen deine Zähne ganz toll aus.

Zahnarzt: Endlich wirst du die Zahnspange los. Bestimmt bist du froh.

Ayse: Ja, das können Sie wohl sagen. Vor einer Woche hatte ich mich bei einer Firma beworben. Ich wollte aber erst persönlich hingehen, sobald meine Zähne wieder in Ordnung sind.

Zahnarzt: Bist du jetzt nicht Azubi in einem Computergeschäft?

Ayse: Ja, aber ich will Sekretärin oder Informatikerin werden. Im Büro des Kaufhauses in der Stadt bieten sie oft Jobs an. Ich werde mich morgen dort vorstellen.

Zahnarzt: Früher hatte eine Sekretärin noch viel mehr mit Papier und Korrespondenz gearbeitet. Heutzutage macht man alles Schriftliche mit dem Computer, das Mündliche am Telefon. Post gibt es fast gar nicht mehr.

Ayse: Das nennt man Fortschritt der Technologie. Ich bin froh, dass ich als Azubi vieles über die Informatik und die neuste Technologie gelernt habe. Das kann mir bei meiner neuen Arbeit viel nützen.

Zahnarzt: So, jetzt sehen deine Zähne ganz toll aus. Komm doch im nächsten Monat zurück. Ich will mir die Zähne dann noch einmal ansehen. Sie sollen ja auch richtig wachsen.

Ayse: Vielen Dank!

Zahnarzt: Und viel Glück und Erfolg beim Vorstellen!

3 Was braucht Ayse?

Die folgenden Sätze beschreiben verschiedene Sachen aus dem Dialog zwischen Ayse und dem Zahnarzt. Wenn du die Anfangsbuchstaben der fehlenden Wörter von eins bis zehn liest, dann weißt du, was Ayse vor Monaten vom Zahnarzt bekommen hat. Schreib alle Wörter mit großen Buchstaben!

1. Das Thema dieses Dialogs heißt „Beim ___".
2. Sie ist ___ und zu bei ihm gewesen.
3. Ayse hat schon seit einem ___ Jahr eine Zahnspange.
4. Ayse glaubt, dass ihr das Wissen über Informatik später einmal ___ wird.
5. Der Zahnarzt will ___ sein, dass die Zähne gut aussehen.
6. Die meisten Leute senden heute ihre Korrespondenz mit der E-Mail und nicht mit der ___.
7. Ayse ist eine ___ in einem Geschäft.
8. In ein paar Wochen will der Zahnarzt sich Ayses Zähne ___ einmal ansehen.
9. Der Zahnarzt sagt, dass Ayses Zähne jetzt ___ toll aussehen.
10. Der Zahnarzt wünscht Ayse viel Glück und ___.

1. **Z**AHNARZT
2. **A**B
3. **H**ALBEN
4. **N**ÜTZEN
5. **S**ICHER
6. **P**OST
7. **A**ZUBI
8. **N**OCH
9. **G**ANZ
10. **E**RFOLG

4 Was passt hier?

Ergänze die folgenden Sätze mit den richtigen Verben aus der Liste. Sei sicher, dass du auch die richtige Verbform benutzt.

| sollen | arbeiten | herausnehmen | sein | wachsen |
| bieten | machen | sehen | wollen | vorstellen |

1. Viele Leute ___ alles Schriftliche mit einem Computer.
2. Er ___ sich die Zähne noch einmal ansehen.
3. Ayse ist schon ein paar Mal beim Zahnarzt ___.
4. Ihre Zähne ___ jetzt viel besser aus als vorher.
5. Sie hatte vor Jahren mehr mit Papier ___.
6. Der Zahnarzt wird die Zahnspange ___.
7. Der Zahnarzt sagt Ayse, sie ___ im nächsten Monat zurückkommen.
8. Ayse wird sich am nächsten Tag in einem Büro ___.
9. Man ___ Jobs im Kaufhaus an.
10. Die Zähne sollen richtig ___.

1. machen
2. will
3. gewesen
4. sehen
5. gearbeitet
6. herausnehmen
7. soll
8. vorstellen
9. bietet
10. wachsen

Lektion A

für dich

Preventative health care is an important element of the public health care system in Germany. Among many other health benefits, the statutory health insurers focus their effort on preventative dental care for children and young people. Together with primary schools, the health insurers conduct action programs for the prevention of dental problems that target children up to age 12. In addition, children and young people between the ages of 6 and 20 can have a personal checkup once every six months.

SPRACHE

Past Perfect Tense

The formation of the past perfect tense in German is quite simple. All you have to do is use the past tense of *haben* or *sein* and add the past participle.

ich *hatte* gelesen	ich *war* gegangen
du *hattest* gefragt	du *warst* geschwommen
er, sie, es *hatte* gegessen	er, sie, es *war* gewesen
wir *hatten* geschrieben	wir *waren* geflogen
ihr *hattet* gesprochen	ihr *wart* gelaufen
sie, Sie *hatten* geholt	sie, Sie *waren* geblieben

The past perfect tense expresses an event or action that has taken place prior to another event or action that occurred more recently in the past.

Wir fuhren in die Ferien. Vor unserer Abreise hatten wir schon unsere Koffer gepackt.
We went on vacation. Before our departure, we had already packed our suitcases.

Mein Freund hat mich gefragt. Leider hatte ich ihn nicht verstanden.
My friend asked me. Unfortunately, I didn't understand him.

Remember that verbs with separable prefixes have the *ge-* between the prefix and the past participle.

*an**ge**kommen, ein**ge**laden, ein**ge**stiegen*

WB Activities 4–5

GV Activities 3–4

Q 3–4

5 Meine Ferien im Sommer

Gestern erzählte Dieter von seinen Ferien vor ein paar Wochen.

 vor vier Wochen abfahren
Wir waren vor vier Wochen abgefahren.

1. in einem schönen Haus wohnen
2. viel schwimmen
3. Tante Frieda besuchen
4. ein paar Filme sehen
5. um den See laufen
6. Freunde einladen

6 Was war gestern passiert?

Kannst du erzählen, was gestern alles passiert war?

 Paul hatte kein Glück.
Paul hatte kein Glück gehabt.

1. Christine aß zu viel.
2. Wir schrieben eine Arbeit.
3. Unsere Klasse ging zum See.
4. Wir waren auf einer Party.
5. Uli und Christian machten Musik.
6. Sie spielten Fußball.

Gestern hatten sie eine Arbeit geschrieben.

Lektion A

 Track 5

For additional practice, have students change sentences to the simple past tense.

1. Wir hatten in einem schönen Haus gewohnt.
2. Wir waren viel geschwommen.
3. Wir hatten Tante Frieda besucht.
4. Wir hatten ein paar Filme gesehen.
5. Wir waren um den See gelaufen.
6. Wir hatten Freunde eingeladen.

1. Christine hatte zu viel gegessen.
2. Wir hatten eine Arbeit geschrieben.
3. Unsere Klasse war zum See gegangen.
4. Wir waren auf einer Party gewesen.
5. Uli und Christian hatten Musik gemacht.
6. Sie hatten Fußball gespielt.

Ask students to give these sentences in the present tense.

CD Track 7

Have students ask questions. *(Wann seid ihr angekommen?)*

1. Meine deutsche Freundin hatte mich am Flughafen begrüßt.
2. Wir waren dann zu ihrem Haus gefahren.
3. Ich hatte dort ihre Eltern besucht.
4. Die Eltern hatten natürlich einen Kuchen gebacken.
5. Der Kuchen hatte sehr gut geschmeckt.
6. Wir waren am nächsten Tag in den Bergen gewandert.
7. Das hatte viel Spaß gemacht.
8. Mein Besuch war ein großes Erlebnis gewesen.

1. Warst du zu Hause gewesen?
2. Wir hatten das Museum besucht.
3. Herr Reuter war oft geflogen.
4. Hattet ihr gewartet?
5. Die Gäste waren lange geblieben.
6. Renate und Ingrid hatten ihren Lehrer gefragt.
7. War sein Bruder später gekommen?
8. Waren die Touristen früh abgefahren?
9. Die Jugendlichen hatten Fußball gespielt.
10. Hatten die Gäste Kaffee getrunken?

7 Was für ein Erlebnis das gewesen war!

Stell dir vor, du bist gerade aus Deutschland zurückgekommen. Deine Freunde wollen natürlich wissen, wie es dir gefallen hat. Du erzählst ihnen von deiner Reise. Bilde Sätze!

▶ wir / an einem Sonntag ankommen
Wir waren an einem Sonntag angekommen.

1. meine deutsche Freundin / mich am Flughafen begrüßen
2. wir / dann zu ihrem Haus fahren
3. ich / dort ihre Eltern besuchen
4. die Eltern / natürlich einen Kuchen backen
5. der Kuchen / sehr gut schmecken
6. wir / am nächsten Tag in den Bergen wandern
7. das / viel Spaß machen
8. mein Besuch / ein großes Erlebnis sein

8 Sätze, bitte!

Bilde Sätze mit den folgenden Wörtern!

▶ essen / ihr
Hattet ihr gegessen?

1. sein / du / zu Hause
2. wir / besuchen / das Museum
3. Herr Reuter / oft fliegen
4. warten / ihr
5. die Gäste / lange bleiben
6. Renate und Ingrid / fragen / ihr Lehrer
7. kommen / sein Bruder / später
8. abfahren / die Touristen / früh
9. die Jugendlichen / Fußball spielen
10. trinken / die Gäste / Kaffee

Tanja hatte heute Morgen zu lange geschlafen.

Kapitel 10

Was bringt die Zukunft?

Wer hat sich nicht schon einmal gefragt, was man nach dem Schulabschluss° machen wird? Reisen, arbeiten oder auf die Uni gehen? Vielleicht alles das machen, aber nicht sofort? Katharina, Ingo, Gudrun und Achim leben° in verschiedenen Städten Deutschlands. Was wünschen sie sich vom Leben? Welche Hoffnungen° und Probleme haben sie? Hier sind ihre Antworten:

der Schulabschluss completion of school; *leben* to live; *die Hoffnung* hope

CD Track 9

After students become familiar with these short autobiographical sketches, have them write their own, addressing the topic *Meine Pläne für die Zukunft.*

Katharina (17 Jahre, Aalen)

Katharina möchte nach dem Abitur am liebsten Architektur studieren. „Leider ist Architektur ein sogenanntes Numerus clausus° Fach. Das heißt, man braucht ein sehr gutes Abitur. Ich weiß nicht, ob ich so gute Noten schaffe." Katharina sieht aber auch andere Chancen. „Vielleicht mache ich zuerst eine Lehre° als Bauzeichnerin°. Mit Abitur und diesem Beruf kann ich ein paar Jahre später immer noch studieren. In Zukunft wird es immer wichtiger, flexibel zu sein."

Aalen

Was ist Katharinas Traum?

Nach dem Schulabschluss möchte Katharina am liebsten für ein paar Wochen in die USA fliegen. „Das ist ein Traum°. Ich glaube nicht, dass ich dafür genug Geld habe. Natürlich kann man mit Freunden zusammen hier auch etwas machen. Außerdem kann ich mich in der Freizeit ganz gut selbst beschäftigen°. Ich entwerfe Mode° und schneidere° auch selbst." Sie lacht°: „Vielleicht mache ich auch das Hobby zum Beruf." Fünf bis zehn Jahre, glaubt Katharina, braucht sie für Lehre, Studium und Praktikum. Danach möchte sie eine Familie haben.

Lektion A

„Ich wünsche mir ein kleines Haus mit Garten. Vielleicht hier in der Gegend. In einer Großstadt will ich nicht wohnen." Angst vor der Zukunft hat sie nicht. Nur, dass ihren Eltern, ihrer Schwester und ihren Freunden etwas passiert — davor hat sie doch etwas Angst. „Aber daran versuch' ich gar nicht zu denken°."

Numerus clausus restricted admission (at the university); *die Lehre* apprenticeship; *die Bauzeichnerin* draftsperson; *der Traum* dream; *sich beschäftigen* to be occupied with; *Mode entwerfen* to design fashions; *schneidern* to sew; *lachen* to laugh; *denken* to think

Landshut

Ingo (18 Jahre, Landshut)

Ingo hatte wirklich Glück gehabt. „Schon nach meinem sechsten Bewerbungsschreiben° hatte ich einen Ausbildungsplatz als Versicherungskaufmann° bekommen. Heutzutage darf man nicht sehr wählerisch° sein, besonders wenn man nicht weit entfernt von zu Hause leben will." Ihm gefällt es sehr gut in Landshut, einer kleinen Stadt in Bayern. Seine besten Freunde leben hier.

In seiner Freizeit spielt Ingo viel Tischtennis. „In einer Großstadt will ich später nicht wohnen. Da ist es zu unpersönlich. Großstädte sind gut zum Einkaufen, aber leben will ich dort nicht. Es ist genug, wenn man da arbeiten muss." Vor der Zukunft hat er keine Angst. „Man kann vieles schaffen, wenn man Umwege° gehen kann und Geduld mitbringt. Es ist wichtig, dass man wenigstens weiß, was man will. Eine eigene Familie? Daran denke ich jetzt noch nicht. Aber irgendwo im Kopf weiß ich, dass ich drei oder vier Kinder haben möchte. Familie wird dann wichtig sein, so wie gute Freunde jetzt wichtig sind. Aber das hat alles noch lange Zeit."

das Bewerbungsschreiben letter of application; *der Ausbildungsplatz als Versicherungskaufmann* place to train as an insurance salesperson; *wählerisch* fussy; *der Umweg* detour

Gefällt es Ingo, in einer kleinen Stadt zu wohnen?

Was ist für Ingo wichtig?

Gudrun (17 Jahre, Lübeck)

Gudrun macht sich ein ganz realistisches Bild von ihrer Zukunft. Nach dem Schulabschluss möchte sie Steuerfachgehilfin° werden. „Es interessiert mich und in der Schule gefallen mir besonders die zwei Fächer, Mathe und Wirtschaftslehre°. In Lübeck finde ich es sehr schön. Ein Leben in einer Kleinstadt kann ich mir nicht vorstellen."

Seit einem Jahr hat Gudrun einen Freund. Der ist zwei Jahre älter. „Vom Heiraten° sprechen wir jetzt noch nicht. Dieter muss noch ein paar Jahre studieren. Bis dann habe ich hoffentlich einen guten Job, denn es wird noch lange dauern, bis wir auf festem Boden° stehen werden." Ihr Lieblingshobby ist Segeln. In der Ostsee haben ihre Eltern ein 12-Meter großes Segelboot. Fast jedes Wochenende im Sommer fahren sie dorthin. Manchmal kommt Dieter auch mit.

Und eine Familie später? „Wenn wir vom Heiraten noch nicht sprechen, dann reden wir bestimmt auch noch nicht von einer Familie. Wir werden sehen, wie alles später einmal wird. Das Wichtigste ist, dass wir alle gesund bleiben und etwas Geld sparen können, so dass wir ab und zu Reisen machen können."

die Steuerfachhilfin tax advisor assistant; *die Wirtschaftslehre* economics; *heiraten* to marry; *der feste Boden* firm ground

Was ist für Gudrun das Wichtigste?

Lübeck

Lektion A

Achim (18 Jahre, Leipzig)

Achim hat schon immer in der Großstadt Leipzig gewohnt. „Ich will Wirtschaftsinformatik° studieren. Dafür gehe ich bestimmt in die USA. Aber zuerst muss ich das Abitur machen. Vor großen Veränderungen° in meinem Leben habe ich keine Angst. Ich kann auch woanders wohnen. Besonders, wenn es ein Land mit viel Sonne ist. Stimmt schon, in wärmeren Ländern oder Gegenden sind die Leute netter." In Italien hat es Achim sehr gefallen. „Dort unterhalten sich die Leute oft und laden auch Fremde zu sich nach Hause ein. Dieses persönliche Interesse an Menschen° gibt es hier nicht. Hier ruft man sich an und macht einen Termin. Das macht bald keinen Spaß mehr. Alles wird immer unpersönlicher."

Achim hat einen Job neben der Schule. Er ist Kellner in einem kleinen Restaurant. „Man bezahlt mich ganz gut, besonders weil ich oft mit den Gästen über ihre Hobbys und Interessen spreche und mich irgendwie° gut mit ihnen verstehe. Manche geben mir auch noch etwas mehr Trinkgeld°, denn sie wissen, dass ich es als Schüler gut gebrauchen° kann. Heiraten werde ich später bestimmt auch einmal. Aber das hat noch lange Zeit. Zuerst will ich die Welt noch kennen lernen, bevor ich solche Pläne mache."

Was macht Achim neben der Schule?

die Wirtschaftsinformatik computer analysis (and management); *die Veränderung* change; *die Menschen* people; *irgendwie* somehow; *das Trinkgeld* tip, gratuity; *gebrauchen* to use

Leipzig

9 Von wem spricht man hier?

Identifiziere die Person (Katharina, Ingo, Gudrun oder Achim), die man in den folgenden Sätzen beschreibt. Diese Person...

1. hat seit einem Jahr einen Freund
2. will nach der Schule nach Amerika fliegen
3. ist in Italien gewesen
4. möchte nach dem Abitur Architektur studieren
5. bekam sehr schnell einen Ausbildungsplatz
6. segelt sehr gern
7. arbeitet neben der Schule in einem Restaurant
8. wohnt in einer bayerischen Stadt
9. glaubt, dass es wichtig ist, gesund zu bleiben
10. wünschst sich später ein kleines Haus
11. will zuerst in der Welt herumreisen, bevor er an eine Frau oder Familie denkt
12. spielt gern Tischtennis

1. Gudrun
2. Katharina
3. Achim
4. Katharina
5. Ingo
6. Gudrun
7. Achim
8. Ingo
9. Gudrun
10. Katharina
11. Achim
12. Ingo

Wer wohnt in einer bayerischen Stadt?

Wer segelt gern?

Wer arbeitet in einem Restaurant?

Lektion A

Persönliches

Ich möchte diesen Job. Du suchst einen Job. In der Zeitung siehst du viele Anzeigen *(ads)*. Eine Anzeige interessiert dich. Du möchtest dich um diesen Job bewerben. Zuerst schreib die kurze Anzeige. Dann schreib einen kurzen Bewerbungsbrief mit den folgenden Einzelheiten *(details)*: dein Name und Alter, deine Adresse und Schulfächer und dein Grund *(reason)*, warum du dich für diesen Job bewirbst!

ROLLENSPIEL

Das will ich werden. Du weißt genau, welchen Beruf du später einmal ausüben *(which profession to have)* möchtest. Erzähl einer Person in deiner Klasse davon. Er oder sie kann die Rolle eines Beraters *(counselor)* spielen und dir dabei Rat geben. Gib mindestens fünf Gründe warum du diesen Beruf ausüben willst. Dann tauscht die Rollen!

Viele Jugendliche sind vor ihrem Beruf zuerst Azubis.

Heiko überlegt sich, was er später einmal werden will.

Möchten sie Köchinnen werden?

Kapitel 10

Zungenbrecher

Der Zahnarzt zieht Zähne mit 'ner Zahnarztzange im Zahnarztzimmer.

The dentist is pulling teeth with a dentist's pliers in the dentist's room.

CA Activities 1–4

Wörter und Ausdrücke

IDENTIFYING OCCUPATIONS

der Beruf occupation
der Apotheker pharmacist
der Arzt doctor, physician
der Informatiker computer specialist
der Elektriker electrician
der Metzger butcher
der Flugbegleiter flight attendant
der Friseur hairstylist, barber
die Friseuse beautician
der Ingenieur engineer
der Krankenpfleger nurse (male)
die Krankenschwester nurse (female)
der Maler painter
der Mechaniker mechanic
der Musiker musician
der Polizist police officer
der Rechtsanwalt lawyer, attorney
der Sekretär secretary
der Zahnarzt dentist

DISCUSSING JOB OPPORTUNITIES

Ich habe mich bei einer Firma beworben. I applied with a company.
Hast du das schriftlich oder mündlich gemacht? Did you do this in writing or orally?
Bist du jetzt (eine) Azubi? Are you an apprentice now?
Heutzutage gibt es fast gar keine Post mehr. Today there is no longer much mail.
Das nennt man Fortschritt der Technologie. That's what you call progress of technology.
Das kann mir viel nützen. That can be very useful to me.
Viel Erfolg! Lots of success!

TALKING ABOUT DENTAL-RELATED TOPICS

Wann wirst du die Zahnspange los? When do you get rid of the braces?
Sie sollen richtig wachsen. They are supposed to grow properly.

Lektion A

LEKTION B

Tracks 14–15

Personalize these questions: *Bist du schon einmal krank gewesen? Was hat dir gefehlt? Bist du zum Arzt/zur Ärztin gegangen? Was hat er/sie dir gesagt? Hat er/sie dir Medizin verschrieben?*

WB Activity 9
GV Activities 9–10
LA Activity 2
Q 6
OT Activities 51–52

Kapitel 10

10 Barbara fühlt sich heute nicht wohl.

Barbaras Mutter hat an die Lehrerin einen Brief geschrieben. Barbaras Freundin, Hannelore, soll ihn zur Schule mitnehmen. Auf dem Weg zur Schule regnet es und der Brief fällt auf die Straße. Deshalb dauert es lange, bis die Lehrerin alles ganz klar lesen kann. Kannst du alles lesen?

> Liebe ▓▓▓ Herder!
>
> ▓▓▓ kann heute leider nicht zur ▓▓▓ kommen. Sie hat schlimme Kopf▓▓▓ und auch hohes ▓▓▓. Unser Arzt hat ▓▓▓, sie soll ein paar ▓▓▓ zu ▓▓▓ bleiben. Bitte sagen Sie ▓▓▓, welche ▓▓▓ Barbara während dieser Zeit machen soll?
>
> Mit freundlichen Grüßen!
>
> Anneliese Schurz

Frau, Barbara, Schule, schmerzen, Fieber, gesagt, Tage, Hause, Hannelore, Hausaufgaben

CD Track 16

11 Was hatte ihnen gefehlt?

Während des Schuljahres sind verschiedene Schulkameraden krank gewesen. Sag, was mit ihnen los gewesen war!

▶ Jutta / Januar
Jutta hatte im Januar Bauchschmerzen gehabt.

1. Günter / September
2. Elisabeth und Tanja / April
3. Sophia und Wolf / Dezember

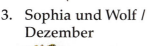

4. Gisela / Oktober

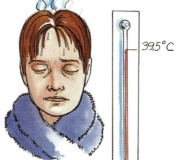
5. Lars / Juni

1. Günter hatte sich im September erkältet.
2. Elisabeth und Tanja hatten im April Halsschmerzen gehabt.
3. Sophia und Wolf hatten im Dezember Zahnschmerzen gehabt.
4. Gisela hatte im Oktober Rückenschmerzen gehabt.
5. Lars hatte im Juni hohes Fieber gehabt.

Lektion B

Jetzt kann er besser sehen

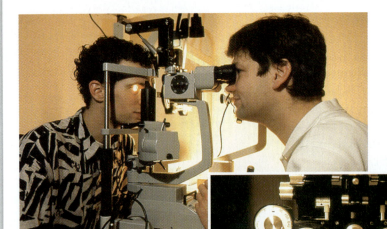

Die Buchstaben sind noch nicht ganz klar.

Beide Augen scheinen in Ordnung zu sein.

Ralf hat schon ein paar Wochen Kopfschmerzen. Seine Mutter hat ihm ein paar Mal gesagt, er soll zum Arzt gehen. Das macht er auch endlich. Als Ralf seinem Arzt noch erzählt, dass er beim Lesen nicht immer alles sieht, schlägt der Arzt ihm vor, dass er zu einem Augenarzt gehen soll.

Augenarzt: Na, wie geht's denn?

Ralf: Nicht besonders. Ich habe oft Kopfschmerzen. Mein Arzt glaubt, es hat vielleicht etwas mit meinen Augen zu tun. Ich kann oft nicht alles im Buch oder in der Zeitung lesen.

Augenarzt: Na, dann will ich mir erst einmal deine Augen genau ansehen. Beide scheinen in Ordnung zu sein. Sieh jetzt einmal hier herein.

Ralf: Ich kann gar nichts sehen.

Augenarzt: Moment mal! Ich habe ja noch nichts eingestellt. Sag mir, wann du die Buchstaben genau lesen kannst.

Ralf: Sie sind noch nicht ganz klar.

Augenarzt: Und wie ist es jetzt?

Ralf: Viel besser, aber immer noch nicht deutlich.

Augenarzt: So. Ist es jetzt besser?

die Brille

Ralf braucht eine Brille.

Ralf: Ja, jetzt kann ich alles gut lesen.
Augenarzt: Weißt du, warum du bestimmt Kopfschmerzen hast? Du brauchst eine Brille.
Ralf: Eine Brille? Sie meinen, das wird viel ausmachen?
Augenarzt: Ganz bestimmt. Ich schreibe dir genau auf, was für eine Brille du tragen sollst. Geh am besten gleich zum Optiker und gib ihm diese Information hier.
Ralf: Gut, ich gehe gleich dahin.

Der Optiker ist ganz in der Nähe vom Augenarzt. Dort gibt es eine große Auswahl an Brillen. Ralf setzt verschiedene Brillen auf. Eine davon passt ihm sehr gut. Der Optiker sagt ihm, dass er sie am nächsten Tag abholen kann. Nach ein paar Tagen und mit seiner neuen Brille sind Ralfs Kopfschmerzen ganz weg.

WB Activities 10–11

GV Activity 11

Q 7

12 Was passt hier?

Kombiniere die einzelnen Satzteile und mach ganze Sätze daraus!

1. Beim Optiker gibt es
2. Der Arzt sagt Ralf,
3. Ralf soll
4. Schon seit langer Zeit hat Ralf
5. Beide Augen scheinen
6. Ralf kann mit einer Brille
7. Ralf sagt dem Augenarzt,
8. Die Brille wird

A. Kopfschmerzen
B. wann er die Buchstaben besser lesen kann
C. in Ordnung zu sein
D. er soll zum Augenarzt gehen
E. viel besser sehen
F. beim Lesen viel ausmachen
G. eine gute Auswahl an Brillen
H. die Buchstaben lesen

1. G
2. D
3. H
4. A
5. C
6. E
7. B
8. F

Lektion B

13 Wortbeschreibung
Beschreib jedes Wort mit mindestens einem Satz!

1. der Zahnarzt
2. der Buchstabe
3. die Brille
4. der Optiker
5. das Auge
6. die Auswahl

Viele Deutsche besuchen Ärzte oft.

für dich

Health care is better today than ever before in Germany. Most Germans have excellent medical plans that cover all doctors' and hospital expenses, regardless of how minor or major the illness may be. Doctors and hospitals have the most modern medical technology and facilities at their disposal. The cost of health care is rising at an accelerated pace, however, and has become a serious threat to the economy. One problem is that many Germans take advantage of the system by visiting the doctor or hospital for even minor problems that do not require medical attention.

SPRACHE

da/dahin and dort/dorthin

The words *da* (there) and *dort* (there) indicate that there is no motion. The person or object referred to stays in a predetermined area. Therefore, the question word *wo?* is used to ask for the location of the person or object.

Wo ist die nächste Bäckerei? Die nächste Bäckerei ist da (dort).
Where is the closest bakery? The closest bakery is there.

The words *dahin* (there, to that place) and *dorthin* (there, to that place) indicate motion to a specific place. Therefore, the question word *wohin?* is used to ask for the direction.

Wohin stellst du dein Rad? Ich stelle es dahin (dorthin). Where are you putting your bike? I'm putting it there.

14 Hilf mir, bitte!

Bei einer Schulparty soll Susanne ihrer Lehrerin helfen. Sie soll den anderen Schülern Informationen geben.

▶ Wo ist das Mathezimmer?
  Es ist da.

▶ Wohin soll ich gehen?
  Geh dahin!

1. Wohin soll ich mich setzen?
2. Wo sitzt Erich?
3. Wohin soll ich die Bücher legen?
4. Wo ist das Klavier?
5. Wohin soll ich den Stuhl stellen?
6. Wo steht die Cola?

 Track 19

1. Setz dich dahin!
2. Er sitzt da.
3. Leg sie dahin!
4. Es ist da.
5. Stell ihn dahin!
6. Sie steht da.

15 Was soll ich damit machen?

Du willst wissen, was du alles damit machen sollst. Folge dem Beispiel!

▶ mit dem Auto
  Stell das Auto dorthin!

1. mit der Gitarre
2. mit dem Glas
3. mit der Lampe
4. mit den Büchern
5. mit dem Computer
6. mit der Schultasche

 Track 20

1. Stell die Gitarre dorthin!
2. Stell das Glas dorthin!
3. Stell die Lampe dorthin!
4. Stell die Bücher dorthin!
5. Stell den Computer dorthin!
6. Stell die Schultasche dorthin!

Manche Leute stellen ihre Fahrräder dahin.

Lektion B

CD Track 21

Lesestück

Wie geht's dir heute?

Doktor Böhme ist Arzt in diesem Krankenhaus.

Doktor Böhme sieht jeden Tag viele Patienten. In seinem Krankenhaus° gibt es immer viel zu tun und oft weiß er auch nicht, welche Probleme plötzlich auftauchen°. Seine Patienten müssen sich zuerst bei der Rezeption melden°; erst dann können sie Doktor Böhme sehen. Er hat eine Sekretärin. Sie sieht nach, wann die verschiedenen Termine° sind. Jede Woche kommt Ivana zum Krankenhaus und Doktor Böhme untersucht° ihr Bein. Bei einem Unfall° hat sie sich ihr Bein schwer verletzt°. Nach ein paar Operationen, ist das Bein etwas kürzer geworden. Deshalb versucht der Arzt, das kürzere Bein wieder so gut wie möglich zu rehabilitieren°.

Doktor Böhme hat immer viel zu tun.

Arzt: Wie geht's dir heute? Tut dein Bein noch weh?
Ivana: Nein, vor Wochen war es viel schlimmer°. Die Tabletten haben sehr geholfen.
Arzt: Du bist wirklich tapfer°. Den Unfall hast du ganz gut überstanden°. Hast du noch ein paar Tabletten?
Ivana: Nur für ein paar Tage.
Arzt: Na dann verschreibe° ich noch etwas.
Ivana: Wie oft muss ich denn noch hierher kommen?
Arzt: Gefällt es dir hier nicht?
Ivana: Ganz ehrlich°, nein.

Arzt: Das verstehe ich auch. Ich glaube in sechs Wochen wird dein Bein wieder fast normal sein. Dann kannst du bestimmt so viel herumlaufen° wie du willst.

Ivana: Au, das tut doch etwas weh.

Arzt: Es wird noch ein paar Sekunden weh tun. So jetzt haben wir es.

Ivana: Vielen Dank. Soll ich nächste Woche um dieselbe Zeit zurückkommen?

Arzt: Ja, das kannst du. Sag das doch meiner Sekretärin! Die kann die Zeit aufschreiben.

Ivana gibt der Sekretärin die Information und geht dann zur Rezeption runter, denn ihre Mutter wartet schon auf sie.

das Krankenhaus hospital; *auftauchen* to appear, show up; *melden* to register; *der Termin* appointment; *untersuchen* to examine; *der Unfall* accident; *sich schwer verletzen* to be badly injured; *rehabilitieren* to rehabilitate; *schlimmer* worse; *tapfer* brave; *überstehen* to get over; *verschreiben* to prescribe; *ehrlich* honest; *herumlaufen* to run around

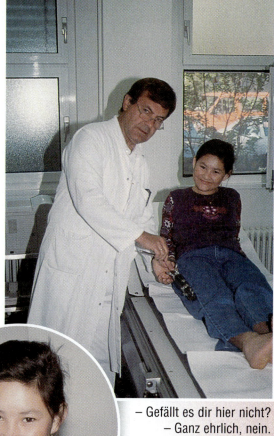

– Gefällt es dir hier nicht?
– Ganz ehrlich, nein.

Soll ich nächste Woche um dieselbe Zeit zurückkommen?

Was macht Doktor Böhmes Sekretärin?

WB Activities 13–14

GV Activity 13

LA Activity 3

Q 9–10

emcp.com

Lektion B

CD Track 22

1. Er arbeitet in einem Krankenhaus.
2. Sie müssen sich bei der Rezeption melden.
3. Sie sieht nach, wann die verschiedenen Termine sind.
4. Sie hat einen Unfall gehabt.
5. Es ist kürzer geworden.
6. Es war sehr schlimm.
7. Sie soll nächste Woche zurückkommen.
8. Ihre Mutter.

CD Track 23

16 Fragen
Beantworte diese Fragen!

1. Wo arbeitet Doktor Böhme?
2. Was müssen Patienten machen, bevor sie ihren Arzt sehen können?
3. Was macht Doktor Böhmes Sekretärin?
4. Wie hat sich Ivana ihr Bein verletzt?
5. Was ist mit ihrem Bein passiert?
6. Wie war ihr Bein vor Wochen?
7. Wann soll Ivana zurückkommen?
8. Wer wartet bei der Rezeption auf Ivana?

Persönliches

1. Wann bist du das letzte Mal krank gewesen?
2. Was hast du gehabt?
3. Wie lange bist du dann nicht in der Schule gewesen?
4. Wie hast du deine Schularbeit nachgeholt (nachholen = *to make up*)?
5. Haben dich während dieser Zeit deine Freunde besucht?

ROLLENSPIEL

You and a classmate role-play the following situation. One of you suggests some activities that both of you should be involved in. The other complains about the fact that he or she doesn't feel good today and that the activities should be postponed. Both of you give valid reasons for doing or not doing the planned activities. Be as creative as possible in your conversational exchange and reach a satisfactory compromise.

Was für Schmerzen hat er?

Wie fühlt sie sich?

Kapitel 10

Praktisches

Working in groups of three, compile a list of at least eight school and after-school activities and write them in the left-hand column of a sheet of paper. (Each student should write the list on his or her own sheet.) Then, horizontally across the right-hand column of the sheet of paper, describe at least six medical problems that a person might have. Working individually, for each activity listed decide if you would be able to participate, depending on the various medical problems given. If you can participate, mark the space with *Das geht*; if you cannot participate, write *Das geht nicht*. After each student has completed the exercise, compare your answers as a group.

Schreiben

1. *Ein Besuch beim Arzt.* Seit ein paar Tagen fühlst du dich nicht wohl. Endlich gehst du zum Arzt. Schreib einen kurzen Dialog darüber!
2. *Der Unfall.* Dein Freund hat einen Unfall gehabt. Beschreib wie dieser Unfall passiert ist und wie du ihm geholfen hast!

Wörter und Ausdrücke

CA Activities 5–8

TALKING ABOUT AILMENTS

Was fehlt dir denn? What's the matter with you?
Ich habe Kopfschmerzen (Halsschmerzen, Zahnschmerzen, Rückenschmerzen, Bauchmerzen). I have a headache (sore throat, toothache, backache, stomachache).
Ich bin ganz gesund. I'm quite healthy.
Hast du Fieber? Do you have a fever?
Fühlst du dich nicht wohl? Aren't you feeling well?
Mir ist schwindlig. I'm dizzy.
Ich habe mich erkältet. I caught a cold.

TALKING ABOUT GOING TO AN OPHTHALMOLOGIST

Er soll zu einem Augenarzt gehen. He should go to an ophthalmologist.
Die Augen scheinen in Ordnung zu sein. The eyes seem to be OK.
Sieh einmal hier herein. Just look through here.
Es ist nicht deutlich. It's not clear.
Du brauchst eine Brille. You need glasses.
Es wird viel ausmachen. It will make a lot of difference.
Ich schreibe es auf. I'll write it down.
Er setzt eine Brille auf. He puts on glasses.

Lektion B

Rückblick

17 Kombiniere...

Im Sommer	waren	die Jugendlichen	in einer Band gespielt
Während des Winters	hatten	Brigitte	in den Alpen gewesen
Am Wochenende	war	ich	Ferien gemacht
Gestern	hatte	die Angestellten	einen Unfall gehabt
		wir	Halsschmerzen gehabt

18 Was war passiert?

Rewrite the following paragraph using the past perfect tense.

hatten...geplant;
waren...gewesen;
hatte...geschienen;
hatten...mitgebracht;
hatten ...übernachtet;
hatte...gegeben;
waren...gekommen;
waren...geblieben;
hatte...gefallen;
hatten...besucht;
waren...zurückgefahren

Maria und ihre Freundin Karsta planen im Sommer, zum Wörthersee in Österreich zu fahren. Sie sind dort meistens im Juli. Während dieser Jahreszeit scheint die Sonne oft. Sie bringen ihr Zelt mit und übernachten direkt am See. Es gibt dort viele Jugendliche aus allen Teilen Europas. Sie kommen immer gern hierher. Dieses Jahr bleiben sie sogar zwei Wochen da. Es gefällt ihnen so gut. Am Ende der Reise besuchen sie noch Karstas Tante in Klagenfurt. Dann fahren sie wieder nach Hause zurück.

 Track 24

19 Welcher Beruf ist das?

Identifiziere die Berufe, von denen man hier spricht!

▶ Sie spricht mit ihren Schülern englisch in der Klasse. Das ist eine Lehrerin.

1. Das ist ein Fleischer (Metzger).
2. Das ist ein Arzt.
3. Das ist eine Schauspielerin.
4. Das ist ein Pilot.
5. Das ist eine Apothekerin.
6. Das ist eine Bäckerin.
7. Das ist eine Polizistin.
8. Das ist ein Fotograf.

1. Bei ihm kauft man Bratwürste und Salami.
2. Wenn mir etwas sehr wehtut, dann gehe ich zu ihm hin.
3. Sie ist in ganz Deutschland durch ihre Filme bekannt.
4. Er sitzt vorne im Flugzeug und fliegt dreimal die Woche zwischen New York und Frankfurt hin und her.
5. Bei ihr kann man Medizin kaufen.
6. Jeden Tag bäckt sie frisches Brot und frische Brötchen.
7. Wenn wir zu schnell in unserem Auto fahren, dann wird sie uns anhalten.
8. Für seine tägliche Arbeit gebraucht Herr Schmidt seine Kamera.

20 Was fehlt hier?

Ergänze diesen Dialog mit Antworten, die sinnvoll sind!

Ärztin: Wie geht's denn?
Du: ___
Ärztin: Wo tut es weh?
Du: ___
Ärztin: Dein Arm? Was hast du denn gemacht?
Du: ___
Ärztin: Ich wusste gar nicht, dass du Tennis spielst.
Du: ___
Ärztin: So oft spielst du? Ich verschreibe dir ein paar Tabletten.
Du: ___
Ärztin: Beim Apotheker am Markt.
Du: ___
Ärztin: Wenn dein Arm in drei bis vier Tagen nicht mehr so weh tut, dann komm noch einmal hierher. Ich werde dann nachsehen und sicher sein, dass auch alles wieder in Ordnung ist.

Sample answers:
Nicht sehr gut.
Hier. Mein Arm.
Ich habe gestern Tennis gespielt.
Ich spiele jeden Tag.
Wo bekomme ich diese Tabletten?
Wann muss ich wieder hierher kommen?

21 *da* oder *dahin*?

1. Wir fahren am Dienstag ___.
2. Meine Großmutter wohnt ___.
3. Seine Gitarre liegt ___.
4. Bist du letzten Sommer ___ gereist?
5. Ich laufe gern ___.
6. ___ ist kein Mensch.

1. dahin
2. da
3. da
4. dahin
5. dahin
6. Da

22 Gegenteile

CD Track 25

Was sind die Gegenteile *(opposites)* von diesen Wörtern?

1. oben
2. schlecht
3. hier
4. links
5. lang
6. früh
7. gesund
8. weit
9. alles
10. billig
11. draußen
12. wenig

1. unten
2. gut
3. da, dort
4. rechts
5. kurz
6. spät
7. krank
8. nah
9. nichts
10. teuer
11. drinnen
12. viel

Rückblick

23 Was ist heute passiert?
Ergänze die folgenden Sätze!

Sample answers:
1. gehört
2. aufgestanden
3. gehabt
4. gewesen
5. angerufen
6. gebracht
7. angesehen
8. gegeben
9. gefahren

1. Es ist schon acht Uhr. Ich habe meinen Wecker nicht ___.
2. Ich bin zu spät ___.
3. Ich habe Fieber ___.
4. Mein Bein ist ganz steif ___.
5. Meine Mutter hat den Arzt sofort ___.
6. Um zehn Uhr hat mich meine Mutter zum Arzt ___.
7. Er hat sich mein Bein ___.
8. Dann hat er mir ein Rezept ___.
9. Damit sind wir dann zum Apotheker ___.

Was weißt du?

1. *Wann bist du das letzte Mal krank gewesen?* Describe how many days you were ill, whether you had to see a doctor and any other details.
2. *Das letzte Mal beim Zahnarzt.* When did you go to the dentist last? Describe your experience in a few sentences.
3. *Was willst du werden?* Describe what job you would like to do in the future, and why.
4. *Was ich am Wochenende gemacht hatte.* Using the past perfect tense, explain five activities that you did over the weekend.
5. *Ich brauche gute Angestellte.* Imagine that you are an employer who is looking for good candidates to fill a certain position. Create a short application form that you would want to have all candidates fill out.

WB Activities 15–19
GV Activities 14–17
PA
VP
TP

Vokabeln

der **Apotheker,-** pharmacist *10A*
der **Arzt,⸚e** doctor, physician *10A*
aufschreiben *(schrieb auf, aufgeschrieben)* to write down *10B*
aufsetzen to put on *10B*
auftauchen to appear, show up *10B*
der **Augenarzt,⸚e** ophthalmologist *10B*
ausmachen to make a difference *10B*
die **Azubi,-s** apprentice *10A*
der **Bauch,⸚e** stomach *10B*
die **Bauchschmerzen** (pl.) stomachache *10B*
der **Beruf,-e** occupation *10A*
sich **bewerben** *(bewirbt, bewarb, beworben)* to apply (for a job) *10A*
die **Brille,-n** glasses *10B*
deutlich clear *10B*
der **Doktor,-en** physician, doctor *10B*
ehrlich honest *10B*
der **Elektriker,-** electrician *10A*
der **Erfolg,-e** success *10A*
sich **erkälten** to catch a cold *10B*
fehlen to be missing; *Was fehlt dir?* What's the matter with you? *10B*
das **Fieber** fever *10B*
die **Firma,-en** firm, company *10A*
der **Flugbegleiter,-** flight attendant *10A*
der **Fortschritt,-e** advancement *10A*
der **Friseur,-e** hairstylist, barber *10A*
die **Friseuse,-sin** beautician *10A*
fühlen to feel; *sich wohl fühlen* to feel well *10B*
gar nicht not at all; *gar nicht mehr* no longer *10A*
gesund healthy *10B*

die **Halsschmerzen** (pl.) sore throat *10B*
hereinsehen *(sieht herein, sah herein, hereingesehen)* to look inside *10B*
herumlaufen *(läuft herum, lief herum, ist herumgelaufen)* to run around *10B*
heutzutage nowadays *10A*
hingehen *(ging hin, ist hingegangen)* to go there *10A*
die **Informatik** computer education (analysis management) *10A*
der **Informatiker,-** computer specialist *10A*
der **Ingenieur,-e** engineer *10A*
die **Kopfschmerzen** (pl.) headache *10B*
die **Korrespondenz** correspondence *10A*
das **Krankenhaus,⸚er** hospital *10B*
der **Krankenpfleger,-** nurse (male) *10A*
die **Krankenschwester,-n** nurse (female) *10A*
loswerden *(wird los, war los, ist losgeworden)* to get rid of *10A*
der **Maler,-** painter *10A*
der **Mechaniker,-** mechanic *10A*
die **Medizin** medicine *10B*
melden to register *10B*
der **Metzger,-** butcher *10A*
mündlich oral(ly) *10A*
der **Musiker,-** musician *10A*
normal normal *10B*
nützen to be of use, be useful *10A*
der **Optiker,-** optometrist *10B*
die **Ordnung** order; *in Ordnung sein* to be OK *10A*
der **Patient,-en** patient *10B*
der **Polizist,-en** police officer *10A*
der **Rechtsanwalt,⸚e** lawyer, attorney *10A*

rehabilitieren to rehabilitate *10B*
die **Rezeption** reception *10B*
die **Rückenschmerzen** (pl.) backache *10B*
scheinen *(schien, geschienen)* to seem, appear *10B*
schlimmer worse *10B*
schriftlich written, in writing *10A*
schwindlig dizzy; *Mir ist schwindlig.* I'm dizzy. *10B*
der **Sekretär,-e** secretary *10A*
sicher sure, certain, safe *10A*
die **Tablette,-n** tablet, pill *10B*
tapfer brave, courageous *10B*
die **Technologie,-n** technology *10A*
der **Termin,-e** appointment *10B*
überstehen *(überstand, überstanden)* to get over *10B*
der **Unfall,⸚e** accident *10B*
untersuchen to examine *10B*
sich **verletzen** to injure *10B*
verschreiben *(verschrieb, verschrieben)* to prescribe *10B*
sich **vorstellen** to interview (for a job), present oneself, to imagine *10A*
vorüber sein to be over *10A*
wohl: *Das können Sie wohl sagen.* You can say that again. *10A*
der **Zahnarzt,⸚e** dentist *10A*
die **Zahnschmerzen** (pl.) toothache *10B*
die **Zahnspange,-n** braces *10A*

Rückblick

In this chapter you will learn how to:
- identify car parts
- talk about a car
- describe a traffic situation or an accident
- talk about buying a present for someone
- discuss what to do when a bike or another vehicle doesn't work

KAPITEL 11

Fahren

LEKTION A

die Teile eines Autos

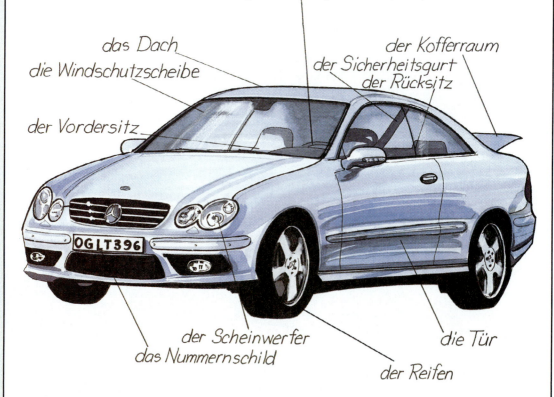

1 Autoteile

Identifiziere das Autoteil, von dem man hier spricht!

1. Vier Personen sitzen im Auto. Am Steuerrad sitzt der Fahrer und neben ihm eine andere Person. Zwei weitere Personen sitzen auf ___.
2. Wenn es dunkel ist, braucht man ___.
3. Der Herr kommt aus München. Das kann man an ___ sehen.
4. Ein Auto hat vier ___.
5. Wenn man das Auto nach rechts oder links fährt, dann braucht man ___
6. Leg bitte das Gepäck in ___!
7. Ich kann gar nicht durch ___ sehen. Es regnet ganz toll.
8. Mach bitte ___ auf! Ich will einsteigen.
9. Du musst ___ festmachen.
10. Der Fahrer sitzt auf ___.

1. dem Rücksitz
2. (die) Scheinwerfer
3. dem Nummernschild
4. Reifen
5. das Steuerrad
6. den Kofferraum
7. die Windschutzscheibe
8. die Tür
9. den Sicherheitsgurt
10. dem Vordersitz

CD Tracks 2–3

Fahren wir zum Geschäft!

Michaela wartet schon eine ganze Weile auf Stephanie.

Wo bist du denn gewesen?

Michaela wartet schon eine ganze Weile auf ihre Freundin Stephanie. Sie ist doch sonst immer so pünktlich. Beide wollen sich auf eine Party am Freitag vorbereiten. Deshalb haben sie vor, verschiedene Lebensmittel zu kaufen. Endlich kommt Stephanie auf ihrem Fahrrad.

Lektion A

Wohin fahren beide?

- Hast du eine Einkaufsliste mitgebracht?
- Die brauchen wir nicht.

Michaela: Es gefällt mir wirklich nicht, dass du mich so lange warten lässt.

Stephanie: Es tut mir Leid, aber ein Reifen unseres Autos ist platt. Mein Vater muss ihn zur Reparatur bringen. Mit dem Rad hat es natürlich länger gedauert.

Michaela: Wolltest du nicht mit dem Moped kommen?

Stephanie: Ja, aber es gehört meinem Bruder und er wollte woanders hin.

Michaela: Ich freue mich schon auf nächstes Jahr. Dann mache ich meinen Führerschein.

Stephanie: Wer bezahlt das denn?

Michaela: Ich habe schon viel Geld gespart. Bis dann habe ich bestimmt genug.

Stephanie: Also los! Fahren wir zum Geschäft!

Michaela: Hast du eine Einkaufsliste mitgebracht?

Stephanie: Die brauchen wir nicht. Wir kaufen nur ein paar Sachen. Ich weiß, was wir zu Hause haben. Außerdem kommen ja nur sechs Leute zu uns.

Beide steigen auf ihre Fahrräder, fahren dann ein paar Minuten zu einem Supermarkt in der Nachbarschaft, stellen ihre Fahrräder vor dem Geschäft ab und gehen dann hinein.

WB Activity 2
GV Activities 2–3
LA Activity 1
Q 2
OT Activity 55

Kapitel 11

2 Welches Wort ist das?

Die folgenden Sätze beschreiben verschiedene Sachen aus dem Dialog zwischen Michaela und Stephanie. Wenn du die Anfangsbuchstaben der fehlenden Wörter von eins bis neun liest, dann weißt du, was beide Mädchen mit ihren Fahrrädern vor dem Supermarkt machen. Schreib alle Wörter mit großen Buchstaben!

1. Stephanie kommt nicht in einem ___, denn ein Reifen ist platt.
2. Stephanies ___ hat ein Moped.
3. Im Supermarkt kaufen sie einige ___.
4. Es ___ Stephanie Leid, dass sie zu spät kommt.
5. Auf ihren Rädern fahren sie zu ___ Geschäft in ihrer Nachbarschaft.
6. In einem Supermarkt kann man ___ kaufen.
7. Mit dem Rad hat es ___ als mit dem Auto gedauert.
8. Wenn man viele Lebensmittel braucht, dann macht man eine ___.
9. So nennt man die Gegend, wenn die Leute alle in der Nähe wohnen.

1. **A**UTO
2. **B**RUDER
3. **S**ACHEN
4. **T**UT
5. **E**INEM
6. **L**EBENSMITTEL
7. **L**ÄNGER
8. **E**INKAUFSLISTE
9. **N**ACHBARSCHAFT

3 Von wem spricht man hier?

Die folgenden Sätze beschreiben etwas von dem, was du gelesen hast. Identifiziere die Person oder Personen (Michaela, Stephanie, Stephanies Vater oder Bruder)! Diese Person oder Personen...

1. gehen in den Supermarkt hinein
2. bringt den Reifen zur Reparatur
3. wartet lange
4. sagt, dass es mit dem Rad nicht so schnell geht
5. braucht das Moped
6. meint, dass sie keine Liste brauchen
7. bekommt vielleicht im nächsten Jahr den Führerschein
8. fahren zu einem Geschäft

CD Track 4

1. Michaela und Stephanie
2. Stephanies Vater
3. Michaela
4. Stephanie
5. Stephanies Bruder
6. Stephanie
7. Michaela
8. Michaela und Stephanie

Hier lernt man für den Führerschein.

Lektion A

337

für dich

You are allowed to ride a moped (*das Moped*) at the age of 15 in Germany. However, you have to wait until you are 18 before you can get a driver's license (*der Führerschein*). To get a driver's license you must take 20 to 25 lessons offered by a driving school (*die Fahrschule*), found throughout Germany. These schools offer theoretical as well as practical training in operating an automobile or other motorized vehicle. The lessons are fairly expensive; however, in addition to driving instructions, you also receive instruction in basic auto repair and maintenance. A driver's license in Germany does not need to be renewed every few years; it is good for a lifetime.

If you own a car in Germany you keep the same license plate as long as it is registered with the same local traffic authority. If you move to another district, you have to register the car at the new location. License plates identify the city or town where the car is registered. The first group of letters on the license plate stand for the city or district (*HH* = Hansestadt Hamburg, *M* = München, etc.).

In der Fahrschule lernen alle viel über das Fahren.

Hat er seinen Führerschein gemacht?

emcp.com

Kapitel 11

SPRACHE

Verbs with Prepositions

Verbs with Accusative

As in the English language, a number of German verbs are used with certain prepositions. In English, for example, there are verbs (including prepositions) such as: to depend on, to talk about, to ask for. In German, these prepositions that follow certain verbs require either the dative or the accusative case. Below you will find a list of those verbs with their corresponding prepositions that you have learned up to now.

These verbs and prepositions are followed by the accusative case:

sich beklagen über	to complain about
sich bewerben um	to apply for
sich freuen auf	to look forward to
grenzen an	to border on
sich interessieren für	to be interested in
sich kümmern um	to look after, take care of
sprechen über	to talk about
sich vorbereiten auf	to prepare for
warten auf	to wait for

Ich kann mich nicht über das Essen beklagen. — I can't complain about the meal.

Warten Sie auf diesen Bus? — Are you waiting for this bus?

WB Activity 3

GV Activities 4–5

Q 3

4 Worauf freut sich Ingo?

Ingo bekommt in zwei Wochen Ferien. Er hat schon lange darauf gewartet. Jetzt kann er planen, was er machen will.

▸ die Reise
  Er freut sich auf die Reise.

1. die Berge
2. der Film
3. der Besuch
4. die Ferien
5. der Geburtstag
6. das Fest

CD Track 5

1. Er freut sich auf die Berge.
2. Er freut sich auf den Film.
3. Er freut sich auf den Besuch.
4. Er freut sich auf die Ferien.
5. Er freut sich auf den Geburtstag.
6. Er freut sich auf das Fest.

Bad Reichenhall liegt in den Bergen.

Lektion A

CD Track 6

Have students ask questions such as, *Worüber sprechen sie?*

1. Sie sprechen über das schöne Wetter.
2. Sie sprechen über den netten Freund.
3. Sie sprechen über das alte Schloss.
4. Sie sprechen über die tolle Mannschaft.
5. Sie sprechen über den neuen Computer.
6. Sie sprechen über das teure Auto.

1. Willi kümmert sich um die Arbeit.
2. Die Leute warten auf den Zug.
3. Gisela bewirbt sich für die interessante Position.
4. Wir bereiten uns auf die tolle Reise vor.
5. Warum spricht Paul immer über die Schule?
6. Tina freut sich auf die schönen Ferien.
7. Die Touristen beklagen sich über das schlechte Wetter.
8. Das Land grenzt an den langen Fluss.

5 Sie sprechen über verschiedene Sachen.

Anne und Rolf sind gute Freunde und sprechen oft über verschiedene Sachen, wofür sich beide interessieren.

▷ Arbeit / schwer
  Sie sprechen über die schwere Arbeit.

1. Wetter / schön
2. Freund / nett
3. Schloss / alt
4. Mannschaft / toll
5. Computer / neu
6. Auto / teuer

6 Ganze Sätze, bitte!

Bilde Sätze mit den folgenden Wörtern!

1. Willi / sich kümmern um / Arbeit
2. Leute / warten auf / Zug
3. Gisela / sich bewerben für / interessant / Position
4. Wir / sich vorbereiten auf / toll / Reise
5. Warum / sprechen über / Paul / immer / Schule
6. Tina / sich freuen auf / schön / Ferien
7. Touristen / sich beklagen über / schlecht / Wetter
8. Land / grenzen an / lang / Fluss

Sie sprechen über die Schule.

Worüber beklagen sich die Touristen?

Kapitel 11

SPRACHE

Verbs with Dative

There are several verbs in German that take the dative case. The following verbs that you have learned fall into this category:

folgen	to follow
gefallen	to like
gratulieren	to congratulate
helfen	to help
passen	to fit
schmecken	to taste
stehen	to be, look (clothing)
wehtun	to hurt

Wie gefällt dir dieses Moped? How do you like this moped?

Hilf doch deinem Freund! Why don't you help your friend!

WB Activity 4

GV Activities 6–7

Q 4

7 Hat es ihnen gefallen?

Bernd erzählt, was verschiedene Leute gemacht haben. Heike will wissen, ob es ihnen gefallen hat.

➤ Meine Eltern sind in die Schweiz gefahren.
  Hat es deinen Eltern denn gefallen?

1. Meine Freunde sind oft im Jugendklub gewesen.
2. Meine Tante ist viel in den Bergen gewandert.
3. Meine Mutter hat schon lange bei der Firma gearbeitet.
4. Mein Bruder ist am See gewesen.
5. Meine Freundin hat deutsche Briefmarken gesammelt.
6. Meine Lehrer haben auf dem Schulausflug viel fotografiert.

CD Track 7

1. Hat es deinen Freunden denn gefallen?
2. Hat es deiner Tante denn gefallen?
3. Hat es deiner Mutter denn gefallen?
4. Hat es deinem Bruder denn gefallen?
5. Hat es deiner Freundin denn gefallen?
6. Hat es deinen Lehrern denn gefallen?

Hat es der Schulgruppe am Rhein gefallen?

Lektion A

8 Wem kann ich helfen?

Stell dir vor, dass du heute viel Zeit hast und anderen helfen kannst.

▶ deine Großmutter
Ich kann deiner Großmutter helfen.

1. sein Onkel
2. ihre Mutter
3. meine Freundin
4. unsere Tante
5. dein Lehrer

Kann ich Ihnen helfen?

1. Ich kann seinem Onkel helfen.
2. Ich kann ihrer Mutter helfen.
3. Ich kann meiner Freundin helfen.
4. Ich kann unserer Tante helfen.
5. Ich kann deinem Lehrer helfen.

Ask such questions as, *Was schmeckt Inge nicht? Der Fisch schmeckt ihr nicht.*

1. Schmeckt es ihm nicht?
2. Schmeckt sie ihnen nicht?
3. Schmeckt es ihm nicht?
4. Schmeckt er ihr nicht?
5. Schmeckt es ihnen nicht?
6. Schmeckt er ihr nicht?

9 Schmeckt es ihnen nicht?

Auf Uwes Geburtstagsparty sagt Dieter, was alle nicht essen. Uwe will wissen, ob es ihnen nicht schmeckt.

▶ Inge isst keinen Fisch.
Schmeckt er ihr nicht?

1. Hans isst kein Obst.
2. Tanja und Monika essen keine Suppe.
3. Herr Wolters isst kein Fleisch.
4. Oma isst keinen Pudding.
5. Christa und Walter essen kein Gemüse.
6. Meine Schwester isst keinen Kuchen.

10 Was fehlt?

Ergänze die folgenden Sätze mit den Wörtern in Klammern!

1. Der Anzug passt (dein Bruder) ___ gut.
2. Wie gefällt (du) ___ mein Kleid?
3. Hast du (sein Freundin) ___ bei der Arbeit geholfen?
4. Tut (er) ___ das Bein weh?
5. Hast du (deine Tante) ___ zum Geburtstag gratuliert?
6. Folge bitte (der Arzt) ___!
7. Das Essen schmeckt (die Gäste) ___ sehr gut.
8. Der bunte Pullover steht (ihr Vater) ___ ganz toll.

1. deinem Bruder
2. dir
3. seiner Freundin
4. ihm
5. deiner Tante
6. dem Arzt
7. den Gästen
8. ihrem Vater

Aktuelles

Verkehr und Fahren in Deutschland

Auf Deutschlands Straßen fahren heute mehr Autos als früher. Es gibt ungefähr 45 Millionen Fahrzeuge. Davon sind 39 Millionen PKWs° (Personenkraftwagen). Das Straßennetz° hat eine Länge von 226 000 km, davon sind 11 000 km Autobahnen. Damit hat Deutschland nach den USA das längste Autobahnnetz der Welt.

Man baut° heute nicht mehr so schnell neue Strecken, sondern verbessert alte Strecken. Man beseitigt° Straßen, auf denen zu viele Unfälle passieren. Man versucht durch Geschwindigkeitsbeschränkungen° Unfälle so weit wie möglich zu verhindern°. In Städten und Orten ist die Höchstgeschwindigkeit° meistens 50 km/h (Kilometer in der Stunde), auf den Bundesstraßen darf man nur 100 km/h fahren und auf den Autobahnen soll man nicht mehr als 130 km/h fahren. Aber nur wenige Fahrer auf den Autobahnen tun das auch.

Bei dem vielen Verkehr ist es natürlich nicht erstaunlich°, dass es viele Tankstellen° gibt. Fast alle Tankstellen haben heute Selbstbedienung°. An vielen Tankstellen muss man nicht mehr ins Geschäft hineingehen, wenn der Tank voll ist. Man kann mit seiner Kreditkarte gleich an der Zapfsäule° bezahlen. Die Quittung kommt dann gleich aus einem Automaten.

Wegen eines Unfalls ist hier viel los.

Wie schnell darf man hier nur fahren?

Fast alle Tankstellen haben heute Selbstbedienung.

Lektion A

Was kann man in einer Tankstelle außer Benzin noch kaufen?

Natürlich kann man auch im Geschäft der Tankstelle bezahlen. Wenn man da hineingeht, dann gibt es dort fast alles zu kaufen, was man auf der Reise braucht: Zeitungen, Zeitschriften, Süßigkeiten, Getränke und vieles mehr. Die deutschen Tankstellen haben einen separaten kleinen Platz, wenn man Luft in die Reifen pumpen muss oder im Auto selbst staubsaugen will. Wenn man sein Auto sauber machen und waschen will, dann gibt es an vielen Tankstellen auch eine „Autowäsche". Die Deutschen sind auf ihre Autos besonders stolz°. Deshalb sind die meisten Autos sehr sauber.

Die Benzinpreise° sind bei allen Tankstellen ganz klar angeschlagen°. Natürlich sind die Preise pro Liter. Eine Gallone hat ungefähr vier Liter. Das Benzin kostet in Deutschland viel mehr als in den USA.

Wie teuer ist das Benzin pro Liter?

344

Kapitel 11

Den meisten Verkehr gibt es in den Großstädten. Während der Geschäftszeit am Morgen (zwischen 7 und 9 Uhr) und am Spätnachmittag (zwischen 4 und 6 Uhr) ist es in der Stadt sowie auf den Straßen aus den Städten heraus sehr voll. Man sagt, dass die durchschnittliche Geschwindigkeit° in Frankfurt, zum Beispiel, nur 20 km pro Stunde ist. Deshalb fahren die meisten Deutschen in den Städten mit öffentlichen° Verkehrsmitteln, um schneller und sicherer zur Arbeit und nach Hause zu kommen.

der PKW passenger car; *das Straßennetz* road network; *bauen* to build; *beseitigen* to remove; *die Geschwindigkeitsbeschränkung* speed limit; *verhindern* to prevent; *die Höchstgeschwindigkeit* maximum speed; *erstaunlich* astonishing; *die Tankstelle* service station; *die Selbstbedienung* self-service; *die Zapfsäule* gas pump; *stolz* proud; *der Benzinpreis* gasoline price; *angeschlagen* posted; *die durchschnittliche Geschwindigkeit* the average speed; *öffentlich* public

Auf der Autobahn kann man sehr schnell fahren.

Viele Deutsche benutzen öffentliche Verkehrsmittel.

WB Activities 5–8

GV Activity 8

Q 5

emcp.com

Auch in der Großstadt Berlin gibt's immer viel Verkehr.

11 Verkehr

Wie ist der Verkehr, wo du wohnst? Fahren die meisten Leute mit dem Auto oder mit öffentlichen Verkehrsmitteln? Beschreib kurz den Verkehr in deiner Gegend und wie die Leute zur Arbeit kommen!

Lektion A

PERSÖNLICHES

1. Hat dein Vater oder deine Mutter ein Auto? Was für ein Auto ist es?
2. Wie alt ist dieses Auto?
3. Wirst du später einmal deinen Führerschein machen? Wann wird das sein?
4. Was musst du tun, um deinen Führerschein zu bekommen?
5. Will deine Mutter oder dein Vater, dass du deinen Führerschein machst? Warum? Warum nicht?

ROLLENSPIEL

Was darf es sein? Spiel die Rolle eines Verkäufers oder einer Verkäuferin in einem Autohaus! Ein paar Kunden wollen etwas über die neusten Autos wissen. Gib ihnen Auskunft darüber! Deine Klassenkameraden können die Kunden spielen. Sei so kreativ wie nur möglich!

Was muss man tun, um den Führerschein zu bekommen?

Auf den Straßen sieht man neue und alte Autos.

Man soll ab und zu die Windschutzscheibe sauber machen.

Zungenbrecher

Wenn der Benz bremst, brennt das Benz-Bremslicht.

When the [Mercedes-] Benz brakes, the Benz brake light lights up.

Wörter und Ausdrücke

DESCRIBING CAR PARTS AND RELATED ITEMS

das Nummernschild license plate
der Scheinwerfer headlight
die Windschutzscheibe windshield
das Dach roof
der Kofferraum trunk
das Steuerrad (das Lenkrad) steering wheel
der Sicherheitsgurt seatbelt
der Vordersitz front seat
der Rücksitz back seat

Warum bringst du dein Auto zur Reparatur? Why are you bringing your car for repair?
Der Reifen ist platt. The tire is flat.
Wann machst du deinen Führerschein? When are you taking your driving test?
Sie stellen ihre Fahrräder ab. They are leaving their bikes.

Lektion A

LEKTION B

12 Wovon spricht man hier?
Identifiziere die Wörter mit den richtigen Artikeln!

1. Was ist ein anderes Wort für „Stadtmitte"?
2. So nennt man diesen Mann. Er fährt mit einem Auto.
3. Ein Auto ist in ein anderes Auto gefahren.
4. Da ist viel Verkehr und es gibt da viele Geschäfte.
5. Auf der Autobahn und in der Stadt gibt es das sehr oft, besonders um die Zeit, wenn die Leute zur Arbeit fahren.
6. Sie kommt in einem grünweißen Auto und folgt einem Fahrer, weil er zu schnell gefahren ist.

1. die Innenstadt
2. der Fahrer
3. der Unfall
4. die Stadt
5. der Stau
6. die Polizei

CD Tracks 15–16

Wer hat denn eine Idee?

Wen ruft Michaela an?

Sie sehen sich ein Schaufenster an?

Uwes Schwester hat in zwei Tagen Geburtstag. Uwe hat wirklich keine Idee, was er ihr schenken wird. Deshalb hat er seine Freundin Stephanie gebeten, dass sie ihm dabei helfen soll. Beide wollen sich um drei Uhr bei einem kleinen Einkaufszentrum treffen. Stephanie bringt ihre Freundin Michaela mit, weil sie auch oft gute Ideen hat. Als Uwe zwanzig nach drei noch nicht da ist, ruft Michaela ihn an.

am Telefon

Michaela: Wo bist du denn?

Uwe: Ich komme nicht durch die Innenstadt. Es gibt einen großen Stau, denn am Kaufhaus ist ein Unfall passiert.

Michaela: Kannst du dein Fahrrad nicht irgendwo abstellen und mit der Straßenbahn fahren?

Lektion B

Habt ihr denn eine Idee?

Uwe: Leider nicht. Der Verkehr läuft gar nicht und die Busse und Straßenbahnen haben alle angehalten.

Michaela: Sollen wir denn hier ewig warten?

Uwe: Moment mal! Die Polizei lässt die Leute jetzt die Straße überqueren. Der Verkehr läuft wieder. Ich bin in zehn Minuten da. Tschüs!

Während Uwe unterwegs ist, sehen sich die beiden Mädchen ein paar Schaufenster an. Obwohl sie schon eine oder zwei Ideen haben, warten sie doch bis Uwe da ist. Endlich kommt er.

Uwe: Es tut mir Leid, aber bei dem Stau und vielen Verkehr konnte ich auch nichts machen.

Stephanie: Unterdessen haben wir uns schon die Schaufenster und ein paar Geschäfte angesehen.

Uwe: Habt ihr denn eine Idee?

Stephanie: Die Handtaschen hier sind gute Qualität.

Uwe: Nicht schlecht. Wenn sie nicht zu teuer sind, dann kaufe ich eine.

Michaela: Hier steht ja auch, dass die Handtaschen preiswert sind.

Uwe: Stimmt! Und schwarze Farbe gefällt Maria auch. Ich nehme die und bezahle dafür im Geschäft.

Stephanie: Nachdem wir auf dich so lange gewartet haben und dir auch bei der Auswahl geholfen haben, kannst du uns zu einem Eis einladen.

Uwe: Das mach' ich gern.

WB Activity 10
GV Activities 10–11
LA Activity 2
Q 7

Hier steht ja auch, dass die Handtaschen preiswert sind.

Kapitel 11

13 Was passt hier?

Ergänze die folgenden Sätze mit Verben aus der Liste! Sei sicher, dass du die richtigen Verbformen benutzt!

geben	stellen	passieren	bezahlen	sein
tun	gefallen	anhalten	warten	haben
sehen	lassen			

1. In der Stadt ist viel Verkehr ___.
2. Die schwarze Handtasche wird Maria bestimmt ___.
3. Uwe ___ sein Fahrrad nicht in der Stadt ab.
4. Melanie und Stephanie haben lange auf Uwe ___.
5. Es ___ Uwe Leid, dass er so spät kommt.
6. Am Kaufhaus ist ein Unfall ___.
7. Man ___ die Leute die Straße überqueren.
8. Uwe ___ keine Idee, welches Geschenk er kaufen wird.
9. In der Stadt ___ es einen Stau.
10. Für die Handtasche ___ Uwe im Geschäft.
11. Die Verkehrsmittel haben alle in der Innenstadt ___.
12. Stephanie und Melanie ___ sich Schaufenster an.

1. gewesen
2. gefallen
3. stellt
4. gewartet
5. tut
6. passiert
7. lässt
8. hat
9. gibt
10. bezahlt
11. angehalten
12. sehen

14 Fragen

Beantworte diese Fragen!

1. Warum hat Uwe seine Freundin gebeten, dass sie ihm beim Aussuchen eines Geschenks helfen soll?
2. Warum bringt Stephanie ihre Freundin zum Einkaufen mit?
3. Warum ruft Michaela Uwe an?
4. Warum ist Uwe noch in der Innenstadt?
5. Warum kann Uwe nicht mit dem Bus oder der Straßenbahn kommen?
6. Was machen Michaela und Stephanie, während Uwe auf dem Weg ist?
7. Was für ein Geschenk schlägt Stephanie vor?
8. Was soll Uwe machen, weil beide Mädchen so lange auf ihn gewartet haben?

 Track 17

1. Uwes Schwester hat Geburtstag und er hat keine Idee, was er ihr schenken soll.
2. Sie hat oft gute Ideen.
3. Sie will wissen, wo er ist.
4. Da gibt es einen großen Stau.
5. Der Verkehr in der Stadt läuft nicht.
6. Sie sehen sich ein paar Schaufenster an.
7. Sie schlägt eine Handtasche vor.
8. Er soll sie zu einem Eis einladen.

Lektion B

für dich

Wer darf hier parken?

Parking has been a problem in the more densely populated areas of Germany. Finding a parking spot is particularly difficult in the cities, where there are no longer any legal parking spots. In fact, many sidewalks have become partially blocked by vehicles parked with one set of wheels up on the curb. Apartment residents in inner cities sometimes find themselves parking many blocks away from home—an inconvenience that still doesn't convince them to give up their car. A parking permit system has been introduced in some urban areas: only residents with a permit for their immediate vicinity can park between 7 and 10 A.M. and 4 and 7 P.M. Supposedly, this system will keep office workers, shoppers and other nonresidents from blocking street parking spaces.

The variety of vehicle types is much greater in Germany than in the United States. Not only must you watch out for bicycles, motorbikes, buses and semis, but there is also a great variety of ordinary passenger cars to compete with for road space. In Germany, cars are taxed according to engine size, consequently, smaller cars with smaller engines are quite popular. Problems occur when these smaller cars try to accelerate into freeway entrances, or try to pass other vehicles. Passing other vehicles is allowed only on the left.

The bicycle has always been a convenient way to move around a country as compact as Germany. With increased concern for the environment and the need to get around town faster than you can in a car, the bicycle has regained its popularity, and bicycle paths now line many of the city streets. Unfortunately, a bicycle path is just too tempting for some drivers. Bicycle bells ring furiously as their owners try to navigate their way through parked cars and pedestrians. In major cities, bicyclists have their own green and red lights at intersections.

SPRACHE

Conjunctions

Coordinating Conjunctions

Coordinating conjunctions are used to connect two words, phrases or clauses. The addition of a coordinating conjunction does not affect the word order of the two main clauses joined together. The most common coordinating conjunctions are:

aber	but
denn	for, because
oder	or
sondern	but (on the contrary)
und	and

Ich möchte länger bleiben, aber ich habe keine Zeit.	I would like to stay longer, but I don't have time.
Rainer fährt nicht nach Köln, denn er hat die Stadt nicht gern.	Rainer isn't going to Köln because he doesn't like the city.
Fliegt ihr oder fahrt ihr mit dem Auto?	Are you flying, or are you going by car?
Sie kommen nicht zu uns, sondern wir gehen zu ihnen.	They aren't coming to us, but we are going to them.
Werner bekommt eine Krawatte und Paul bekommt ein Hemd.	Werner is getting a tie and Paul is getting a shirt.

NOTE: After a preceding negation, use the conjunction *sondern* instead of *aber*.

Ich gehe nach Hause, aber Elke geht in die Stadt.	I'm going home, but Elke is going downtown.
Ich gehe nicht nach Hause, sondern ich gehe in die Stadt.	I'm not going home, but I'm going downtown.

WB Activity 11

GV Activities 12–13

Q 8

Sie gehen nicht nach Hause, sondern sie gehen in die Stadt.

Lektion B

CD Track 18

Heiko möchte rüberkommen, aber...
1. er muss zuerst seiner Mutter helfen.
2. er muss zuerst seine Arbeit machen.
3. er muss zuerst den Tisch für seine Oma decken.
4. er muss zuerst auf den Markt einkaufen gehen.
5. er muss zuerst sein Zimmer aufräumen.
6. er muss zuerst den Rasen mähen.

1. Hans bekommt einen Fernseher und Fritz bekommt eine Jacke.
2. Oma bekommt ein Bild und Opa bekommt ein Buch.
3. Britta bekommt ein Kleid und Rosi bekommt ein Paar Schuhe.
4. Mein Vater bekommt einen Koffer und meine Mutter bekommt einen Mantel.
5. Rolf bekommt eine Krawatte und Susi bekommt einen Pulli.

15 Heiko möchte rüberkommen, aber er muss zuerst...

Heiko hat ein paar Gründe, warum er nicht gleich zu Erich rüberkommen kann.

▶ Ich muss zuerst meine Aufgaben machen.
Heiko möchte rüberkommen, aber er muss zuerst seine Aufgaben machen.

1. Ich muss zuerst meiner Mutter helfen.
2. Ich muss zuerst meine Arbeit machen.
3. Ich muss zuerst den Tisch für meine Oma decken.
4. Ich muss zuerst auf den Markt einkaufen gehen.
5. Ich muss zuerst mein Zimmer aufräumen.
6. Ich muss zuerst den Rasen mähen.

Tinas Freund Heike möchte rüberkommen, aber sie muss zuerst ihrem Vater helfen.

16 Und was bekommen die anderen?

Christa fragt ihre Freunde, was ihre Verwandten und Bekannten als Geschenk bekommen.

▶ Rainer / ein Moped — Tina / eine Bluse
Rainer bekommt ein Moped und Tina bekommt eine Bluse.

1. Hans / Fernseher — Fritz / Jacke
2. Oma / Bild — Opa / Buch
3. Britta / Kleid — Rosi / ein Paar Schuhe
4. Mein Vater / Koffer — meine Mutter / Mantel
5. Rolf / Krawatte — Susi / Pulli

Track 20

17 Mach einen Satz, bitte!
Kombiniere diese Sätze!

▶ Karla geht nach Hause. Wir gehen ins Kino. (und)
Karla geht nach Hause und wir gehen ins Kino.

1. Herr Siebert möchte Kaffee. Frau Siebert möchte Tee. (aber)
2. Der Junge schwimmt nicht. Er darf nicht. (denn)
3. Die Jugendlichen fahren zum Campingplatz. Sie gehen zur Jugendherberge. (oder)
4. Wir essen Pizza. Wir bestellen Kuchen. (oder)
5. Meine Schwester fliegt nach Österreich. Ich fliege in die Schweiz. (aber)
6. Die eine Klasse fährt mit dem Zug. Die andere Klasse nimmt den Bus. (und)

18 Was fehlt?
Ergänze die folgenden Sätze mit den richtigen Konjunktionen!

▶ Ich gehe ins Kaufhaus, ___ Rainer geht nach Hause.
Ich gehe ins Kaufhaus, aber Rainer geht nach Hause.

1. Frau Strunk kauft sich kein Kleid, ___ sie hat nicht genug Geld.
2. Peter möchte in die Disko gehen, ___ seine Freundin will lieber einen deutschen Film sehen.
3. Wir gehen heute Morgen auf den Markt ___ wir gehen später einkaufen.
4. Sie möchte kein Eis, ___ sie bestellt sich ein Stück Kuchen.
5. Susi wartet vor der Schule ___ Renate steht an der Ecke.
6. Familie Meier fährt nicht nach Hamburg, ___ es ist zu weit.

Antworten

1. Herr Siebert möchte Kaffee, aber Frau Siebert möchte Tee.
2. Der Junge schwimmt nicht, denn er darf nicht.
3. Die Jugendlichen fahren zum Campingplatz oder sie gehen zur Jugendherberge.
4. Wir essen Pizza oder wir bestellen Kuchen.
5. Meine Schwester fliegt nach Österreich, aber ich fliege in die Schweiz.
6. Die eine Klasse fährt mit dem Zug und die andere Klasse nimmt den Bus.

1. denn
2. aber
3. und
4. aber, sondern
5. und
6. denn

Astrid muss die Wäsche waschen...
...und ihr Bruder muss in der Küche helfen.

Lektion B

SPRACHE

Subordinating Conjunctions

Subordinating conjunctions are used to connect a main clause and a dependent clause. A subordinating conjunction does not affect the word order in English, but it does in German. In a sentence beginning with the main clause, the main verb of the dependent clause appears at the end of the dependent clause or the complete sentence. Clauses are separated by commas.

Wir gehen ins Restaurant, weil wir Hunger haben.   We are going into the restaurant because we are hungry.

Christa wird ein Fahrrad kaufen, sobald sie genug Geld hat.   Christa will buy a bicycle as soon as she has enough money.

If the sentence begins with the dependent clause (the conjunction is at the beginning of the sentence), the conjugated verb of the dependent clause appears at the end of the dependent clause (before the comma) and the inverted word order is applied in the main clause.

Weil wir Hunger haben, gehen wir ins Restaurant.   Because we are hungry, we are going into the restaurant.

Sobald sie genug Geld hat, kauft Christa ein Fahrrad.   As soon as she has enough money, Christa will buy a bicycle.

The most common subordinating conjunctions are:

als when
bevor, ehe before
bis until
da since (inasmuch as)
damit so that, in order that
dass that
nachdem after (having)
ob whether, if
obgleich, obwohl although
seitdem since
sobald as soon as
solange as long as
während while
weil because
wenn when, if, whenever

WB Activities 12–13
GV Activities 14–15
Q 9–10

NOTE: Although the two subordinating conjunctions *als* and *wenn* have similar meanings, *als* refers to a single event in the past and *wenn* refers to an action that is repeated in any tense. You can always say *immer wenn* in order to emphasize this habitual repetition.

Als ich zehn Jahre alt war, bekam ich von meinem Vater ein Fahrrad.   When I was ten years old, I got a bicycle from my father.

Wenn ich nach Hause komme, muss ich meiner Mutter helfen.   When(ever) I come home, I have to help my mother.

19 Was machen wir, wenn es regnet?

Du besprichst mit deinen Freunden, was ihr machen werdet, wenn es regnet. Wenn es regnet,...

▶ Karten spielen
  Wenn es regnet, spielen wir Karten.

1. zu Hause bleiben
2. fernsehen
3. CDs hören
4. Bücher lesen
5. Karten spielen
6. ein paar Briefe schreiben
7. einen Kuchen backen
8. unsere Freunde anrufen

20 Warum fährt Bernd immer an die Ostsee?

Jedes Jahr fährt Bernd an die Ostsee. Immer wieder fragen ihn seine Freunde, warum er zu demselben Ort fährt. Kannst du die Antworten geben?

▶ Die Sonne scheint oft.
  Er fährt dorthin, weil die Sonne oft scheint.

1. Da ist immer viel los.
2. Ich schwimme gern.
3. Meine Oma hat da eine Wohnung.
4. Ich fahre gern mit dem Boot.
5. Es ist dort sehr schön.
6. Es ist da nicht so heiß.

Lektion B · Warum fährt Bernd immer an die Ostsee?

 Track 21

Have students provide appropriate answers to the question, *Was macht ihr, wenn die Sonne scheint?*

Wenn es regnet,...
1. bleiben wir zu Hause.
2. sehen wir fern.
3. hören wir CDs.
4. lesen wir Bücher.
5. spielen wir Karten.
6. schreiben wir ein paar Briefe.
7. backen wir einen Kuchen.
8. rufen wir unsere Freunde an.

 Track 22

Er fährt dorthin, weil...
1. da immer viel los ist.
2. er gern schwimmt.
3. seine Oma da eine Wohnung hat.
4. er gern mit dem Boot fährt.
5. es dort sehr schön ist.
6. es da nicht so heiß ist.

CD Track 23

1. ..., während Helmut seine Hausaufgaben macht.
2. ..., obgleich es regnet.
3. ..., aber Herr Schulz fliegt mit dem Flugzeug.
4. ..., sondern es schneit auch.
5. ..., dass Walter noch lange in Europa bleiben will.
6. ..., da sie schon viel von dieser Stadt gehört haben.
7. ... oder möchten Sie Sauerbraten?
8. ..., als er nach Deutschland kam.
9. ..., nachdem Sie das Buch gelesen haben?
10. ..., denn wir haben keine Zeit.

CD Track 24

1. ..., bin ich froh.
2. ..., weiß er nicht.
3. ..., werden wir warten.
4. ..., kann ich keine Karten kaufen.
5. ..., hat das Café gutes Eis.
6. ..., bekommt sie viel bessere Noten.
7. ..., hat er nicht gewusst.
8. ..., spielen die Kinder.
9. ..., wollten sie früh in der Stadt sein.
10. ..., freuten wir uns sehr.

21 Einen Satz, bitte!
Kombiniere diese Sätze zu einem Satz!

▶ Ich spiele gern Tennis. Es ist warm. (wenn)
Ich spiele gern Tennis, wenn es warm ist.

1. Katrin sieht fern. Helmut macht seine Hausaufgaben. (während)
2. Ich werde Fußball spielen. Es regnet. (obgleich)
3. Herr Hoffmann fährt mit dem Auto. Herr Schulz fliegt mit dem Flugzeug. (aber)
4. Es ist nicht nur kalt. Es schneit auch. (sondern)
5. Sie schreibt. Walter will noch lange in Europa bleiben. (dass)
6. Sie sind nach Berlin gefahren. Sie haben schon viel von dieser Stadt gehört. (da)
7. Essen Sie Schweinebraten? Möchten Sie Sauerbraten? (oder)
8. Er sprach kein Deutsch. Er kam nach Deutschland. (als)
9. Was werden Sie denn machen? Sie haben das Buch gelesen. (nachdem)
10. Wir müssen uns beeilen. Wir haben keine Zeit. (denn)

22 Mach es anders!
Bilde neue Sätze! Fang mit dem Nebensatz an!

▶ Er war zu Hause, als sein Onkel und seine Tante zu Besuch kamen.
Als sein Onkel und seine Tante zu Besuch kamen, war er zu Hause.

1. Ich bin froh, wenn sie wieder zu uns kommen.
2. Er weiß nicht, ob er dorthin fahren soll.
3. Wir werden warten, bis sie kommt.
4. Ich kann keine Karten kaufen, solange ich kein Geld habe.
5. Das Café hat gutes Eis, obgleich es nicht teuer ist.
6. Sie bekommt viel bessere Noten, seitdem sie ihre Hausaufgaben macht.
7. Er hat nicht gewusst, dass du deutsch sprechen kannst.
8. Die Kinder spielen, während die Eltern mit ihren Gästen sprechen.
9. Sie wollten früh in der Stadt sein, weil die Geschäfte heute schon um acht Uhr aufmachen.
10. Wir freuten uns sehr, als unser Onkel ankam.

Lesestück

Die Werkstatt° im Jugendzentrum

Warum kommen besonders viele Jungen so oft zum Jugendzentrum? Was ist denn da los? Gibt es etwas Besonderes, wofür sich die Jungen interessieren? Die Antwort ist ein ganz Bestimmtes „ja".

Das Jugendzentrum war früher eine Schule. Heutzutage hat man dort verschiedene Klubs. Einmal die Woche kommen die Jungen hierher, denn die Zweiradwerkstatt° des Jugendzentrums ist dann geöffnet°.
Ralf Kolowski, der Leiter° der Werkstatt, meint: „Der Roller° ist für die Jungs ein Teil Unabhängigkeit°. Sie müssen nicht mehr mit Bussen oder Straßenbahnen fahren." Er ist selbst Motorradfreak. Ralf macht mit den Jungen manchmal längere Touren. Er sagt: „Dann fahren sie nicht nur sinnlos° durch die Gegend."

Warum kommen viele Jungen zum Jugendzentrum?

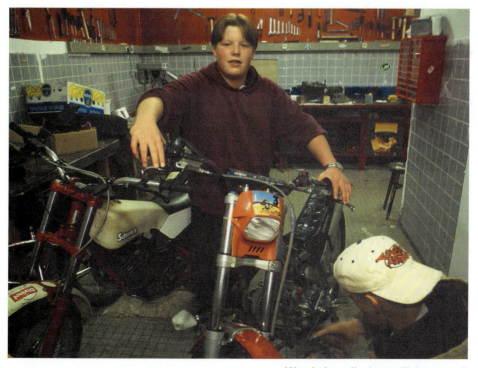

Was haben die Jugendlichen gern?

Lektion A

„Die Jugendlichen haben die Mopeds und Motorroller sehr gern. Deshalb kommen sie ja auch alle hierher", erzählt Ralf. In einer Werkstatt hilft er oft bei Reparaturen. Manche Jungen, wie zum Beispiel Wolf und Horst, sind immer hier. Sie kennen die vielen Teile eines Rollers und reparieren alles selbst. Das Werkzeug° finden sie in der Werkstatt an einer Wand.

Manchmal nehmen sie ganze Teile aus einem Roller heraus, legen sie auf die Werkbank°, bis sie wissen, was sie reparieren müssen. Außer dem Werkzeug gibt es in der Werkstatt auch viele Ersatzteile°. Wenn sie diese nicht haben, dann bestellt sie Ralf, so dass die Jungen beim nächsten Besuch ihren Roller wieder zusammenbauen° können. Nachdem alles repariert ist, überzeugen sich° Wolf und Horst, dass die Reparatur auch in Ordnung ist. Sie fahren dann den Roller auf dem alten Schulhof° herum.

Ein Motorrad darf man erst mit 18 Jahren fahren, aber mit 15 Jahren braucht man einen speziellen Führerschein für kleinere Mopeds, Roller oder Mofas°. Bevor Ralf die Jungen auf diesen Fahrzeugen° auf der Straße fahren lässt, müssen sie erst noch viel auf dem Schulhof üben. Deshalb sieht man oft ein paar Jugendliche, wie sie auf dem Schulhof herumfahren. Ralf passt natürlich auf, dass sie seinen Regeln° folgen und mit den Rollern vorsichtig umgehen.

WB Activities 14–17
GV Activity 16
LA Activity 3
Q 11
OT Activity 57

emcp.com

die Werkstatt workshop; *die Zweiradwerkstatt* two-wheel (bike) workshop; *geöffnet* open; *der Leiter* manager; *der Roller* scooter; *die Unabhängigkeit* independence; *sinnlos* senseless; *das Werkzeug* tools; *die Werkbank* workbench; *das Ersatzteil* replacement part; *zusammenbauen* to put together; *sich überzeugen* to make sure, *der Schulhof* school yard; *das Mofa* motorized bicycle; *das Fahrzeug* vehicle; *die Regel* rule

Was machen sie auf der Werkbank?

Wo fahren sie zuerst herum, bevor sie auf die Straße dürfen?

23 Welches Wort ist das?

Die folgenden Sätze beschreiben Verschiedenes aus dem Lesestück. Identifiziere diese Wörter und schreib sie mit großen Buchstaben! Wenn du die Anfangsbuchstaben der fehlenden Wörter von eins bis dreizehn liest, dann weißt du ein wichtiges Wort des Lesestücks. Wichtig: Ü = UE

1. Sie kommen oft zum Jugendzentrum, denn dort gibt es eine Zweiradwerkstatt.
2. Man muss es oft machen, bevor man es gut kann.
3. Wenn man in einer Nachbarschaft wohnt, dann wohnt man da.
4. Es ist weniger als zweimal.
5. Es ist das Gegenteil von „ja".
6. Ralf will nicht, dass die Jungen immer nur ___ die Gegend fahren.
7. Sie ist an einem Tag in der Woche geöffnet.
8. Das muss Ralf manchmal kaufen, wenn die Jungen es nicht für die Reparatur haben.
9. ___ die Jugendlichen etwas repariert haben, dann überzeugen sie sich, dass auch alles in Ordnung ist
10. Das ist ein anderes Wort für „Reisen".
11. So nennt man ein bestimmtes Zweirad, das einen Motor hat.
12. Im Jahre 1776 hat es dieses Land erklärt *(declared)*.
13. Genauso wie die Jungen, ist Ralf das auch.

1. **J**UNGEN
2. **U**EBEN
3. **G**EGEND
4. **E**INMAL
5. **N**EIN
6. **D**URCH
7. **Z**WEIRADWERKSTATT
8. **E**RSATZTEILE
9. **N**ACHDEM
10. **T**OUREN
11. **R**OLLER
12. **U**NABHÄNGIGKEIT
13. **M**OTORRADFREAK

24 Ganze Sätze, bitte!

Ergänze die folgenden Sätze mit bedeutungsvollen Satzteilen!

1. Die Jungen kommen zum Jugendzentrum, denn ___.
2. Mit 18 Jahren darf man ein Motorrad fahren, aber ___.
3. Wenn sie kein Ersatzteil haben, dann ___.
4. Nachdem sie die Reparatur gemacht haben, ___.
5. Ralf passt auf, dass ___.
6. Bis die Jungen wissen, was zu reparieren ist, ___.
7. Während ein paar Jugendliche in der Werkstatt sind, ___.
8. Wolf sucht das Werkzeug und ___.

Lektion B

PERSÖNLICHES

Ein Unfall. Stell dir vor, dass du in der Stadt gewesen bist und einen Unfall gesehen hast. Beschreibe (1) wie der Unfall passiert ist, (2) was die Polizei gemacht hat und (3) was mit dem Verkehr los gewesen ist.

ROLLENSPIEL

Ich möchte ein Moped kaufen. Stell dir vor, du hast genug Geld, um ein Moped zu kaufen! Besprich mit deinen Klassenkameraden, warum du ein Moped kaufen willst! Gib mindestens fünf Gründe *(reasons)* an!

Praktisches

Form groups of three. Student 1 prepares a list of the various requirements needed before getting a driver's license in the United States. Student 2 prepares a similar list of requirements for receiving a driver's license in Germany. Student 3 is the discussion leader and prepares a list with the headings "differences" and "similarities." When everyone is ready, Students 1 and 2 present their lists while Student 3 notes the similarities and differences and reads them to the other two. As a culminating activity, all three discuss which preparatory steps toward acquiring a driver's license they like or dislike.

SCHREIBEN

Da stimmt etwas nicht! Du fährst mit deinem Freund oder deiner Freundin in die Stadt. Plötzlich will dein Auto nicht mehr weiterfahren. Was ist los? Beschreib ganz kurz, was du jetzt machst!

Was kann passieren, wenn das Auto kaputt ist?

In Berlin gibt es oft einen Stau.

Darf man hier parken?

Die Fahrer müssen gleich anhalten.

Mit diesem Verkehrsmittel können die Leute schneller durchkommen.

Wörter und Ausdrücke

DESCRIBING TRAFFIC IN THE CITY

Es gibt einen Stau. There is a traffic jam.
Man kann nicht durchkommen. You can't get through.
Die Fahrer halten an. The drivers are stopping.
Die Leute überqueren die Straße. The people are crossing the street.
Die Polizei ist da. The police are there.
Sie wollen da parken. They want to park there.
Sie warten ewig. They are waiting forever.
Sie sehen sich die Schaufenster im Einkaufszentrum an. They are looking at the shop windows in the shopping center.

Lektion B

Rückblick

25 Kombiniere...

Nachdem	ich	wenig arbeitete	kamen noch ein paar Leute
Als	die Schülerin	viele Gäste einluden	blieb sie noch eine Stunde
Obgleich	wir	keine Zeit hatte	bekam ich etwas Geld
Bevor	der Verkäufer	gute Noten hatten	besuchten uns nur ein paar Leute
Weil	sie	die Tür aufmachte	durften sie länger bleiben

26 Was fehlt hier?

Ergänze die folgenden Sätze! Sei sicher, dass die ganzen Sätze auch sinnvoll sind!

1. Kino
2. Arzt
3. Restaurant
4. Flugzeug
5. Supermarkt
6. Bäcker
7. Post
8. Werkstatt
9. Jugendherberge
10. Disko

1. Wenn man einen Film sehen will, dann geht man ins ___.
2. Wenn man krank ist, dann soll man zum ___ gehen.
3. Wenn man Hunger hat, dann kann man in einem ___ essen.
4. Wenn man nach Europa fliegen will, dann muss man mit einem ___ fliegen.
5. Wenn man viele Lebensmittel braucht, dann kann man sie im ___ bekommen.
6. Wenn man Brot braucht, dann kann man es beim ___ kaufen.
7. Wenn man Briefmarken kaufen will, dann kann man das bei der ___ machen.
8. Wenn man ein Motorrad reparieren will, dann kann man das in einer ___ machen.
9. Wenn Jugendliche preiswert übernachten wollen, dann können sie das in einer ___ tun.
10. Wenn man tanzen will, dann kann man in eine ___ gehen.

Wo kann man ein Motorrad reparieren?

27 Was passt zusammen?

Welche Wörter von der Liste passen am besten mit den anderen Wörtern zusammen? Bilde zusammengesetzte Wörter!

der Gurt	die Werkstatt	das Teil	das Schild
der Hof	der Schein	das Zeug	der Raum
die Bahn	das Rad	die Scheibe	der Werfer

1. das Steuer
2. der Führer
3. die Nummer
4. der Windschutz
5. das Zweirad
6. die Sicherheit
7. der Koffer
8. das Werk
9. der Schein
10. das Auto
11. die Straße
12. die Schule

1. das Steuerrad
2. der Führerschein
3. das Nummernschild
4. die Windschutzscheibe
5. die Zweiradwerkstatt
6. der Sicherheitsgurt
7. der Kofferraum
8. das Werkzeug
9. der Scheinwerfer
10. das Autoteil
11. die Straßenbahn
12. der Schulhof

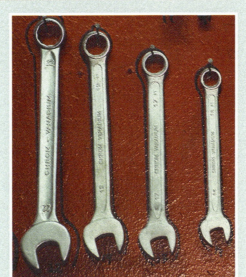
das Werkzeug

 Track 26

28 Fragen

Beantworte diese Fragen!

1. Hast du schon deinen Führerschein gemacht?
2. Wofür braucht man einen Sicherheitsgurt?
3. Was kann man in einer Werkstatt tun?
4. Was kann man alles in einen Kofferraum stellen oder legen?
5. Warum macht man manchmal die Motorhaube auf?
6. Was macht man, wenn man für eine Reparatur kein Ersatzteil hat?

29 Mein Fahrrad ist kaputt.

Stell dir vor, dass dein Fahrrad kaputt ist. Beschreib, wie es passiert ist!

Rückblick

30 Ich lerne Auto fahren!

Schreib kurz darüber! Wenn du noch keinen Fahrunterricht hast, sprich mit deinen Klassenkameraden oder anderen Leuten, die schon Auto fahren.

31 Ganze Sätze, bitte!

Ergänze die folgenden Sätze!

1. Weil wir keine Zeit hatten,...
2. Nachdem Dieter sich mit seinen Freunden getroffen hatte,...
3. Bis Katrin ihren Führerschein gemacht hatte,...
4. Als sein Cousin ihn im Sommer besucht hatte,...
5. Seitdem Günter krank gewesen ist,...
6. Bevor du diesen Film gesehen hast,...

Was weißt du?

1. *Du willst ein Auto kaufen.* Imagine that you are looking for a used or new car. You visit a local car dealer and want to find out more about a certain car that interests you. Write at least five questions that you would ask the salesperson.

2. *Unterwegs.* You and your friend biked to a shopping center. As you were about to return home, a big accident occurred stopping traffic and causing lots of congestion. Describe the accident scene and how and when you were able to return home.

3. *Autoteile.* Name three parts of a car and describe what function they serve.

4. *Was ist mit dem Auto los?* Imagine that you own a used car and are driving to meet your friend. On the way, your car breaks down. Someone stops and asks, *Was ist mit deinem Auto los?* You briefly tell the person what you think is wrong with the car.

5. *Weil ich nicht auf der Party war,...* You couldn't join your friends at a party because you had a number of chores to do. The next day, your friends tell you what you missed. Inform your mother or father about three things that you missed at the party by starting each sentence with *Weil ich nicht auf der Party war,...*

WB Activities 18–19
GV Activities 17–18
PA
VP
TP

Vokabeln

abstellen to leave (a vehicle) *11A*
anhalten *(hält an, hielt an, angehalten)* to stop *11B*
das **Dach,̈-er** roof *11A*
durchkommen *(kam durch, ist durchgekommen)* to get through *11B*
das **Einkaufszentrum,-tren** shopping center *11B*
das **Ersatzteil,-e** replacement part *11B*
ewig forever *11B*
der **Fahrer,-** driver *11B*
das **Fahrzeug,-e** vehicle *11B*
geöffnet open *11B*
herumfahren *(fährt herum, fuhr herum, ist herumgefahren)* to drive around *11B*
die **Innenstadt,̈-e** center of the city, downtown *11B*
das **Jugendzentrum,-tren** youth center *11B*
die **Jungs** (pl.) boys (colloquial) *11B*
der **Kofferraum,̈-e** trunk *11A*

der **Leiter,-** manager *11B*
das **Lenkrad,̈-er** steering wheel *11A*
machen: den Führerschein machen to take the driving test *11A*
das **Mofa,-s** motorized bicycle *11B*
der **Motorradfreak,-s** motorcycle freak *11B*
das **Nummernschild,-er** license plate *11A*
parken to park *11B*
platt flat *11A*
die **Polizei** police *11B*
die **Regel,-n** rule *11B*
die **Reparatur,-en** repair *11A*
der **Roller,-** scooter *11B*
der **Rücksitz,-e** back seat *11A*
das **Schaufenster,-** shop window *11B*
der **Scheinwerfer,-** headlight *11A*
der **Schulhof,̈-e** school yard *11B*
der **Sicherheitsgurt,-e** seatbelt *11A*

sinnlos senseless *11B*
der **Stau** traffic congestion, traffic jam *11B*
das **Steuerrad,̈-er** steering wheel *11A*
die **Tour,-en** tour, trip *11B*
überqueren to cross *11B*
sich **überzeugen** to make sure, convince *11B*
die **Unabhängigkeit** independence *11B*
der **Vordersitz,-e** front seat *11A*
die **Werkbank,̈-e** workbench *11B*
die **Werkstatt,̈-e** workshop, (repair) shop *11B*
das **Werkzeug** tools *11B*
die **Windschutzscheibe,-n** windshield *11A*
zusammenbauen to put together *11B*
die **Zweiradwerkstatt,̈-e** two-wheel (bike) repair shop *11B*

Hat dieses Fahrzeug einen Kofferraum?

Was steht auf dem Nummernschild?

Ist dieses Eiscafé geöffnet?

Rückblick

KAPITEL 12 Rückblick

Jugend

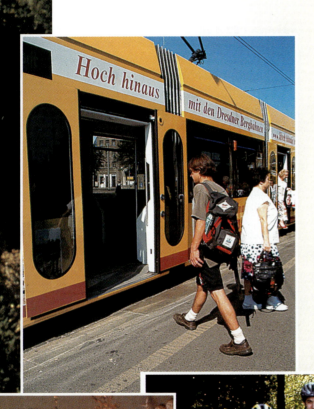

LEKTION A

So sehen sich die Jugendlichen

Die Jugend in Deutschland ist nicht viel anders als die in Amerika. Sie hat ähnliche Sorgen und Probleme, aber es gibt doch ein paar Unterschiede. Hier sind die Meinungen von vier Jugendlichen:

Trier

Svetlana, 17 Jahre, Trier

Mein Alter ist das beste Alter. Ich kann machen, was ich will, bekomme Geld von meinen Eltern und wohne hier zu Hause in Trier. Für mich sind Freunde sehr wichtig, auch Ausgehen und Partys machen. All das kann man als Jugendlicher viel mehr genießen. Man hat einfach mehr Zeit und Freiraum als Erwachsene, denn die sind schon im Beruf.

Für mich sind Freunde wichtig.

Hartmut, 16 Jahre, Stuttgart

In der Jugend weiß man noch nicht, was man will, was später aus einem wird. Das muss man erst herausfinden. Deshalb ist das Leben noch nicht so langweilig wie das von Erwachsenen. Die wissen schon, wer und was sie sind. Für die ist das Leben zur Gewohnheit geworden. Ich habe Spaß daran auszuprobieren, was ich mal werden kann. Andererseits gibt es manchmal Situationen, da weiß man genau, was man will und das nützt einem nichts. Wenn ich zum Beispiel in eine Bank gehe und ein Konto eröffnen will, kommt immer die Antwort: das kannst du nur mit deinen Eltern machen. Das stört mich, denn ich weiß genau, was ich will. Ich darf's aber nicht machen, nur weil ich ein bestimmtes Alter noch nicht habe.

Stuttgart

In der Jugend weiß man noch nicht, was man will.

Anja, 16 Jahre, Nürnberg CD Track 3

In der Jugend kann man noch vieles ausprobieren. Man hat eine große Neugierde in sich. Man will noch alles über sich selbst wissen. Als Erwachsener hat man viel Routine und ist auch langweiliger. Das ist sehr schade. Ich glaube, man verliert später von dem, was man als Jugendlicher hat. Wir Jugendlichen haben noch das Ideal von einer besseren Welt. Man glaubt, dass man noch etwas für diese Welt tun kann. Diese Ideale verliert man, wenn man arbeiten gehen und Geld verdienen muss. Dann hat man keine Zeit mehr zum Nachdenken. Als Jugendlicher habe ich die Zeit und die Neugierde. Ich kann über alles nachdenken, was mir wichtig scheint. Und ich finde vieles wichtig!

Nürnberger Gegend

Überlingen

Ich kann über alles nachdenken, was mir wichtig scheint.

CD Track 4
Axel, 15 Jahre, Überlingen

Als Jugendlicher hat man natürlich noch nicht so viele Sorgen wie die Erwachsenen. Dafür kann man auch viele Sachen, die Erwachsene tun, nicht machen. Oft wünsche ich mir, dass ich lieber arbeite anstatt Chemie und Latein zu lernen. Das brauche ich später ja gar nicht. Ich möchte lieber Sachen machen, die mir Spaß machen. Etwas Kreatives wie Filme machen zum Beispiel. Damit muss ich aber noch warten, bis ich älter bin und lerne, was mir gesagt wird.

WB Activity 1   GV Activities 1–2   LA Activity 1

1 Von wem spricht man hier?

Identifiziere die Person, von der man hier spricht! Diese Person meint, dass er oder sie...

1. als Jugendlicher etwas für die Welt tun kann
2. noch älter sein muss, um etwas Kreatives zu machen
3. machen kann, was er oder sie will
4. viele Sachen nur mit den Eltern machen kann
5. das beste Alter hat
6. als Jugendlicher noch nicht weiß, was man im späteren Leben machen wird
7. lieber arbeiten will anstatt bestimmte Fächer in der Schule zu lernen
8. als Erwachsener keine Zeit hat, über verschiedene Sachen nachzudenken

Ich möchte lieber Sachen machen, die mir Spaß machen.

1. Anja
2. Axel
3. Svetlana
4. Hartmut
5. Svetlana
6. Hartmut
7. Axel
8. Anja

Lektion A

2 Was passt hier?

Ergänze die verschiedenen Satzteile! Sei sicher, dass die ganzen Sätze auch sinnvoll sind und das reflektieren, was die vier Jugendlichen sagen wollten!

1. D
2. H
3. F
4. B
5. E
6. A
7. G
8. C

1. Man glaubt, dass
2. Ich muss lernen, was
3. Als Jugendlicher hat man mehr Zeit, denn
4. Einige Ideale verliert man als Erwachsener, wenn
5. Oft möchte ich lieber, dass
6. Manchmal weiß man genau, was
7. Man kann ein Konto eröffnen, aber
8. Erwachsene wissen schon, wer

A. man will, aber das nützt einem nichts
B. man Geld verdienen muss
C. und was sie sind
D. man etwas für die Welt tun kann
E. ich arbeite anstatt in der Schule zu lernen
F. Erwachsene arbeiten schon
G. die Eltern müssen mitkommen
H. mir die Erwachsenen sagen

Hat Tanja bestimmte Ideale?

Was hat man als Jugendliche mehr?

für dich

Nearly one in five people in Germany is under 18 years of age. For the great majority of young Germans, opportunities in life and future prospects have increased considerably over the past ten years. This applies to the eastern as well as the western part of the country. Especially in the west, most young people live comfortably in terms of material things. Their financial prospects have never been better. Never before have so many young people traveled as much as they do now, both at home and abroad. The greatest concern among young people in Germany today is the problem of unemployment.

As the influences of family, church and neighborhood have declined, freedom has increased accordingly. This is indicated by longer periods of study, the widening generation gap due to the fact that young people increasingly are influenced by standards set by their peers, the growing significance of leisure time and consumerism, and the effects of the mass media. Although this increases the pressure to be more independent, 83 percent of the young people interviewed in western Germany and 89 percent of those interviewed in the east said that when they had personal problems their first source of help was their parents. This is proof that young people are looking for clear guidance and role models.

Berlin, Stadtmitte

Das ist die Berliner Luft

CD Track 5

Berlin, die deutsche Hauptstadt, bietet viel für jeden Geschmack°: Geschäfte, Cafés und Kinos, Jugendklubs, Diskotheken, Theater, Museen — aber auch viel Natur mit Wäldern° und Seen.

In der Stadtmitte

Felix, 16, lebt° direkt in der Stadtmitte Berlins. Er ist sehr froh, dort zu sein, denn hier ist immer viel los. Er meint auch: „Die Leute in dieser Gegend sind nicht so alt und haben meistens eine gute Stimmung°."

Warum ist Felix froh, hier zu wohnen?

Lektion A

Felix trifft seine Freunde manchmal am Alexanderplatz.

Felix macht selbst Musik. Er spielt Gitarre und übt mit Freunden in einem Jugendklub. Da finden auch manchmal Konzerte statt und ein Dichter° liest ab und zu aus seinen Werken vor°. Felix liest am liebsten in einem Park an der Spree°. Hier kann er auf einer Wiese° liegen und Bücher lesen.

GV Activity 3

In der Stadt ist alles sehr nah. Zur Schule braucht Felix mit dem Fahrrad nur zehn Minuten. Seine Freunde trifft er am Alexanderplatz. Die Touristenmassen um den restaurierten Gendarmenmarkt° vermeidet° er so weit er kann. Der Lärm der vielen Baustellen° nervt° ihn. Man baut und renoviert° besonders in Ost-Berlin, dem Stadtteil der ehemaligen DDR°. Berlin findet Felix „toll, denn hier kann man immer etwas erleben°." Er war schon fast überall° in der Stadt, „weil die Partys immer woanders sind." Was Felix nicht gefällt an Berlin? „Dass es zu viele Autos gibt!"

der Geschmack taste; *der Wald* forest; *leben* to live; *die Stimmung* mood, atmosphere; *der Dichter* writer, poet; *aus seinen Werken vorlesen* to read from his works; *die Spree* name of river; *die Wiese* lawn; *der restaurierte Gendarmenmarkt* restored "Gendarmenmarkt" (famous place in Berlin); *vermeiden* to avoid; *die Baustelle* construction site; *nerven* to bug; *renovieren* to renovate; *die ehemalige DDR* former East Germany; *erleben* to experience; *überall* everywhere

Frische Luft in Spandau

 Track 6

Spandau, der grüne Stadtteil

Wie findet Lena Spandau?

Lena, 17, lebt in Spandau. Das ist ein „grüner Stadtteil". In ihrer Freizeit reitet Lena auf ihrem Pferd Tasso über die Felder°. Spandau findet Lena altmodisch°. „Das ist etwas für kleine Kinder und alte Leute. Jugendliche finden es hier schnell langweilig." So oft sie kann, fährt Lena deshalb zu ihrem Freund nach Schöneberg. „Da ist immer viel mehr los", sagt sie. Es dauert jedes Mal eine halbe Stunde mit dem Bus.

Nach dem Abitur will Lena nach Südamerika. Dort will sie an einem Straßenkinderprojekt mitarbeiten°. Eine Reise nach Australien hat sie schon gemacht. Sie verbrachte ein Jahr als Austauschschülerin° an einer High School. Nach dem Studium (wahrscheinlich Psychologie) will sie in Berlin bleiben, „aber nicht außerhalb, sondern in der Innenstadt. Da sind die Leute nicht so konservativ." Ihre Entscheidung kann aber auch noch ein paar Jahre warten.

das Feld field; *altmodisch* old-fashioned; *an einem Straßenkinderprojekt mitarbeiten* to collaborate in a street children's project; *die Austauschschülerin* exchange student

GV Activity 4

Kapitel 12

Klein-Istanbul

Metin, 17, und Tuncay, 16, treffen wir im Jugendklub Kreuzberg. Hierher kommen jeden Tag 50 bis 80 Jungen, meistens Türken. Im Klub können sie Karten, Billard oder Fußball spielen. Es gibt auch einen Fitnessraum°. In einer Werkstatt können sie vieles machen, was sie später einmal im Beruf gebrauchen° werden.

Zwei Sozialarbeiter organisieren manchmal ein Fußballspiel gegen Mannschaften in anderen Teilen der Stadt. „Jugendliche aus anderen Nachbarschaften kommen nicht sehr oft hierher", sagt Metin. „Hier leben viele Türken. Kreuzberg heißt ja auch Klein-Istanbul. Die Straßen, Geschäfte und Wohnungen sehen aus wie in der Türkei."

Ahmad Yazdam, der Leiter des Jugendklubs, spricht nicht positiv über diese Gegend. „Deutsche und reiche° Türken ziehen von hier weg°. Der Stadtteil verfällt°, weil niemand hierher kommen will." Wirklich zu Hause sind Metin und Tuncay hier auch nicht, obwohl sie in Deutschland geboren° sind. „In der Schule ist Deutschland und zu Hause ist die Türkei", sagt Metin. Dazu sagt auch noch Tuncay: „In Deutschland sind wir Türken und in der Türkei sind wir Deutsche."

der Fitnessraum fitness room; *gebrauchen* to make use of; *reich* rich; *wegziehen* to move away; *verfallen* to decay; *geboren* born

Kreuzberg, Klein-Istanbul

Jugendliche aus anderen Nachbarschaften kommen nicht sehr oft hierher.

Fühlt sich Tuncay hier wie zu Hause?

Lektion A

In der Satellitenstadt

Martina und Daniel, beide 15, leben in Marzahn. In diesem Stadtteil stehen die meisten Wohnhäuser° von Berlin. 150 000 Einwohner gibt es hier. Während der DDR-Zeit war dieser Stadtteil sehr beliebt. Heutzutage stehen aber viele Wohnungen leer°.

In Marzahn gibt es viele Jugendklubs. Martina und Daniel treffen sich oft mit ihren Freunden in diesem Klub. In Marzahn fühlen sich beide wohl. Martina sagt: „In Marzahn gibt es viele Sportmöglichkeiten und ich kenne viele Leute. Auch später will ich hier nicht weg." Sie fährt nicht oft in andere Teile der Stadt. „Nur manchmal fahre ich zum Einkaufen nach Lichtenberg oder Hohenschönhausen." Beide Orte liegen auch im Osten der Stadt. Die Berliner Innenstadt kennt Martina besonders gut, weil ihre Schule dort Projekttage° über die Bauwerke° Berlins und ihre Geschichte veranstaltet°.

Fühlt sich Martina in Marzahn sicher? „Unsicher ist man heutzutage überall", meint sie. „Deshalb mache ich einen Karate-Kurs°." Daniel gefällt es in Marzahn sehr. „Die Häuser sind hier sehr sauber, viel mehr als in anderen Stadtteilen. Die Wohnungen sind groß, so dass die meisten meiner Freunde ihr eigenes Zimmer haben." Auch die Nähe der Natur überzeugt ihn in Marzahn. „Bis zum Wald ist es nicht weit", sagt er. Daniel mag die vielen Bäume und Parks. Nicht gern verlässt Daniel seinen Stadtteil. Nur wenn er seine Schwester in Berlin-Marienfelde besucht, ist er eineinhalb Stunden unterwegs.

das Wohnhaus apartment building; *leer* empty; *der Projekttag* project day; *das Bauwerk* building; *veranstalten* to stage

Wie gefällt es Martina und Daniel dort, wo sie wohnen?

In Marzahn stehen die meisten Wohnhäuser.

3 Wie heißt der bekannte Ort?

Die folgenden Sätze beschreiben Verschiedenes von dem, was du über Berlin gelesen hast. Wenn du die Anfangsbuchstaben der fehlenden Wörter von eins bis vierzehn liest, dann weißt du den Namen eines bekannten Platzes in Berlin. Schreib alle Wörter mit großen Buchstaben!

1. Felix spielt dieses Musikinstrument.
2. Lena wird noch ein paar Jahre warten, bis sie diese macht. Man macht sie, nachdem man ein paar Möglichkeiten gehabt hat.
3. Das ist ein anderes Wort für „Gegenden" ganz in der Nähe, wo man wohnt.
4. Früher gab es in Deutschland zwei Teile. So nannte man den Ostteil.
5. Felix trifft dort seine Freunde.
6. Das ist ein ähnliches Wort für „Wiese". Dort sitzt man im Gras.
7. In diesem Teil Berlins gibt es die meisten Wohnhäuser.
8. Martina macht das manchmal in Lichtenberg.
9. Da gibt es Bäume, Felder und Wiesen. Vielen gefällt es da draußen im Freien, denn sie kommen aus dem Verkehr einer Stadt heraus.
10. Er (17 Jahre alt) meint, dass bei ihm zu Hause die Türkei ist.
11. Lena war das ein Jahr lang in Australien.
12. Das macht man, wenn man mit einem Auto oder einem anderen Verkehrsmittel in die Ferien fährt.
13. Dort wohnen viele Türken.
14. So heißen die Menschen, die in der Türkei leben.

1. **G**ITARRE
2. **E**NTSCHEIDUNG
3. **N**ACHBARSCHAFTEN
4. **D**DR
5. **A**LEXANDERPLATZ
6. **R**ASEN
7. **M**ARZAHN
8. **E**INKAUFEN
9. **N**ATUR
10. **M**ETIN
11. **A**USTAUSCHSCHÜLERIN
12. **R**EISE
13. **K**REUZBERG
14. **T**ÜRKEN

Türkische Geschäfte in Kreuzberg

Lektion A

4 Was fehlt hier?

Ergänze die folgenden Sätze mit Verben auf der Liste. Sei sicher, dass du auch die richtigen Verbformen benutzt!

verbringen	gefallen	spielen	machen	bieten
ziehen	haben	kommen	treffen	sein
fahren	fühlen			

1. Felix ___ manchmal seine Freunde in der Stadtmitte.
2. Viele Einwohner ___ von Kreuzberg weg.
3. Martina ___ nicht oft in andere Stadtteile.
4. Im Klub können die Jugendlichen Karten ___.
5. Die Hauptstadt ___ viel für den Geschmack der Einwohner und Besucher.
6. Felix ___ es nicht, dass es in Berlin so viele Autos gibt.
7. In Marzahn ___ sich Martina sicher.
8. Aus anderen Nachbarschaften ___ nicht viele Jugendliche nach Kreuzberg.
9. Tuncay meint, dass er und andere in seiner Gegend in Deutschland Türken ___.
10. Lena hat ein Jahr in Australien ___
11. Die Leute in der Gegend, wo Felix wohnt, ___ oft eine gute Stimmung.
12. Lena hat schon eine Reise nach Australien ___.

1. trifft
2. ziehen
3. fährt
4. spielen
5. bietet
6. gefällt
7. fühlt
8. kommen
9. sind
10. verbracht
11. haben
12. gemacht

5 Was bedeuten diese Wörter?

Beschreib jedes Wort mit mindestens einem Satz!

▶ Kreuzberg
Das ist ein Stadtteil Berlins.

1. Stadtmitte
2. Wiese
3. Abitur
4. Austauschschüler
5. Nachbarschaft
6. Türkei
7. Wohnhaus
8. Wald

PERSÖNLICHES

Was gefällt dir und was gefällt dir nicht? Beschreib, was dir (1) zu Hause, (2) in der Schule und (3) bei Freunden gefällt und nicht gefällt! Wenn du etwas nicht gern hast, dann schlag vor, was du oder andere tun sollten, um die Situation zu verbessern!

Kapitel 12

ROLLENSPIEL

Was ist alles in deiner Gegend los? Make a list of events or activities that are taking place in your area (neighborhood, school, town or city) during the next few months. Working in pairs, discuss with a classmate which of these events or activities you'll be involved in. In your discussion, answer such questions as: *Was ist in den nächsten paar Monaten hier los? Was passiert dann? Machst du mit? Wie muss man sich dafür vorbereiten? Wie viel kostet es?* Add any additional details that might be helpful in explaining an event or activity to someone who is not familiar with it.

It greens so green when the flowers in Spain bloom.

CD Track 9

CA Activities 1–4

Wörter und Ausdrücke

TALKING ABOUT YOUNG PEOPLE'S CONCERNS

Welche Sorgen haben sie? Which worries do they have?
Es gibt ein paar Unterschiede. There are a few differences.
Was für eine Meinung hast du? What opinion do you have?
In meinem Alter brauche ich mehr Freiraum. At my age, I need more free space.
Es ist für sie zur Gewohnheit geworden. It's become a habit for them.
Ich kann kein Konto eröffnen. I can't open an account.
Sie haben Neugierde. They have curiosity.
Das ist schade. That's too bad.
Ich will Geld verdienen. I want to earn money.
Hast du Zeit zum Nachdenken? Do you have time to reflect?

Lektion A

LEKTION B

Was lesen die Jugendlichen?

Nils (18) ist ein echter Comic-Fan. Er liest jeden Tag mindestens einen Comic, meistens sogar schon vor dem Aufstehen. Er liest aber nicht nur Comics, sondern er sammelt sie auch. „Ich liebe diese Comics und deshalb will ich sie selbst haben. Ich passe sehr auf meine Comics auf. Wenn man sie noch verkaufen will, müssen sie in gutem Zustand sein." Nils liest schon seit er sechs Jahre alt ist. Comics gefallen ihm besonders, weil er sich nicht so konzentrieren muss.

Wenn er an einem Kiosk einen neuen Comic sieht, muss er ihn auch gleich kaufen. „Zeichnungen in einem Comic sind sehr wichtig. Sie müssen voller Farbe und auch interessant sein", meint Nils. „Alles passiert auch so viel schneller als in Büchern. Dort beschreibt man immer alles einzeln. Natürlich ist es eine Kunst, Bücher zu schreiben. Mir ist es aber einfach zu langweilig lange zu lesen."

Was gefällt Nils besonders?

Was macht Ilona gern?

Ilona (17) muss jeden Wochentag fast eine Stunde zu ihrer Schule fahren. „Ich lese in der S-Bahn, auch wenn ich keinen Sitzplatz habe, also im Stehen. Einmal habe ich sogar die Endstation verpasst, weil das Buch so spannend war." Was, meint Ilona, braucht man zum Lesen? „Man soll allein sein und viel Zeit haben. Ich kann mich nicht konzentrieren, wenn sich alle um mich herum unterhalten. Wenn ich lese, kann ich auch keine Musik hören. Dann darf mich auch niemand stören." Doch in der S-Bahn macht ihr das alles nichts aus. Meistens liest Ilona Bücher, die auf der Bestsellerliste stehen. Gibt es einen Film dazu, sieht sie sich ihn auch an.

„Ich mag Bücher mit tragischen Ereignissen am liebsten. Ein Buch muss aber immer gut ausgehen. Ich mag es sehr gern, wenn Bücher traurig sind." Was ist besser, Buch oder Kino? Ilona wählt das Buch: „Das kann ich immer mitnehmen. Da kann ich bestimmen, wann und wo ich es lese."

Udo (17) ist ein sportlicher Typ. Er spielt Fußball und Basketball, fährt viel Fahrrad und ist ein guter Schwimmer. Außer Sport hat er Musik auch sehr gern. Er hört oft Rap, Hip-Hop, Funk oder Soul. „Ich habe nur ein Buch gelesen. Es heißt *Die Welle*. Wir haben in der Schule darüber gesprochen. Ich habe es dann gekauft, weil es mich interessiert hat."

Um zu träumen, nimmt Udo sein Buch, legt sich auf sein Bett und hört Musik. „Ich habe noch nie einen Liebesroman gelesen, aber ich entdecke die Gefühle in der Musik." Über Aktuelles informiert sich Udo im Fernsehen. „Fernsehen gefällt mir viel mehr als Lesen." Trotzdem liest Udo manchmal. „Im Internet sehe ich mir Sachen über meine Hobbys an. Doch chatte ich am liebsten. Auf diesem Wege komme ich auch zum Lesen", lächelt Udo und spricht weiter mit seinem Online-Partner.

Welches Buch hat Udo gelesen?

Astrid (15) liest sehr gern. Schon als Kind hat ihr Vater immer am Abend Geschichten vorgelesen. Sobald sie es konnte, hat sie Bücher selbst gelesen. Auch heute noch liest sie ab und zu in dem einem oder anderen Kinderbuch. Als sie älter wurde, hat sie viele Bücher über das Dritte Reich gelesen. „Ich habe so viel dabei gelernt." Sie findet es auch wichtig, dass man in der Schule Klassiker liest. Manchmal liest sie aber Bücher, die sie wirklich entspannen. „Es kann auch von friedlichen Themen handeln. Der Text muss aber leicht zu lesen sein." Astrid liest ihre Bücher am liebsten in der Badewanne oder im Bett. „Ab und zu unterstreiche ich wichtige Sätze." Wenn man ihre Bücher sieht, dann weiß man, dass sie Astrid ganz intensiv gelesen hat. Um ein Buch zu genießen, braucht Astrid drei Dinge: „Einen gemütlichen Platz, etwas zu trinken und natürlich etwas zu essen."

Wo liest Astrid ihre Bücher?

Lektion B

6 Was bedeuten diese Wörter?

Die folgenden Wörter haben bestimmte Bedeutungen. Welche Beschreibung passt zu welchem Wort?

1. K
2. H
3. C
4. L
5. G
6. A
7. I
8. B
9. J
10. F
11. E
12. D

1. Zeichnungen
2. Bestsellerliste
3. Liebesroman
4. Kiosk
5. Comic
6. Zustand
7. Musik
8. Endstation
9. Sitzplatz
10. Badewanne
11. Hobby
12. Satz

Was liest er?

A. Es ist ein anderes Wort für „Kondition".
B. Es ist das Ziel einer Reise mit dem Zug.
C. Darin findet man meistens eine Geschichte. Sie kann mit viel Gefühl, traurig und tragisch sein.
D. Der hat ein Subjekt und ein Verb oder mehr.
E. So nennt man es, wenn man Comics sammelt.
F. Viele Leute duschen sich nicht gern, sondern sitzen lieber darin.
G. Das ist ein Buch oder ein Heft mit lustigen *(funny)* Zeichnungen und wenig Text.
H. Darauf steht, welche Bücher an erster Stelle stehen.
I. Das hören viele Jugendliche gern.
J. Wenn man in der Straßenbahn nicht stehen will, dann sucht man diesen.
K. Die machen einen Comic sehr bunt.
L. Man findet ihn im Freien, wo man Zeitungen und Zeitschriften kaufen kann.

Track 14

7 Fragen

Beantworte diese Fragen!

1. Was für Sportarten treibt Udo?
2. Was hat Astrids Vater schon gemacht, als sie noch ein Kind war?
3. Warum passt Nils auf, dass seine Comics in gutem Zustand bleiben?
4. Was macht Ilona oft in der S-Bahn?
5. Was ist Nils langweilig?
6. Worüber hat Astrid viel gelesen?
7. Was macht Udo gern im Internet?
8. Was macht Astrid manchmal, wenn sie glaubt, dass sie etwas Wichtiges liest?

1. Er spielt Fußball und Basketball, schwimmt und fährt Rad.
2. Er hat ihr Geschichten vorgelesen.
3. Er will sie vielleicht später verkaufen.
4. Sie liest ein Buch.
5. Es ist ihm langweilig, lange zu lesen.
6. Sie hat viel über das Dritte Reich gelesen.
7. Er chattet gern.
8. Sie unterstreicht diese Sätze.

für dich

Johannes Gutenberg

Johannes Gutenberg is considered the inventor of movable type and is credited with printing the first book (the Bible), published in Mainz in 1455. It's no wonder that Germans love to read. There are more than 70,000 books published in Germany every year. More than half the books are published in four areas: (1) social sciences, (2) linguistics and literature, fiction, (3) applied sciences, medicine, and (4) technology and geography, history. The largest book fair is held annually in Frankfurt where 9,000 publishing companies from more than 110 countries exhibit their most recently released publications.

Die Gutenberg Bibel im Gutenberg-Museum in Mainz

emcp.com

Lektion B

Lesestück

Die Jugend — Sorgen und Probleme

Wie in jedem anderen Land haben auch die deutschen Jugendlichen Sorgen und Probleme. Sie haben reale Probleme, aber die meisten sehen trotzdem optimistisch in die Zukunft°. Ihre größten Sorgen sind die Ausbildung° und die Arbeitslosigkeit°. In ganz Deutschland, aber besonders in den neuen Bundesländern (ehemalige° DDR), gibt es zu wenige Ausbildungsplätze.

Hier sind zwei Meinungen über dieses Thema: „Manchmal habe ich schon Angst vor der Zukunft. Obwohl man vielleicht eine gute Ausbildung bekommt, weiß man nie, ob man später eine Arbeit bekommt." „Heutzutage sprechen viele davon, dass die Jugendlichen so unpolitisch und pessimistisch sind. Das stimmt doch gar nicht. Meine Freunde und ich unterhalten uns oft über die Umwelt° und was man machen sollte, um sie zu verbessern." Also, Themen wie Ausbildung und Umwelt scheinen für die Jugendlichen sehr wichtig zu sein. Andere Themen, wie zum Beispiel das Benehmen°, sind vielleicht keine großen Probleme, aber trotzdem kümmern sich die Jugendlichen auch um diese.

Der Azubi muss noch viel lernen.

die Zukunft future; *die Ausbildung* training; *die Arbeitslosigkeit* unemployment; *ehemalig* former; *die Umwelt* environment; *das Benehmen* behavior

Ausbildung

Die praktische Ausbildung (auch „Lehre°" genannt) in einer Firma dauert meistens zwei oder drei Jahre. Die Azubis verdienen nicht viel Geld dabei, denn die Firmen brauchen nicht viel zu bezahlen. Für die Azubis ist diese Zeit aber sehr wichtig, denn sie lernen das, wofür sie sich interessieren und bekommen auch praktische Erfahrung°. Am Ende dieser Ausbildung müssen die Azubis eine Prüfung bestehen°. Erst dann ist es ihnen möglich°, einen Job in ihrem Fach zu bekommen.

Praktische Ausbildung dauert meistens zwei oder drei Jahre.

Manuel ging ein paar Jahre auf ein Gymnasium. Dort waren seine Noten nicht sehr gut. Besonders in Deutsch und in Mathematik hatte er Probleme. Er verließ die Schule ein Jahr vor dem Abitur. Er wollte in einem Hotel arbeiten, aber das Praktikum in einem Hotel gefiel Manuel nicht. Er hörte schon nach drei Wochen auf. Unterdessen war es für einen anderen Ausbildungsplatz zu spät. Deshalb jobbte° er ein Jahr lang ungefähr 50 Stunden im Monat in einem Supermarkt. „Ich hatte viel zu viel Freizeit. Meine Freunde arbeiteten den ganzen Tag und hatten deshalb nicht viel Zeit für mich. Es war ganz langweilig!" Manuels Eltern wollten ihm nichts sagen, denn sie meinten, dass sein Beruf nur ihn etwas angeht°. Endlich ging er zum Arbeitsamt°. Nach einem Interview hatte man gemerkt, dass Manuel besonders viel über Computer wusste. Man hat ihm vorgeschlagen, dass er noch ein oder zwei Jahre zur Berufsschule° gehen und vielleicht eine Ausbildung in einem Büro machen sollte.

die Lehre apprenticeship; *die Erfahrung* experience; *eine Prüfung bestehen* to pass a test; *möglich* possible; *jobben* to do odd jobs; *angehen* to concern; *das Arbeitsamt* employment office; *die Berufsschule* vocational school

Umwelt

In den letzten zehn bis zwanzig Jahren hat sich vieles in Deutschland verbessert. Die Jugendlichen interessieren sich dafür, die Umwelt zu schützen°. Es gibt strenge Gesetze°, denn man will sicher sein, dass die Umwelt für die nächsten Generationen erhalten° bleibt. Recycling, zum Beispiel, machen die Deutschen schon sehr lange. Dosen°, Papier und der andere Müll° kommen separat in den gelben Sack und gehen direkt ins Recycling. Glas geht in den Glascontainer.

Recycling machen die Deutschen schon lange.

Wie sortiert man hier das Glas?

Lektion B

Autos sind immer noch das größte Problem. Obgleich es heute fast nur bleifreies Benzin° gibt, ist die Luft, besonders in den größeren Städten, doch noch nicht ganz sauber. Außerdem brauchen die Deutschen heute mehr Energie als früher. Auch für die Autofirmen gibt es strengere Gesetze. Umweltschutz° wird für die Deutschen noch viele Jahre ein wichtiges Thema bleiben.

Hier sind die Meinungen verschiedener Jugendlicher:

„Es gibt immer noch ökologische Probleme, besonders in den Ostteilen."

„Obwohl wir bei uns sehr strenge Gesetze haben, um die Umwelt zu schützen, gibt es einfach zu viele Autos in unserem kleinen Land."

„Manche Flüsse, wie zum Beispiel der Rhein und die Elbe, sind viel zu schmutzig°. Früher konnte man da schwimmen. Heutzutage ist das ganz unmöglich."

schützen to protect; *strenge Gesetze* strict laws; *erhalten* to preserve; *die Dose* can; *der Müll* trash, garbage; *das bleifreie Benzin* unleaded gasoline; *der Umweltschutz* environmental protection; *schmutzig* dirty

Benehmen

Für die meisten Jugendlichen gibt es einfach zu viele Regeln für gutes Benehmen. Viele junge Leute fragen sich: „Sind sie wirklich so wichtig?" Hier sind ein paar Beispiele, was die Jugendlichen sagen: „Es stört mich, dass...

...ich den Tisch erst verlassen darf, wenn alle mit dem Essen fertig sind. Ich habe doch noch wichtigere Termine.

Welches Thema ist vielleicht für Petra wichtig?

Die Elbe bei Dresden ist nicht mehr ganz so schmutzig wie früher.

Kapitel 12

...ich nicht so lange ich will mit meinen Freunden telefonieren soll. Es gibt doch oft so viele wichtige Dinge zu erzählen.

...ich zu besonderen Anlässen° elegante Kleidung tragen soll. Jeans sind viel bequemer°!

...man sich nicht die Haare rot, grün oder blau färben° soll. Das sieht doch gut aus!

...ich immer den Teller leer° essen soll. Was ist, wenn es einem nicht schmeckt?

...man „Danke!" sagen muss, wenn man Komplimente bekommt. Die will ich doch gar nicht hören!

...man zu Einladungen° etwas mitbringen soll. Die sollen sich auf mich freuen, nicht auf meine Geschenke!

...ich bei langweiligen Familientreffen° mitmachen soll. Es gibt doch viele interessantere Sachen!"

In den letzten Jahren sind die deutschen Jugendlichen noch weltlicher° geworden. Sie interessieren sich sehr, was in anderen Ländern passiert und diskutieren oft über verschiedene Probleme Deutschlands und anderer Länder. Viele chatten im Internet und lernen auf diesem Weg, was überall los ist.

der Anlass occasion; *bequem* comfortable; *färben* to color; *leer* empty; *die Einladung* invitation; *das Familientreffen* family gathering; *weltlich* worldly

Tanja stört es auch, dass sie nicht so lange mit Freunden telefonieren soll.

Viele wollen nicht gern elegante Kleidung zu besonderen Anlässen tragen.

Lektion B

8 Fragen

Beantworte diese Fragen!

1. Was machen viele Schüler hier in Amerika, nach dem Schulabschluss?
2. Warum gehen Leute zum Arbeitsamt?
3. Wie kann man seine Umwelt schützen?
4. Gibt es in Amerika strenge Gesetze? Welche?
5. Haben wir ökologische Probleme? Welche?
6. Haben wir Regeln für gutes Benehmen? Nenne mindestens zwei davon!

9 Gegenteile

Was sind die Gegenteile *(opposites)* der folgenden Wörter!

1. schmutzig
2. möglich
3. optimistisch
4. groß
5. langweilig
6. spät
7. vor
8. kurz
9. einfach
10. voll

Ist es für Angelika einfach, auf dem Pferd zu sitzen?

Persönliches

1. Wie kannst du helfen die Umwelt zu schützen?
2. Was hast du vor, nachdem du mit der High School fertig bist?
3. Welche Regeln zu Hause gefallen dir und welche gefallen dir nicht?
4. Welche Probleme oder Sorgen haben amerikanische Jugendliche? Nenne mindestens zwei!
5. Welcher Beruf gefällt dir? Warum?

ROLLENSPIEL

Working in pairs, both you and a classmate make up a list of recyclable items that you or your family normally would just throw in the garbage. Then categorize them according to your local recycling laws and regulations. Discuss each item on your list with your partner and find out if he or she agrees. Then reverse roles.

Praktisches

In groups of four or five, write down some of the problems that may have occurred in your town or city in recent months. These problems may deal with such topics as *Unfall, Umwelt, Verkehr, Gesundheit*. As soon as each group member has come up with one topic, he or she will present it to the rest of the group. When everyone has finished, the group will vote on which of the topics is the most important. All the group members will then contribute their ideas and knowledge to this topic. When completed, a spokesperson will present the findings to the rest of the class.

SCHREIBEN

Worum sorgt sich die heutige Jugend in den USA? Bestimmt gibt es heutzutage auch viele Probleme für amerikanische Jugendliche. Mach ein Liste davon! Dann wähle ein Thema und schreib darüber!

Tanja

Hasan

Petra

Worum haben sie sich gesorgt?

John

Angelika

Christian

Lektion A

The young people in these photos come from the *Treffpunkt Berlin* video series that accompanies *Deutsch Aktuell 1, 2, 3.* If you are using these videos, your students will be familiar with the characters' interests and concerns.

Land und Leute

Berühmte Schlösser

Die berühmtesten deutschen Schlösser hatte König° Ludwig II. (der Zweite) in Bayern gebaut°. Er lebte 1845–1886. Obwohl König Ludwig besonders für die Schlösser Neuschwanstein, Linderhof und Herrenchiemsee bekannt ist, wohnte er die meiste Zeit im Schloss Hohenschwangau, von 1868 bis er im Jahr 1886 starb. Das Schloss stammt aus° dem 12. Jahrhundert. Ludwigs Vater, König Maximilian II., hatte es ganz renoviert.

Schloss Neuschwanstein liegt wie Schloss Hohenschwangau in der Nähe der Stadt Füssen in den bayrischen Alpen. Ludwig II. hatte es zwischen 1869 und 1886 gebaut. Dieses Schloss, das auf vielen Reisepostern in der ganzen Welt zu sehen ist, ist das bekannteste der vier Schlösser. König Ludwig war sehr exzentrisch, was man gleich sieht, wenn man in den Thronsaal° hineinkommt. Die große Marmortreppe° sollte zu dem Thron führen°, aber die Arbeit hat man nicht fertig machen können, da der König schon vorher gestorben° ist.

Man hat den Sängersaal° nie benutzt, während der König lebte. Erst 1933 hat man hier Konzerte gegeben. Man hat hier besonders Musik von Richard Wagner gespielt, denn Wagner war ein guter Freund des Königs. Manche der Gemälde° reflektieren ein paar Musikstücke Wagners, wie zum Beispiel „Parsifal" und „Tannhäuser".

Schloss Neuschwanstein

der Spiegelsaal

Sobald man ins Schlafzimmer des Königs kommt, sieht man weiterhin, wie exzentrisch der König war. An diesem Zimmer hatten vierzehn Bildhauer° viereinhalb Jahre lang gearbeitet. Der Schwan° war das Lieblingstier des Königs. Deshalb sieht man den Schwan° als Symbol überall im Schloss, besonders im Wohnzimmer, an Gardinen°, Vasen und auf Gemälden.

das Schlafzimmer

Während Schloss Neuschwanstein an ein Schloss aus dem Mittelalter erinnert, war Schloss Linderhof der erste Versuch° des Königs, das Schloss in Versailles (Frankreich) zu imitieren. Schloss Linderhof liegt nur dreißig Kilometer von Neuschwanstein entfernt. Man hatte es in vier Jahren gebaut (1874-1878). Französische Architekten und Maler entwarfen den Spiegelsaal°. Die verschiedenen Spiegel machen diesen Raum° optisch viel größer, denn die goldenen Wände und die Ecken der Decke° reflektieren in den Spiegeln.

Schloss Linderhof

Das Schlafzimmer des Königs ist der größte Raum im Schloss. Der König hatte fast keine Freunde und war sehr einsam°. Man merkt das sofort, wenn man in den Speisesaal hineinkommt. Der Esstisch steht in der Mitte. Man konnte diesen Teil des Zimmers in die Küche hinunterlassen°. Unten hatte man dann den Tisch des Königs gedeckt und mit dem Essen wie einen Fahrstuhl nach oben gezogen.

Man konnte den Tisch in die Küche hinunterlassen.

Die Blaue Grotte° ist nur ein paar hundert Meter vom Schloss entfernt. Der König saß dort manchmal ganz allein während Schauspieler Opern für ihn aufführten°.

Die Blaue Grotte ist nicht weit vom Schloss entfernt.

Lektion B

Schloss Herrenchiemsee ist das drittberühmteste Schloss König Ludwigs. Man hatte es zwischen 1878 und 1886 gebaut. Dieses Schloss liegt auf einer Insel im Chiemsee. Deshalb muss man mit einem kleinen Schiff dorthin fahren. Die Fahrt dauert nur zehn Minuten. Bei diesem Schloss kann man wieder den französischen Einfluss° sehen. Der König hat es im Stil des Versailler Schlosses gebaut. Man kann diese Imitation gleich erkennen°, wenn man durch den Schlossgarten geht.

Wie in den anderen Schlössern ist auch hier das Schlafzimmer mit vielen Ornamenten an Wänden und Decken dekoriert. Genauso wie im Schloss Linderhof konnte der König den Tisch im Esssaal in die Küche hinunterlassen. Der Spiegelsaal ist für Besucher der interessanteste Raum.

Während des Jahres besuchen Touristen die Schlösser König Ludwigs von April bis Oktober. Während der anderen Monate machen die Schlösser zu. Einen Besuch dieser Schlösser darf man nicht verpassen, wenn man eine Reise durch Bayern macht.

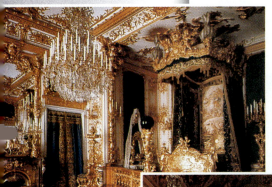

Wie in den anderen Schlössern ist auch dieses Schlafzimmer mit Ornamenten dekoriert.

Der Spiegelsaal ist für Besucher der interessanteste Raum.

der König king; *bauen* to build; *stammen aus* to come from; *der Thronsaal* throne room; *die Marmortreppe* marble staircase; *führen* to lead; *sterben* to die; *der Sängersaal* choir room; *das Gemälde* painting; *der Bildhauer* sculptor; *der Schwan* swan; *die Gardine* curtain, drapery; *der Versuch* attempt; *den Spiegelsaal entwerfen* to design the hall of mirrors; *der Raum* room; *die Decke* ceiling; *einsam* lonely; *hinunterlassen* to lower; *die Blaue Grotte* Blue Grotto; *Opern aufführen* to perform operas; *der Einfluss* influence; *erkennen* to recognize

WB Activity 10
GV Activity 12
OT Activities 61–64
emcp.com

Schloss Herrenchiemsee

10 Wovon spricht man hier?
Identifiziere das Schloss, von dem man hier spricht.

1. Das Schlafzimmer ist das größte Zimmer im Schloss.
2. Hier wohnte König Ludwig II. die meiste Zeit.
3. Dieses Schloss liegt auf einer Insel.
4. Ein Tier ist das Symbol dieses Schlosses.
5. Der Schlossgarten ist eine Imitation des Versailler Schlosses.
6. Man hat es im 12. Jahrhundert gebaut.
7. Dort sah man, wie man Wagner Opern aufführte.
8. Man sieht es überall auf Postern.

CD Track 23

1. Schloss Linderhof
2. Schloss Hohenschwangau
3. Schloss Herrenchiemsee
4. Schloss Neuschwanstein
5. Schloss Herrenchiemsee
6. Schloss Hohenschwangau
7. Schloss Linderhof
8. Schloss Neuschwanstein

WB Activities 11–12

CA Activities 5–8

VP

Welches Tier ist das Symbol dieses Schlosses?

TALKING ABOUT READING MATTERS

Es muss in gutem Zustand sein. It has to be in good condition.
Ich liebe einen Comic. I love comics.
Mir gefallen die Zeichnungen. I like the drawings.
Es war spannend. It was exciting.
Es ist tragisch und traurig. It's tragic and sad.
Ich bestimme das. I determine that.
Er träumt. He is dreaming.
Liest du einen Liebesroman? Are you reading a romance novel?
Wo entdeckt er die Gefühle? Where does he discover his feelings?
Er liest oft vor. He often reads aloud to others.
Hast du über das Dritte Reich gelesen? Did you read about the Third Reich?
Diese Bücher entspannen. These books are relaxing.
Sie unterstreicht wichtige Sätze. She underlines important sentences.

Lektion B

Vokabeln

aktuell current, up-to-date 12B
allein alone 12B
das **Alter** age 12B
andererseits on the other hand 12A
angehen *(ging an, ist angegangen)* to concern 12B
der **Anlass,-̈e** occasion 12B
das **Arbeitsamt,-̈er** employment office 12B
die **Arbeitslosigkeit** unemployment 12B
die **Ausbildung** training 12B
der **Ausbildungsplatz,-̈e** training place 12B
ausgehen *(ging aus, ist ausgegangen)* to go out 12A; to turn out 12B
die **Autofirma,-men** automobile dealership 12B
die **Bank,-en** bank 12A
das **Benehmen** behavior 12B
das **Benzin** gasoline, fuel 12B
bequem comfortable 12B
die **Berufsschule,-n** vocational school 12B
bestimmen to determine 12B
die **Bestsellerliste,-n** best-seller list 12B
bleifrei unleaded 12B
der **Comic,-s** comics 12B
das **Ding,-e** thing 12B
diskutieren to discuss 12B
die **Dose,-n** can 12B
ehemalig former 12A
die **Einladung,-en** invitation 12B
einzeln individual, separate 12B
elegant elegant 12B
die **Endstation,-en** final destination 12B
die **Energie** energy 12B
entdecken to discover 12B
entspannen to relax 12B
die **Erfahrung,-en** experience 12B
erhalten *(erhält, erhielt, erhalten)* to preserve 12B
das **Familientreffen,-** family meeting, gathering 12B

färben to color 12B
der **Freiraum** free space 12A
das **Gefühl,-e** feeling 12B
gemütlich comfortable 12B
die **Generation,-en** generation 12B
das **Gesetz,-e** law 12B
die **Gewohnheit,-en** habit 12A
herausfinden *(fand heraus, herausgefunden)* to find out 12A
das **Ideal,-e** ideal 12A
intensiv intensive 12B
jobben to do odd jobs 12B
der **Kiosk,-e** newsstand 12B
der **Klassiker,-** classic 12B
das **Kompliment,-e** compliment 12B
das **Konto,-ten** account; *ein Konto eröffnen* to open an account 12A
sich **konzentrieren** to concentrate 12B
kreativ creative 12B
die **Kunst,-̈e** art 12B
leer empty 12B
die **Lehre,-n** apprenticeship 12B
lieben to love 12B
der **Liebesroman,-e** romance novel 12B
die **Meinung,-en** opinion 12A
möglich possible 12B
der **Müll** trash, garbage 12B
nachdenken *(dachte nach, nachgedacht)* to think about, reflect 12A
die **Neugierde** curiosity 12A
ökologisch ecological 12B
optimistisch optimistic 12B
der **Ostteil,-e** eastern part 12B
pessimistisch pessimistic 12B
die **Prüfung,-en** test, examination; *eine Prüfung bestehen* to pass a test 12B
real real 12B
das **Recycling** recycling 12B
das **Reich,-e** empire; *das Dritte Reich* Third Reich (1933–1945) 12B

die **Routine** routine 12A
der **Satz,-̈e** sentence 12B
schade: es ist schade that's a pity 12A
schmutzig dirty 12B
schützen to protect 12B
der **Schwimmer,-** swimmer 12B
die **Situation,-en** situation 12A
der **Sitzplatz,-̈e** seat 12B
die **Sorge,-n** worry 12A
spannend exciting, thrilling 12B
streng strict 12B
tragisch tragic 12B
träumen to dream 12B
traurig sad 12B
trotzdem nevertheless 12B
die **Umwelt** environment 12B
der **Umweltschutz** environmental protection 12B
unmöglich impossible 12B
unpolitisch apolitical 12B
der **Unterschied,-e** difference 12A
unterstreichen *(unterstrich, unterstrichen)* to underline 12B
verdienen to earn 12A
vorlesen *(liest vor, las vor, vorgelesen)* to read aloud to others 12B
weltlich worldly 12B
die **Zeichnung,-en** drawing, illustration 12B
die **Zukunft** future 12B
der **Zustand,-̈e** condition 12B

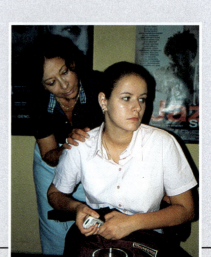

Petra ist traurig.

Personal Pronouns

SINGULAR	Nominative	Accusative	Dative
1st person	ich	mich	mir
2nd person	du	dich	dir
3rd person	er sie es	ihn sie es	ihm ihr ihm
PLURAL			
1st person	wir	uns	uns
2nd person	ihr	euch	euch
3rd person	sie	sie	ihnen
formal form (singular or plural)	Sie	Sie	Ihnen

Reflexive Pronouns

SINGULAR	Accusative	Dative
1st person *(ich)*	mich	mir
2nd person *(du)*	dich	dir
3rd person *(er)* *(sie)* *(es)*	sich	sich
PLURAL		
1st person *(wir)*	uns	uns
2nd person *(ihr)*	euch	euch
3rd person *(sie)*	sich	sich
formal form *(Sie)* (singular or plural)	sich	sich

Demonstrative Pronouns

	Singular			Plural
	Masculine	Feminine	Neuter	
Nominative	der	die	das	die
Accusative	den	die	das	die
Dative	dem	der	dem	denen

Definite Article

	Singular			Plural
	Masculine	Feminine	Neuter	
Nominative	der	die	das	die
Accusative	den	die	das	die
Dative	dem	der	dem	den
Genitive	des	der	des	der

der-words

	Singular			Plural
	Masculine	Feminine	Neuter	
Nominative	dieser	diese	dieses	diese
Accusative	diesen	diese	dieses	diese
Dative	diesem	dieser	diesem	diesen
Genitive	dieses	dieser	dieses	dieser

Other *der*-words introduced are *welcher, jeder, solcher, mancher, derselbe.*

Question Words: *Wer? Was?*

Nominative	wer	was
Accusative	wen	was
Dative	wem	
Genitive	wessen	

Indefinite Article

	Singular			Plural
	Masculine	Feminine	Neuter	
Nominative	ein	eine	ein	keine
Accusative	einen	eine	ein	keine
Dative	einem	einer	einem	keinen
Genitive	eines	einer	eines	keiner

Adjectives after *der*-words

	Singular			Plural
	Masculine	Feminine	Neuter	
Nominative	-e	-e	-e	-en
Accusative	-en	-e	-e	-en
Dative	-en	-en	-en	-en
Genitive	-en	-en	-en	-en

Grammar Summary

	Singular			Plural
	Masculine	**Feminine**	**Neuter**	
Nominative	der alt*e* Film	die nett*e* Dame	das neu*e* Haus	die gut*en* Schüler
Accusative	den alt*en* Film	die nett*e* Dame	das neu*e* Haus	die gut*en* Schüler
Dative	dem alt*en* Film	der nett*en* Dame	dem neu*en* Haus	den gut*en* Schülern
Genitive	des alt*en* Filmes	der nett*en* Dame	des neu*en* Hauses	der gut*en* Schüler

The following words expressing quantity can be used only in the plural with their corresponding adjective endings for *der*-words: *alle, beide*.

Adjectives after *ein*-words

	Singular			Plural
	Masculine	**Feminine**	**Neuter**	
Nominative	-er	-e	-es	-en
Accusative	-en	-e	-es	-en
Dative	-en	-en	-en	-en
Genitive	-en	-en	-en	-en

	Singular			Plural
	Masculine	**Feminine**	**Neuter**	
Nominative	ein alt*er* Film	eine nett*e* Dame	ein neu*es* Haus	keine gut*en* Schüler
Accusative	einen alt*en* Film	eine nett*e* Dame	ein neu*es* Haus	keine gut*en* Schüler
Dative	einem alt*en* Film	einer nett*en* Dame	einem neu*en* Haus	keinen gut*en* Schülern
Genitive	eines alt*en* Filmes	einer nett*en* Dame	eines neu*en* Hauses	keiner gut*en* Schüler

The following words expressing quantity can be used only in the plural: *andere, ein paar, einige, viele, wenige*. Adjectives following these words take the ending *-e* (nominative, accusative) or *-en* (dative).

Adjective Endings for Adjectives Not Preceded by Articles

	Singular			Plural
	Masculine	**Feminine**	**Neuter**	
Nominative	alter Freund	rote Bluse	neues Auto	kleine Kinder
Accusative	alten Freund	rote Bluse	neues Auto	kleine Kinder
Dative	altem Freund	roter Bluse	neuem Auto	kleinen Kindern
Genitive	alten Freundes	roter Bluse	neuen Autos	kleiner Kinder

Comparison of Adjectives and Adverbs

Adjective/Adverb	schnell	warm	gut	hoch	gern
Comparative	schneller	wärmer	besser	höher	lieber
Superlative	schnellst-	wärmst-	best-	höchst-	liebst-

Plural of Nouns

	Singular	Plural
no change or add umlaut	das Zimmer die Mutter	die Zimmer die Mütter
add -n, -en, or -nen	die Ecke der Herr die Freundin	die Ecken die Herren die Freundinnen
add -e or ⸚e	der Tag die Stadt	die Tage die Städte
add ⸚er	das Buch das Fach	die Bücher die Fächer
add -s (adopted foreign words)	das Café das Büro	die Cafés die Büros

Grammar Summary

Prepositions

Dative	Accusative	Dative or Accusative	Genitive
aus	durch	an	anstatt
außer	für	auf	trotz
bei	gegen	hinter	während
mit	ohne	in	wegen
nach	um	neben	
seit		über	
von		unter	
zu		vor	
		zwischen	

Inverted Word Order

1. Formation of questions beginning with the verb
   Spielst du heute Fußball?
2. Formation of questions beginning with a question word
   Wohin gehen Sie heute Nachmittag?
3. Command forms
   Hab keine Angst!
   Lauft schnell!
   Passen Sie auf!
   Gehen wir!
4. Sentences beginning with anything other than the subject
   Am Sonntag fahren wir zu meiner Tante.

Word Order of Dative and Accusative Case (Objects and Pronouns)

Er gibt	dem Fluggast	eine Bordkarte.
Er gibt	ihm	eine Bordkarte.
Er gibt	sie	dem Fluggast.
Er gibt	sie	ihm.

Grammar Summary

Word Order When Using Conjunctions

1. Coordinating conjunctions
   Ich möchte bleiben, aber ich habe keine Zeit.
2. Subordinating conjunctions
   Wir gehen ins Restaurant, weil wir Hunger haben.
   Weil wir Hunger haben, gehen wir ins Restaurant.

Verbs Followed by Dative Case

folgen   gefallen   gratulieren   helfen   passen   schmecken

Gabi hilft ihrer Mutter.
Ich gratuliere ihm zum Geburtstag.

The verb *glauben* may take either the dative or accusative case. If used with a person, the dative follows *(Ich glaube ihm)*. If used with an object, the accusative is used *(Ich glaube das nicht)*.

Verbs with Prepositions Followed by Accusative Case

sich freuen auf	to look forward to
grenzen an	to border on
sehen auf	to look at
sprechen über	to talk about
warten auf	to wait for

Regular Verb Forms — Present Tense

	gehen	finden	heißen	arbeiten
ich	gehe	finde	heiße	arbeite
du	gehst	findest	heißt	arbeitest
er, sie, es	geht	findet	heißt	arbeitet
wir	gehen	finden	heißen	arbeiten
ihr	geht	findet	heißt	arbeitet
sie, Sie	gehen	finden	heißen	arbeiten

Grammar Summary

Irregular Verb Forms — Present Tense

	haben	sein	wissen
ich	habe	bin	weiß
du	hast	bist	weißt
er, sie, es	hat	ist	weiß
wir	haben	sind	wissen
ihr	habt	seid	wisst
sie, Sie	haben	sind	wissen

Verbs with Stem Vowel Change — Present Tense

	ä to a	e to i	e to ie
ich	fahre	spreche	sehe
du	fährst	sprichst	siehst
er, sie, es	fährt	spricht	sieht
wir	fahren	sprechen	sehen
ihr	fahrt	sprecht	seht
sie, Sie	fahren	sprechen	sehen

Command Forms

Familiar (singular)	Geh!	Warte!	Sei!	Hab!
Familiar (plural)	Geht!	Wartet!	Seid!	Habt!
Formal (singular/plural)	Gehen Sie!	Warten Sie!	Seien Sie!	Haben Sie!
Wir-form (Let's...)	Gehen wir!	Warten wir!	Seien wir!	Haben wir!

Modal Auxiliaries

	dürfen	können	mögen	müssen	sollen	wollen
ich	darf	kann	mag	muss	soll	will
du	darfst	kannst	magst	musst	sollst	willst
er, sie, es	darf	kann	mag	muss	soll	will
wir	dürfen	können	mögen	müssen	sollen	wollen
ihr	dürft	könnt	mögt	müsst	sollt	wollt
sie, Sie	dürfen	können	mögen	müssen	sollen	wollen

Future tense (*werden* + infinitive)

ich	werde
du	wirst
er, sie, es	wird
wir	werden
ihr	werdet
sie, Sie	werden

Sie werden nächstes Jahr nach Deutschland fahren.
Wirst du morgen ins Kino gehen?

Past Tense (Narrative Past Tense)

	Regular Verbs		Irregular Verbs				
	sagen	arbeiten	kommen	gehen	fahren	haben	sein
ich	sagte	arbeitete	kam	ging	fuhr	hatte	war
du	sagtest	arbeitetest	kamst	gingst	fuhrst	hattest	warst
er, sie, es	sagte	arbeitete	kam	ging	fuhr	hatte	war
wir	sagten	arbeiteten	kamen	gingen	fuhren	hatten	waren
ihr	sagtet	arbeitetet	kamt	gingt	fuhrt	hattet	wart
sie, Sie	sagten	arbeiteten	kamen	gingen	fuhren	hatten	waren

Grammar Summary

Present Perfect Tense

regular verbs: *haben* + past participle (*ge* + 3rd person singular)
Sie hat gefragt.
Hast du etwas gesagt?
irregular verbs: *haben* or *sein* + past participle
Ich habe das Brot gegessen.
Wir sind dorthin gefahren.

Past Perfect Tense

Past tense of *haben* or *sein* plus past participle
Hattest du den Brief geholt?
Wart ihr zu Hause gewesen?

Irregular Verbs

The following list contains all the irregular verbs used in *Deutsch Aktuell 1* and *2*. Verbs with separable or inseparable prefixes are not included in this list if the basic verb form has already been introduced in the textbook. Verbs with stem vowel changes as well as those constructed with a form of *sein* have also been indicated.

Infinitive	Stem Vowel Change	Past		Past Participle	Meaning
abbiegen		bog ab	ist	abgebogen	to turn (to)
abbrechen	bricht ab	brach ab		abgebrochen	to break down
anfangen	fängt an	fing an		angefangen	to begin, start
ausfallen	fällt aus	fiel aus	ist	ausgefallen	to turn out
backen	bäckt (*also:* backt)	backte		gebacken	to bake
beginnen		begann		begonnen	to begin
bekommen		bekam		bekommen	to get, receive
bewerben	bewirbt	bewarb		beworben	to apply (for a job)
bitten		bat		gebeten	to ask
bleiben		blieb	ist	geblieben	to stay, remain
brennen		brannte		gebrannt	to burn
bringen		brachte		gebracht	to bring
denken		dachte		gedacht	to think
dürfen	darf	durfte		gedurft	may, to be permitted to
einladen	lädt ein	lud ein		eingeladen	to invite
einwerfen	wirft ein	warf ein		eingeworfen	to put in (mailbox)
essen	isst	aß		gegessen	to eat
fahren	fährt	fuhr	ist	gefahren	to drive
finden		fand		gefunden	to find
fliegen		flog	ist	geflogen	to fly
fließen		floss	ist	geflossen	to flow, run
fressen	frisst	fraß		gefressen	to eat (animals)
geben	gibt	gab		gegeben	to give
gefallen	gefällt	gefiel		gefallen	to like
gehen		ging	ist	gegangen	to go
gewinnen		gewann		gewonnen	to win

Infinitive	Stem Vowel Change	Past		Past Participle	Meaning
haben	hat	hatte		gehabt	to have
halten	hält	hielt		gehalten	to hold
heben		hob		gehoben	to lift
heißen		hieß		geheißen	to be called
helfen	hilft	half		geholfen	to help
kennen		kannte		gekannt	to know (person)
kommen		kam	ist	gekommen	to come
können	kann	konnte		gekonnt	to be able to
lassen	lässt	ließ		gelassen	to leave, let
laufen	läuft	lief	ist	gelaufen	to run, walk
lesen	liest	las		gelesen	to read
liegen		lag		gelegen	to lie, be located
mögen	mag	mochte		gemocht	to like
müssen	muss	musste		gemusst	to have to, must
nehmen	nimmt	nahm		genommen	to take
nennen		nannte		genannt	to name, call
reiten		ritt	ist	geritten	to ride (horseback)
rufen		rief		gerufen	to call
scheinen		schien		geschienen	to shine
schieben		schob		geschoben	to push
schießen		schoss		geschossen	to shoot
schneiden		schnitt		geschnitten	to cut
schreiben		schrieb		geschrieben	to write
schreien		schrie		geschrien	to scream
schwimmen		schwamm	ist	geschwommen	to swim
sehen	sieht	sah		gesehen	to see
sein	ist	war	ist	gewesen	to be
singen		sang		gesungen	to sing
sitzen		saß		gesessen	to sit
sprechen	spricht	sprach		gesprochen	to speak, talk
stehen		stand		gestanden	to stand
steigen		stieg	ist	gestiegen	to climb
sterben	stirbt	starb	ist	gestorben	to die
stoßen	stößt	stieß		gestoflen	to push
treffen	trifft	traf		getroffen	to meet
treiben		trieb		getrieben	to do (sports)
trinken		trank		getrunken	to drink
tun		tat		getan	to do
unterstreichen		unterstrich		unterstrichen	to underline
verlassen	verlässt	verließ		verlassen	to leave
verlieren		verlor		verloren	to lose
vermeiden		vermied		vermieden	to avoid
verstehen		verstand		verstanden	to understand
wachsen	wächst	wuchs	ist	gewachsen	to grow
waschen	wäscht	wusch		gewaschen	to wash
werden	wird	wurde	ist	geworden	to become, be
wiegen		wog		gewogen	to weigh
wissen	weiß	wusste		gewusst	to know
ziehen		zog		gezogen	to move

Grammar Summary

All the words introduced in *Deutsch Aktuell 1* and *2* have been summarized in this section. The numbers following the meaning of individual words or phrases indicate the particular chapter in which they appear for the first time. For cases in which there is more than one meaning for a word or a phrase and it appeared in different chapters, both chapter numbers are listed. Words and expressions that were introduced in *Deutsch Aktuell 1* do not have a number after them. Words preceded by an asterisk (*) are passive and appear following the *Land und Leute* reading selections in Chapters 4, 8 and 12. All other words are considered active and are used throughout the textbook.

A

ab und zu once in a while 3
abbiegen *(bog ab, abgebogen)* to turn (to)
abbrechen *(bricht ab, brach ab, abgebrochen)* to break down 2
der **Abend,-e** evening; *heute Abend* this evening; *am Abend* in the evening
das **Abendessen** supper, dinner
aber but
abfahren *(fährt ab, fuhr ab, ist abgefahren)* to depart, leave
die **Abfahrt,-en** departure
abfliegen *(flog ab, ist abgeflogen)* to take off (plane) 1
der **Abflug,-̈e** departure (flight) 1
abholen to pick up 1
das **Abitur** final examination (*Gymnasium*)
abräumen to clear (table)
der **Absender,-** sender 9
abstellen to leave (a vehicle) 11
die **Abteilung,-en** department 6
acht eight
die **Achterbahn,-en** roller coaster 8
achtzehn eighteen
achtzig eighty
die **Adresse,-n** address 9
* **ähnlich** similar 8
die **Aktentasche,-n** briefcase 1
aktuell current, up-to-date 12
alle all; *alle zwölf Minuten* every twelve minutes

allein alone 12
alles everything; *Das ist alles.* That's all.
die **Alpen** (pl.) Alps 3
als than; *Da ist mehr Platz als vorher.* There is more room than before. 2
als when 6
also so; *Also, was ist dein Geschenk?* So, what is your present?
alt old
das **Alter** age 12
die **Altstadt,-̈e** old town 3
Amerika America
an (am) at, on, to; *am Telefon* on the telephone
anbieten *(bot an, angeboten)* to offer
andere other; *etwas anderes* something else 3
andererseits on the other hand 12
sich **ändern** to change 5
der **Anfang,-̈e** start, beginning 5
anfangen *(fängt an, fing an, angefangen)* to start, begin
der **Anfänger,-** beginner
angeben *(gibt an, gab an, angegeben)* to indicate 9
das **Angebot,-e** offer 9
angehen *(ging an, ist angegangen)* to concern 12
angenehm pleasant 2
die **Angestellte,-n** employee (female) 1
die **Angst** fear; *Keine Angst!* Don't be afraid! 7
anhaben *(hat an, hatte an, angehabt)* to have on, wear
anhalten *(hält an, hielt an, angehalten)* to stop 11

anklicken to click on 9
ankommen *(kam an, ist angekommen)* to arrive; *auf deinen Geschmack ankommen* to depend on your taste 6
die **Ankunft,-̈e** arrival
der **Anlass,-̈e** occasion 12
anrufen *(rief an, angerufen)* to call (on the phone)
sich **anschnallen** to buckle up, tighten one's harness 7
sich **ansehen** *(sieht an, sah an, angesehen)* to look at
die **Ansichtskarte,-n** picture postcard 9
anstatt instead of 5
die **Antwort,-en** answer
die **Anweisung,-en** instruction 7
sich **anziehen** *(zog an, angezogen)* to get dressed 8
der **Anzug,-̈e** suit
der **Apfel,-̈** apple 6
der **Apfelkuchen,-** apple cake 5
der **Apfelsaft** apple juice
die **Apfelsine,-n** orange 6
der **Apotheker,-** pharmacist 10
der **Appetit** appetite; *Guten Appetit!* Enjoy your meal!
der **April** April
die **Arbeit,-en** work
arbeiten to work
das **Arbeitsamt,-̈er** employment office 12
die **Arbeitslosigkeit** unemployment 12
das **Archiv,-e** archive 9
der **Arm,-e** arm

German-English Vocabulary

der	**Artikel,-** article 7	
der	**Arzt,¨e** doctor, physician 10	
	Au! Ouch!	
	auch also, too	
	auf on, on top of	
der	**Aufenthalt,-e** stay 2	
*	**aufführen** to perform 12	
die	**Aufführung,-en** performance	
	aufhören to stop, quit	
	auflegen to put on 8	
	aufmachen to open	
die	**Aufnahme,-n** recording 9	
	aufnehmen (*nimmt auf, nahm auf, aufgenommen*) to record 9	
	aufpassen to pay attention, watch out	
	aufräumen to clean up (room)	
	aufregend exciting	
der	**Aufsatz,¨e** essay, composition 6	
	aufschreiben (*schrieb auf, ist aufgeschrieben*) to write down 10	
	aufsetzen to put on 10	
	aufstehen (*stand auf, ist aufgestanden*) to get up 6	
	auftauchen to appear, show up 10	
	aufwachen to wake up 8	
das	**Auge,-n** eye	
der	**Augenarzt,¨e** ophthalmologist 10	
der	**August** August	
	aus from, out of	
die	**Ausbildung** training 12	
der	**Ausbildungsplatz,¨e** training place 12	
das	**Ausdauertraining** endurance training 7	
	ausfallen (*fällt aus, fiel aus, ist ausgefallen*) to turn out 7	
der	**Ausflug,¨** excursion, trip 2	
	ausgeben (*gibt aus, gab aus, ausgegeben*) to spend (money)	

	ausgehen (*ging aus, ist ausgegangen*) to go out 12; to turn out 12	
sich	**auskennen** *kannte aus, ausgekannt*) to know one's way around 9	
	auskommen (*kam aus, ist ausgekommen*) to get along 7	
die	**Auskunft,¨e** information	
das	**Ausland** foreign countries 9	
*der	**Ausländer,-** foreigner	
der	**Auslandssender,-** foreign (radio) station 9	
	ausmachen to make a difference 10	
	ausmisten to clean out (barn) 4	
	ausprobieren to try out, test	
die	**Ausrüstung,-en** equipment 7	
	aussehen (*sieht aus, sah aus, ausgesehen*) to look, appear 5	
	außer besides, except	
	außerdem besides	
	außerhalb outside 4	
	aussteigen (*stieg aus, ist ausgestiegen*) to get off	
sich	**aussuchen** to choose, select 6	
die	**Auswahl** selection, choice; *eine Auswahl an* a selection in	
das	**Auto,-s** car	
die	**Autobahn,-en** German freeway 3	
die	**Autofirma,-men** automobile dealership 12	
der	**Automat,-en** automat, (vending) machine	
die	**Azubi,-s** apprentice 10	

B

der	**Bach,¨e** creek 7	
	backen (*bäckt, backte, gebacken*) to bake 6	
der	**Bäcker,-** baker, bakery 5	
die	**Bäckerei,-en** bakery 1	
die	**Badewanne,-n** bathtub	
das	**Badezimmer,-** bathroom	

der	**Bahnhof,¨e** train station	
	bald soon	
der	**Ball,¨e** ball	
die	**Banane,-n** banana 6	
die	**Band,-s** band	
die	**Bank,-en** bank 12	
die	**Bank,¨e** bench 4	
	bar cash 6	
der	**Basketball,¨e** basketball	
	basteln to do crafts	
die	**Batterie,-n** battery 7	
der	**Bauch, Bäuche** stomach 10	
die	**Bauchschmerzen** (pl.) stomachache 10	
*	**bauen** to build 12	
der	**Bauernhof,¨e** farm 3	
der	**Baum, Bäume** tree 7	
	Bayern Bavaria	
sich	**bedanken** to thank 5	
	bedeuten to mean; *es bedeutet mir viel* it means a lot to me	
	bedienen to wait on; to serve 6; *sich bedienen* to help oneself 5	
*die	**Bedingung,-en** condition 8	
sich	**beeilen** to hurry 1	
	beginnen to begin	
	begrüßen to greet	
	bei at, near, with; *bei uns bleiben* to stay with us	
	beibringen (*brachte bei, beigebracht*) to teach; *hat mir als Kind...beigebracht* taught me as a child	
	beide both	
	beige beige	
die	**Beilage,-n** side dish 5	
das	**Bein,-e** leg	
das	**Beispiel,-e** example; *wie zum Beispiel* as for example	
	bekannt well known	
sich	**beklagen über** to complain about 5	
	bekommen (*bekam, bekommen*) to get, receive	
	Belgien Belgium	
*	**beliebt** popular	
	bemerken to notice 6	
das	**Benehmen** behavior 12	
	benutzen to use 7	

das	**Benzin** gasoline, fuel 12		**bitten** (bat, gebeten) to ask 5	die	**Butter** butter		

das **Benzin** gasoline, fuel 12
bequem comfortable 12
*der **Berg,-e** mountain
der **Beruf,-e** occupation 10
die **Berufsschule,-n** vocational school 12
berühren to touch 7
* **beschrieben** described 8
besichtigen to visit, view 3
der **Besitzer,-** owner 4
besonders especially; *etwas Besonderes* something special
besser better
bestehen: eine Prüfung bestehen (bestand, bestanden) to pass an exam 5
bestellen to order 5
bestimmen to determine 12
bestimmt definitely, for sure, certain(ly)
die **Bestsellerliste,-n** best-seller list 12
der **Besuch,-e** visit
besuchen to visit
*der **Besucher,-** visitor
der **Betrieb: viel Betrieb sein** to be busy 3
das **Bett,-en** bed
die **Bettwäsche** bed linen 2
bevor before
die **Bewegung,-en** movement
sich **bewerben** (bewirbt, bewarb, beworben) to apply (for a job) 10
der **Bewerber,-** applicant 9
bewölkt cloudy, overcast 3
bezahlen to pay
bieten (bot, geboten) to offer 5
das **Bild,-er** picture
*der **Bildhauer,-** sculptor 12
billig cheap
die **Biologie** biology
die **Birne,-n** pear 6
bis until; *Bis später!* See you later!
bitte please; *Bitte schön?* May I help you?; *Bitte sehr.* Here you are. 1

bitten (bat, gebeten) to ask 5
blau blue
bleiben (blieb, ist geblieben) to stay
bleifrei unleaded 12
der **Bleistift,-e** pencil
das **Blitzgerät,-e** flash attachment 7
die **Blockflöte,-n** recorder
die **Blume,-n** flower 3
die **Blumeninsel** flower island 3
die **Bluse,-n** blouse
die **Bohne,-n** bean 5
das **Boot,-e** boat
die **Bordkarte,-n** boarding pass 1
die **Boutique,-n** boutique
die **Bratkartoffeln** (pl.) fried potatoes 5
die **Bratwurst,̈-e** bratwurst
brauchen to need
braun brown
* **brennen** (brannte, gebrannt) to burn 8
die **Brezel,-n** pretzel 8
der **Brief,-e** letter
der **Brieffreund,-e** pen pal 1
der **Briefkasten,̈-** mailbox 6
die **Briefmarke,-n** stamp
der **Briefumschlag,̈-e** envelope 9
die **Brille,-n** glasses 10
bringen (brachte, gebracht) to bring
Broccoli broccoli 5
die **Brombeere,-n** blackberry 6
die **Broschüre,-n** brochure 3
das **Brot,-e** bread
das **Brötchen,-** hard roll
der **Bruder,̈-** brother
das **Buch,̈-er** book
das **Bücherregal,-e** bookshelf
bügeln to iron 4
das **Bundesland,̈-er** federal state (Germany)
die **Bundesliga** Federal League
bunt colorful
*der **Bürgermeister,-** mayor 8
das **Büro,-s** office
der **Bus,-se** bus

die **Butter** butter

C

campen to camp; *campen gehen* to go camping 2
der **Camper,-** camper 2
der **Campingplatz,̈-e** campground 2
die **Campingreise,-n** camping trip
die **CD,-s** CD
das **Cello,-s** cello
der **Cent,-s** cent 5
der **Champignon,-s** mushroom 5
charmant charming
die **Chat-Gruppe,-n** chat group 7
der **Chatraum,-räume** chat room 9
chatten to chat 9
die **Chemie** chemistry
der **Chip,-s** (potato) chip 8
die **Cola,-s** cola
der **Comic,-s** comics 12
der **Computer,-** computer
das **Computergeschäft,-e** computer store 9
das **Computerspiel,-e** computer game
der **Cousin,-s** cousin (male)
die **Cousine,-n** cousin (female)

D

da there; *da drüben* over there; since (inasmuch as) 11
das **Dach,̈-er** roof 11
die **Dame,-n** lady 6
damit so that, in order that 11
Dänemark Denmark
der **Dank** thanks; *Herzlichen Dank!* Thank you very much! 5
Danke! Thank you!; *Danke schön.* Thank you very much.
dann then
das that, the
dass that

German-English Vocabulary

die **Daten** (pl.) data, facts 9
dauern to take, last
*die **Decke,-n** ceiling 12
decken to cover; *den Tisch decken* to set the table
dein your (familiar singular)
denken (*dachte, gedacht*) to think 8
denn because 3; for 9
denn (used for emphasis)
der the
derselbe the same 3
deshalb therefore, that's why
deutlich clear 10
deutsch German; *Er spricht deutsch.* He speaks German.
Deutsch German (subject)
die **Deutsche Welle** well known for its radio and TV broadcasting around the world 9
der **Deutsche,-n** German
die **Deutschklasse,-n** German class 6
Deutschland Germany
der **Dezember** December
die the
der **Dienstag,-e** Tuesday
dieser this
das **Ding,-e** thing 12
direkt direct(ly)
die **Disko,-s** disco
diskutieren to discuss 12
doch used for emphasis; *Komm doch mit!* Why don't you come along!
der **Doktor,-en** physician, doctor 10
der **Donnerstag,-e** Thursday
dort there
dorthin (to) there
die **Dose,-n** can 12
dran sein to be one's turn; *Sie ist dran.* It's her turn.
draußen outside
drei three
das **Dreiländereck** three-country corner (Germany, Austria, Switzerland) 3

dreimal three times
dreißig thirty
dreizehn thirteen
drinnen inside
dritt- third
drucken to print 6
der **Drucker,-** printer 9
drum und dran: mit allem Drum und Dran with all the bells and whistles 7
du you (familiar singular); *Du, ich komme mit.* Hey, I'll come along.
dunkel dark
durch through
durchfahren (*fährt durch, fuhr durch, ist durchgefahren*) to go/drive through 7
durchkommen (*kam durch, ist durchgekommen*) to get through 11
dürfen (*darf, durfte, gedurft*) may, to be permitted to
der **Durst** thirst; *Durst haben* to be thirsty
die **Dusche,-n** shower
sich **duschen** to shower, take a shower 2

E

echt real(ly)
die **Ecke,-n** corner
ehemalig former 12
ehrlich honest 10
eigen own 2
ein(e) a, an
einer one (person) 8
*die **Einfahrt,-en** entrance 4
*der **Einfluss,̈sse** influence 12
der **Eingang,̈e** entrance 2
die **Einheit** unity; *Tag der Einheit* Day of Unity 8
einige a few 2
einkaufen to shop; *einkaufen gehen* to go shopping
die **Einkaufsliste,-n** shopping list 6

die **Einkaufstasche,-n** shopping bag 1
der **Einkaufswagen,-** shopping cart 6
das **Einkaufszentrum,-tren** shopping center 11
einladen (*lädt ein, lud ein, eingeladen*) to invite
die **Einladung,-en** invitation 12
einmal once
eins one
* **einsam** lonely 12
einsteigen (*stieg ein, ist eingestiegen*) to get in, board
*der **Einwanderer,-** immigrant 8
einwerfen (*wirft ein, warf ein, eingeworfen*), to put in (mailbox), mail (letter, card) 9
*der **Einwohner,-** inhabitant
einzeln individual, separate 12
das **Eis** ice cream
das **Eiscafé,-s** ice cream parlor, café
das **Eishockey** ice hockey
die **Eisschokolade** chocolate sundae
der **Eistee** iced tea
eitel vain 2
elegant elegant 12
der **Elektriker,-** electrician 10
das **Elektrogerät,-e** electric appliance 6
elf eleven
der **Elfmeter,-** penalty kick
die **Eltern** (pl.) parents
die **E-Mail,-s** e-mail; *eine E-Mail schicken* to send an e-mail
der **Empfänger,-** receiver, recipient 9
das **Empfehlungsschreiben,-** letter of recommendation 9
das **Ende** end; *zu Ende sein* to be over
endlich finally
die **Endstation,-en** final destination 12
die **Energie** energy 12

German-English Vocabulary

eng tight
England England
englisch English; *Er spricht englisch.* He speaks English.
das Englisch English (subject)
entdecken to discover 12
die Ente,-n duck 4
entfernt away
*die Entfernung,-en distance
die Entscheidung,-en decision; *eine Entscheidung treffen* to make a decision 8
entschuldigen: *Entschuldigen Sie!* Excuse me!
entspannen to relax 12
er he
die Erbse,-n pea 5
die Erdbeere,-n strawberry 6
das Erdbeereis strawberry ice cream
der Erdbeershake,-s strawberry shake
das Erdgeschoss,-e ground floor, first floor (in America) 6
die Erdkunde geography
die Erdnussbutter peanut butter 5
das Ereignis,-se event 5
erfahren experienced 7
die Erfahrung,-en experience 12
der Erfolg,-e success 10
erhalten *(erhält, erhielt, erhalten)* to receive 9; to preserve 12
* erinnern an to recall 8
sich erkälten to catch a cold 10
* erkennen *(erkannte, erkannt)* to recognize 12
*das Erlebnis,-se experience 4
erledigen to finish 8
* erobern to conquer 8
das Ersatzteil,-e replacement part 11
erst- first; *erst einmal* first 3
erstaunt amazed 9
der Erwachsene,-n adult 2

erwarten to expect 6
erzählen to tell; *erzählen von* to tell about 3
es it
essen *(isst, aß, gegessen)* to eat
das Essen,- meal, food 2
das Etikett,-en sticker, label 6
etwas some, something, a little
euer your (familiar plural)
der Euro,-s euro
Europa Europe
ewig forever 11
experimentieren to experiment 7
der Experte,-n expert 7
extra extra 2

F

das Fach,-̈er (school) subject
die Fahne,-n flag
fahren *(fährt, fuhr, ist gefahren)* to drive, go, ride
der Fahrer,- driver 11
die Fahrkarte,-n ticket
der Fahrplan,-̈e schedule
das Fahrrad,-̈er bicycle
der Fahrstuhl,-̈e elevator 6
die Fahrt,-en ride 8
das Fahrzeug,-e vehicle 11
der Fall,-̈e case; *auf jeden Fall* in any case 6
die Familie,-n family
das Familientreffen,- family meeting, gathering 12
der Fan,-s fan
die Fanta brand name of soda (orange-flavored) 8
die Farbe,-n color; *Welche Farbe hat...?* What color is...?
färben to color 12
fast almost
das Fax,-e fax 3
der Februar February
fehlen to be missing; *Was fehlt dir?* What's the matter with you? 10
feiern to celebrate 5
der Feiertag,-e holiday 8
das Fenster,- window 1

die Ferien (pl.) vacation; *in den Ferien* on vacation; *in die Ferien fahren* to go on vacation; *Ferien machen* to take vacation 3
die Ferienreise,-n vacation trip 3
fernsehen *(sieht fern, sah fern, ferngesehen)* to watch television; *im Fernsehen* on television
der Fernseher,- TV, television set
das Fernsehprogramm,-e television program
fertig sein to be ready, finished 6
das Fest,-e festival 8
das Festessen,- feast 5
sich festmachen to secure, fasten 7
*der Festwagen,- float 8
das Feuer fire 7
das Fieber fever 10
der Film,-e film, movie
finden *(fand, gefunden)* to find; *Ich finde es langweilig.* I think it's boring.
der Finger,- finger
Finnland Finland
die Firma,-en firm, company 10
der Fisch,-e fish
*das Fischerstechen fight of fishermen on river 8
das Fischfilet fish fillet 5
die Fischsemmel,-n fish sandwich 8
* flach flat
die Flasche,-n bottle 8
das Fleisch meat 5
der Fleischer,- butcher 5
fliegen *(flog, ist geflogen)* to fly
* fließen *(floss, ist geflossen)* to flow
die Flöte,-n flute
der Flug,-̈e flight 1
der Flugbegleiter,- flight attendant 10
der Fluggast,-̈e flight passenger 1

der **Flughafen,-̈** airport 1
der **Flugschein,-e** flight ticket 1
der **Flugsteig,-e** gate (airport) 1
das **Flugzeug,-e** airplane
*der **Fluss,-̈e** river
folgen to follow 6
fördern to further, promote 9
die **Forelle,-n** trout 5
der **Fortgeschrittene,-n** advanced (student)
der **Fortschritt,-e** advancement 10
das **Foto,-s** photo
das **Fotoalbum,-alben** photo album
das **Fotogeschäft,-e** photo store 7
der **Fotograf,-en** photographer 7
fotografieren to take pictures
die **Fotozeitschrift,-en** photography magazine 7
foulen to foul
fragen to ask
*der **Franken,-** franc (Swiss monetary unit) 4
Frankreich France
französisch French; *Er spricht französisch.* He speaks French.
das **Französisch** French
die **Frau,-en** Mrs., woman
frei free, available 3
das **Freie: im Freien** outdoors 7
der **Freiraum** free space 12
der **Freitag,-e** Friday
die **Freizeit** leisure time 5
fremd foreign; *Ich bin fremd hier.* I'm a stranger here; *fremde Leute* strangers 9
die **Fremdsprache,-n** foreign language 9
fressen (*frisst, fraß, gefressen*) to eat (animals) 4
sich **freuen auf** to look forward to 2

der **Freund,-e** boyfriend
die **Freundin,-nen** girlfriend
frisch fresh 5
der **Friseur,-e** hairstylist, barber 10
die **Friseuse,-sin** beautician 10
froh glad, happy
früh early
der **Frühling,-e** spring
das **Frühstück** breakfast
der **Frühstückstisch** breakfast table 8
fühlen to feel; *sich wohl fühlen* to feel well 10
* **führen** to lead 12
der **Führerschein,-e** driver's license 8
fünf five
fünfzehn fifteen
fünfzig fifty
funktionieren to function, work
für for; *für dich* for you
*der **Fürst,-en** prince 4
*das **Fürstentum** principality 4
der **Fuß,-̈e** foot; *zu Fuß gehen* to walk
der **Fußball,-̈e** soccer, soccer ball
die **Fußballmannschaft,-en** soccer team
der **Fußballplatz,-̈e** soccer field
füttern to feed 4

G

die **Gabel,-n** fork 5
galoppieren to gallop 4
der **Gang,-̈e** aisle 1
die **Gans,-̈e** goose 4
ganz quite, *ganz gut* quite well, pretty good; *noch nicht ganz* not quite yet; whole; *die ganze Woche* the whole week 8
gar nicht not at all; *gar nicht mehr* no longer 10
die **Garage,-n** garage 8
*die **Gardine,-n** curtain, drapery 12
der **Garten,-̈** garden

der **Gast,-̈e** guest 4
geben (*gibt, gab, gegeben*) to give; *es gibt* there is (are); *Was gibt's im Fernsehen?* What is there on TV?; *sich die Hand geben* to shake hands
der **Geburtstag,-e** birthday
das **Gedicht,-e** poem
gefallen (*gefällt, gefiel, gefallen*) to like; *Wie gefällt dir...?* How do you like...?
das **Gefühl,-e** feeling 12
gegen about, around; *so gegen sieben* around seven (o'clock); against
die **Gegend,-en** area
gehen (*ging, ist gegangen*) to go; *Wie geht's?, Wie geht es Ihnen?* How are you?; *Das geht nicht.* That's not possible.; *Gehen wir!* Let's go!; *Es geht mir schon besser.* I'm feeling better already.; *Wohin geht's denn?* Where are you going? 1
gehören to belong 5
die **Geige,-n** violin
gelb yellow
das **Geld** money
die **Gelegenheit,-en** opportunity 4
*das **Gemälde,-** painting 12
das **Gemüse** vegetable(s)
die **Gemüsesuppe,-n** vegetable soup 5
gemütlich comfortable 12
genau exact(ly)
die **Generation,-en** generation 12
das **Genie,-s** genius
genießen (*genoss, genossen*) to enjoy; *Lass uns...genießen!* Let's enjoy...! 2
genug enough
geöffnet open 11
das **Gepäck** luggage, baggage
gerade just 4
geradeaus straight ahead

German-English Vocabulary

gern gladly, with pleasure; *gern spielen* like to play; *gern haben* to like; *Das hast du ja sehr gern.* You like it very well.
das **Geschäft,-e** store, shop
das **Geschenk,-e** present, gift
die **Geschichte** history
die **Geschichte,-n** story
das **Geschichtsbuch,¨er** history book 6
das **Geschirr** dishes
der **Geschirrspüler,-** dishwasher
der **Geschmack** taste 6
das **Gesetz,-e** law 12
gespannt sein to be curious 5
gestern yesterday 3
gesund healthy 10
das **Getränk,-e** beverage 5
getrennt: getrennte Kasse machen to pay separately 8
das **Gewicht,-e** weight 7
gewinnen *(gewann, gewonnen)* to win
das **Gewitter,-** thunderstorm 3
die **Gewohnheit,-en** habit 12
gewöhnlich usually 6
die **Gitarre,-n** guitar
das **Glas,¨er** glass
glauben to believe; *Ich glaube schon.* I believe so.
gleich immediately, right; *gleich um die Ecke* right around the corner
das **Gleis,-e** track
das **Glück** luck; *Glück haben* to be lucky 1
glücklich happy; *Ein glückliches Neues Jahr!* Happy New Year! 8
das **Golf** golf
der **Grad,-e** degree 3
*der **Graf,-en** count 8
gratulieren to congratulate 8
grau gray
*die **Grenze,-n** border; *an der Grenze zu* at the border with
* **grenzen an** to border on 4

*der **Grenzübergang,¨e** border crossing 4
groß large, big; *größt-* biggest
die **Größe,-n** size
die **Großeltern** (pl.) grandparents
die **Großmutter,¨** grandmother
die **Großstadt,¨e** large city, metropolis 4
der **Großvater,¨** grandfather
grün green
Grüß dich! Hi! Hello!
der **Gruß,¨e** greeting; *herzliche Grüße* kindest regards 3
die **Gulaschsuppe,-n** goulash soup 5
günstig favorable 3
der **Gurkensalat** cucumber salad 5
gut good, *ganz gut* quite well
das **Gymnasium,-sien** secondary school, college preparatory school 1

H

das **Haar,-e** hair
haben *(hat, hatte, gehabt)* to have
halb half; *um halb fünf* at 4:30
die **Halbzeit,-en** halftime
Hallo! Hi! Hello!
der **Hals,¨e** neck
die **Halsschmerzen** (pl.) sore throat 10
halten *(hält, hielt, gehalten)* to keep 7
die **Haltestelle,-n** stop 1
der **Hamburger,-** hamburger
die **Hand,¨e** hand; *sich die Hand geben* to shake hands
der **Handschuh,-e** glove
die **Handtasche,-n** purse 1
das **Handy,-s** cell phone
sich **hangeln** to climb, move on a rope (hand over hand) 7
*die **Hauptstadt,¨e** capital (city)

das **Haus, Häuser** house; *zu Hause* at home; *nach Hause gehen* to go home
die **Hausaufgabe,-n** homework; *Hausaufgaben machen* to do homework
die **Hausnummer,-n** house number 9
das **Haustier,-e** domestic animal, pet 4
heben *(hob, gehoben)* to lift 7
das **Heft,-e** notebook
heiß hot
heißen *(hieß, geheißen)* to be called; *Wie heißt du?, Wie heißen Sie?* What's your name?
heiter clear (skies) 3
helfen *(hilft, half, geholfen)* to help
hell light
der **Helm-e** helmet
das **Hemd,-en** shirt
herausfinden *(fand heraus, herausgefunden)* to find out 12
herauskommen *(kam heraus, ist herausgekommen)* to come out 4
herausnehmen *(nimmt heraus, nahm heraus, herausgenommen)* to take out 6
die **Herbergsmutter,¨** youth hostel director (female) 2
der **Herbergsvater,¨** youth hostel director (male) 2
der **Herbst,-e** fall, autumn
der **Herd,-e** stove
hereinsehen *(sieht herein, sah herein, hereingesehen)* to look inside 10
herkommen *(kam her, ist hergekommen)* to come here; *Komm her!* Come here!
der **Herr,-en** Mr., gentleman
herumfahren *(fährt herum, fuhr herum, ist herumgefahren)* to drive around 11

herumlaufen *(läuft herum, lief herum, ist herumgelaufen)* to run around 10
herumsitzen *(saß herum, herumgesessen)* to sit around 8
herzlich sincere, cordial; *Herzlichen Glückwunsch zum Geburtstag!* Happy birthday!
heute today
heutzutage nowadays 10
hier here
hierher here 4
hinausreiten *(ritt hinaus, ist hinausgeritten)* to ride out 4
hineingehen *(ging hinein, ist hineingegangen)* to go inside 2
hinfahren *(fährt hin, fuhr hin, ist hingefahren)* to drive/travel there 3
hingehen *(ging hin, ist hingegangen)* to go there 10
hinter behind 9
* **hinunterlassen** *(lässt hinunter, ließ hinunter, hinuntergelassen)* to lower 12
der **Hit,-s** hit (song)
das **Hobby,-s** hobby
hoch high; *hoch und runter* up and down 8
* **höchst-** highest
*die **Hochzeit,-en** wedding 8
der **Hochzeitstag,-e** wedding anniversary 5
hoffen to hope
hoffentlich hopefully 2
*der **Höhepunkt,-e** climax 8
holen to get, fetch
Holland Holland
hören to hear, listen to
der **Hörer,-** listener 9
der **Horrorfilm,-e** horror film
die **Hose,-n** pants, slacks
das **Hotel,-s** hotel 2
das **Huhn,¨er** chicken 4
Hühnersuppe,-n chicken soup 5
der **Humor** humor 8

der **Hund,-e** dog 4
das **Hundeleben** dog's life 4
hundert hundred
der **Hunger** hunger; *Hunger haben* to be hungry

I

ich I
das **Ideal,-e** ideal 12
die **Idee,-n** idea
ihr you (familiar plural); her; their, your
Ihr your (formal singular and plural)
der **Imbiss,-e** snack bar (stand)
der **Imbissstand,¨-e** snack stand
immer always
in in; *im Norden* in the north
die **Informatik** computer science; computer education (analysis management) 10
die **Informatikaufgabe,-n** computer science assignment
der **Informatiker,-** computer specialist 10
die **Information,-en** information 2
der **Ingenieur,-e** engineer 10
die **Innenstadt,¨-e** center of the city, downtown 11
die **Insel,-n** island; *Insel Rügen* name of island in the *Ostsee* (Baltic Sea)
intensiv intensive 12
interessant interesting
sich **interessieren für** to be interested in
das **Internet** Internet
das **Interview,-s** interview 9
irgendwo somewhere 9
der **Irische Setter,-** Irish setter 4
Italien Italy
italienisch Italian; *Er spricht italienisch.* He speaks Italian.

J

ja yes; *Da ist er ja schon.* There he is.
die **Jacke,-n** jacket
das **Jahr,-e** year; *vor drei Jahren* three years ago
die **Jahreszeit,-en** season
*das **Jahrhundert,-e** century 8
der **Januar** January
die **Jeans** (pl.) jeans
jeder every, each
jemand someone 7
jetzt now
der **Job,-s** job, employment 9
jobben to do odd jobs 12
joggen to jog 7
jubeln to cheer
die **Jugend** youth 7
die **Jugendherberge,-n** youth hostel 2
der **Jugendliche,-n** teenager, young person
die **Jugendzeitschrift,-en** youth magazine 7
das **Jugendzentrum,-tren** youth center 11
der **Juli** July
der **Junge,-n** boy
die **Jungs** (pl.) boys (colloquial) 11
der **Juni** June

K

der **Kaffee** coffee
der **Käfig,-e** cage 4
das **Kajak,-s** kayak 7
der **Kakao** hot chocolate, cocoa
kalt cold
die **Kalte Platte** cold-cut platter
die **Kamera,-s** camera
sich **kämmen** to comb one's hair 2
der **Kanute,-n** canoeist 7
das **Kapitel,-** chapter 2
kaputt broken
die **Karotte,-n** carrot 5
die **Karte,-n** ticket, card; map 7
die **Kartoffel,-n** potato
der **Käse** cheese

German-English Vocabulary

das	**Käsebrot,-e** cheese sandwich		**klingen** (klang, geklungen) to sound 4	das	**Krankenhaus,-häuser** hospital 10
die	**Kasse,-n** cash register; ticket counter	der	**Klub,-s** club 7	der	**Krankenpfleger,-** nurse (male) 10
die	**Katze,-n** cat 4		**klug** smart, intelligent	die	**Krankenschwester,-n** nurse (female) 10
	kaufen to buy	der	**Knödel,-** dumpling 5	die	**Krawatte,-n** tie
das	**Kaufhaus,-häuser** department store	der	**Knoten,-** knot 7		**kreativ** creative 12
	kaum hardly, scarcely 7		**kochen** to cook 6	die	**Kreditkarte,-n** credit card 6
	kein(e) no	der	**Kocher,-** cooker 2	die	**Kreide** chalk
der	**Keks,-e** cookie 6	der	**Koffer,-** suitcase	*das	**Kreuz,-e** cross
der	**Keller,-** basement 8	der	**Kofferkuli,-s** luggage cart	*der	**Krieg,-e** war 8
der	**Kellner,-** waiter, food server	der	**Kofferraum,-räume** trunk 11	der	**Krimi,-s** detective story, thriller
die	**Kellnerin,-nen** food server (female), waitress 5		**komisch** funny, strange 2	*der	**Krug,-̈e** jug 8
			kommen (kam, ist gekommen) to come	die	**Küche,-n** kitchen
	kennen (kannte, gekannt) to know (person, place); **kennen lernen** to get to know 1	die	**Kommunikation** communication 9	der	**Kuchen,-** cake
		die	**Komödie,-n** comedy	der	**Küchenschrank,-̈e** kitchen cupboard 6
		der	**Kompass,-e** compass 7	der	**Küchentisch,-e** kitchen table 6
die	**Kerze,-n** candle 5; eine Kerze anzünden to light a candle 8	das	**Kompliment,-e** compliment 12	die	**Kuh,-̈e** cow 4
		das	**Kompott** stewed fruit 5		**kühl** cool
der	**Ketschup** ketchup 8	die	**Kondition,-en** condition, shape 7	der	**Kühlschrank,-̈e** refrigerator
das	**Keyboard,-s** keyboard	*der	**König,-e** king 12	der	**Kuli,-s** (ballpoint) pen
das	**Kilo,-s** kilo 6	*	**königlich** royal 8		**kulturell** cultural 9
*der	**Kilometer,-** kilometer		**können** (kann, konnte, gekonnt) can, to be able to	sich	**kümmern um** to look after, take care of 4
das	**Kind,-er** child	das	**Konto,-ten** account; ein Konto eröffnen to open an account 12	die	**Kundin,-nen** customer (female) 7
das	**Kinn,-e** chin			die	**Kunst,-̈e** art 12
das	**Kino,-s** movie theater	sich	**konzentrieren** to concentrate 12		**kurz** short
der	**Kiosk,-e** newsstand 12	das	**Konzert,-e** concert		
die	**Kirsche,-n** cherry 6		**koordinieren** to coordinate	## L	
	klar clear; na klar of course	der	**Kopf,-̈e** head		**lächeln** to smile
die	**Klarinette,-n** clarinet		**köpfen** to head (ball)	der	**Ladentisch,-e** checkout counter 6
	Klasse! Great! Terrific!	die	**Kopfschmerzen** (pl.) headache 10	die	**Lampe,-n** lamp
die	**Klasse,-n** class	die	**Koppel,-n** paddock 4	das	**Land,-̈er** country; aufs Land fahren to drive to the country 3
die	**Klassenreise,-n** class trip 2	*der	**Korb,-̈e** basket 8		
das	**Klassenzimmer,-** classroom 8	der	**Körperteil,-e** part of the body		**landen** to land 1
der	**Klassiker,-** classic 12	die	**Korrespondenz** correspondence 10	die	**Landkarte,-n** map
das	**Klavier,-e** piano	die	**Kosmetik** cosmetics		**lang(e)** long time; long; längst- longest
	kleben to stick, glue 6		**kosten** to cost		**langsam** slow
das	**Kleid,-er** dress	die	**Kraft** strength 7	sich	**langweilen** to be bored 2
die	**Kleidung** clothes, clothing	das	**Krafttraining** strength training; Krafttraining machen to do strength training		**langweilig** boring
das	**Kleidungsstück,-e** clothing item			der	**Lärm** noise 4
	klein little, small				**Lasagne** (pl.) lasagna (Italian pasta dish) 5
	klettern to climb 7		**krank** sick, ill 6		
	klingeln to ring (bell); Es klingelt. The bell is ringing.				

	lassen (*lässt, ließ, gelassen*) to leave, let 4
das	**Latein** Latin
	laufen (*läuft, lief, ist gelaufen*) to run; *Ski laufen* to ski
das	**Leben** life 4
	lebendig lively 9
die	**Lebensmittel** (pl.) groceries 2
das	**Lebensmittelgeschäft,-e** grocery store 6
der	**Lebkuchen,-** gingerbread 8
	lecker delicious
der	**Leckerbissen** (pl.) treat
	leer empty 12
	leeren to empty 9
	legen to put, place 5
die	**Lehre,-n** apprenticeship 12
der	**Lehrer,-** teacher (male)
die	**Lehrerin,-nen** teacher (female)
die	**Leibesübung,-en** physical exercise
	leicht easy
	Leid tun to be sorry; *Es tut mir Leid.* I'm sorry.
	leider unfortunately
der	**Leiter,-** manager 11
das	**Lenkrad,̈er** steering wheel 11
	lernen to learn
	lesen (*liest, las, gelesen*) to read
	letzt- last
die	**Leute** (pl.) people
	lieben to love 12
	lieber rather; *Ich möchte lieber…essen.* I would rather eat…
der	**Liebesfilm,-e** love story
der	**Liebesroman,-e** romance novel 12
das	**Lieblingseis** favorite ice cream
das	**Lieblingsfach,̈er** favorite (school) subject
die	**Lieblingsmannschaft,-en** favorite team
*	**Liechtenstein** Liechtenstein
das	**Lied,-er** song
*	**liegen** (*lag, gelegen*) to be located, lie
die	**Limo,-s** lemonade, soft drink 5
die	**Limonade,-n** lemonade, soft drink 5
das	**Lineal,-e** ruler
die	**Linie,-n** line
	links left; *auf der linken Seite* on the left side
die	**Lippe,-n** lip
	lokal local 9
	los: Da ist viel los. There is a lot going on.; *Also los!* Let's go!; *Na, dann mal los!* Well then, let's go! 2
	losgehen (*ging los, ist losgegangen*) to start; *Wann geht's denn los?* When will it start?
	loswerden (*wird los, war los, ist losgeworden*) to get rid of 10
die	**Luft** air
die	**Luftmatratze,-n** air mattress 2
die	**Luftpost** airmail 9
die	**Lust** pleasure; *Hast du Lust…?* Would you like to…? 8
	Luxemburg Luxembourg

M

	machen to do, make; *Was machst du?* What are you doing?; *Macht schnell!* Hurry!; *Musik machen* to make music; *Das macht nichts.* That doesn't matter. 7; *den Führerschein machen* to take the driving test 11
das	**Mädchen,-** girl
der	**Magen,̈** stomach 8
	mähen to mow
die	**Mahlzeit,-en** meal 2
der	**Mai** May
*	**mal** times
das	**Mal,-e** time(s); *ein paar Mal* a few times
	malen to paint 5
der	**Maler,-** painter 10
	man one, you, they, people
	managen to manage 9
	manche some, a few
	manchmal sometimes
der	**Mann,̈er** man
die	**Mannschaft,-en** team
der	**Mantel,̈** coat
der	**Markt,̈e** market
die	**Marmelade,-n** jam, marmalade
*die	**Marmortreppe,-n** marble staircase 12
der	**März** March
die	**Mathematik (Mathe)** mathematics (math); *die Mathestunde/Matheklasse* math class
die	**Maus, Mäuse** mouse 9
der	**Mechaniker,-** mechanic 10
die	**Medizin** medicine 10
das	**Meer,-e** ocean 3
das	**Mehl** flour 6
	mehr more; *es gibt keine Karten mehr* there are no more tickets available; *mehr als* more than
	mein my
	meinen to mean, think; *Meinst du?* Do you think so?
die	**Meinung,-en** opinion 12
	meist- most; *die meisten* most of them; *meistens* mostly
	melden to register 10
das	**Messer,-** knife 5
der	**Meter,-** meter 7
*der	**Meterlauf** meter run 8
der	**Metzger,-** butcher 10
das	**Mikrofon,-e** microphone 9
der	**Mikrowellenherd,-e** microwave oven
die	**Milch** milk
*die	**Million,-en** million
	mindestens at least 6
das	**Mineralwasser** mineral water 5
	minus minus
die	**Minute,-n** minute
	mit with
	mitbringen (*brachte mit, mitgebracht*) to bring along
das	**Mitglied,-er** member

German-English Vocabulary

die **Mitgliedskarte,-n** membership card 2
mitkommen (*kam mit, ist mitgekommen*) to come along; *Komm mit!* Come along!
mitmachen to participate
mitnehmen (*nimmt mit, nahm mit, mitgenommen*) to take along
der **Mittag,-e** noon; *heute Mittag* today at noon
das **Mittagessen** lunch
*die **Mitte** center, middle
das **Mittelalter** Middle Ages 3
der **Mittwoch,-e** Wednesday
möchten would like to
modern modern
das **Mofa,-s** motorized bicycle 11
mögen (*mag, mochte, gemocht*) to like
möglich possible 12
die **Möglichkeit,-en** possibility 7
die **Möhre,-n** carrot 5
der **Moment,-e** moment; *Moment mal!* Just a moment!
der **Monat,-e** month
der **Montag,-e** Monday
das **Moped,-s** moped
morgen tomorrow
der **Morgen,-** morning; *heute Morgen* this morning
der **Motor,-en** motor, engine
das **Motorrad,-̈er** motorcycle
der **Motorradfreak,-s** motorcycle freak 11
der **Motorroller,-** motor scooter
der **Müll** trash, garbage 12
das **Multimedia** multimedia 6
der **Mund,-̈er** mouth
mündlich oral(ly) 10
die **Münze,-n** coin
das **Museum, Museen** museum
die **Musik** music
musikalisch musical
der **Musiker,-** musician 10
*das **Musikfest,-e** music festival

das **Musikgeschäft,-e** music store
das **Musikinstrument,-e** musical instrument
der **Muskel,-n** muscle 7
müssen (*muss, musste, gemusst*) to have to, must
mutig brave, courageous 7
die **Mutter,-̈** mother
der **Muttertag** Mother's Day 8
die **Mutti,-s** mom

N

na well; *na gut, na ja* oh well; *na und* so what; *na klar* of course
nach after, to; *nach Hause gehen* to go home
der **Nachbar,-n** neighbor 3
das **Nachbarland,-̈er** neighboring country
die **Nachbarschaft,-en** neighborhood 7
nachdem after (having) 11
nachdenken (*dachte nach, nachgedacht*) to think about, reflect 12
der **Nachmittag,-e** afternoon; *heute Nachmittag* this afternoon
die **Nachricht,-en** news
nachsehen (*sieht nach, sah nach, nachgesehen*) to check
nächst- next
der **Nachtisch,-e** dessert 5
nah near, close 7
die **Nähe** nearness, proximity; *in der Nähe* nearby
der **Name,-n** name
die **Nase,-n** nose
nass wet 8
*die **Nationalfahne,-n** national flag
der **Nationalsport** national sport
die **Natur** nature 7
der **Naturfreund,-e** nature lover 7

natürlich natural(ly), of course
die **Naturwissenschaften** (pl.) natural sciences
neben next to
nehmen (*nimmt, nahm, genommen*) to take
nein no
nennen (*nannte, genannt*) to name, call 3
nervös nervous
nett nice
das **Netz,-e** net; abbreviation for *Internet* 9
neu new
die **Neugierde** curiosity 12
das **Neujahr** New Year 8
neun nine
neunzehn nineteen
neunzig ninety
nicht not
nichts nothing
nie never
die **Niederlande** Netherlands
niemand nobody, no one 9
noch still, yet; *noch nicht ganz* not quite yet
der **Norden** north; *im Norden* in the north
*die **Nordsee** North Sea
normal normal 10
die **Note,-n** grade
das **Notebook,-s** laptop 9
der **November** November
null zero
die **Nummer,-n** number
das **Nummernschild,-er** license plate 11
nur only; *nicht nur...sondern auch* not only...but also
das **Nusseis** nut-flavored ice cream
nützen to be of use, be useful 10

O

ob if, whether
oben on top, upstairs 2; *weit oben* way up 2
obgleich although 11

das **Obst** fruit(s) 5
die **Obstsorte,-n** kind of fruit(s) 6
obwohl although 11
oder or 9
* **offiziell** official; *die offizielle Währung* official currency 4
oft often
ohne without
das **Ohr,-en** ear
der **Ohrring,-e** earring
ökologisch ecological 12
der **Oktober** October
die **Oma,-s** grandma
der **Onkel,-** uncle
der **Opa,-** grandpa
*die **Oper,-n** opera; *Opern aufführen* to perform operas 12
der **Optiker,-** optometrist 10
optimistisch optimistic 12
orange orange
die **Orange,-n** orange 6
die **Ordnung** order; *in Ordnung sein* to be OK 10
sich **orientieren** to orient oneself 7
der **Ort,-e** town, place 7
*der **Osten** east
*das **Osterei,-er** Easter egg 8
Ostern Easter; *Frohe Ostern!* Happy Easter! 8
Österreich Austria
die **Ostsee** Baltic Sea 2
der **Ostteil,-e** eastern part 12

P

paar: ein paar a few
das **Paar,-e** pair
packen to pack 2
die **Packung,-en** package 6
paddeln to paddle 7
das **Paket,-e** package 1
der **Papagei,-en** parrot 4
das **Papier** paper
*das **Paradies** paradise
parken to park 11
die **Party,-s** party
passen to fit
passieren to happen
der **Patient,-en** patient 10

die **Pause,-n** recess, break; *Große Pause* long recess
die **Pension,-en** bed and breakfast 3
persönlich personal 9
pessimistisch pessimistic 12
der **Pfeffer** pepper 5
das **Pferd,-e** horse 4
Pfingsten Pentecost 8
der **Pfirsich,-e** peach 6
die **Pflaume,-n** plum 6
das **Pfund,-e** pound 6
die **Physik** physics
das **Picknick,-e** picnic 7
der **Pilot,-en** pilot (male) 1
die **Pilotin,-nen** pilot (female) 1
die **Pizza,-s** pizza
die **Pizzeria,-s** pizza restaurant
planen to plan
platt flat 11
die **Platte,-n** plate; *Kalte Platte* cold-cut platter
der **Platz,-̈e** place, seat
plötzlich suddenly
plus plus
Polen Poland
die **Politik** politics 7
die **Polizei** police 11
der **Polizist,-en** police officer 10
die **Pommes frites** (pl.) french fries; *die Pommes* colloquial for "french fries"
die **Post** post office; mail 4
das **Poster,-** poster
die **Postkarte,-n** postcard
die **Postleitzahl,-en** zip code 9
das **Praktikum,-ka** practical training 9
praktisch practical
der **Preis,-e** price
preiswert reasonable
pro per; *pro Tag* per day 3
das **Problem,-e** problem
der **Professor,-en** professor 9
die **Prüfung,-en** test, exam 5; *eine Prüfung bestehen* to pass a test 12
der **Pudding** pudding 5

der **Pulli,-s** sweater, pullover
der **Pullover,-** sweater, pullover
der **Punkt,-e** point 7
pünktlich punctual, on time 1
sich **putzen** to clean oneself; *sich die Zähne putzen* to brush (clean) one's teeth 2

Q

die **Qualität,-en** quality
die **Quittung,-en** receipt
die **Quizsendung,-en** quiz show 7

R

das **Rad,̈-er** bike; wheel; *Rad fahren* to bike
der **Radiergummi,-s** eraser
das **Radio,-s** radio
der **Radiowecker,-** clock radio
die **Radtour,-en** bike tour; *eine Radtour machen* to go on a bike tour
der **Rasen,-** lawn; *den Rasen mähen* to mow the lawn
sich **rasieren** to shave oneself 2
der **Rat** advice; *um Rat fragen* to ask for advice 6
das **Rathaus,-häuser** city hall 3
raufgehen (*ging rauf, ist raufgegangen*) to go upstairs 6
*der **Raum, Räume** room 12
real real 12
realistisch realistic(ally) 5
der **Rechner,-** calculator
die **Rechnung,-en** bill, check (restaurant) 5
das **Recht** right; *Recht haben* to be right
rechts right
der **Rechtsanwalt,-̈e** lawyer, attorney 10
das **Recycling** recycling 12
reduziert reduced
das **Regal,-e** shelf 6
die **Regel,-n** rule 11
der **Regenschauer,-** rain shower 3

German-English Vocabulary

der **Regenschirm,-e** umbrella 8
registrieren to register 6
regnen to rain
regulieren to regulate, control 9
rehabilitieren to rehabilitate 10
das **Reich,-e** empire; *das Dritte Reich* Third Reich (1933–1945) 12
der **Reifen,-** tire
die **Reihe,-n** row 6
die **Reise,-n** trip
das **Reisebüro,-s** travel agency 3
reisen to travel; *Reisen* traveling
der **Reisepass,⸚e** passport 1
der **Reisescheck,-s** traveler's check 2
reiten *(ritt, ist geritten)* to ride (horse) 4
die **Religion,-en** religion
die **Reparatur,-en** repair 11
reparieren to repair
reservieren to reserve 2
das **Restaurant,-s** restaurant 5
* **retten** to save 8
die **Rezeption** reception 10
der **Rhein** Rhine River
das **Rheinschiff,-e** Rhine ship 2
der **Rhythmus** rhythm
richtig right, correct
*das **Riesenrad,⸚er** Ferris wheel 8
der **Rinderbraten** roast beef 5
der **Rock,⸚e** skirt
die **Rockgruppe,-n** rock group
das **Rockkonzert,-e** rock concert
die **Rockmusik** rock music
die **Rolle,-n** role; *keine Rolle spielen* not to be a factor 8
rollen to roll 1
der **Roller,-** scooter 11
die **Rolltreppe,-n** escalator 6
der **Roman,-e** novel 4
rosa pink
rot red

die **Routine** routine 12
rüberkommen *(kam rüber, ist rübergekommen)* to come over
die **Rückenschmerzen** (pl.) backache 10
der **Rucksack,⸚e** backpack, knapsack 1
die **Rückseite,-n** back, reverse side 9
der **Rücksitz,-e** back seat 11
rufen *(rief, gerufen)* to call 6
die **Ruhe** peace, quiet; *Immer mit der Ruhe!* Take it easy!
der **Rundfunk** radio 9
der **Rundfunksender,-** radio station 9
runtergehen *(ging runter, ist runtergegangen)* to go downstairs 8
runterkommen *(kam runter, ist runtergekommen)* to come downstairs 6

S

die **Sache,-n** thing, item
sagen to say, tell
der **Salat,-e** salad; *gemischter Salat* tossed salad 5
das **Salz** salt 5
die **Salzkartoffeln** (pl.) boiled potatoes 5
sammeln to collect
der **Samstag,-e** Saturday
der **Sänger,-** singer (male)
die **Sängerin,-nen** singer (female)
*der **Sängersaal** choir room 12
der **Satz,⸚e** sentence 12
sauber machen to clean 4
säubern to clean 4
sauer sour 6
der **Sauerbraten** sauerbraten (marinated beef roast)
das **Sauerkraut** sauerkraut 8
das **Saxophon,-e** saxophone
die **S-Bahn,-en** city train, suburban express train 1
das **Schach** chess

schade: es ist schade that's a pity 12
das **Schaf,-e** sheep 4
*der **Schäferlauf** shepherds' run 8
schaffen to manage (it), make (it); *Das haben wir geschafft.* We made it.
der **Schalter,-** (ticket) counter
das **Schaufenster,-** shop window 11
die **Scheibe,-n** slice; *eine Scheibe Brot* a slice of bread
scheinen *(schien, geschienen)* to shine; to seem, appear 10
der **Scheinwerfer,-** headlight 11
schenken to give (a gift)
schick chic, smart (looking)
schicken to send
schieben *(schob, geschoben)* to push 8
schießen *(schoss, geschossen)* to shoot
das **Schiff,-e** ship
schlafen *(schläft, schlief, geschlafen)* to sleep 4
der **Schlafsack,⸚e** sleeping bag 2
das **Schlafzimmer,-** bedroom
die **Schlagsahne** whipped cream
das **Schlagzeug** drums, percussion
der **Schlauberger** smartie
das **Schlauchboot,-e** inflatable boat 2
schlecht bad
schlimm bad 10
Schlittschuh laufen to ice skate
das **Schloss,⸚er** castle 3
der **Schluchsee** name of lake (located in the Black Forest)
der **Schlüssel,-** key 5
schmecken to taste; *Schmeckt dir...?* Do you like (to eat)...?
der **Schmuck** jewelry
schmutzig dirty 12

German-English Vocabulary

der **Schnee** snow 3	**schwimmen** (schwamm, ist geschwommen) to swim	**sinnlos** senseless 11
schneiden (schnitt, geschnitten) to cut 5		die **Situation,-en** situation 12
schneien to snow	der **Schwimmer,-** swimmer 12	**sitzen** (saß, gesessen) to sit; sitzen auf to sit on
schnell fast	die **Schwimmweste,-n** life jacket 7	der **Sitzplatz,⸚e** seat 12
das **Schokoeis** chocolate ice cream	**schwindlig** dizzy; Mir ist schwindlig. I'm dizzy. 10	der **Ski,-er** ski; Ski laufen to ski
die **Schokolade** chocolate	**sechs** six	die **SMS** cell phone text message (**S**hort **M**essage **S**ervice) 9
der **Schokoshake,-s** chocolate shake	**sechzehn** sixteen	**so** so; so spät so late; so...wie as...as
schon already	**sechzig** sixty	**sobald** as soon as 6
schön beautiful	der **See,-n** lake	die **Socke,-n** sock
der **Schrank,⸚e** cupboard, closet	das **Segelboot,-e** sailboat 3	das **Sofa,-s** sofa
schreiben (schrieb, geschrieben) to write; schreiben an to write to	**segeln** to sail 3	**sogar** even 3
	sehen (sieht, sah, gesehen) to see; ein Fernsehprogramm sehen to watch a television program; Sieh mal! Just look!; sich sehen to see each other 5	der **Sohn,⸚e** son
der **Schreibtisch,-e** desk		**solange** as long as 11
die **Schreibwaren** (pl.) stationery 6		**sollen** should, to be supposed to
schreien (schrie, geschrien) to scream, yell		der **Sommer,-** summer
	die **Sehenswürdigkeit,-en** sight, place of interest 3	die **Sommerferien** (pl.) summer vacation
schriftlich written, in writing 10	**sehr** very	der **Sommermonat,-e** summer month 2
der **Schuh,-e** shoe	das **Seil,-e** rope 7	das **Sonderangebot,-e** special (sale)
die **Schule,-n** school	**sein** (ist, war, ist gewesen) to be	**sondern** but; nicht nur...sondern auch... not only...but also; but (on the contrary) 9
der **Schüler,-r** student (elementary through high school)	**sein** his, its	
	seit since	
der **Schulfreund,-e** schoolmate	**seitdem** since 11	der **Sonnabend,-e** Saturday
der **Schulhof,⸚e** school yard 11	die **Seite,-n** side	die **Sonne** sun
der **Schultag,-e** school day 4	der **Sekretär,-e** secretary 10	der **Sonntag,-e** Sunday
die **Schultasche,-n** schoolbag	**selbst** oneself 6	**sonst** besides, otherwise; Sonst noch etwas? Anything else?
	das **Semester,-** semester 9	
die **Schulter,-n** shoulder	**senden** to send 3	
die **Schüssel,-n** bowl 5	der **Senf** mustard 8	die **Sorge,-n** worry 12
schützen to protect 12	der **September** September	das **Spaghetti Eis** strawberry sundae
*der **Schwan,⸚e** swan 12	die **Serviette,-n** napkin 5	
schwarz black	der **Sessel,-** armchair	**Spanien** Spain
der **Schwarzwald** Black Forest	sich **setzen** to sit down 2	**spanisch** Spanish; Er spricht spanisch. He speaks Spanish.
die **Schwarzwälder Kirschtorte** Black Forest Cherry Torte	das **Shirt,-s** shirt	
	sicher sure, certain, safe 10	**spannend** exciting, thrilling 12
das **Schwein,-e** pig 4	der **Sicherheitsgurt,-e** seatbelt 11	**sparen** to save 8
der **Schweinebraten** roast pork 5	**sie** she, they	der **Spargel** asparagus 5
die **Schweiz** Switzerland	**Sie** you (formal)	der **Spaß** fun; Viel Spaß! Have fun!; Es macht Spaß. It's fun.
schwenken to swing	**sieben** seven	
schwer hard, difficult; heavy 1	**siebzehn** seventeen	
	siebzig seventy	**spät** late; Bis später! See you later!
die **Schwester,-n** sister	*der **Sieger,-** winner 8	
	das **Signal,-e** signal 7	
	singen (sang, gesungen) to sing	

German-English Vocabulary

die **Spätzle** spaetzle (kind of homemade pasta)
die **Speise,-n** meal 5
die **Speisekarte,-n** menu 5
das **Spezi,-s** cola-and-lemon soda 8
die **Spezialität,-en** specialty 5
der **Spiegel,-** mirror
*der **Spiegelsaal** hall of mirrors; *den Spiegelsaal entwerfen* to design the hall of mirrors 12
das **Spiel,-e** game
spielen to play
der **Spieler,-** player
die **Spielwaren** (pl.) toys 6
der **Spinat** spinach 5
der **Sport** sport(s); *Sport treiben* to participate in sports
die **Sportabteilung,-en** sports department 6
die **Sportart,-en** kind of sport
sportlich athletic 7
die **Sportschau** sports show (news)
die **Sportsendung,-en** sports show 7
die **Sportstunde,-n** sports class 4
*die **Sprache,-n** language
sprechen (*spricht, sprach, gesprochen*) to speak, talk; *er/sie spricht* he/she speaks; *sprechen über* to talk about; *über sich selbst sprechen* to speak about oneself
spritzen to splash 8
das **Spülbecken,-** kitchen sink
spülen to wash, rinse
*der **Staat,-en** state
stabil solid, sturdy
das **Stadion,-dien** stadium
die **Stadt,̈e** city; *in die Stadt gehen* to go downtown
die **Stadthalle,-n** city hall
die **Stadtmitte** center of city, downtown
der **Stall,̈e** stable, barn 4
* **stammen aus** to come from 12

*die **Stange,-n** pole 8
der **Star,-s** star (entertainment)
stark strong; *stark reduziert* greatly reduced
die **Statistik,-en** statistics
stattfinden (*fand statt, stattgefunden*) to take place 8
der **Stau** traffic congestion, traffic jam 11
staubsaugen to vacuum
staunen to be astonished, surprised
stecken to put, stick 2; to be 4; *Wo steckst du denn?* Where are you? 4
stehen (*stand, gestanden*) to stand, be; *Da steht es.* There it is.; *Das steht dir gut.* It looks good on you.; *es steht...* the score is...; *frei stehen* to be open; *in Kontakt stehen* to be in contact 3; *Schlange stehen* to stand in line 8
steif stiff
steigen (*stieg, ist gestiegen*) to climb; *steigen auf* climb to, rise to 3
steil steep 8
stellen to put, place 8
* **sterben** (*stirbt, starb, ist gestorben*) to die 12
die **Stereoanlage,-n** stereo system
das **Steuerrad,̈er** steering wheel 11
der **Stiefbruder,̈** stepbrother
stimmen to be correct; *Das stimmt.* That's right.
die **Stirn,-en** forehead
der **Stock, Stockwerke** floor, story 6
stören to disturb
* **stoßen** (*stößt, stieß, gestoßen*) to push 8
straff machen to tighten, secure (to a rope) 7
der **Strand,̈e** beach, shore 2
die **Straße,-n** street
die **Straßenbahn,-en** streetcar

die **Strecke,-n** stretch 7
das **Streichholz,̈er** match 7
streng strict 12
stricken to knit 4
die **Strömung,-en** flow, current 7
der **Strumpf,̈e** stocking
das **Studio,-s** studio
das **Studium,-ien** (university) studies 9
der **Stuhl,̈e** chair
die **Stunde,-n** hour
der **Stundenplan,̈e** class schedule
* **suchen** to look for 8
*der **Süden** south
super super, great
der **Supermarkt,̈e** supermarket 6
die **Suppe,-n** soup 5
der **Suppenlöffel,-** soupspoon, tablespoon 5
surfen to surf 7
das **Survivaltraining** survival training 7
süß sweet 6
*die **Süßigkeiten** (pl.) sweets 8
das **Sweatshirt,-s** sweatshirt
die **Szene,-n** scene 5

T

die **Tablette,-n** tablet, pill 10
die **Tafel,-n** (chalk)board
der **Tafellappen,-** rag (to wipe off chalkboard)
der **Tag,-e** day; *Tag!* Hello! *Guten Tag!* Hello!
die **Tageshöchsttemperatur,-en** highest daytime temperature 3
der **Takt,-e** beat
das **Talent,-e** talent 7
die **Tante,-n** aunt
der **Tanz,̈e** dance
tanzen to dance
das **Tanzstudio,-s** dance studio
die **Tanzstunde,-n** dance lesson
tapfer brave, courageous 10
die **Tasche,-n** bag 1

die **Tasse,-n** cup
die **Taste,-n** key, push button 9
tauschen to exchange 9
täuschen to deceive, mislead 5
tausend thousand
das **Taxi,-s** taxi 1
die **Technologie,-n** technology 10
der **Tee** tea 5
der **Teelöffel,-** teaspoon 5
*der **Teil,-e** part, section; *zum größten Teil* for the most part
die **Teilnehmerin,-nen** participant 7
das **Telefon,-e** telephone
das **Teleobjektiv,-e** telephoto lens 7
der **Teller,-** plate 5
das **Tempo** tempo, speed
das **Tennis** tennis
der **Tennisschläger,-** tennis racquet
der **Termin,-e** appointment 10
teuer expensive
der **Text,-e** text
die **Theke,-n** counter 6
das **Thema,-men** topic 5
*der **Thronsaal,-säle** throne room 12
das **Tier,-e** animal 4
der **Tipp,-s** tip 7
das **Tiramisu** Italian dessert 5
der **Tisch,-e** table
das **Tischtennis** table tennis
die **Tochter,-̈** daughter
die **Toilette,-n** toilet
toll great, terrific
die **Tomate,-n** tomato 6
der **Tomatensalat** tomato salad 5
die **Tomatensuppe,-n** tomato soup 5
das **Tonband,-̈er** (recording) tape 9
das **Tonstudio,-s** sound (recording) studio 9
der **Tontechniker,-** sound engineer 9
das **Tor,-e** goal; gate 7
die **Torte,-n** layer cake 6
der **Torwart,-̈er** goalkeeper
die **Tour,-en** tour, trip 11

*der **Tourist,-en** tourist
tragen *(trägt, trug, getragen)* to wear; to carry 1
tragisch tragic 12
der **Trainer,-** coach 7
trainieren to train, practice 7
das **Training** training
träumen to dream 12
traurig sad 12
sich **treffen** *(trifft, traf, getroffen)* to meet; *Treffen wir uns!* Let's meet!
treiben *(trieb, getrieben)* to do; *Sport treiben* to participate in sports
die **Treppe,-n** stairs, stairway 8
trinken *(trank, getrunken)* to drink
trocken dry 8
die **Trompete,-n** trumpet
trotz in spite of 5
trotzdem nevertheless 12
Tschau! See you! Bye!
die **Tschechische Republik** Czech Republic
Tschüs! See you! Bye!
das **T-Shirt,-s** T-shirt
tun *(tut, tat, getan)* to do 2
die **Tür,-en** door
der **Türke,-n** Turk (male)
die **Türkei** Turkey
der **Turnklub,-s** gymnastics club 7

U

die **U-Bahn,-en** subway
üben to practice
über about, over 3; above, across 9; *über etwas Auskunft geben* to give some information about something 3
sich **überlegen** to think about 6
übermorgen day after tomorrow 9
übernachten to stay overnight 1
die **Übernachtung,-en** overnight stay, accommodation 2

überqueren to cross 11
die **Überraschung,-en** surprise 8
übersetzen to translate 6
überstehen *(überstand, überstanden)* to get over 10
sich **überzeugen** to make sure, convince 11
die **Übung,-en** exercise, practice; *Übung macht den Meister!* Practice makes perfect!
das **Ufer,-** shore 7
die **Uhr,-en** clock, watch; *Um wie viel Uhr?* At what time?; *Es ist zwei Uhr.* It's two o'clock.
um around, at; *um die Ecke* around the corner; *Um wie viel Uhr?* At what time?; in order to 9
umfassend comprehensive 9
die **Umgebung** surroundings, vicinity 2
umgehen mit *(ging um, ist umgegangen)* to deal with, handle 7
umsteigen *(stieg um, ist umgestiegen)* to transfer
die **Umwelt** environment 12
der **Umweltschutz** environmental protection 12
*der **Umzug,-̈e** parade 8
die **Unabhängigkeit** independence 11
und and
der **Unfall,-̈e** accident 10
* **ungefähr** approximately
unglaublich unbelievable 3
die **Uni,-s** university ("U"), colloquial for *Universität* 9
unmöglich impossible 12
unpolitisch apolitical 12
unser our
unten downstairs, below 5
unter under, below 9
unterdessen in the meantime 6

German-English Vocabulary

sich **unterhalten** *(unterhält, unterhielt, unterhalten)* to talk, converse 5
die **Unterhaltung,-en** conversation 5
der **Unterschied,-e** difference 12
unterstreichen *(unterstrich, unterstri-chen)* to underline 12
untersuchen to examine 10
die **Untertasse,-n** saucer 5
unterwegs on the way 2
die **USA** United States of America (also: *die Vereinigten Staaten von Amerika*) 1

V

der **Valentinstag** Valentine's Day 8
das **Vanilleeis** vanilla ice cream
der **Vater,-̈** father
der **Vati,-s** dad
verbringen *(verbrachte, verbracht)* to spend (time) 3
verdienen to earn 12
*die **Vereinigten Staaten von Amerika** United States of America
das **Vergnügen** pleasure; *Zuerst kommt die Arbeit und dann das Vergnügen.* Business before pleasure.
*die **Vergnügungsfahrt,-en** fun ride 8
verkaufen to sell
der **Verkäufer,-** salesperson (male)
die **Verkäuferin,-nen** salesperson (female)
der **Verkehr** traffic 5
*das **Verkehrsbüro,-s** tourist office 4
das **Verkehrsmittel,-** means of transportation
verlassen *(verlässt, verließ, verlassen)* to leave
sich **verletzen** to injure 10

verlieren *(verlor, verloren)* to lose 5
verpassen to miss 7
verschieden different
verschreiben *(verschrieb, verschrieben)* to prescribe 10
verstehen *(verstand, verstanden)* to understand 6
*der **Versuch,-e** attempt 12
versuchen to try, attempt
das **Video,-s** video
die **Videothek** name of video rental store
viel much
viele many 2
vielleicht perhaps
vier four
das **Viertel,-** quarter
vierzehn fourteen
vierzig forty
der **Vogel,-̈** bird 4
die **Vokabel,-n** word, vocabulary 6
das **Volksfest,-e** public festival 8
voll full 8
der **Volleyball** volleyball
volljährig of (adult) age 8
von from
vor before, in front of
vorbeigehen *(ging vorbei, ist vorbeigegangen)* to go past
sich **vorbereiten auf** to prepare/get ready for 2
das **Vorbild,-er** model
der **Vordersitz,-e** front seat 11
vorhaben *(hat vor, hatte vor, vorgehabt)* to plan, intend (to do)
vorher before 2
vorlesen *(liest vor, las vor, vorgelesen)* to read aloud to others 12
vorschlagen *(schlägt vor, schlug vor, vorgeschlagen)* to suggest
vorsichtig careful 9
sich **vorstellen** to introduce oneself 5; to interview (for a job), present oneself, imagine 10

vorüber sein to be over 10

W

die **Waage,-n** scale 6
wachsen *(wächst, wuchs, ist gewachsen)* to grow 8
die **Wahl** choice; *Wer die Wahl hat, hat die Qual!* The more choices, the more problems!
während during; while
die **Währung,-en** currency 4
die **Wand,-̈e** wall 5
wandern to hike
wann when
die **Ware,-n** goods (pl.) 6
warm warm
warten to wait; *warten auf* to wait for 2
warum why
was what; *Was für ein...?* What kind of a...?
das **Waschbecken,-** bathroom sink
die **Wäsche** clothes, laundry 4
sich **waschen** *(wäscht, wusch, gewaschen)* to wash oneself 2
der **Wecker,-** alarm clock
weg sein to be gone 6
der **Weg,-e** way, path 1
wegen because of 5
wehtun *(tut weh, tat weh, wehgetan)* to hurt; *Tut es dir weh?* Does it hurt you?
Weihnachten Christmas; *Fröhliche Weihnachten!* Merry Christmas! 8
weil because 11
die **Weile** while 6
die **Weintraube,-n** grapes, bunch of grapes 6
weise wise; *ein weiser Mann* a wise man
die **Weise** manner, fashion; *auf die Weise* in this manner 4
weiß white
weit far

German-English Vocabulary

weiterhin further, continuing to 9
weiterspielen to continue playing
welcher which
die **Welt,-en** world; *auf der ganzen Welt* in the whole world
der **Weltkrieg,-e** world war; *der Erste Weltkrieg* First World War (1914–1918) 9
weltlich worldly 12
wenig little 4
wenn when, if, whenever 11
wer who
werden will, shall; to become, be; *Er wird sechzehn.* He'll be sixteen.
die **Werkbank,-̈e** workbench 11
die **Werkstatt,-̈e** workshop, (repair) shop 11
das **Werkzeug** tools 11
*der **Westen** west
das **Wetter** weather
die **Wettervorhersage** weather forecast 3
der **Wettkampf,-̈e** competition 7
wichtig important
wie how, what; *Wie heißt du?, Wie heißen Sie?* What's your name? *Wie geht's?, Wie geht es Ihnen?* How are you?; *wie viel* how much; *wie viele* how many; *so groß wie* as big as; *wie wär's* how about 3
wieder again
Wiedersehen! Bye! *Auf Wiedersehen!* Good-bye!
wiegen *(wog, gewogen)* to weigh 6
das **Wiener Schnitzel** breaded veal cutlet
wild wild 8
die **Wildwasserbahn,-en** wild water ride 8
der **Wind,-e** wind 3
die **Windschutzscheibe,-n** windshield 11

der **Winter,-** winter
wir we
wirklich really
wirtschaftlich economic 9
wissen *(weiß, wusste, gewusst)* to know
der **Witz,-e** joke
wo where
woanders somewhere else 3
die **Woche,-n** week
das **Wochenende,-n** weekend
woher where from
wohin where (to)
wohl: Das können Sie wohl sagen. You can say that again. 10
wohnen to live
die **Wohnung,-en** apartment
die **Wohnungstür,-en** apartment door 4
der **Wohnwagen,-** RV (recreational vehicle) 2
das **Wohnzimmer,-** living room
wollen to want to
die **Wolljacke,-n** cardigan
das **Wort,-̈er** word 6
das **Wörterbuch,-̈er** dictionary 6
wünschen to wish; *sich wünschen* to want (for birthday)
die **Wurst,-̈e** sausage
das **Wurstbrot,-e** sausage sandwich
das **Würstchen,-** hot dog 5
die **Wurstsorte,-n** kind of sausage 5

Z

der **Zahn,-̈e** tooth
der **Zahnarzt,-̈e** dentist 10
die **Zahnschmerzen** (pl.) toothache 10
die **Zahnspange,-n** braces 10
zehn ten
die **Zeichnung,-en** drawing, illustration 12
zeigen to show
die **Zeit,-en** time
die **Zeitschrift,-en** magazine 4
die **Zeitung,-en** newspaper

der **Zeitungsstand,-̈e** newspaper stand 1
das **Zelt,-e** tent 2
* **zerstören** to destroy 8
die **Ziege,-n** goat 4
ziehen *(zog, gezogen)* to move 3
das **Ziel,-e** goal, finish line, destination 7
das **Zimmer,-** room
das **Zitroneneis** lemon ice cream
zu at, to; *zu Hause* at home; *zum Kaufhaus gehen* to go to the department store; too
zubereiten to prepare (meal) 2
der **Zucker** sugar 5
zuerst first
der **Zug,-̈e** train
die **Zukunft** future 12
zuletzt finally, at last 6
zurückfahren *(fährt zurück, fuhr zurück, ist zurückgefahren)* to go (drive) back 2
zurückkommen *(kam zurück, ist zurückgekommen)* to come back 4
zusammen together
zusammenbauen to put together 11
zusammenkommen *(kam zusammen, ist zusammengekommen)* to get together 5B
zusammenrollen to roll up 2
der **Zuschauer,-** spectator
zusehen *(sieht zu, sah zu, zugesehen)* to watch 9
der **Zustand,-̈e** condition 12
zwanzig twenty
zwei two
die **Zweiradwerkstatt,-̈e** two-wheel (bike) repair shop 11
die **Zwiebel,-n** onion 6
die **Zwillingsschwester,-n** twin sister
zwischen between 9
zwölf twelve

German-English Vocabulary

A

a ein(e)
about gegen; *about two o'clock* gegen zwei Uhr; *to give some information about* über etwas Auskunft geben 3
above über 9
accident der Unfall,-̈e 10
accommodation die Übernachtung,-en 2
account das Konto,-ten; *to open an account* ein Konto eröffnen 12
across über 9
address die Adresse,-n 9
adult der Erwachsene,-n 2; *adult (of age)* volljährig 8
advancement der Fortschritt,-e 10
advice der Rat; *to ask for advice* um Rat fragen 6
afraid: Don't be afraid! Keine Angst! 7
after nach
afternoon der Nachmittag,-e; *this afternoon* heute Nachmittag
again wieder
against gegen
age das Alter 12
air die Luft
airmail die Luftpost 9
air mattress die Luftmatratze,-n 2
airplane das Flugzeug,-e
airport der Flughafen,-̈ 1
aisle der Gang,-̈e 1
alarm clock der Wecker,-
all alle; *That's all.* Das ist alles.
almost fast
alone allein 12
Alps die Alpen 3
already schon
also auch
always immer
amazed erstaunt 9
America Amerika
an ein(e)
and und
animal das Tier,-e; *domestic animal* das Haustier,-e 4
answer die Antwort,-en
apartment die Wohnung,-en
apartment door die Wohnungstür,-en 4
apolitical unpolitisch 12
to **appear** scheinen (schien, geschienen); auftauchen 10
appetite der Appetit
apple der Apfel,-̈ 6
apple cake der Apfelkuchen,- 5
apple juice der Apfelsaft
applicant der Bewerber,- 9
to **apply** *(for a job)* sich bewerben (bewirbt, bewarb, beworben) 10
appointment der Termin,-e 10
apprentice der/die Azubi,-s 10
apprenticeship die Lehre,-n 12
approximately ungefähr
April der April
archive das Archiv,-e 9
area die Gegend,-en
arm der Arm,-e
armchair der Sessel,-
around um; *around the corner* um die Ecke; *around seven (o'clock)* so gegen sieben
arrival die Ankunft,-̈e
to **arrive** ankommen (kam an, ist angekommen)
art die Kunst,-̈e 12
article der Artikel,- 7
as wie; *as...as* so...wie; *as soon as* sobald wie 6
to **ask** fragen; bitten (bat, gebeten) 5
asparagus der Spargel 5
astonished: be astonished staunen
at an, bei, um, zu; *at 4:30* um halb fünf; *At what time?* Um wie viel Uhr?; *at least* mindestens 6
athletic sportlich 7
to **attempt** versuchen
attempt der Versuch,-e 12
attorney der Rechtsanwalt,-̈e 10
August der August
aunt die Tante,-n
Austria Österreich
automat der Automat,-en
automobile dealership die Autofirma,-men 12
autumn Herbst,-e
available frei 3
away entfernt

B

back *(reverse side)* die Rückseite,-n 9
backache die Rückenschmerzen (pl.) 10
backpack der Rucksack,-̈e 1
back seat der Rücksitz,-e 11
bad schlecht
bag die Tasche,-n 1
baggage das Gepäck
to **bake** backen (bäckt, backte, gebacken) 6
baker der Bäcker,- 5
bakery die Bäckerei,-en 1
ball der Ball,-̈e
Baltic Sea die Ostsee 2
banana die Banane,-n 6
band die Band,-s
bank die Bank,-en 12
barn der Stall,-̈e 4
basement der Keller,- 8
basket der Korb,-̈e 8
basketball der Basketball,-̈e
bathroom das Badezimmer,-
bathroom sink das Waschbecken,-
bathtub die Badewanne,-n
battery die Batterie,-n 7
Bavaria Bayern
to **be** sein *(ist, war, ist gewesen)*; *to be able to* können (kann, konnte, gekonnt); *to be correct* stimmen; *to be curious* gespannt sein 5; *to be finished* fertig sein 6; *to be gone* weg sein 6; *to be*

interested in sich interessieren für; *to be located* liegen (lag, ist gelegen); *to be missing* fehlen 10; *to be OK* in Ordnung sein 10; *to be open (in a game)* frei stehen; *to be over* zu Ende sein; *to be permitted to* dürfen (darf, durfte, gedurft); *to be ready* fertig sein 6; *to be sorry* Leid tun; *to be useful* nützen 10; *He'll be sixteen.* Er wird sechzehn.
beach der Strand, ⸚e 2
bean die Bohne, -n 5
beat der Takt, -e
beautician die Friseuse, -n 10
beautiful schön
because denn 3; wegen 5
bed das Bett, -en
bed and breakfast die Pension, -en 3
bed linen die Bettwäsche 2
bedroom das Schlafzimmer, -
beef roast der Rinderbraten 5
before vor, bevor; vorher 2
to **begin** beginnen (begann, begonnen); anfangen (fängt an, fing an, angefangen)
beginner der Anfänger, -
beginning der Anfang, ⸚e 5
behavior das Benehmen 12
beige beige
Belgium Belgien
to **believe** glauben; *I believe so.* Ich glaube schon.
to **belong** gehören 5
below unten 5; unter 9
bench die Bank, ⸚e 4
besides sonst, außerdem, außer
best-seller list die Bestsellerliste, -n 12
better besser
between zwischen 9
beverage das Getränk, -e 5
bicycle das Fahrrad, ⸚er
big groß
to **bike** Rad fahren

bike das Rad, ⸚er; *bike tour* die Radtour, -en; *to go on a bike tour* eine Radtour machen
bill die Rechnung, -en 5
biology die Biologie
bird der Vogel, ⸚ 4
birthday der Geburtstag, -e; *Happy birthday!* Herzlichen Glückwunsch zum Geburtstag!
black schwarz
blackberry die Brombeere, -n 6
Black Forest der Schwarzwald; *Black Forest Cherry Torte* die Schwarzwälder Kirschtorte
blouse die Bluse, -n
blue blau
board (chalkboard) die Tafel, -n
to **board** einsteigen (stieg ein, ist eingestiegen)
boarding pass die Bordkarte, -n 1
boat das Boot, -e
body der Körper, -; *part of the body* der Körperteil, -e
book das Buch, ⸚er
bookshelf das Bücherregal, -e
border die Grenze, -n; *at the border with* an der Grenze zu
border crossing der Grenzübergang, ⸚e 4
to **border on** grenzen 4
bored: be bored sich langweilen 2
boring langweilig
both beide
bottle die Flasche, -n 8
boutique die Boutique, -n
bowl die Schüssel, -n 5
boy der Junge, -n; *boys (colloquial)* die Jungs 11
boyfriend der Freund, -e
braces die Zahnspange, -n 10
bratwurst die Bratwurst, ⸚e
brave mutig 7; tapfer 10
bread das Brot, -e

breaded veal cutlet das Wiener Schnitzel
break Pause, -n
to **break down** abbrechen (bricht ab, brach ab, abgebrochen) 2
breakfast das Frühstück
breakfast table der Frühstückstisch 8
briefcase die Aktentasche, -n 1
to **bring** bringen (brachte, gebracht); *to bring along* mitbringen
broccoli Broccoli 5
brochure die Broschüre, -n 3
broken kaputt
brother der Bruder, ⸚
brown braun
to **brush one's teeth** sich die Zähne putzen 2
to **buckle up** sich anschnallen 7
to **build** bauen 12
to **burn** brennen (brannte, gebrannt) 8
bus der Bus, -se
but aber, sondern; *not only...but also* nicht nur...sondern auch...; *on the contrary* sondern 9
butcher der Fleischer, - 5; der Metzger, - 10
butter die Butter
to **buy** kaufen
Bye! Tschau!, Tschüs!, Wiedersehen!; *Good-bye!* Auf Wiedersehen!

C

café Eiscafé, -s,
cage der Käfig, -e 4
cake der Kuchen, -
calculator der Rechner, -
to **call** *(on the phone)* anrufen; *to call (name)* nennen (nannte, genannt) 3; *to call* rufen (rief, gerufen) 6
camera die Kamera, -s
to **camp** campen 2
camper der Camper, - 2

English-German Vocabulary

campground der Campingplatz,⸚e 2
camping trip die Campingreise,-n
can die Dose,-n 12
can können (kann, konnte, gekonnt)
candle die Kerze,-n; *to light a candle* eine Kerze anzünden 8
canoeist der Kanute,-n 7
capital (city) die Hauptstadt,⸚e
car das Auto,-s
card die Karte,-n
cardigan die Wolljacke,-n
careful vorsichtig 9
carrot die Karotte,-n 5; die Möhre,-n 5
to **carry** tragen (trägt, trug, getragen) 1
case der Fall,⸚e; *in any case* auf jeden Fall 6
cash bar 6
cash register die Kasse,-n
castle das Schloss,⸚er 3
cat die Katze,-n 4
to **catch a cold** sich erkälten 10
CD die CD,-s
ceiling die Decke,-n 12
to **celebrate** feiern 5
cell phone das Handy,-s
cello das Cello,-s
cent der Cent,-s 5
center die Mitte; *center of city* die Stadtmitte; die Innenstadt,⸚e 11
century das Jahrhundert,-e 8
certain(ly) bestimmt; sicher 10
chair der Stuhl,⸚e
chalk die Kreide
to **change** sich ändern 5
chapter das Kapitel,- 2
charming charmant
to **chat** chatten 9
chat group die Chat-Gruppe,-n 7
chat room der Chatraum, -räume 9
cheap billig

check *(restaurant)* die Rechnung,-en 5
to **check** nachsehen (sieht nach, sah nach, nachgesehen)
checkout counter der Ladentisch,-e 6
to **cheer** jubeln
cheese der Käse
cheese sandwich das Käsebrot,-e
chemistry die Chemie
cherry die Kirsche,-n 6
chess das Schach
chic schick
chicken das Huhn,⸚er 4
chicken soup Hühnersuppe,-n 5
child das Kind,-er
chin das Kinn,-e
chip *(potato)* der Chip,-s 8
chocolate die Schokolade; *chocolate sundae* die Eisschokolade; *chocolate ice cream* das Schokoeis; *chocolate shake* der Schokoshake,-s
choice die Wahl; die Auswahl; *The more choices, the more problems!* Wer die Wahl hat, hat die Qual!
choir room der Sängersaal 12
to **choose** sich aussuchen 6
Christmas Weihnachten; *Merry Christmas!* Fröhliche Weihnachten! 8
city die Stadt,⸚e
city hall die Stadthalle,-n; das Rathaus,-häuser 3
city train *(suburban express train)* die S-Bahn,-en 1
clarinet die Klarinette,-n
class die Klasse,-n; *class schedule* der Stundenplan,⸚e
classroom das Klassenzimmer,- 8
class trip die Klassenreise,-n 2
to **clean** sauber machen, säubern 4; *to clean oneself* sich putzen; *to clean out (barn)* ausmisten 4; *to clean up (room)* aufräumen

to **clear** *(table)* abräumen
clear klar; deutlich 10; *clear (skies)* heiter 3
to **click on** anklicken 9
climax der Höhepunkt,-e 8
to **climb** steigen (stieg, ist gestiegen) 3; klettern 7
to **climb to** steigen auf 3
clock die Uhr,-en
clock radio der Radiowecker,-
closet der Schrank,⸚e
clothes die Kleidung; die Wäsche 4
clothing Kleidung
clothing item das Kleidungsstück,-e
cloudy bewölkt 3
club der Klub,-s 7
coach der Trainer,- 7
coat der Mantel,⸚
cocoa der Kakao
coffee der Kaffee
coin die Münze,-n
cola die Cola,-s
cold kalt
cold-cut platter die Kalte Platte
to **collect** sammeln
color die Farbe,-n
to **color** färben 12
colorful bunt
to **comb one's hair** sich kämmen 2
to **come** kommen (kam, ist gekommen); *to come along* mitkommen; *to come back* 4; *to come downstairs* runterkommen 6; *to come from* stammen aus 12; *to come here* herkommen; *to come over* rüberkommen; *to come out* herauskommen 4; *Come along!* Komm mit!; *Come here!* Komm her!
comedy die Komödie,-n
comfortable bequem, gemütlich 12
comics der Comic,-s 12
communication die Kommunikation 9
company die Firma,-en 10
compass der Kompass,-e 7

English-German Vocabulary

competition der Wettkampf,⸚e 7
to **complain about** sich beklagen über 5
compliment das Kompliment,-e 12
composition der Aufsatz,⸚e 6
comprehensive umfassend 9
computer der Computer,-; *computer science* die Informatik; *computer game* das Computerspiel,-e; *computer science assignment* die Informatikaufgabe,-n
computer education *(analysis management)* die Informatik 10
computer specialist der Informatiker,- 10
computer store das Computergeschäft,-e 9
to **concentrate** sich konzentrieren 12
to **concern** angehen (ging an, ist angegangen) 12
concert das Konzert,-e
condition die Kondition,-en 7; die Bedingung,-en 8; der Zustand,⸚e 12
to **congratulate** gratulieren 8
contact: to be in contact in Kontakt stehen 3
continuing to weiterhin 9
to **control** regulieren 9
conversation die Unterhaltung,-en 5
to **converse** sich unterhalten (unterhält, unterhielt, unterhalten) 5
to **convince** sich überzeugen 11
to **cook** kochen 6
cooker der Kocher,- 2
cookie der Keks,-e 6
cool kühl
to **coordinate** koordinieren
cordial herzlich
corner die Ecke,-n
correct richtig
correspondence die Korrespondenz 10

cosmetics die Kosmetik
to **cost** kosten
counter (ticket) der Schalter,-; die Theke,-n 6
country das Land,⸚er
courageous mutig 7
cousin (male) der Cousin,-s; *(female)* die Cousine,-n
to **cover** decken
cow die Kuh,⸚e 4
creative kreativ 12
credit card die Kreditkarte,-n 6
creek der Bach,⸚e 7
cross das Kreuz,-e
to **cross** überqueren 11
cucumber salad der Gurkensalat 5
cultural kulturell 9
cup die Tasse,-n
cupboard der Schrank,⸚e
curious gespannt 5; neugierig 12
currency die Währung,-en 4
current aktuell 12
current die Strömung,-en 7
curtain die Gardine,-n 12
customer (female) die Kundin,-nen 7
to **cut** schneiden (schnitt, geschnitten) 5
Czech Republic die Tschechische Republik

D

dad der Vati,-s
dance der Tanz,⸚e; *dance studio* das Tanzstudio,-s; *dance lesson* die Tanzstunde,-n
to **dance** tanzen
dark dunkel
data die Daten 9
daughter die Tochter,⸚
day der Tag,-e; *day after tomorrow* übermorgen 9
to **deal with** umgehen mit (ging um, ist umgegangen) 7
to **deceive** täuschen 5
December der Dezember

decision die Entscheidung,-en; *to make a decision* eine Entscheidung treffen 8
definitely bestimmt
degree der Grad,-e 3
delicious lecker
Denmark Dänemark
dentist der Zahnarzt,⸚e 10
to **depart** abfahren
department die Abteilung,-en 6
department store das Kaufhaus,-häuser
departure die Abfahrt,-en; *(flight)* der Abflug,⸚e 1
described beschrieben 8
to **design** entwerfen (entwirft, entwarf, entworfen) 12
desk der Schreibtisch,-e
dessert der Nachtisch,-e 5
destination Ziel,-e 7
to **destroy** zerstören 8
detective story der Krimi,-s
to **determine** bestimmen 12
dictionary das Wörterbuch,⸚er 6
to **die** sterben (stirbt, starb, ist gestorben) 12
difference der Unterschied,-e 12
different verschieden
difficult schwer
dinner das Abendessen
direct(ly) direkt
dirty schmutzig 12
disco die Disko,-s
to **discover** entdecken 12
to **discuss** diskutieren 12
dishes das Geschirr
dishwasher der Geschirrspüler,-
to **disturb** stören
dizzy schwindlig; *I'm dizzy.* Mir ist schwindlig. 10
to **do** machen; tun (tut, tat, getan) 2; *What are you doing?* Was machst du?; *to do (crafts)* basteln
doctor der Arzt,⸚e; der Doktor,-en 10
dog der Hund,-e 4
door die Tür,-en
downstairs unten 5

English-German Vocabulary

downtown die Stadtmitte
drapery die Gardine,-n 12
drawing die Zeichnung,-en 12
to **dream** träumen 12
dress das Kleid,-er
to **drink** trinken (trank, getrunken)
to **drive** fahren (fährt, fuhr, ist gefahren); *to drive around* herumfahren 11; *to drive back* zurückfahren 2; *to drive there* hinfahren 3; *to drive through* 7
driver der Fahrer,- 11
driver's license der Führerschein,-e 8; *to take the driving test* den Führerschein machen 11
drums das Schlagzeug
dry trocken 8
duck die Ente,-n 4
dumpling der Knödel,- 5
during während

E

each jeder
ear das Ohr,-en
early früh
to **earn** verdienen 12
earring der Ohrring,-e
east der Osten; *eastern part* der Ostteil,-e 12
Easter Ostern; *Happy Easter!* Frohe Ostern! 8
Easter egg das Osterei,-er 8
easy leicht
to **eat** essen (isst, aß, gegessen); *to eat (animals)* fressen (frisst, fraß, gefressen) 4
ecological ökologisch 12
economic wirtschaftlich 9
eight acht
eighteen achtzehn
eighty achtzig
electric appliance das Elektrogerät,-e 6
electrician der Elektriker,- 10
elegant elegant 12
elevator der Fahrstuhl,¨-e 6
eleven elf
e-mail die E-Mail,-s; *to send an e-mail* eine E-Mail schicken
empire das Reich,-e 12
employee (female) die Angestellte,-n 1
employment office das Arbeitsamt,¨-er 12
empty leer 12
to **empty** leeren 9
end das Ende
endurance training das Ausdauertraining 7
energy die Energie 12
engine der Motor,-en
engineer der Ingenieur,-e 10
England England
English (*subject*) das Englisch; *He speaks English.* Er spricht englisch.
to **enjoy** genießen (genoss, genossen); *Let's enjoy...!* Lass uns...genießen! 2
enough genug
entrance der Eingang,¨-e 2; die Einfahrt,-en 4
envelope der Briefumschlag,¨-e 9
environment die Umwelt 12
environmental protection der Umweltschutz 12
equipment die Ausrüstung,-en 7
eraser der Radiergummi,-s
escalator die Rolltreppe,-n 6
especially besonders
essay der Aufsatz,¨-e 6
euro der Euro,-s
Europe Europa
even sogar 3
evening der Abend,-e; *this evening* heute Abend; *in the evening* am Abend
event das Ereignis,-se 5
every jeder
everything alles
exact(ly) genau
exam(ination) die Prüfung,-en 5
to **examine** untersuchen 10
example das Beispiel,-e; *as for example* wie zum Beispiel
except außer
to **exchange** austauschen 9
exciting aufregend; spannend 12
excursion (*trip*) der Ausflug,¨-2
Excuse me! Entschuldigen Sie!
exercise die Übung,-en; *physical exercise* die Leibesübung,-en
to **expect** erwarten 6
expensive teuer
experience das Erlebnis,-se 4; die Erfahrung,-en 12
experienced erfahren 7
to **experiment** experimentieren 7
expert der Experte,-n 7
extra extra 2
eye das Auge,-n

F

fall der Herbst,-e
family die Familie,-n
family meeting das Familientreffen,- 12
fan der Fan,-s
far weit
farm der Bauernhof,¨-e 3
fashion die Weise 4
fast schnell
to **fasten** sich festmachen 7
father der Vater,¨
favorable günstig 3
favorite subject das Lieblingsfach,¨-er; *favorite team* die Lieblingsmannschaft,-en
fax das Fax,-e 3
fear die Angst 7
feast das Festessen,- 5
February der Februar
to **feed** füttern 4
to **feel** fühlen; *to feel well* sich wohl fühlen 10
feeling das Gefühl,-e 12
Ferris wheel das Riesenrad,¨-er 8

English-German Vocabulary

festival das Fest,-e; *public festival* das Volksfest,-e 8
to **fetch** holen
fever das Fieber 10
few: a few ein paar; manche; einige 2
fifteen fünfzehn
fifty fünfzig
film der Film,-e
final destination die Endstation,-en 12
finally endlich; zuletzt 6
to **find** finden (fand, gefunden); *to find out* herausfinden 12
finger der Finger,-
to **finish** erledigen 8
finish line Ziel,-e 7
Finland Finnland
fire das Feuer 7
firm die Firma,-en 10
first zuerst; erst-; erst einmal 3
fish der Fisch,-e
fish fillet das Fischfilet 5
fish sandwich die Fischsemmel,-n 8
to **fit** passen
five fünf
flag die Fahne,-n
flash attachment das Blitzgerät,-e 7
flat flach; *(tire)* platt 11
flight der Flug,-̈e 1
flight attendant der Flugbegleiter,- 10
flight passenger der Fluggast,-̈e 1
flight ticket der Flugschein,-e 1
float der Festwagen,- 8
floor der Stock, Stockwerke 6
flour das Mehl 6
flow die Strömung,-en 7
to **flow** fließen (floss, ist geflossen)
flower die Blume,-n 3
flute die Flöte,-n
to **fly** fliegen (flog, ist geflogen)
to **follow** folgen 6

food server (female) die Kellnerin,-nen 5; *(male)* Kellner,-
for für; *for you* für dich
forehead die Stirn,-en
foreign fremd; *foreign countries* das Ausland 9; *foreign language* die Fremdsprache,-n 9; *foreign (radio) station* der Auslandssender,- 9
foreigner der Ausländer,-
forever ewig 11
fork die Gabel,-n 5
former ehemalig 12
forty vierzig
to **foul** foulen
four vier
fourteen vierzehn
franc (Swiss monetary unit) der Franken,- 4
France Frankreich
free frei 3
freeway die Autobahn,-en 3
French *(subject)* das Französisch; *He speaks French.* Er spricht französisch.
french fries die Pommes frites (pl.)
fresh frisch 5
Friday der Freitag,-e
from aus, von
front seat der Vordersitz,-e 11
front: in front of vor
fruit(s) das Obst 5
full voll 8
fun der Spaß; *Have fun!* Viel Spaß!; *It's fun.* Es macht Spaß.; *fun ride* die Vergnügungsfahrt,-en 8
to **function** funktionieren
funny komisch 2
further weiterhin 9
to **further** fördern 9
future die Zukunft 12

G

to **gallop** galoppieren 4
game das Spiel,-e
garage die Garage,-n 8

garbage der Müll 12
garden der Garten,-̈
gasoline das Benzin 12
gate das Tor,-e 7; *(airport)* der Flugsteig,-e 1
generation die Generation,-en 12
genius das Genie,-s
gentleman der Herr,-en
geography die Erdkunde
German deutsch; *German (subject)* Deutsch; *He speaks German.* Er spricht deutsch.; *German (person)* der Deutsche,-n
German class die Deutschklasse,-n 6
Germany Deutschland
to **get** holen; bekommen (bekam, bekommen); *to get along* auskommen (kam aus, ist ausgekommen) 7; *to get dressed* sich anziehen (zog an, angezogen) 8; *to get in* einsteigen (stieg ein, ist eingestiegen); *to get off* aussteigen (stieg aus, ist ausgestiegen); *to get over* überstehen (überstand, überstanden) 10; *to get ready for* sich vorbereiten auf 2; *to get rid of* loswerden (wird los, war los, ist losgeworden) 10; *to get through* durchkommen (kam durch, ist durchgekommen) 11; *to get together* (zusammenkommen, (kam zusammen, ist zusammengekommen) 5; *to get to know* kennen lernen 1; *to get up* aufstehen (stand auf, aufgestanden) 6
gift das Geschenk,-e
gingerbread der Lebkuchen,- 8
girl das Mädchen,-
girlfriend die Freundin,-nen
to **give** geben; *to give (a gift)* schenken
glad froh; *gladly* gern
glass das Glas,-̈er

English-German Vocabulary

glasses die Brille,-n 10
glove der Handschuh,-e
to **glue** kleben 6
to **go** gehen (ging, ist gegangen); *to go (by vehicle)* fahren (fährt, fuhr, ist gefahren); *to go camping* campen gehen 2; *to go downstairs* runtergehen 8; *to go inside* hineingehen 2; *to go out* ausgehen 12; *to go past* vorbeigehen; *to go there* hingehen 10; *to go upstairs* raufgehen 6; *Let's go!* Gehen wir!
goal das Tor,-e; das Ziel,-e 7
goalkeeper der Torwart,¨-er
goat die Ziege,-n 4
golf das Golf
good gut
goods die Ware,-n (pl.) 6
goose die Gans,¨-e 4
goulash soup die Gulaschsuppe,-n 5
grade die Note,-n
grandfather der Großvater,¨
grandma die Oma,-s
grandmother die Großmutter,¨
grandpa der Opa,-
grandparents die Großeltern
grapes die Weintraube,-n; *bunch of grapes* Weintraube,-n 6
gray grau
great toll, super; *Great!* Klasse!
green grün
to **greet** begrüßen
greeting der Gruß,¨-e
groceries die Lebensmittel 2
grocery store das Lebensmittelgeschäft,-e 6
ground floor das Erdgeschoss,-e; *first floor (in America)*
to **grow** wachsen (wächst, wuchs, ist gewachsen) 8
guest der Gast,¨-e 4

guitar die Gitarre,-n
gymnastics club der Turnklub,-s 7

H

habit die Gewohnheit,-en 12
hair das Haar,-e
hairstylist (barber) der Friseur,-e 10
half halb
halftime die Halbzeit,-en
hamburger der Hamburger,-
hand die Hand,¨-e; *to shake hands* sich die Hand geben
to **handle** umgehen mit (ging um, ist umgegangen) 7
to **happen** passieren
happy froh; glücklich 8; *Happy New Year!* Ein glückliches Neues Jahr! 8
hard schwer
hardly kaum 7
to **have** haben (hat, hatte, gehabt); *to have on* anhaben; *to have to* müssen (muss, musste, gemusst)
he er
to **head (ball)** köpfen
head der Kopf,¨-e
headache die Kopfschmerzen (pl.) 10
headlight der Scheinwerfer,- 11
healthy gesund 10
to **hear** hören
heavy schwer 1
Hello! Hallo!, Grüß dich!, Guten Tag!
helmet der Helm,-e
to **help** helfen (hilft, half, geholfen); *May I help you?* Bitte schön?; *to help oneself* sich bedienen 5
her ihr; hierher 4
here hierher 4
Hi! Hallo!, Grüß dich!
high hoch
highest höchst-
to **hike** wandern
his sein

history die Geschichte
history book das Geschichtsbuch,¨-er 6
hit *(song)* der Hit,-s
hobby das Hobby,-s
holiday der Feiertag,-e 8
Holland Holland
home: at home zu Hause; *to go home* nach Hause gehen
homework die Hausaufgabe,-n; *to do homework* Hausaufgaben machen
honest ehrlich 10
to **hope** hoffen
hopefully hoffentlich 2
horror film der Horrorfilm,-e
horse das Pferd,-e 4
hospital das Krankenhaus, -häuser 10
hot heiß
hot chocolate der Kakao
hot dog das Würstchen,- 5
hotel das Hotel,-s 2
hour die Stunde,-n
house das Haus, Häuser
house number die Hausnummer,-n 9
how wie; *How are you?* Wie geht's?; *how many* wie viele; *how much* wie viel; *how about* wie wär's 3
humor der Humor 8
hundred hundert
hunger der Hunger; *to be hungry* Hunger haben
to **hurry** schnell machen; sich beeilen 1
to **hurt** wehtun; *Does it hurt you?* Tut es dir weh?

I

I ich
ice cream das Eis; *favorite ice cream* das Lieblingseis; *ice cream parlor* das Eiscafé,-s
ice hockey das Eishockey
to **ice skate** Schlittschuh laufen
idea die Idee,-n

English-German Vocabulary

ideal das Ideal,-e 12
if ob
ill krank 6
illustration die Zeichnung,-en 12
to **imagine** sich vorstellen 10
immediately gleich
immigrant der Einwanderer,- 8
important wichtig
impossible unmöglich 12
in in; *in order (to)* um 9; *in the north* im Norden
independence die Unabhängigkeit 11
to **indicate** angeben (gibt an, gab an, angegeben) 9
individual einzeln 12
inflatable boat das Schlauchboot,-e 2
influence der Einfluss,¨-sse 12
information die Auskunft,¨-e; die Information,-en 2
inhabitant der Einwohner,-
to **injure** sich verletzen 10
inside drinnen
instead of anstatt 5
instruction die Anweisung,-en 7
intelligent klug
to **intend** vorhaben (hat vor, hatte vor, vorgehabt)
intensive intensiv 12
interesting interessant
Internet das Internet
to **interview** *(for a job)* sich vorstellen 10
interview das Interview,-s 9
to **introduce oneself** sich vorstellen 5
invitation die Einladung,-en 12
to **invite** einladen (lädt ein, lud ein, eingeladen)
Irish setter der Irische Setter,- 4
to **iron** bügeln 4
island die Insel,-n
it es

Italian italienisch; *He speaks Italian.* Er spricht italienisch.
Italian dessert das Tiramisu 5
Italy Italien
item die Sache,-n
its sein

J

jacket die Jacke,-n
jam die Marmelade
January der Januar
jeans die Jeans (pl.)
jetzt now
jewelry der Schmuck
job der Job,-s 9; *to do odd jobs* jobben 12
to **jog** joggen 7
joke der Witz,-e
jug der Krug,¨-e 8
July der Juli
June der Juni
just gerade 4

K

kayak das Kajak,-s 7
to **keep** halten (hält, hielt, gehalten) 7
ketchup der Ketschup 8
key der Schlüssel,- 5; *(piano)* die Taste,-n 9
keyboard das Keyboard,-s
kilo das Kilo,-s 6
kilometer der Kilometer,-
kind of fruit(s) die Obstsorte,-n 6
kind of sausage die Wurstsorte,-n 5
king der König,-e 12
kitchen die Küche,-n
kitchen cupboard der Küchenschrank,¨-e 6
kitchen sink das Spülbecken,-
kitchen table der Küchentisch,-e 6
knapsack der Rucksack,¨-e 1
knife das Messer,- 5
to **knit** stricken 4
knot der Knoten,- 7

to **know one's way around** sich auskennen (kannte aus, ausgekannt) 9
to **know** *(person, place)* kennen (kannte, gekannt); *to know (fact)* wissen (weiß, wusste, gewusst)

L

label das Etikett,-en 6
lady die Dame,-n 6
lake der See,-n
lamp die Lampe,-n
to **land** landen 1
language die Sprache,-n
laptop das Notebook,-s 9
large groß
lasagna *(Italian pasta dish)* Lasagne 5
last letzt-
to **last** dauern
late spät; *See you later!* Bis später!
Latin das Latein
laundry die Wäsche 4
law das Gesetz,-e 12
lawn der Rasen,-
lawyer der Rechtsanwalt,¨-e 10
layer cake die Torte,-n 6
to **lead** führen 12
league die Liga
to **learn** lernen
to **leave** verlassen (verlässt, verließ, verlassen); abfahren (fährt ab, fuhr ab, ist abgefahren); lassen (lässt, ließ, gelassen) 4
left links; *on the left side* auf der linken Seite
leg das Bein,-e
leisure time die Freizeit 5
lemon ice cream das Zitroneneis
lemonade die Limo,-s; die Limonade,-n 5
to **let** lassen (lässt, ließ, gelassen) 4
letter der Brief,-e
letter of recommendation das Empfehlungsschreiben,- 9

English-German Vocabulary

license plate das Nummernschild,-er 11
lie liegen (lag, gelegen)
Liechtenstein Liechtenstein
life das Leben 4
life jacket die Schwimmweste,-n 7
to **lift** heben (hob, gehoben) 7
light hell
to **like** mögen; *to like* gefallen (gefällt, gefiel, gefallen); gern haben; *How do you like...?* Wie gefällt dir...?
line die Linie,-n
lip die Lippe,-n
to **listen to** hören
listener der Hörer,- 9
little klein; wenig 4; *a little* etwas
to **live** wohnen
lively lebendig 9
living room das Wohnzimmer,-
local lokal 9
lonely einsam 12
long lang(e); *long time* lange
to **look** aussehen (sieht aus, sah aus, ausgesehen) 5; *to look after* sich kümmern um 4; *to look at* sich ansehen; *to look for* suchen 8; *to look forward to* sich freuen auf 2; *to look inside* hereinsehen 10
to **lose** verlieren (verlor, verloren) 5
to **love** lieben 12
love story der Liebesfilm,-e
to **lower** hinunterlassen (lässt hinunter, ließ hinunter, hinuntergelassen) 12
luck das Glück 1
lucky: to be lucky Glück haben 1
luggage das Gepäck
luggage cart der Kofferkuli,-s
lunch das Mittagessen
Luxembourg Luxemburg

M

magazine die Zeitschrift,-en 4
mähen to mow; *to mow the lawn* den Rasen mähen
mail die Post 4
to **mail** (*letter, card*) einwerfen (wirft ein, warf ein, eingeworfen) 9
mailbox der Briefkasten,̈-6
to **make** machen; *to make a difference* ausmachen 10; *to make music* Musik machen; *to make sure* sich überzeugen 11; *We made it.* Das haben wir geschafft.
man der Mann,̈-er
to **manage (it)** schaffen; managen 9
manager der Leiter,- 11
manner die Weise; *in this manner* auf die Weise 4
many viele 2
map die Landkarte,-n
March der März
market der Markt,̈-e
marmalade die Marmelade,-n
match das Streichholz,̈-er 7
mathematics (math) die Mathematik (Mathe); *math class* die Mathestunde/Matheklasse
may dürfen (darf, durfte, gedurft)
May der Mai
mayor der Bürgermeister,-8
meal das Essen,- 2; die Mahlzeit,-en 2; die Speise,-n 5
to **mean** meinen; bedeuten; *it means a lot to me* es bedeutet mir viel
means of transportation das Verkehrsmittel,-
meantime: in the meantime unterdessen 6
meat das Fleisch 5
mechanic der Mechaniker,- 10
medicine die Medizin 10

to **meet** treffen (trifft, traf, getroffen); *Let's meet!* Treffen wir uns!
member das Mitglied,-er
membership card die Mitgliedskarte,-n 2
menu die Speisekarte,-n 5
meter der Meter,- 7
metropolis die Großstadt,̈-e 4
microphone das Mikrofon,-e 9
microwave oven der Mikrowellenherd,-e
middle die Mitte
Middle Ages das Mittelalter 3
milk die Milch
million die Million,-en
mineral water das Mineralwasser 5
minus minus
minute die Minute,-n
mirror der Spiegel,-
to **mislead** täuschen 5
to **miss** verpassen 7
model das Vorbild,-er
modern modern
mom die Mutti,-s
moment der Moment,-e; *Just a moment!* Moment mal!
Monday der Montag,-e
money das Geld
month der Monat,-e
moped das Moped,-s
more mehr; *there are no more tickets available* es gibt keine Karten mehr; *more than* mehr als
morning der Morgen,-; *this morning* heute Morgen
most meist-; *most of them* die meisten; *mostly* meistens
mother die Mutter,̈
Mother's Day der Muttertag 8
motor der Motor,-en
motorcycle das Motorrad,̈-er
motorcycle freak der Motorradfreak,-s 11

English-German Vocabulary

motor scooter der Motorroller,-
mountain der Berg,-e
mouse die Maus, Mäuse 9
mouth der Mund,¨er
movement die Bewegung,-en
movie der Film,-e
movie theater das Kino,-s
to **mow** mähen
Mr. der Herr,-en
Mrs. die Frau,-en
much viel
multimedia das Multimedia 6
muscle der Muskel,-n 7
museum das Museum, Museen
mushroom der Champignon,-s 5
music die Musik; *music festival* das Musikfest,-e; *music store* das Musikgeschäft,-e
musical musikalisch; *musical instrument* das Musikinstrument,-e
musician der Musiker,- 10
must müssen (muss, musste, gemusst)
mustard der Senf 8
my mein

N

name der Name,-n; *What's your name?* Wie heißt du?, Wie heißen Sie?
to **name** nennen (nannte, genannt) 3
napkin die Serviette,-n 5
national flag die Nationalfahne,-n
national sport der Nationalsport
natural(ly) natürlich
natural sciences die Naturwissenschaften (pl.)
nature die Natur 7
nature lover der Naturfreund,-e 7
near bei; nah 7
nearby in der Nähe
nearness die Nähe

neck der Hals,¨e
to **need** brauchen
neighbor der Nachbar,-n 3
neighborhood die Nachbarschaft,-en 7
neighboring country das Nachbarland,¨er
nervous nervös
Netherlands die Niederlande
never nie
nevertheless trotzdem 12
new neu
news die Nachricht,-en
newspaper die Zeitung,-en
newspaper stand der Zeitungsstand,¨e 1
newsstand der Kiosk,-e 12
New Year das Neujahr 8
next nächst; *next to* neben
nice nett
nine neun
nineteen neunzehn
ninety neunzig
no nein; kein(e)
nobody niemand 9
noise der Lärm 4
noon der Mittag,-e; *today at noon* heute Mittag
no one niemand 9
normal normal 10
north der Norden; *in the north* im Norden
North Sea die Nordsee
nose die Nase,-n
not nicht
notebook das Heft,-e
nothing nichts
to **notice** bemerken 6
novel der Roman,-e 4
November der November
nowadays heutzutage 10
number die Nummer,-n
nurse (female) die Krankenschwester,-n; *(male)* der Krankenpfleger,- 10
nut-flavored ice cream das Nusseis

O

occasion der Anlass,¨e 12
occupation der Beruf,-e 10

ocean das Meer,-e 3
October der Oktober
of von; *of course* natürlich
offer das Angebot,-e 9
to **offer** anbieten (bot an, angeboten); bieten (bot, geboten) 5
office das Büro,-s
official offiziell; *official currency* die offizielle Währung 4
often oft
old alt
old town die Altstadt,¨e 3
on an, auf; *on the other hand* andererseits 12; *on the way* unterwegs 2; *on top* oben
once einmal; *once in a while* ab und zu 3
one eins, man
oneself selbst 6
onion die Zwiebel,-n 6
only nur; *not only...but also* nicht nur...sondern auch
open geöffnet 11
to **open** aufmachen
opera die Oper,-n; *to perform operas* Opern aufführen 12
ophthalmologist der Augenarzt,¨e 10
opinion die Meinung,-en 12
opportunity die Gelegenheit,-en 4
optimistic optimistisch 12
optometrist der Optiker,- 10
or oder 9
oral(ly) mündlich 10
orange orange
orange die Apfelsine,-n 6
to **order** bestellen 5
order die Ordnung
to **orient oneself** sich orientieren 7
others andere
otherwise sonst
our unser
outdoors im Freien 7
outside draußen; außerhalb 4
over über 3

English-German Vocabulary

overcast bewölkt 3
overnight stay die Übernachtung,-en 2
own eigen 2
owner der Besitzer,- 4

P

to **pack** packen 2
package das Paket,-e 1; die Packung,-en 6
to **paddle** paddeln 7
paddock die Koppel,-n 4
to **paint** malen 5
painter der Maler,- 10
painting das Gemälde,- 12
pair das Paar,-e
pants die Hose,-n
paper das Papier
parade der Umzug,⸚e 8
paradise das Paradies
parents die Eltern
to **park** parken 11
parrot der Papagei,-en 4
part der Teil,-e; *for the most part* zum größten Teil
participant die Teilnehmerin,-nen 7
to **participate** mitmachen; *to participate in sports* Sport treiben
party die Party,-s
to **pass a test** eine Prüfung bestehen (bestand, bestanden) 5
passport der Reisepass,⸚e 1
path der Weg,-e 1
patient der Patient,-en 10
to **pay** bezahlen; *to pay attention* aufpassen; *to pay separately* getrennte Kasse machen 8
pea die Erbse,-n 5
peace die Ruhe
peach der Pfirsich,-e 6
peanut butter die Erdnussbutter 5
pear die Birne,-n 6
pen *(ballpoint)* der Kuli,-s
penalty kick der Elfmeter,-
pencil der Bleistift,-e
pen pal der Brieffreund,-e 1

Pentecost Pfingsten 8
people die Leute (pl.)
pepper der Pfeffer 5
percussion das Schlagzeug
to **perform** aufführen 12
performance die Aufführung,-en
perhaps vielleicht
personal persönlich 9
pessimistic pessimistisch 12
pet das Haustier,-e 4
pharmacist der Apotheker,- 10
photo das Foto,-s; *photo album* das Fotoalbum,-alben
photographer der Fotograf,-en 7
photography magazine die Fotozeitschrift,-en 7
photo store das Fotogeschäft,-e 7
physician der Arzt,⸚e; der Doktor,-en 10
physics die Physik
piano das Klavier,-e
to **pick up** abholen 1
picnic das Picknick,-e 7
picture das Bild,-er
picture postcard die Ansichtskarte,-n 9
pig das Schwein,-e 4
pilot (female) die Pilotin,-nen 1; *(male)* der Pilot,-en 1
pink rosa
pity: that's a pity es ist schade 12
pizza die Pizza,-s
pizza restaurant die Pizzeria,-s
to **place** legen 5; stellen 8
place der Platz,⸚e
to **plan** vorhaben (hat vor, hatte vor, vorgehabt); planen
plate die Platte,-n; der Teller,- 5
to **play** spielen; *to continue playing* weiterspielen
player der Spieler,-
pleasant angenehm 2
please bitte

pleasure das Vergnügen; *Business before pleasure.* Zuerst kommt die Arbeit und dann das Vergnügen.
plum die Pflaume,-n 6
plus plus
poem das Gedicht,-e
point der Punkt,-e 7
Poland Polen
pole die Stange,-n 8
police die Polizei 11
police officer der Polizist,-en 10
politics die Politik 7
popular beliebt
possibility die Möglichkeit,-en 7
possible möglich 12
postcard die Postkarte,-n
poster das Poster,-
post office die Post
potato die Kartoffel,-n; *boiled potatoes* die Salzkartoffeln; *fried potatoes* die Bratkartoffeln (pl.) 5
pound das Pfund,-e 6
practical praktisch; *practical training* das Praktikum,-ka 9
to **practice** üben; trainieren 7
practice die Übung,-en; *Practice makes perfect!* Übung macht den Meister!
to **prepare** *(meal)* zubereiten; sich vorbereiten auf 2
to **prescribe** verschreiben (verschrieb, verschrieben) 10
present das Geschenk,-e
to **preserve** erhalten (erhält, erhielt, erhalten) 12
pretzel die Brezel,-n 8
price der Preis,-e
prince der Fürst,-en 4
principality das Fürstentum 4
to **print** drucken 6
printer der Drucker,- 9
problem das Problem,-e
professor der Professor,-en 9
to **promote** fördern 9

to **protect** schützen 12
proximity Nähe
pudding der Pudding 5
pullover der Pullover,-; der Pulli,-s
punctual pünktlich 1
purse die Handtasche,-n 1
to **push** schieben (schob, geschoben); stoßen (stößt, stieß, gestoßen) 8; *push button* Taste,-n 9
to **put** legen 5; stellen 8; *to put in (mailbox)* einwerfen (wirft ein, warf ein, eingeworfen) 9; *to put on* auflegen 8; aufsetzen 10; *to put together* zusammenbauen 11

Q

quality die Qualität,-en
quarter das Viertel,-
quiet die Ruhe
to **quit** aufhören
quite ganz; *not quite yet* noch nicht ganz; *quite well* ganz gut
quiz show die Quizsendung,-en 7

R

radio das Radio,-s; der Rundfunk 9; *clock radio* der Radiowecker,-
radio station der Rundfunksender,- 9
rag *(to wipe off chalkboard)* der Tafellappen,-
to **rain** regnen
rain shower der Regenschauer,- 3
rather lieber; *I would rather eat...* Ich möchte lieber...essen.
to **read** lesen; *to read aloud (to others)* vorlesen (liest vor, las vor, vorgelesen) 12
ready fertig 6
real real 12
realistic(ally) realistisch 5
really wirklich
reasonable preiswert

to **recall** erinnern an 8
receipt die Quittung,-en
to **receive** bekommen (bekam, bekommen); erhalten (erhält, erhielt, erhalten) 9
receiver der Empfänger,- 9
reception die Rezeption 10
recess die Pause,-n
recipient der Empfänger,- 9
to **recognize** erkennen (erkannte, erkannt) 12
to **record** aufnehmen (nimmt auf, nahm auf, aufgenommen) 9
recorder die Blockflöte,-n
recording die Aufnahme,-n 9
recycling das Recycling 12
red rot
reduced reduziert
to **reflect** nachdenken (dachte nach, nachgedacht) 12
refrigerator der Kühlschrank,̈-e
to **register** registrieren 6; melden 10
to **regulate** regulieren 9
to **rehabilitate** rehabilitieren 10
to **relax** entspannen 12
religion die Religion,-en
repair die Reparatur,-en 11
to **repair** reparieren
repair shop die Werkstatt,̈-e 11
replacement part das Ersatzteil,-e 11
to **reserve** reservieren 2
Rhine ship das Rheinschiff,-e 2
rhythm der Rhythmus
ride die Fahrt,-en 8
to **ride** fahren (fährt, fuhr, ist gefahren); *to ride (a horse)* reiten (ritt, ist geritten) 4; *to ride out* hinausreiten 4
right richtig; *right around the corner* gleich um die Ecke; *That's right.* Das stimmt.; *to be right* Recht haben; rechts *(direction)*

to **ring** *(bell)* klingeln; *The bell is ringing.* Es klingelt.
to **rinse** spülen
river der Fluss,̈-e
roast pork der Schweinebraten 5
rock concert das Rockkonzert,-e
rock group die Rockgruppe,-n
rock music die Rockmusik
role die Rolle,-n 8
roll das Brötchen,-
to **roll** rollen 1; *to roll up* zusammenrollen 2
roller coaster die Achterbahn,-en 8
romance novel der Liebesroman,-e 12
roof das Dach,̈-er 11
room das Zimmer,-; der Raum, Räume 12
rope das Seil,-e 7
routine die Routine 12
row die Reihe,-n 6
royal königlich 8
rule die Regel,-n 11
ruler das Lineal,-e
to **run** laufen (läuft, lief, ist gelaufen); *to run around* herumlaufen 10
RV (recreational vehicle) der Wohnwagen,- 2

S

sad traurig 12
safe sicher 10
to **sail** segeln 3
sailboat das Segelboot,-e 3
salad der Salat,-e; *tossed salad* gemischter Salat 5
sale: special (sale) das Sonderangebot,-e
salesman der Verkäufer,-
saleswoman die Verkäuferin,-nen
salt das Salz 5
Saturday der Samstag,-e; der Sonnabend,-e
saucer die Untertasse,-n 5
sauerbraten *(marinated beef roast)* der Sauerbraten

English-German Vocabulary

sauerkraut das Sauerkraut 8
sausage die Wurst,⸚e; *sausage sandwich* das Wurstbrot,-e
to **save** *(money)* sparen; retten 8
saxophone das Saxophon,-e
to **say** sagen
scale die Waage,-n 6
scarcely kaum 7
scene die Szene,-n 5
schedule der Fahrplan,⸚e
school die Schule,-n; *secondary school* das Gymnasium,-sien 1
schoolbag die Schultasche,-n
school day der Schultag,-e 4
schoolmate der Schulfreund,-e
school yard der Schulhof,⸚e 11
scooter der Roller,- 11
to **scream** schreien (schrie, geschrien)
sculptor der Bildhauer,- 12
season die Jahreszeit,-en
seat Platz,⸚e; der Sitzplatz,⸚e 12
seatbelt der Sicherheitsgurt,-e 11
secretary der Sekretär,-e 10
section Teil,-e
to **secure** sich festmachen; *to secure (to a rope)* straff machen 7
to **see** sehen (sieht, sah, gesehen); *See you!*; Tschau!, Tschüs!
to **seem** scheinen (schien, geschienen) 10
to **select** sich aussuchen 6
selection die Auswahl; *a selection in* eine Auswahl an
to **sell** verkaufen
semester das Semester,- 9
to **send** schicken, senden 3
sender der Absender,- 9
senseless sinnlos 11
sentence der Satz,⸚e 12

separate einzeln 12
September der September
to **serve** bedienen 6
to **set the table** den Tisch decken
seven sieben
seventeen siebzehn
seventy siebzig
shall werden
to **shave oneself** sich rasieren 2
she sie
sheep das Schaf,-e 4
shelf das Regal,-e 6
to **shine** scheinen (schien, geschienen)
ship das Schiff,-e
shirt das Hemd,-en; das Shirt,-s
shoe der Schuh,-e
to **shoot** schießen (schoss, geschossen)
shop das Geschäft,-e
to **shop** einkaufen; *to go shopping* einkaufen gehen
shopping bag die Einkaufstasche,-n 1
shopping cart der Einkaufswagen,- 6
shopping center das Einkaufszentrum,-tren 11
shopping list die Einkaufsliste,-n 6
shop window das Schaufenster,- 11
shore der Strand,⸚e 2; das Ufer,- 7
short kurz
should sollen
shoulder die Schulter,-n
to **show** zeigen; *to show up* auftauchen 10
to **shower** sich duschen 2
shower die Dusche,-n
sick krank 6
side die Seite,-n
side dish die Beilage,-n 5
sight die Sehenswürdigkeit,-en
signal das Signal,-e 7
similar ähnlich 8
since seit
sincere herzlich
to **sing** singen

singer (female) die Sängerin,-nen; *(male)* der Sänger,-
sister die Schwester,-n; *twin sister* die Zwillingsschwester,-n
to **sit** sitzen (saß, gesessen); *to sit around* herumsitzen 8; *to sit down* sich setzen 2; *to sit on* sitzen auf
situation die Situation,-en 12
six sechs
sixteen sechzehn
sixty sechzig
size die Größe,-n
ski der Ski,-er; *to ski* Ski laufen
skirt der Rock,⸚e
slacks Hose,-n
to **sleep** schlafen (schläft, schlief, geschlafen) 4
sleeping bag der Schlafsack,⸚e 2
slice die Scheibe,-n; *a slice of bread* eine Scheibe Brot
slow langsam
small klein
smart klug; *smart (looking)* schick
smartie der Schlauberger
to **smile** lächeln
snack bar der Imbiss,-e; der Imbissstand,⸚e
snow der Schnee 3
to **snow** schneien
so also; *So, what is your present?* Also, was ist dein Geschenk?
soccer der Fußball,⸚e
soccer ball der Fußball,⸚e
soccer field der Fußballplatz,⸚e
soccer team die Fußballmannschaft,-en
sock die Socke,-n
sofa das Sofa,-s
solid stabil
some etwas, manche
someone jemand 7
something etwas; *something else* etwas anderes 3
sometimes manchmal

English-German Vocabulary

somewhere irgendwo 9; *somewhere else* woanders 3
son der Sohn,⸚e
song das Lied,-er
soon bald
sore throat die Halsschmerzen (pl.) 10
to **sound** klingen (klang, geklungen) 4
sound engineer der Tontechniker,- 9
sound (recording) studio das Tonstudio,-s 9
soup die Suppe,-n 5
soupspoon der Suppenlöffel,- 5
sour sauer 6
south der Süden
spaetzle *(kind of homemade pasta)* die Spätzle
Spain Spanien
Spanish spanisch; *He speaks Spanish.* Er spricht spanisch.
to **speak** sprechen (spricht, sprach, gesprochen); *to speak about oneself* über sich selbst sprechen
special besonders; *something special* etwas Besonderes
special offer das Sonderangebot,-e 3
specialty die Spezialität,-en 5
spectator der Zuschauer,-
speed das Tempo
to **spend** *(money)* ausgeben (gibt aus, gab aus, ausgegeben); *to spend (time)* verbringen (verbrachte, verbracht) 3
spinach der Spinat 5
to **splash** spritzen 8
sport(s) der Sport; *to participate in sports* Sport treiben; *sports show (news)* die Sportschau
sports class die Sportstunde,-n 4
sports department die Sportabteilung,-en 6
sports show die Sportsendung,-en 7

spring der Frühling,-e
stable der Stall,⸚e 4
stadium das Stadion,-dien
stairs *(stairway)* die Treppe,-n 8
stamp die Briefmarke,-n
to **stand** stehen (stand, gestanden); *to stand in line* Schlange stehen 8
star *(entertainment)* der Star,-s
start *(beginning)* der Anfang,⸚e 5
to **start** anfangen; losgehen; *When will it start?* Wann geht's denn los?
state der Staat,-en
stationery die Schreibwaren (pl.) 6
statistics die Statistik,-en
stay der Aufenthalt,-e 2
to **stay** bleiben (blieb, ist geblieben); *to stay overnight* übernachten 1
steep steil 8
steering wheel das Steuerrad,⸚er 11; das Lenkrad,⸚er 11
stepbrother der Stiefbruder,⸚
stereo system die Stereoanlage,-n
stewed fruit das Kompott 5
to **stick** stecken 2; kleben 6
sticker das Etikett,-en 6
stiff steif
still noch
stocking der Strumpf,⸚e
stomach der Magen,⸚ 8; der Bauch, Bäuche 10
stomachache die Bauchschmerzen (pl.) 10
stop die Haltestelle,-n 1
to **stop** aufhören; anhalten (hält an, hielt an, angehalten) 11
store das Geschäft,-e
story *(building)* der Stock, Stockwerke 6; *detective story* der Krimi,-s; *story* die Geschichte,-n

stove der Herd,-e
straight ahead geradeaus
strange komisch 2; fremd 9
strangers fremde Leute 9
strawberry die Erdbeere,-n 6
strawberry ice cream das Erdbeereis
strawberry shake der Erdbeershake,-s
strawberry sundae das Spaghetti Eis
street die Straße,-n
streetcar die Straßenbahn,-en
strength die Kraft 7; *strength training* das Krafttraining; *to do strength training* Krafttraining machen
stretch die Strecke,-n 7
strict streng 12
strong stark
student *(advanced)* der Fortgeschrittene,-n; *(elementary through high school)* der Schüler,-r
studies *(university)* das Studium,-ien 9
studio das Studio,-s
sturdy stabil
subject *(school)* das Fach,⸚er
subway die U-Bahn,-en
success der Erfolg,-e 10
suddenly plötzlich
sugar der Zucker 5
to **suggest** vorschlagen (schlägt vor, schlug vor, vorgeschlagen)
suit der Anzug,⸚e
suitcase der Koffer,-
summer der Sommer,-
summer month der Sommermonat,-e 2
summer vacation die Sommerferien
sun die Sonne
Sunday der Sonntag,-e
super super
supermarket der Supermarkt,⸚e 6
supper das Abendessen

English-German Vocabulary

supposed: to be supposed to sollen (soll, sollte, gesollt)
sure sicher 10
to **surf** surfen 7
surprise die Überraschung,-en 8
surprised: to be surprised staunen
surroundings die Umgebung 2
survival training das Survivaltraining 7
swan der Schwan,⸚e 12
sweater der Pullover,-; der Pulli,-s
sweatshirt das Sweatshirt,-s
sweet süß 6
sweets die Süßigkeiten (pl.) 8
to **swim** schwimmen (schwamm, ist geschwommen)
swimmer der Schwimmer,- 12
to **swing** schwenken
Switzerland die Schweiz

T

table der Tisch,-e
tablespoon der Suppenlöffel,- 5
tablet die Tablette,-n 10
table tennis das Tischtennis
to **take** nehmen (nimmt, nahm, genommen); *to take along* mitnehmen 1; *to take a shower* sich duschen 2; *to take care of* sich kümmern um 4; *to take off (plane)* abfliegen (flog ab, ist abgeflogen) 1; *to take out* herausnehmen 6; *to take pictures* fotografieren; *to take place* stattfinden (fand statt, stattgefunden) 8; *to take the driving test* den Führerschein machen 11; *to take time* dauern; *to take vacation* Ferien machen 3
talent das Talent,-e 7

to **talk** sprechen (spricht, sprach, gesprochen); sich unterhalten (unterhält, unterhielt, unterhalten) 5; *to talk about* sprechen über
tape (recording) das Tonband,⸚er 9
taste der Geschmack 6
to **taste** schmecken
taxi das Taxi,-s 1
tea der Tee 5; *iced tea* der Eistee
to **teach** beibringen (brachte bei, beigebracht); *taught me as a child* hat mir als Kind...beigebracht
teacher (female) die Lehrerin,-nen; *(male)* der Lehrer,-
team die Mannschaft,-en
teaspoon der Teelöffel,- 5
technology die Technologie,-n 10
teenager der Jugendliche,-n
telephone das Telefon,-e; *cell phone* das Handy,-s
telephoto lens das Teleobjektiv,-e 7
television (set) der Fernseher,-; *on television* im Fernsehen; *television program* das Fernsehprogramm,-e
to **tell** sagen; erzählen; *to tell about* erzählen von 3
tempo das Tempo
ten zehn
tennis das Tennis
tennis racquet der Tennisschläger,-
tent das Zelt,-e 2
terrific toll, klasse
test die Prüfung,-en 5; *to pass a test* eine Prüfung bestehen 12
to **test** ausprobieren
text der Text,-e
than als; *There is more room than before.* Da ist mehr Platz als vorher. 2
to **thank** sich bedanken 5
thanks der Dank

Thank you! Danke!; *Thank you very much.* Danke schön.; Herzlichen Dank! 5
that das; dass
the der, die, das
their ihr
then dann
there da, dort; *over there* da drüben; *there (to)* dorthin
therefore deshalb
they sie, man
thing die Sache,-n; das Ding,-e 12
to **think** denken (dachte, gedacht) 8; *to think about* sich überlegen 6; nachdenken (dachte nach, nachgedacht) 12; *Do you think so?* Meinst du?
Third Reich *(1933–1945)* das Dritte Reich 12
thirst der Durst; *to be thirsty* Durst haben
thirteen dreizehn
thirty dreißig
this dieser
thousand tausend
three drei; *three times* dreimal
thriller Krimi,-s
through durch
thunderstorm das Gewitter,- 3
Thursday der Donnerstag,-e
ticket Karte,-n; die Fahrkarte,-n
ticket counter Kasse,-n
tie die Krawatte,-n
tight eng
to **tighten** straff machen; *to tighten one's harness* sich anschnallen 7
time die Zeit,-en; *At what time?* Um wie viel Uhr?
times mal; *a few times* ein paar Mal
tip der Tipp,-s 7
tire der Reifen,-
to an, zu
today heute
together zusammen
toilet die Toilette,-n
tomato die Tomate,-n 6

English-German Vocabulary

tomato salad der Tomatensalat 5
tomato soup die Tomatensuppe,-n 5
tomorrow morgen
too auch, zu
tools das Werkzeug 11
tooth der Zahn,⸚e
toothache die Zahnschmerzen (pl.) 10
topic das Thema,-men 5
to **touch** berühren 7
tour die Tour,-en 11
tourist der Tourist,-en
tourist office das Verkehrsbüro,-s 4
town der Ort,-e 7
toys die Spielwaren 6
track das Gleis,-e
traffic der Verkehr 5
traffic congestion (traffic jam) der Stau 11
tragic tragisch 12
train der Zug,⸚e;
to **train** trainieren 7
train station der Bahnhof,⸚e
training das Training; die Ausbildung 12
training place der Ausbildungsplatz,⸚e 12
to **transfer** umsteigen (stieg um, ist umgestiegen)
to **translate** übersetzen 6
trash der Müll 12
to **travel** reisen; *traveling* Reisen
travel agency das Reisebüro,-s 3
traveler's check der Reisescheck,-s 2
treats *(pl.)* der Leckerbissen
tree der Baum,⸚e 7
trip die Reise,-n
trout die Forelle,-n 5
trumpet die Trompete,-n
trunk der Kofferraum, -räume 11
to **try** versuchen; *to try out* ausprobieren
T-shirt das T-Shirt,-s
Tuesday der Dienstag,-e
Turk (male) der Türke,-n

Turkey die Türkei
to **turn out** ausfallen (fällt aus, fiel aus, ausgefallen) 7; *to turn to* abbiegen (bog ab, ist abgebogen)
TV der Fernseher,-
twelve zwölf
twenty zwanzig
twin sister die Zwillingsschwester,-n
two zwei; *two-wheel (bike) repair shop* die Zweiradwerkstatt,⸚e 11

U

umbrella der Regenschirm,-e 8
unbelievable unglaublich 3
uncle der Onkel,-
under unter 9
to **underline** unterstreichen (unterstrich, unterstrichen) 12
to **understand** verstehen (verstand, verstanden) 6
unemployment die Arbeitslosigkeit 12
unfortunately leider
United States of America die Vereinigten Staaten von Amerika; die USA
unity die Einheit; *Day of Unity* Tag der Einheit 8
university die Universität,-en 9
unleaded bleifrei 12
until bis
to **use** benutzen 7
usually gewöhnlich 6

V

vacation die Ferien (pl.); *on vacation* in den Ferien; *to go on vacation* in die Ferien fahren
vacation trip die Ferienreise,-n 3
to **vacuum** staubsaugen
vain eitel 2
Valentine's Day der Valentinstag 8

vanilla ice cream das Vanilleeis
vegetable(s) das Gemüse
vegetable soup die Gemüsesuppe,-n 5
vehicle das Fahrzeug,-e 11
very sehr
vicinity die Umgebung 2
video das Video,-s
video rental store die Videothek
to **view** besichtigen 3
violin die Geige,-n
visit der Besuch,-e
to **visit** besuchen; besichtigen 3
visitor der Besucher,-
vocabulary Vokabel,-n 6
vocational school die Berufsschule,-n 12
volleyball der Volleyball

W

to **wait** warten; *to wait for* warten auf 2; *to wait on* bedienen 6
waiter der Kellner,-
waitress die Kellnerin,-nen 5
to **wake up** aufwachen 8
to **walk** zu Fuß gehen
wall die Wand,⸚e 5
to **want to** wollen; *to want (for birthday)* sich wünschen
war der Krieg,-e 8
warm warm
to **wash** spülen; *to wash oneself* sich waschen (wäscht, wusch, gewaschen) 2
watch Uhr,-en
to **watch** zusehen (sieht zu, sah zu, zugesehen) 9
to **watch out** aufpassen; *to watch television* fernsehen
way der Weg,-e 1
we wir
to **wear** tragen (trägt, trug, getragen), anhaben (hat an, hatte an, angehabt)
weather das Wetter
weather forecast die Wettervorhersage 3

English-German Vocabulary

wedding die Hochzeit,-en 8
wedding anniversary der Hochzeitstag,- 5
Wednesday der Mittwoch,-e
week die Woche,-n
weekend das Wochenende,-n
to **weigh** wiegen (wog, gewogen) 6
weight das Gewicht,-e 7
well-known bekannt
west der Westen
wet nass 8
what was; *What kind of a...?* Was für ein...?; *What's your name?* Wie heißt du?, Wie heißen Sie?
wheel das Rad,̈-er
when wann; als 6
where wo; *where from* woher; *where to* wohin
whether ob
which welcher
while während
whipped cream die Schlagsahne
white weiß
who wer
whole ganz 8
why warum
wild wild 8
wild water ride die Wildwasserbahn,-en 8
will werden
to **win** gewinnen (gewann, gewonnen)
wind der Wind,-e 3

window das Fenster,- 1
windshield die Windschutzscheibe,-n 11
winner der Sieger,- 8
winter der Winter,-
wise weise; *a wise man* ein weiser Mann
to **wish** wünschen
with mit, bei; *to stay with us* bei uns bleiben
without ohne
woman die Frau,-en
word das Wort,̈-er 6
work die Arbeit,-en
to **work** arbeiten, funtionieren (*gadget*)
workbench die Werkbank,̈-e 11
workshop die Werkstatt,̈-e 11
world die Welt,-en; *in the whole world* auf der ganzen Welt
worldly weltlich 12
world war der Weltkrieg,-e; *First World War (1914–1918)* der Erste Weltkrieg
worry die Sorge,-n 12
worse schlimmer 10
would like to möchten
to **write** schreiben (schrieb, geschrieben); *in writing* schriftlich 10; *to write down* aufschreiben 10; *to write to* schreiben an

Y

year das Jahr,-e; *three years ago* vor drei Jahren
to **yell** schreien (schrie, geschrien)
yellow gelb
yes ja
yesterday gestern 3
yet noch; *not quite yet* nicht ganz
you (*familiar singular*) du; (*familiar plural*) ihr; (*formal*) Sie; man
your (*familiar singular*) dein; (*familiar plural*) euer; (*formal singular and plural*) Ihr
youth die Jugend 7
youth center das Jugendzentrum,-tren 11
youth hostel die Jugendherberge,-n 2
youth hostel director (female) die Herbergsmutter,̈ 2; (*male*) der Herbergsvater,̈ 2
youth magazine die Jugendzeitschrift,-en 7

Z

zero null
zip code die Postleitzahl,-en 9

accusative
- additional *der*-words **146**
- after verbs with prepositions **339**
- demonstrative pronouns **164**
- direct object pronouns **48**
- of adjectives after *der*-words **199**
- of adjectives after *ein*-words **231**
- prepositions with **272**
- reflexive pronouns **35**
- word order **48**

adjectives
- after *der*-words **199**
- after *ein*-words **231**
- after *nichts, etwas, viel* **249**
- comparison of **6**
- following quantity words **249**
- not preceded by articles **247**
- used as nouns **213**

adverbs
- comparison of **6**

command forms of reflexive verbs **36**
comparison of adjectives **6**
comparison of adverbs **6**

conjunctions
- coordinating **353**
- subordinating **356**

coordinating conjunctions **353**
da **322**
da-compounds **286**
dahin **322**

dative
- additional *der*-words **146**
- after verbs with prepositions **272**
- demonstrative pronouns **164**
- indirect object pronouns **48**
- of adjectives after *der*-words **199**
- of adjectives after *ein*-words **231**
- prepositions with **272**
- reflexive pronouns **36**
- word order **48**

definite article
- genitive **131**

demonstrative pronouns **164**

der-words
- adjectives after **199**

direct object pronouns **48**
dort **322**
dorthin **322**

ein-words
- adjectives after **231**

etwas
- adjectives after **249**

genitive
- additional *der*-words **146**
- definite article **131**
- indefinite article **131**
- names **134**
- of adjectives after *der*-words **199**
- of adjectives after *ein*-words **231**
- possessive adjectives **131**
- prepositions with **134**
- *wessen* **134**

gern **18**

indefinite article
- genitive **131**

indirect object pronouns **48**
infinitives used as nouns **110**
lieber **18**

modal auxiliaries
- past tense **97**

narrative past **66, 78**
nichts
- adjectives after **249**

nominative
- additional *der*-words **146**
- of adjectives after *der*-words **199**
- of adjectives after *ein*-words **231**

nouns
- adjectives used as **213**
- infinitives used as **110**

past perfect tense **308**
past tense
- irregular verbs **78**
- of modal auxiliaries **97**
- regular verbs **66**

possessive adjectives **131**
prepositions
- accusative **272**
- dative **272**
- genitive **134**
- verbs with **339**

pronouns
- demonstrative **164**
- reflexive **35**

question words **179**
reflexive pronouns **35**
reflexive verbs **35**
subordinating conjunctions **356**

verbs
- past perfect tense **308**
- past tense **66, 78**
- reflexive **35**
- with accusative **339**
- with dative **341**
- with prepositions **339**

viel
- adjectives after **249**

wessen **134**
wo-compounds **286**
word order of dative and accusative cases **48**

The author wishes to express his gratitude to the following people who assisted in the photography scenes in Germany, Austria and Switzerland:

Hans-Joachim Bubke and Family (Wilhelmshaven, Germany)
Dr. Reinhold Frigge (Witten, Germany)
Dr. Wieland Held and Family (Leipzig, Germany)
Julius Haag (Sigmaringen, Germany)
Daniel Herzl (Salzburg Panorama Tours, Salzburg, Austria)
Guido Kauls (Minneapolis, Minnesota)
Derya Kaya (Bergkamen, Germany)
Gerd Kraft and Family (Gerlingen, Germany)
Werner Kundmüller (Ingolstadt, Germany)
Daniela Küng and Family (Lucerne, Switzerland)
Günter Müller and Family (Boppard, Germany)
Uwe Schlaugk and Family (Krailling, Germany)
Sandra Schlünder and Family (Bergkamen, Germany)
Peter Sternke and Family (Berlin, Germany)
Helmut Strunk and Family (Essen, Germany)
Dr. Hartmut Voigt (Leverkusen, Germany)

The following organizations also assisted in the photography sessions:

Camping-Oase Thiessow (Thiessow, Germany)
Deutsche Lufthansa AG, Frankfurt am Main, Germany
Jugendherberge Bacharach (Bacharach, Germany)
Jugendherberge Bingen (Bingen, Germany)
Jugendherberge Rüdesheim (Rüdesheim, Germany)
Jugendherberge St. Goar (St. Goar, Germany)
Karstadt AG (Essen, Germany)
Ostsee-Campingplatz Göhren (Göhren, Germany)
TS Reisebüro (Salzburg, Austria)

The author also would like to thank his wife, Rosie, for showing such tremendous patience and understanding during the development of this series and for her valuable contribution before, during and after the various trips throughout German-speaking countries.

The following German instructors provided valuable comments for the new edition of *Deutsch Aktuell*:

Sandra Achenbach, Webb School of Knoxville, Knoxville, Tennessee; *Dirk Ahlers*, Marquette Senior High School, Marquette, Michigan; *Anna L. Alexander*, Edmond Memorial High School, Edmond, Oklahoma; *Connie Allison*, MacArthur High School, Lawton, Oklahoma; *Constance L. Anderson*, Red Bank High School, Chattanooga, Tennessee; *Laura Anderson*, Yuma High School, Yuma, Arizona; *Thomas F. Andris*, Marietta Senior High School, Marietta, Georgia; *Virginia Apel*, Northside College Prep, Chicago, Illinois; *Susan Armitage*, Prairie High School, Cedar Rapids, Iowa; *Jennifer Baker*, North Brunswick Township High School, North Brunswick, New Jersey; *Lynn A. Baldus*, St. Ansgar High School, St. Ansgar, Iowa; *Sandra Banks*, Galesburg High School, Galesburg, Illinois; *Gregg Barnett*, Oak Grove High School, San Jose, California; *David Beal*, Lee's Summit North High School, Lee's Summit, Missouri; *James J. Becker*, Dickinson High School, Dickinson, North Dakota; *Michele Bents*, Millard North High School, Omaha, Nebraska; *Tammy L. Berlin*, Waggener Traditional High School, Louisville, Kentucky; *Michael W. Beshiri*, Heritage High School, Conyers, Georgia; *Jayne E. Bingham*, Woodland High School, Catersville, Georgia; *Tery Binkerd*, Viewmont High School, Bountiful, Utah; *Judy Birkel*, Heritage Christian School, Indianapolis, Indiana; *Krista Boerman*, Western High School, Auburn, Michigan; *Paul Boling*, Patton Junior High School, Ft. Leavenworth, Kansas; *Seth H. Boyle*, Elk Grove High School, Elk Grove, California; *Barbara Boys*, Methacton High School, Norristown, Pennsylvania; *Susan Scott Brafford*, Prince George High School, Prince George, Virginia; *Rick Brairton*, Chatham High School, Chatham, New Jersey; *Ursula Brannon*, Jarman Jr. High & Carl Albert High School, Midwest City, Oklahoma; *Carol Bruinsma*,

Brookings High School, Brookings, South Dakota; *Carol H. Buller*, Midland High School, Midland, Michigan; *Sandra Burkhard*, Highland High School, Gilbert, Arizona; *Delores T. Buth*, Blaine High School, Blaine, Minnesota; *Friederike Butler*, Paradise Valley High School, Phoenix, Arizona; *Jacqueline A. Cady*, Bridgewater-Raritan Regional High School, Bridgewater, New Jersey; *Judith M. Cale*, Bennett High School, Bennett, Colorado; *Patrick Carr*, Blanchet High School, Seattle, Washington; *Carah Casler*, Reynoldsburg High School, Reynoldsburg, Ohio; *Ron Cates*, Ooltewah High School, Ooltewah, Tennessee; *Vance Chadaz*, Ogden High School, Ogden, Utah; *Stephanie Christensen*, Flathead High School, Kalispell, Montana; *Diane Christiansen*, Brisco Middle School, Beverly, Massachusetts; *Maria Monica Colceriu*, South High School, Pueblo, Colorado; *Brian Colucci*, Burgettstown Junior/Senior High School, Burgettstown, Pennsylvania; *Nancy Cowchok*, Wilmington Christian School, Hockessin, Delaware; *Jutta Crowder*, St. Paul Academy and Summit School, St. Paul, Minnesota; *Marilyn Davidheiser*, Franklin Co. High School, Winchester, Tennessee; *Cathy DeEsch*, Bangor Area Middle School, Bangor, Pennsylvania; *Frau Delacroix*, Massaponax High School, Fredericksburg, Virginia; *Corinne de Mattos*, Shaw High School, Columbus, Georgia; *Susan W. DeNyse*, Fairfield Senior High School, Fairfield, Ohio; *Daniel Desmond*, Centennial High School, Ellicott City, Maryland; *D. Dietrich-Lemon*, Carlson High School, Rockwood, Michigan; *Brigitte Dobbins*, Hampton High School, Hampton, Virginia; *Mariea Dobbs*, Central High School, Harrison, Tennessee; *Diane L. Dunk*, Eisenhower High School, New Berlin, Wisconsin; *Eugene Endicott*, Central Middle School, Ogden, Utah; *Paul Engberson*, West Jefferson High School, Terreton, Idaho; *Connie Evenson*, Pelican Rapids High School, Pelican Rapids, Minnesota; *Renee Fait*, Lakeland Union High School, Minocqua, Wisconsin; *Kathy Falatovich*, York Suburban High School, York, Pennsylvania; *Mary B. Farquhar*, Lowell High School, San Francisco, California; *Jay Feist*, Archbishop Alter High School, Kettering, Ohio; *Margaret M. Fellerath*, York Suburban Middle School, York, Pennsylvania; *Bro. Charles Filbert, F.S.C.*, Calvert Hall College High School, Baltimore, Maryland; *Fredrick Fischer*, Marquette Catholic High School, Alton, Illinois; *Marjorie A. Fischer*, Rocky Point High School, Rocky Point, New York; *Thomas Fischer*, Overbrook Regional Senior High School, Pine Hill, New Jersey; *Jan Fisher*, Harlem High School, Machesney Park, Illinois; *Lou Flanagan*, Crosby-Ironton Junior/Senior High School, Crosby, Minnesota; *Tessie A. Flynn*, East Detroit High School, Eastpointe, Michigan; *Antje Fortier*, Shelton High School, Shelton, Washington; *John Foster*, Duchesne High School, Duchesne, Utah; *Regine Fougeres*, Chenley High School, Pittsburgh, Pennsylvania; *Janet Fox*, Revere Middle School, Bath, Ohio; *S. Michelle France*, Lewis-Palmer High School, Monument, Colorado; *Jason Frank*, Waterford Kettering High School, Waterford, Michigan; *Joan H. Franklin*, North Catholic High School, Pittsburgh, Pennsylvania; *Wendy L. Freeman*, Hillcrest High School, Idaho Falls, Idaho; *Paula G. Freshwater*, Solon Middle School, Solon, Ohio; *Donah Gehlert*, Stow-Monroe Falls High School, Stow, Ohio; *Linda Gevaert*, Martin Luther High School, Greendale, Wisconsin; *Michealle Gibson*, Sauk Centre High School, Sauk Centre, Minnesota; *Christine Gildner*, University High School, Orlando, Florida; *James V. Goddard*, Howard A. Doolin Middle School, Miami, Florida; *John D. Goetz*, Mayer Lutheran High School, Mayer, Minnesota; *Joe Golding*, Pennsauken High School, Pennsauken, New Jersey; *Sally Goodhart*, Gloucester High School, Gloucester, Virginia; *Candie Graham*, Canton High School, Canton, Illinois; *Sandra Gullo*, Tri-City Christian Academy, Somersworth, New Hampshire; *Aaron Gwin*, Hazelwood East High School, St. Louis, Missouri; *John F. Györy*, G.A.R. Memorial Junior/Senior High School, Wilkes-Barre, Pennsylvania; *Amy Hallberg*, Chaska High School, Chaska, Minnesota; *Gerald E. Halliday*, Clearfield High School, Clearfield, Utah; *Byron Halling*, Escondido Charter High School, Escondido, California; *Laura Halvorson*, Willmar Senior High School, Willmar, Minnesota; *Mary P. Hansen*, St. Agnes High School, St. Paul, Minnesota; *Rena W. Harris*, Lutheran High School, Springfield, Illinois; *Jennifer L. Harrison*, Roy School District 74, Roy, Michigan; *Peri V. Hartzell*, Field Kindley High School, Coffeyville, Kansas; *Janet Harvis*, Harrison High School, Farmington Hills, Michigan; *Barbara Hassell*, Lord Botetourt High School, Daleville, Virginia; *Nellie Hastings*, Alan B. Shepard High School, Palos Heights, Illinois; *Rebecca Hauptmann*, Clifford Smart Middle School, Commerce, Michigan; *Chrystal Heimberger-Hallam*, Chaparral High School, Las Vegas, Nevada; *Thomas*

Hengstenberg, Owensville High School, Owensville, Missouri; *Hege Herfindahl*, BBE High School, Belgrade, Minnesota; *Arthur P. Herrmann*, White Station High School, Memphis, Tennessee; *Helga Hilson*, Edmonds-Woodway High School, Edmonds, Washington; *Stephen C. Hintz*, Shoreland Lutheran High School, Somers, Wisconsin; *Shirley S. Hipsher*, Trenton High School, Trenton, Michigan; *Nicholas R. Hoffmann*, Walnut High School, Walnut, Iowa; *Arthur D. Holder*, Judge Memorial Catholic High School, Salt Lake City, Utah; *T. Marshall Hopkins*, Central Mountain High School, Mill Hall, Pennsylvania; *Jolene Huddleston*, Kaysville Junior High School, Kaysville, Utah; *Tracy Hughes*, Atlee High School, Mechanicsville, Virginia; *Amy L. Hull*, Jones Academic Magnet High School, Chicago, Illinois; *Daniel Hunter*, Jersey Shore Area High School, Jersey Shore, Pennsylvania; *Nicole B. Ingram*, Preble-Shawnee High School, Camden, Ohio; *Patricia S. Iversen*, Lee's Summit High School - Div. I, Lee's Summit, Missouri; *Camille Jensen*, Preston High School, Preston, Idaho; *Joan Jensen*, Chatham Middle School, Chatham, New Jersey; *Jane Jerauld*, Montrose Area Jr./Sr. High School, Montrose, Pennsylvania; *Walter J. Johnson*, Northeast Catholic High School, Philadelphia, Pennsylvania; *Richard B. Jones*, Ritenour High School, St. Louis, Missouri; *Rohnda Jones*, Lane Technical High School, Chicago, Illinois; *W. Clark Jones*, Vernal Junior High School, Vernal, Utah; *William Jones*, Howland High School, Warren, Ohio; *Sarah Juntune*, Okemos High School, Okemos, Michigan; *Linda Kaelin*, Lourdes High School, Oshkosh, Wisconsin; *Mary S. Katzenmayer*, Jacobs High School, Algonquin, Illinois; *Guido Kauls*, Minnehaha Academy, Minneapolis, Minnesota; *Kara Keller*, Perryville Senior High School, Perryville, Missouri; *Steve R. Kennedy*, Lenawee Christian School, Adrian, Michigan; *Wilfred Kittner*, United Faith Christian Academy, Charlotte, North Carolina; *Steven Knecht*, Layton High School, Layton, Utah; *Hans Koenig*, The Blake School, Hopkins, Minnesota; *Michael J. Korom*, Ninth Grade Center, Downingtown, Pennsylvania; *Barbara Kyle*, Rock Spring High School, Rock Spring, Wyoming; *Cynthia Lavalle-Lake*, Kearsley High School, Flint, Michigan; *Michael E. Leach*, Pandora-Sellor High School, Pandora, Ohio; *John Lenders*, Dearborn High School, Dearborn, Michigan; *Warren R. Love*, Gilbert High School, Gilbert, Arizona; *W. R. Lutz*, Seneca High School, Louisville, Kentucky; *Christopher Lynch*, St. John's Preparatory School, Danvers, Massachusetts; *Michael Marple*, Butler Traditional High School, Louisville, Kentucky; *Bert C. Marley*, Marsh Valley High School, Arimo, Idaho; *Amy Mason*, Lake Fenton High School, Fenton, Michigan; *Ingrid May*, Harding High School, Marion, Ohio; *Kaye Lynn Mazurek*, Walled Lake Central High School, Walled Lake, Michigan; *Anne B. McCahill*, Chancellor High School, Fredericksburg, Virginia; *E. McCarthy-Allen*, Champaign Central High School, Champaign, Illinois; *Linda R. McCrae*, Muhlenberg High School, Laureldale, Pennsylvania; *Bernie A. McKichan*, Sheboygan Falls High School, Sheboygan Falls, Wisconsin; *Mike McKinney*, Roxana High School, Roxana, Illinois; *Karlyn McPike*, Hicksville High School, Hicksville, Ohio; *Zig Meyer*, Blue Hill Community Schools, Blue Hill, Nebraska; *Zaiga Mion*, Hardanway High School, Columbus, Georgia; *Lisa Morrill*, Mansfield Middle School, Storrs Mansfield, Connecticut; *Peter Mudrinich*, Hudson High School, Hudson, Wisconsin; *Ursula Mudrinich*, River Falls High School, River Falls, Wisconsin; *Eleanor Munze*, Jefferson Twp. High School, Oak Ridge, New Jersey; *Kathleen S. Nardozzi*, Penn Hills High School, Pittsburgh, Pennsylvania; *Jean K. Neitzel*, NELHS, York, Nebraska; *JoAnn Nelson*, Jacksonville High School, Jacksonville, Illinois; *Jane Nicholson*, Logan High School, Logan, Utah; *Susanne Niebuhr*, North Pole High School, North Pole, Arkansas; *Nancy Oakes*, Mt. Zion High School, Mt. Zion, Illinois; *Adeline O'Brien*, Nazareth High School, Nazareth, Pennsylvania; *Rita M. Olson*, South Milwaukee High School, South Milwaukee, Wisconsin; *Barbara S. Oncay*, Dover High School, Dover, Delaware; *Damon Osipik*, Susan B. Anthony Middle School, Manhattan, Kansas; *Sr. Mary Perpetua, SCC*, Central Catholic High School, Reading, Pennsylvania; *Linda K. Perri*, Shakopee Junior High School, Shakopee, Minnesota; *Judith Pete*, Andrean High School, Merrillville, Indiana; *Siegmund Pfeifer*, Litchfield Senior High School, Litchfield, Minnesota; *Judith Potter*, John Carroll School, Bel Air, Maryland; *Lois Purrington*, Renville County West High School, Renville, Minnesota; *Christa Rains*, Peoria Heights High School, Peoria Heights, Illinois; *Jens Rehoer*, Orion High School, Orion, Illinois; *Edith A. W. Rentz*, Freeport High School, Freeport, Maine; *Julia S. Riggs*, Mesquite High School, Gilbert, Arizona; *Jerry L. Roach*, Baraga Area Schools,

Baraga, Michigan; *Esther Rodabaugh*, Beaverton High School, Beaverton, Michigan; *Patti L. Roepke*, Chaska Middle School West, Chaska, Minnesota; *Linda Roller*, Bolivar High School, Bolivar, Missouri; *Brigitte Rose*, U.S. Grant High School, Van Nuys, California; *Cynthia H. Rovai*, Middletown High School, Middletown, Ohio; *Ralph Rowley*, Weber High School, Ogden, Utah; *Catherine Rubeski*, Framingham High School, Framingham, Massachusetts; *Jay T. Ruch*, Notre Dame High School, Easton, Pennsylvania; *Betsy Saurdiff*, Goodridge School, Goodridge, Minnesota; *Monica E. Schaffer*, Arcola Intermediate School, Norristown, Pennsylvania; *Cynthia K. Schauer*, Downingtown High School, Downingtown, Pennsylvania; *Ann S. Schemm*, South Park High School, Library, Pennsylvania; *Wesley A. Schmandt*, Kettle Moraine Lutheran, Jackson, Wisconsin; *Kurt Schneider*, Oconomowoc High School, Oconomowoc, Wisconsin; *Peter Schroeck*, Watchung Hills Regional High School, Warren, New Jersey; *Tom Schwartz*, Huron Valley Lutheran High School, Westland, Michigan; *Tim Seeger*, Millard South High School, Omaha, Nebraska; *Mary Selberg*, Brookings High School, Brookings, South Dakota; *Yana Shinkarer*, St. Cecilia Academy, Nashville, Tennessee; *Kathy Shuster-Jory*, Bangor Area High School, Bangor, Pennsylvania; *John R. Siegel*, Lithia Springs High School, Lithia Springs, Georgia; *Sandra Siess*, SFBRHS, Washington, Missouri; *Sara Simpson*, Fyffe High School, Fyffe, Alabama; *Mellissa D. Sims*, Jackson High School, Jacksonville, Alabama; *Marsha Sirman*, Seaford Senior High School, Seaford, Delaware; *Vija S. Skudra*, Masconomet Reg. High School, Topsfield, Massachusetts; *Richard M. Slattery*, Hillcrest High School, Tuscaloosa, Alabama; *Helen Small*, Poquoson High School, Poquoson, Virginia; *Brian G. Smith*, H. H. Dow High School, Midland, Michigan; *Trevor J. Smith*, Sunset Junior High School, Sunset, Utah; *Pia Snyder*, Gladstone High School, Gladstone, Oregon; *Amy Sobeck*, Prince Edward High School, Farmville, Virginia; *Gisela Sommer*, Edwardsville High School, Edwardsville, Illinois; *Rebecca Stanton*, Santa Margarita Catholic High School, Rancho Santa Margarita, California; *Ruth E. Stark*, Chisago Lakes High School, Lindstrom, Minnesota; *Brenda Stewart*, Millard North High School, Omaha, Nebraska; *Susan Stober*, Grandview High School, Aurora, Colorado; *Elaine Swartz*, Peabody Veterans Memorial High School, Peabody, Massachusetts; *Christina Thomas*, Perry High School, Pittsburgh, Pennsylvania; *Rich Thomas*, Watertown High School, Watertown, South Dakota; *William Thomas*, Limestone High School, Bartonville, Illinois; *Frank C. Thomsen*, Holmes Junior High School, Davis, California; *Rebecca A. Todd*, Lebanon High School, Lebanon, Missouri; *Michael Tollefson*, West High School, Madison, Wisconsin; *Tatjana Trout*, Sheldon High School, Sacramento, California; *Ronald Tullius*, Robert G. Cole High School, San Antonio, Texas; *Teresa Underhill*, Lone Oak High School, Paducah, Kentucky; *Geraldine Van Doren*, Spotsylvania High School, Spotsylvania, Virginia; *Annelies Venus*, East Ridge Middle School, Ridgefield, Connecticut; *Madalyn Vieselmeyer*, Axtell High School, Axtell, Kansas; *Marianne Vornhagen*, Glen Oak High School, Canton, Ohio; *Amy C. Wagner*, Carlisle High School-Swartz Building, Carlisle, Pennsylvania; *Tonya Wagoner*, Harverson County High School, Cynthiana, Kentucky; *Janet Ward*, The Walker School, Marietta, Georgia; *Jon Ward*, Rigby High School, Rigby, Idaho; *Kimberly A. Warner*, Tipton High School, Tipton, Indiana; *Tom Watson*, Baltimore Lutheran School, Towson, Maryland; *Monty Weathers*, Dondero High School, Royal Oak, Michigan; *Jeanne Weiner*, Russell Middle School, Omaha, Nebraska; *Heide Westergard*, Shaker High School, Latham, New York; *Oksana Wheeler*, Triton High School, Dodge Center, Minnesota; *Delos P. Wiberg*, Box Elder High School, Brigham City, Utah; *Diane Widmer*, North Forsyth High School, Cumming, Georgia; *Louise Wieland*, Rockland District High School, Union, Maine; *Birgitta Wiklund*, Pearland High School, Pearland, Texas; *Joan M. Wilson*, Sainte Genevieve High School, Sainte Genevieve, Missouri; *John Wilson*, Southeast Whitfield High School, Dalton, Georgia; *Ruth Wimp*, Alton High School, Alton, Illinois; *Diane Wippler*, Proctor High School, Proctor, Minnesota; *Kathy Witto*, Lutheran High School, Indianapolis, Indiana; *Lynne Woodward*, Langley High School, Pittsburgh, Pennsylvania; *Kristen M. Worm*, Fairbury High School, Fairbury, Nebraska; *Ava Wyatt*, Dalton High School, Dalton, Georgia; *E. Yancey*, Woodrow Wilson High School, Los Angeles, California; *Anne Yokers*, New Berlin West High School, New Berlin, Wisconsin; *Jennifer Zimmerman*, Morris Hills High School, Rockaway, New Jersey

Acknowledgments

All the photos in the *Deutsch Aktuell 2* textbook not taken by the author have been provided by the following:

Amt für Marketing und Tourismus Verkehrsverein Landshut: 256 (bottom)
Arnold, Bernd: 90 (bottom left), 91 (top), 95 (all three), 112, 113 (all four), 234 (bottom right), 359 (both), 360 (both), 364, 365
Bayern Tourismus Marketing GmbH: 89 (bottom right), 368 (top), 390 (both), 391 (top right and bottom center and right), 392 (all three), 393, 396
Congress- und Tourismuszentrale Nürnberg: 257 (center right)
Deutsche Lufthansa AG: 1 (bottom right), 15 (all), 16, 27 (center left)
Fremdenverkehrsamt München: 257 (top right), 397 (center left)
German Information Center: v (center left), 70 (center left), 71 (bottom left and right)
Kämpf, Michael: 38 (center right), 123 (both), 311 (bottom), 313 (bottom right), 316 (center left and bottom), 340 (top), 369 (top), 371 (top right), 372 (botom right), 373 (bottom right), 375 (top and center right), 376 (bottom left), 382, 384 (both)
Klein, Dieter: vii (center left), viii (bottom right), 128 (all three), 129 (both), 143, 144 (all three), 145, 193 (all three), 196 (both), 197, 198, 199, 204, 205, 206 (all three), 207 (both), 211, 212 (all three), 213, 214, 215 (all three), 216 (all three), 220, 223, 251 (all three), 252 (all three), 264 (bottom), 276 (bottom), 285 (bottom right), 288, 289 (both), 290 (both), 291 (all three), 292, 293, 301 (bottom right), 303 (bottom left), 305, 306 (both), 312 (bottom right), 320 (both), 321 (both), 374 (bottom left), 380 (bottom left)
Kur- und Verkehrsverein Bad Reichenhall: 339
Kurverwaltung Garmisch-Partenkirchen: 60 (top), 89 (bottom left)
Leipzig Tourist Service e.V.: 99 (bottom right), 101 (bottom left), 102 (center), 103, 314 (bottom left)
Liechtenstein Tourismus: 90 (top), 116 (top), 117 (bottom), 118 (both), 249
Mannheimer Kongress- und Touristik GmbH: 158 (top)
Rothenburg Tourismus Service: 256 (top right), 263 (all three)

Simson, David: vi (bottom left), 116 (center right), 117 (center right), 125 (bottom right), 130 (center right), 137 (center right), 138 (top left), 139 (bottom), 255 (center right), 257 (bottom), 266 (bottom left), 267 (top), 279 (top right and bottom left), 301 (bottom left), 303 (bottom right), 341, 342, 343 (top and bottom right), 344 (top), 345 (top right), 346 (bottom), 353, 354, 355 (both), 370 (top left and center left), 380 (top right), 381 (bottom right), 397 (bottom)
Stadtverwaltung Tauberbischofsheim: 159 (top)
Sturmhoefel, Horst: v (bottom right), ix (bottom right), 36, 37, 38 (bottom), 48, 49, 69, 80 (both), 86, 96 (both), 98, 109, 119, 133, 134 (bottom right), 148, 166 (both), 167 (both), 179, 218 (both), 219 (both), 234 (bottom left), 250 (top right), 274, 275 (bottom), 277 (bottom), 310, 369 (bottom right), 372 (bottom left), 386 (bottom right), 387 (both), 388, 389 (all), 398
Thüringer Tourismus GmbH: 41 (center right), 265 (bottom left)
Tourismus- und Kulturmarketing der Stadt Saarburg: 192 (top)
Tourismusverband Erzgebirge e.V.: 224 (top)
Tourismusverband Mecklenburg-Vorpommern: 357
Touristikgemeinschaft "Liebliches Taubertal": 28 (top)
Touristikverband Schleswig-Holstein e.V.: 91 (bottom right)
Verkehrsverein Mainz e.V.: 383 (both)
Werbegemeinschaft Seefeld: 67 (bottom right), 302 (top)

The publisher would like to thank the following sources for granting permission to reproduce certain material on the pages indicated:

Deutsche Lufthansa AG: 16
Deutscher Camping-Club-e.V.: 45
Deutsches Jugendherbergswerk: 28, 40
JUMA, Das Jugendmagazin (Köln): 205-207, 211-212, 214-216, 251-252, 289-292, 311-314, 359-360, 370-371, 373-376, 380-381, 384-387